项目资助

本书由北京外国语大学比较文明与人文交流高等研究院资助出版

文明互鉴：中西文化交流史研究丛书

主　编：张西平　[意]孟斐璇（Franco Amadei）
执行主编：文铮　谢明光

中意文化交流史辑刊

Rivista di Storia delle Relazioni Culturali Italo-Cinesi
Numero 1

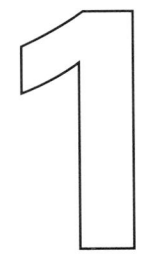

第1辑

中国社会科学出版社

图书在版编目（CIP）数据

中意文化交流史辑刊．第一辑／张西平，（意）孟斐璇主编．—北京：中国社会科学出版社，2020.9

（文明互鉴：中西文化交流史研究丛书）

ISBN 978 – 7 – 5203 – 6835 – 3

Ⅰ.①中… Ⅱ.①张…②孟… Ⅲ.①文化交流—中国、意大利—丛刊 Ⅳ.①G125 – 55

中国版本图书馆 CIP 数据核字（2020）第 127739 号

出 版 人	赵剑英
责任编辑	赵　丽
责任校对	李　莉
责任印制	王　超

出　　版	中国社会科学出版社
社　　址	北京鼓楼西大街甲 158 号
邮　　编	100720
网　　址	http://www.csspw.cn
发 行 部	010 – 84083685
门 市 部	010 – 84029450
经　　销	新华书店及其他书店
印　　刷	北京明恒达印务有限公司
装　　订	廊坊市广阳区广增装订厂
版　　次	2020 年 9 月第 1 版
印　　次	2020 年 9 月第 1 次印刷
开　　本	710×1000　1/16
印　　张	21.25
插　　页	2
字　　数	338 千字
定　　价	119.00 元

凡购买中国社会科学出版社图书，如有质量问题请与本社营销中心联系调换
电话：010 – 84083683
版权所有　侵权必究

目　录

发刊词 ………………………………………………………… 孟斐璇（1）
主编寄语 ……………………………………………………………（8）
欧洲与中国 ………………………… 菲利普·米尼尼撰　李思佳　译（11）
改革开放以来的利玛窦研究（1978—2018 年）…… 代国庆　林金水（19）
利玛窦在中国语言学上的贡献研究论纲 …………… 张西平　杨少芳（35）
《利玛窦明清中文文献资料汇释》补遗 …………………… 汤开建（80）
"龙华民方法"（Longobardi Approach）与"利玛窦路线"
　（Riccian Methodology）之比较 ………………………… 李天纲（157）
利玛窦历史经验中的欧洲与中国：中西方人文
　主义的相遇 …………………… 菲利普·米尼尼著　李思佳　译（172）
利玛窦 1601 年进贡的三幅圣像溯源
　——兼论在华耶稣会士偏爱圣母像的原因 ……………… 宋黎明（184）
奠基：利玛窦墓园的前十年（1610—1620）………………… 刘　耿（205）
明清之际西学汉籍整理出版的百年历程 …………………… 谢　辉（241）
意大利文艺复兴的史诗杰作
　——《疯狂的罗兰》………………………………………… 王　军（260）
文心相通，和而不同
　——关于洛伦佐·瓦拉与李贽的平行研究 ……………… 李婧敬（270）
女性叙事及对"装置"的亵渎
　——评"那不勒斯四部曲"………………………………… 陈　英（306）
新现实主义的回归
　——2016 年斯特雷加文学奖与意大利文学 ……………… 文　铮（314）
2017 年意大利文学概览 …………………………………… 文漾羲（326）

Contents

Foreword to the *History of sino-italian cultural exchanges* ·············· (1)

Editor's note: Sino-italian cultural exchanges have a long history ········ (8)

Europe and China ·· (11)

Research on Matteo Ricci since the Reform and
   Opening (1978—2018) ·· (19)

Matteo Ricci's contribution to Chinese linguistics ···················· (35)

Addendum to the *Matteo Ricci's Collection and Explanation of
   Chinese Literature in Ming and Qing Dynasties* ···················· (80)

Comparison of "Longobardi Approach" and "Riccian
   Methodology" ·· (157)

Europe and China in Matteo Ricci's historical experience:
   The encounter between Chinese and Western humanism ············· (172)

Tracing the origins of three icons of Matteo Ricci's tribute in 1601
   —And why the jesuits in China favored the Madonna ················ (184)

Foundation: The first ten years of the Matteo Ricci's cemetery
   (1610—1620) ·· (205)

The centennial process of the compilation and publication of
   Chinese books about western learning during the Ming and
   Qing dynasties ··· (241)

An epic masterpiece of the Italian Renaissance-*The Frenzy
   of Orlando* ··· (260)

Connection between text and thought, harmony without uniformity
   —A parallel study of Lorenzo Valla and Li Zhi ···················· (270)

Female narration and the blasphemy against "installation"
　—Comment on Neapolitan Novels ················· (306)
The return of New Realism
　—The Strega Prize of 2016 and Italian literature ············· (314)
An overview of Italian literature in 2017 ····················· (326)

发 刊 词

意方主编/孟斐璇*

自人类文明肇始以来,欧亚大陆的地理连续性为原本相隔万里、各自发展的文明提供了广阔而理想的平台,使它们得以相互接触与"浸染"。从远古时代起,迁徙与贸易使人口与各类货物得以流动,在有意与无意之间,思想、艺术与文化也不可避免地一起流动起来。

在中国宋明两代及欧洲各海上霸主掌握足够安全的远洋航海技术之前,所有远程的人员往来和货物运输都要通过陆路完成。数千年来,欧亚大陆一直是世界上最广袤的互联互通之地,千百条道路贯穿其间,且大多未被那些难以逾越的天然屏障所阻断。虽然成本和时间难以想象,但毕竟为遥远文明之间的联通搭建了一个相对稳定的"网络",欧亚大陆上的这一创举要早于地球上任何一个区域。

由此看来,从美索不达米亚到印度,从古希腊—罗马世界到中国,世界上最伟大、最长久的古代文明皆发轫并繁荣于欧亚大陆这个相互连通的平台上,这绝非偶然。正是这些文明构成了现代世界文明的两极——西方与东方。中世纪晚期,当航海技术足以让人们远渡重洋的时候,率先通过海陆联通的文明也正是在欧亚平台上诞生和成长的"西方"与"东方"。

与陆路交通相比,这些新的"海上高速公路"更快捷、更有效率,也使得欧洲和中国之间往来货物的数量与日俱增。高效的沟通还表现为更加丰富和频繁的文化交流。源源不断的旅行者不仅携带了货物,还有

---

* 孟斐璇(Franco Amadei),意大利驻华使馆文化参赞,意大利文化中心主任,中国文化学者。

他们的思想、艺术、科学和技术。这种交流的速度史无前例，它不仅使东西方之间相互影响，还在某种程度上促成了东西方之间社会现象与思想潮流的互动，在以往陆地交通时间滞后的情况下，这几乎是不可能实现的。

在这个欧亚"网络"中，就文化而言，意大利与中国至少在18世纪之前一直充当着东、西方交流的终端枢纽。通过这两个枢纽输送到各自所辐射地域的不仅有货物，还有思想和文化。在近两千年的时间里，东西方文化交流的伟大桥梁就架设在意大利与中国这两座矗立在欧亚大陆两端的文明墩柱上。在欧洲，至少从古罗马和汉王朝之间的丝路时代起，直到整个文艺复兴和巴洛克时代，意大利都是最重要的"西方枢纽"或"交流渠道"。特别是从文艺复兴后期开始，中西方文化交流的广度和深度日益增加，这要归功于众多来华传教士的旅行和报道，他们以意大利人居多，因为毕竟所有的传教士都是由罗马天主教会派遣和领导的。

这种延续了数百年的核心地位为我们研究中意文化交流提供了丰富的内容和巨大的潜力。虽然那些权威的汉学杂志总会发表有关中意文化交流的各类文章，但中意"交流渠道"在东西方文化交流史中发挥的首要作用决定了它的特殊性与重要性，这就是为什么我们要着力推出一本专门从事这方面研究的新杂志。

创办本刊的另一个原因是，中国学术界在这一研究领域取得的成果日益显著。2018年，意大利驻华使馆文化中心和北京外国语大学联合举办了以利玛窦研究为主题的首届中意文化交流史研究高端论坛，吸引了十余位在该领域颇具影响的中国学者参加，他们在会上发表了高水平的学术报告并进行了热烈的讨论。

实际上，在此之前张西平教授和文铮教授已就本刊的出版和我讨论良久了。特别是在首届论坛结束后，来自各方面的首肯与鼓励使我们最终坚定了出版这本新杂志的信心。

这本《中意文化交流史辑刊》将成为中意文化交流的开放性学术平台，无论是哲学、文学、历史、艺术，还是语言学、文献学，乃至天文学、地理学、数学和科技，等等，只要涉及中意历史关系和文化交流的话题都可以被接受。

尽管本刊采取完全开放的态度，欢迎世界各地学者的文章，但我们相信，作为在中国出版的杂志，并且以我们在中国举办的论坛和研讨会为主要服务对象，本刊的宗旨之一即在于鼓励中国学术界深入开展中意文化交流史的研究，并为大家了解中国学者在这一领域的建树和贡献提供一个有效的渠道。

在本刊的第一辑中，除了2018年4月"利玛窦高端论坛"发表的论文以外，我们还收录了几篇中国"意大利学家"在历史和文学等领域的论文，主要是希望本刊的主题具有多样性。本辑收录的文章采用了比较文学或比较文化的方法，还有一些中国学者的研究可以帮助我们直接或间接地了解意大利文化艺术作品、运动和代表人物对中国历史或现实的影响。

综上，我们希望这本刊物成为一个思想热烈交流的平台，它不仅属于研究中意文化交流史的学者，也属于所有希望通过互参互鉴的方式而进行对话的中国"意大利学家"和意大利"汉学家"。这样，我们对思想及其在两大文明之间传播路径的历史阐释也将化为彼此分享新思想、共谋新发展的契机。

最后，衷心祝愿《中意文化交流史辑刊》（第一辑）在众多中外学者与读者的支持与指导下，能够稳步发展，以其充实、优质的内容来回报大家的关怀与期望。

Prefazione del curatore Italiano

Franco Amadei

Fin dai primordi della civiltà umana, la continuità geografica del continente Euro-asiatico ha rappresentato la più estesa ed ideale piattaforma per il contatto e la "contaminazione" fra civiltà sorte e sviluppatesi anche a grandi distanze. Migrazioni e commercio hanno veicolato persone e merci di ogni tipo, fin dalla più remota antichità. Inevitabilmente assieme alle persone ed alle merci finivano col viaggiare, più o meno esplicitamente, anche idee, arte e cultura.

Prima che in epoca Song e Ming in Cina, e poi con il sorgere delle grandi potenze navali europee, si sviluppasse una tecnologia che consentisse la navigazione sufficentemente sicura degli oceani, ogni forma di contatto regolare fra persone e merci a grande distanza non poteva che avvenire per via terrestre.

Per migliaia di anni l'Eurasia ha rappresentato così il più vasto territorio interconnesso al mondo, collegato dai suoi interminabili percorsi terrestri, peraltro in gran parte non ostacolati da barriere naturali insormontabili. Sebbene a costi e con tempi oggi inimmaginabili, tuttavia una "rete" di collegamento relativamente regolare fra civiltà lontanissime è stata possibile e si è verificata in Eurosia prima che in ogni altra regione del globo.

Forse non è un caso se le più grandi e longeve culture del passato, da quelle mesopotamiche all'India, dal mondo Greco-romano alla Cina, ovvero quelle che hanno poi costruito le due matrici culturali, occidente ed oriente, base e struttura della civilizzazione del mondo moderno, siano tutte nate e fiorite all'interno di questa piattaforma continentale inter-connessa, l'Eurasia. Quando a fine medioevo la tecnologia navigativa ha finalmente consentito di solcare gli oceani, lo ha fatto innanzitutto al servizio ancora una volta del collegamento fra quell' "occidente" ed "oriente", nati e cresciuti sulla piattaforma eurasiatica.

Le nuove "autostrade marittime", più veloci ed efficenti di quelle originariamente terrestri, trasportavano sempre maggiori quantità e varietà di merci fra l'Europa e la Cina. Un'efficenza di comunicazione che naturalmente si rispecchiò anche nell'arricchimento degli scambi culturali. Sempre più, assieme alle merci, potevano viaggiare le persone con le loro idee, la loro arte, scienza e tecnologia. I ritmi di questi scambi si accelerarono al punto che raggiunsero per la prima volta nella storia una velocità sufficente da consentire non solo influenze reciproche ma anche un certo grado di interazione fra fenomeni sociali e movimenti di pensiero che nel passato lo scarto temporale dei viaggi terrestri rendeva pressoché impossibili.

In questo "network" eurasiatico, Italia e Cina hanno rappresentato, dal punto di vista culturale almeno fino al XVIII secolo, gli "snodi" terminali dei flussi di scambio fra occidente ed oriente, attraverso i quali, non solo le merci, ma anche idee e cultura si veicolavano all'interno delle rispettive aree geografiche. Per quasi duemila anni il grande ponte di comunicazione culturale fra occidente ed oriente si è sorretto, sui reciprochi versanti, sui due piloni della civiltà italiana e di quella cinese. In Europa il ruolo centrale dello "snodo" o "canale italiano" è stato primario quanto meno dall'epoca della via della seta, fra antica Roma ed impero Han, fino a tutto il rinascimento e barocco. In particolare, a partire dal periodo finale del rimascimento, l'ampiezza e la profondità delle relazioni culturali occidente-oriente subiscono una continua crescita. Questo grazie soprattutto ai viaggi e resoconti dei numerosi missionari, molti dei quali italiani e comunque tutti inviati e guidati dalla Roma della Chiesa Cattolica.

Da questa plurisecolare posizione di centralità discende l'enorme ricchezza e potenzialità degli studi sulle relazioni culturali italo-cinesi. Sebbene le maggiori riviste sinologiche ospitino abbastanza regolarmente articoli su vari aspetti delle relazioni culturali fra Italia e Cina, tuttavia la peculiarità e l'importanza del "canale" italo-cinese, proprio per il suo ruolo primario nella storia generale delle relazioni culturali occidente-oriente, ci è sembrato giustificare il nostro impegno nell'avviare una nuova rivista dedicata a quest'area di studi.

Un'ulteriore motivazione viene poi dall'aver osservato in questi anni il crescente contributo di studiosi ed accademie cinesi in questo campo. Ciò si è potuto ben vedere anche nella ricchezza degli interventi e del dibattito in occasione della prima edizione del "Forum di alti studi sulla storia delle relazioni culturali italo-cinesi", dedicato lo scorso anno a Matteo Ricci, co-organizzato a Pechino dall'Istituto Italiano di Cultura e la Beijing Foreign Studies University.

In verità, col Prof. Zhang Xiping ed il Prof. Wen Zheng era da tempo che discutevamo l'idea della rivista, ma sono state le tante parole di apprezzamento ed incoraggiamento al termine della prima edizione del Forum, rivolte sia ai contenuti scientifici che al formato prescelto, che ci hanno infine convinti sulla validità ed utilità di lanciare questa nuova rivista.

La presente "Rivista di storia delle relazioni culturali italo-cinesi" nasce proprio da questa esigenza di offrire uno spazio di approfondimento di quel vivace dibattito accademico che ha preso vita all'interno del Forum. Essa ambisce a divenire una piattaforma di scambio culturale aperta a tutti coloro che vogliano dialogare sui tanti temi relativi alle secolari relazioni fra Italia e Cina in ogni ambito della cultura, dall'arte e letteratura alla filosofia, dalla linguistica e filologia alla matematica, scienza e tecnologia.

Pur aperta quindi ai contributi degli studiosi da tutto il mondo, siamo convinti che la Rivista, essendo edita in Cina, avrà in particolare l'opportunità di divenire un catalizzatore della ricerca cinese in materia, nonché un canale proficuo per focalizzare l'attenzione sugli importanti contributi a quest'area da parte degli studiosi cinesi.

In questo primo numero, accanto alle relazioni degli studiosi intervenuti al Forum nell'aprile del 2018, come dicevamo tutti incentrati sull'eccezionale figura di Matteo Ricci, abbiamo raccolto interventi di italianisti cinesi su argomenti storici e letterari. In alcuni di questi contributi l'approccio è di tipo comparativista. In altri la prospettiva degli studiosi cinesi è particolarmente interessante perché ci aiuta a comprendere, esplicitamente o implicitamente, l'influenza che opere, movimenti e rappresentanti di arte e cultura italiana hanno esercitato, o esercitano ancora oggi sul mondo culturale cinese.

È quindi nostro auspicio che questa Rivista possa divenire uno stimolante luogo d'incontro non soltanto per gli studiosi devoti alla storia delle relazioni culturali italo-cinesi, ma anche piu' in generale per gli italianisti cinesi ed i sinologi italiani che desiderino dialogare fra loro confrontando reciproci approci e prospettive. In questo modo il nostro "raccontare" le idee ed i loro "percorsi" fra le nostre due grandi civiltà diverrà anche momento di espressione e sviluppo di nuove idee e nuovi percorsi condivisi.

Concludo augurando alla "Rivista di storia delle relazioni culturali italo-cinesi" di poter crescere e svilupparsi, grazie soprattutto al sostegno e la guida di tanti studiosi e lettori, ricompensando così la generosità e le aspettative di tutti con la qualità e la ricchezza dei suoi contenuti.

Franco Amadei
(Direttore Istituto Italiano di Cultura-Pechino)

【主编寄语】

中意文化交流源远流长

中方主编/张西平[*]

中国和意大利这两个国家，在历史上有着源远流长的接触与交往。

罗马在中国史书《史记》《汉书》第一次出现时名为"轩黎"，这表明西汉时期罗马对于中国来说就不再陌生；意大利史书中更明确提到古罗马帝国安敦尼王朝派遣使者前来谒见东汉皇帝。罗马横跨欧亚非大陆，据说，至今在楼兰仍有罗马军团留下的后裔，不知真假。《后汉书》关于"大秦"的记载，指的也是罗马帝国，那时中国人分不清东罗马和西罗马帝国之间的区别。而同时期的罗马学者则在《历史》一书中首次记载了"桃花石人"渡过长江征战的事件。隋唐时期中国的史家为"大秦"帝国选择了一个新的译名——"拂菻"，同时，接纳了来自西方的天主教聂斯脱利教派。《大秦景教流行中国碑》至今仍立在西安碑林之中。

宋代政治环境相对宽松，社会经济、科技文化、对外交往等都达到了相当高的水平。造纸术、印刷术和黑火药都在这一时期传到欧洲。宋代地理专著《诸蕃志》则记载了中国沿海通往海外各国的航路和商贸状况，其中就介绍了西西里和罗马国。

当蒙古铁骑横扫欧亚大陆时，罗马教宗几度派遣使者出使蒙元，刺

---

[*] 本刊中方主编。北京外国语大学教授，博导，中国文化走出去协同创新中心主任，首席专家；北京外国语大学国际中国文化研究院（中国海外汉学研究中心）荣誉院长，比较文明与人文交流高等研究院院长；《国际汉学》主编；国际儒学联合会副会长，世界汉语教育史国际研究会会长；国际中国文化研究会会长；中国宗教学会和中国比较文学学会理事，国务院有突出贡献的专家，享受政府特殊津贴。

探鞑靼人的虚实，更试图劝阻蒙古统治者息兵，后来，柏朗嘉宾来到了蒙古草原，还带来了罗马教宗馈赠给大汗的骏马。教皇的使节们也留下许多出使中国的文字。东西方交通要道上，肤色杂陈、语言各异的人熙来攘往，络绎不绝。那位在中国扬名立万后荣归威尼斯的"百万"巨富马可·波罗，其游记中描绘的中国盛况，勾起了无数西方人心目中对书中"契丹"的憧憬。

他的一位忠实读者——意大利人哥伦布不辞辛劳地四处寻求资助，试图开辟从欧洲到达契丹的航路。哥伦布的契丹之旅，意外地发现了新大陆，揭开了大航海时代的帷幕。在那之前，葡萄牙人迪亚士已经为他的国王发现了好望角，打通了从里斯本直航印度的路线。耶稣会士沙勿略已经到达了广州海边的上川岛。世界因此连接成一个整体，于是，西方传教士纷纷涌向美洲、非洲和亚洲。

有明一代，意大利传教士罗明坚、利玛窦打开中国大门。传教士东来，中西文化的精神世界开始交流，东西方文化精英坐而论道，互通有无，传教士们将西方先进的科学知识、文艺复兴的精神带到中国，也将古老的中国文化传播到欧洲，掀起了欧洲17、18世纪的"中国热"，并为"启蒙运动"提供了精神养料。

《明史》对这批西方来客有较详细的记载，"意大里亚"国在《外国传》中占有相当分量，《崇祯历书》就是西方传教士进献给皇帝的礼物，南明永历朝廷写给梵蒂冈教廷的求援信至今仍在梵蒂冈图书馆珍藏，引人唏嘘。

在康熙和咸丰年间，由意大利传教士艾若瑟、徐类思携去意大利求学的中国青年樊守义、郭连城赴欧所做的两份旅欧游记《身见录》和《西游笔略》，以及雍正初年返欧的意大利传教士马国贤在拿波里创建的中国学院，为中国文化在意大利的传播和意大利汉学的形成与发展作出了重要贡献。

从传教士汉学到职业汉学家的专著，意大利的中国学学者在对中国文化的翻译和研究上一向用功颇勤，中国古代的四书五经、小说、诗歌、戏剧等，乃至现代作品都是他们的兴趣所在。从早期东西方遥远而互相倾慕的对望和想象，到中世纪商人、旅行家、使者们的旅行游记，古老神秘的中华帝国在意大利人的心目中是一个近乎传奇的真实存在。文艺复兴激起的巨潮为航海家们拍打出通往新大陆的航线,意大利耶稣会士带领着传教团队梯航万里,使中西方思想文化在大航海时代交汇。

在当代中国人眼中,意大利是一个充满文化和神奇的国家。达·芬奇的《蒙娜丽莎》、米开朗基罗的《大卫》、薄伽丘的《十日谈》,这些文艺复兴时期大师们的作品读书人几乎人人皆知。"意大利是欧洲近代文化的长子",它这一特殊的历史地位使中国的知识分子对它有一种特殊的亲近感。

而威尼斯的水乡、比萨的斜塔、罗马的古斗兽场、庞贝的废墟,这一切在圣彼得大教堂悠远钟声中都被笼罩上了一种神秘的光环。"意大利是上帝选中的国家","罗马是全球天主教徒的圣地",这些使许多中国人对意大利有一种崇敬和神奇之感。

《中意文化交流史辑刊》(第一辑)就是为谱写中国和意大利文化交流的友谊而创办的,它寄希望于用历史的研究推动我们今天的交往,使中国和意大利的文化交流成为推动两国友谊的常青树。

欧洲与中国[*]

[意]菲利普·米尼尼撰　李思佳　译[**]

一　中欧关系的肇始

中国和古罗马之间并没有直接的接触,而是通过安息帝国这个媒介相连接,然而今天我们已无法获取有关安息帝国太多有用的信息。公元7至9世纪,景教(聂斯脱里派)传教士进入中国,直到马可·波罗时期仍有不少景教徒在中国驻留,关于这两点我们是可以看到大量信息的,但是大多不能作为中欧文化交通的可靠证据。同样,13至14世纪方济各会教士的传教、中欧之间频繁的贸易往来也不能视作中欧文化交流的标志。马可·波罗是前往中国的商人之一,也是其中最著名、最有代表性的人物。这些商人以某种方式把中国介绍给了欧洲,比如说《马可·波罗游记》,但是他们却没有成功地把欧洲文明带到中国的土地上。直到16世纪末,中欧之间真正的、双向的文化交流才成为现实。

二　中国和耶稣会传教士的欧洲

我这里说的"耶稣会传教士的欧洲"有两层含义。它首先指的是

---

[*]　此篇为2018年4月19日米尼尼教授在北京外国语大学欧洲语言文化学院的演讲稿。

[**]　菲利普·米尼尼,1987至2017年担任意大利马切拉塔大学哲学史系常任教授,2017年被授予哲学史荣休教授名衔。主要研究领域为近代哲学,研究对象包括库萨诺、莱布尼茨等,尤其关注斯宾诺莎,已发表百余篇关于后者的论文。二十年来致力于研究和传播利玛窦的形象及其著作,正在策划中文和意大利文版《利玛窦历史著作集》。

"耶稣会士向中国介绍的欧洲"。这些耶稣会士把欧洲描绘成一个社会和政治的共同体，具有统一的文化。他们跟随利玛窦的脚步，致力于把自己打造成欧洲的形象代言人。而欧洲无论是在领土、国力方面，还是在历史、文明方面，和中国相比都毫不逊色。其次，通过这个词，我还想表达的是，耶稣会在扩大它的传教范围前，接纳了来自欧洲各主要国家的会士，已经实现了某种意义上欧洲的统一。这种"精神上的统一"在货币与民族统一之前已经实现。

耶稣会自1540年成立之际，一直尝试与中国建立联系。神父范礼安作为出使东方的耶稣会代表，于1578年抵达澳门，这可以视作一个转折点。当时葡萄牙商人刚刚获得在澳门的居住权，而正是在澳门，范礼安对中国的文化、语言、传统、宗教、政治与行政系统进行了深入了解。他意识到，在这样一个极度闭塞、排外的国度，采取新的传教方式是当务之急。范礼安首创被后人称作"文化适应"或"文化本土化"的策略：作为外国人的传教士必须融入对象国的文化之中，以获得当地人必要的信任，之后再传播其教义。很明显，在这种传教策略中，处于中心地位的是充当沟通媒介的文化知识。

为了实行这一传教策略，范礼安先后派遣罗明坚和利玛窦进入中国。1588年，罗明坚返回罗马，传教的重任因此落到了利玛窦的肩上。利玛窦在中国知识分子的帮助下，实现了真正意义上的中欧双向跨文化交流。拉丁文版本的"四书"和中文版的《几何原本》正是这种非凡的、双向跨文化交流的代表性成果。想必大家对此很熟悉，我就不对此赘述了。

不过我想强调两方面的内容。

首先我想说的是，1742年传教士彻底摒弃中国的传统礼仪，接着耶稣会在1773年彻底瓦解，就这样，中国和欧洲间的交流暂时搁浅。自罗明坚、利玛窦，一直到乾隆时期最后一位欧洲传教士，这段传教的历史跨越了将近两个世纪，其最大特点就是中欧文明间知识的互通。我们在这里只需提及一些最具有代表性的欧洲传教士，他们大部分是耶稣会士，倾尽一生在中国传播来自西方的知识，并把中国的文化带入西方世界。熊三拔（Sabatino de Ursis，1575年出生于莱切，1620年逝世于澳门）被利玛窦召到北京，身兼水利工程师、数学家和天文学家多重角色，代表作为《泰西水法》。邓玉函（Johann Schreck，1576年出生于德国的宾根阿姆赖因，1630 年逝世于北京）在欧洲更广为人知的拉丁名字是 Terrentius，他在入教之前，曾经在灵采研究院工作。他在中国以天文学家和博物学家的身份开展工作，同时还致力于中国历法的改良。汤若望（Adam Shall von Bell，1591 年出生于科隆，1666 年逝世于北京）是一位数学家、天文学家。他在负责中国历法改良的同时，被任命为钦天监监正，执掌北京古观象台。卫匡国（Martino Martini，1614 年出生于意大利特伦托，1661 年逝世于杭州）是一位史学家、地理学家、地图制图师，他是最早的汉语语法著作的作者，同时还写了一本评论友谊的作品（《述友篇》）。来自比利时的南怀仁（Ferdinand Verbiest，1623 年出生于彼滕，1688 年逝世于北京）是一位数学家、天文学家、工程师，执掌钦天监，同时还曾尝试制造蒸汽机。他的这一实验得到了意大利传教士闵明我的帮助。闵明我（Claudio Filippo Grimaldi，1638 年出生于库内奥，1712 年逝世于北京）也是一位数学家、天文学家，同时由康熙钦点任出俄使臣，并在之后接替了南怀仁在钦天监的工作。德理格（Teodorico Pedrini，1671 年出生于意大利费尔莫城，1746 年逝世于北京）是康熙宫廷中的一位乐师、作曲家，他向三位皇子传授音乐知识，同时设计并修复乐器。马国贤（Matteo Ripa，1682 年出生于意大利埃博利，1746 年逝世于那不勒斯）在 1711 年至 1723 年间担任康熙身边的画师、雕刻师，之后在那不勒斯创办了中国学院，也就是今天那不勒斯东方大学的前身。郎世宁（Giuseppe Castiglione，1688 年出生于米兰，1766 年逝世于北京）给三位皇帝（康熙、雍正、乾隆）当过宫廷画师。法国的传教士王致诚（Jean Denis Attiret，1702 年出生于多尔，1768 年逝世于北京）也曾给乾隆当过画师。我们还需要提到柏应理（Philippe Couplet，1622 年出生于梅赫伦，1692 年逝世于果阿邦，自 1656 年至 1680 年在中国传教）、殷铎泽（Prospero Intorcetta，1625 年出生于意大利阿尔梅里纳，1696 年逝世于杭州）、恩理格（Christian Hedtrich，1625 年出生于格拉茨，1684 年逝世于北京）以及鲁日满（François de Rougemont），他们共同把儒家四书翻译成了拉丁文版本的《西文四书直解》。这套书于 1687 年在巴黎出版，是欧洲人了解中国文化的重要文本之一。法国的白晋（Joachim Bouvet，1656 年出生于利曼，1730 年逝世于北京）也是来华传教士其中之一。他和同伴张诚（Jean-François Gerbillon）在康熙的宫廷内教授数学和天文学。同时他还研究、翻译了《易经》，并在同德国哲学家莱布尼茨往来的书信中对中国进行了描述。最后，我想再提及的是《耶稣会士中国书简集》，这套30多卷的图书讲述的是中国故事，于18世纪在法国出版，是当时西方接触中国的主要渠道之一。法国国王路易十四对这套图书的出版功不可没，他派遣他的耶稣会士——同时也是皇家数学家们前往中国传教，这些传教士在康熙的宫廷里引起了极大关注，并赢得了人们的尊重。

莱布尼茨在他的诸多著作中，把中欧两种文明间无与伦比的信息交流称作"commercium lucis"（拉丁语，意为"知识互换"），我们可以翻译为"双方的知识互通"。但这并不意味着当时双方在经济、贸易方面的交流乏善可陈，只不过这两方面的交流不占据主要地位，无法介入文化交流之中，更无法实现文化的融合。而此后不久的中欧历史、文化交流受到遏制，与之前繁荣的景象迥然不同。

其次我想强调的是，张西平教授建立国际中国文化研究院实在是一个明智之举，如此我们便可以搜集并出版收藏在梵蒂冈图书馆中的中文文献，这些文献对中欧知识互通进行了大量的记载。这一举措实在是高瞻远瞩，反映出中国人民对历史经验的掌握，同时也要求我们集中精神，立足当下，着眼未来，再次振兴这种全方位的、以知识沟通为首位的交流互通。现在的欧洲被看作是政治共同体，但是在文化交流方面的战略部署却寥寥无几，我对此感到十分痛心。

然而，中欧跨文化交流这一话题举足轻重，牵涉到全世界人民的命运，因此我想强调一位天才人物的地位，这位高瞻远瞩的思想家就是莱布尼茨。

三 知识的互通：莱布尼茨关于耶稣会传教士的历史经验对欧洲与中国关系的分析

莱布尼茨关于欧洲和中国的关系和两者扮演的历史角色有三个主要观点。

首先，莱布尼茨不断强调，分别位于欧亚大陆两端的欧洲与中国拥有同等的文明程度，他认为欧洲和中国是世界上最文明的民族。

其次，欧洲与中国作为平行和独立于大陆两端最先进的文明，两者的交流会在科学以及社会和平方面对整个世界造成重大影响。

最后，中欧之间进一步相互关注与了解的初步成果，而莱布尼茨在这里使用了"伸出双手"的比喻，这使得身处欧亚大陆中间的人民寻求更好的生活，这一点在广阔的沙皇俄国尤为突出。

莱布尼茨极其重视中欧关系，他甚至在和居住在中国的耶稣会士通信时，对中欧两大文化、社会与政治系统进行了精确的对比研究，将两者的优势与弱点一一进行比较。

莱布尼茨对两者的优缺点进行了衡量，并意识到，在科技层面两个文明可以被认为是势均力敌的。因此他总结认为，中欧是天秤两端相等的两个重量：中国可被认为是东方的欧洲。然而，如果我们把中国占主导地位的自然宗教纳入考虑范畴，那么胜利的天平将向中国倾斜。

此外，莱布尼茨深信中国是收割不同果实的理想之地，他这样写道："我对中国投以极大关注，因为我认为在中国的传教事业是当下最重要的事业，这既是为了上帝的荣耀以及天主教的传播，也是为了人类的共同利益，以及帮助中国人了解我们的科学知识。这其实涉及知识的交流沟通，对方也会在这个机遇下将他们延续千年的知识赋予我们，我们的知识也将因此加倍。这也是人们往往会忽视的。"

而在自然知识层面，莱布尼茨指出应当尽可能快速并全面地收集中国的信息，以此抵偿中国从欧洲吸取的知识。如果我们把注意力投向莱布尼茨于1689年7月19日写给耶稣会士闵明我（Claudio Filippo Grimaldi）的三十个问题就可以发现，这位哲学家的兴趣十分广泛，包含了玄学、几何、陶土、采矿技术、能够抵御腐蚀性物质的染布技术以及养蚕技术。

而从另一个角度而言，莱布尼茨多次抱怨由于战争以及"礼仪之争"，他无法实现知识交流的这一计划。

莱布尼茨自1700年的《论孔子礼仪》（*Sul culto civile di Confucio*）一文开始对中国礼仪之争加以关注。直到1716年，也就是莱布尼茨去世前几个月完成《论中国人的自然神学》（*Discorso sulla teologia naturale dei cinesi*），他一直对这个话题进行不断深入的分析、提议和建议，以避免在中国的传教事业功亏一篑，因为中欧的知识沟通渠道也将因传教的终止而关闭。

毫无疑问，莱布尼茨认同圣保罗与利玛窦有关"所有一切应当为所有人所共享"的方式，或者说一切人类的知识财富应当为人们所共有，这也是在中国唯一能够收获成效的传教方式。此种方法主要分为两种态度：第一，在中国人的"神"面前，效仿圣保罗在雅典人的未知神祭坛前采取的态度；第二，为中国人的做法和教义提供了与天主教相容的最有利解释。莱布尼茨通过这两点强调利玛窦与圣保罗的立场完全一致。我们可以通过《论孔子礼仪》（*Sul Culto civile di Confucio*）举一个很有代表性的例子："我赞美利玛窦，他是一个伟大的人物，他在天主教范畴内诠释了柏拉图和其他哲学家的思想。"

在此，我们没有更多时间细读莱布尼茨有关中国的文本，而目前我也在正在着手进行莱布尼茨全集第一个意大利译本的出版工作。因此，在这里只需指出，莱布尼茨认为就人类的和平与发展而言，世界的未来命运依赖于中国和欧洲这两大文明间知识和合作的成果。

然而我们不得不承认，中欧关系的发展因种种原因——主要是欧洲方面的责任——并没有朝着莱布尼茨希望的方向进展。

四　欧洲的背叛

最近的研究显示，中国自16世纪到19世纪初国内生产总值一直居于世界第一，而完全自给自足的经济使中国感到没有与其他国家进行贸易的需要。1792年，英国特使马戛尔尼率领的第一个大型外交商务使团是一个非常典型的例子。代表团的诉求是签订友好通商条约，在北京建立一个外交代表处，开商埠，以及划广州附近一个岛供英国商人自由往来，不受禁止，和一些其他请求。尽管外交使团在觐见皇帝时同意在英国舰船上悬挂中国国旗，但马戛尔尼拒绝面向皇帝的方向进行三次跪拜，因此此次出访最终以失败收场。

印度成为英国的殖民地后，日不落帝国已经失去了等待的耐心。英国除了将东印度公司在印度大量种植的罂粟作物出口到欧洲以及东南亚国家和地区以外，还向中国走私。彼时的中国虽然有吸食鸦片的广泛习惯，但鸦片在法律上是被禁止的。英国一旦找到发动战争的借口，第一场鸦片战争就爆发了（1839—1842），中国最终战败并签署了屈辱的《南京条约》。1844年，中国与法国签订了《黄埔条约》，并同美国签立了《望厦条约》，这些丧权辱国条约最为醒目的是其中的"最惠国"条约。此后不久，西方列强开始针对中国北方港口要求修改条约，但遭到了中国的拒绝。法国与英国以一个法国传教士的死亡和一艘英国船只船员被逮捕为理由，在1856年包围了广州港，第二次鸦片战争由此开始，北京圆明园也因此于1860年遭到洗劫。在签订《天津条约》（1858）和《北京条约》（1860）后，中国被迫赔付巨额罚款、开放10个通商口岸、允许在华的外国商人和传教士自由活动、免除关税、允许外交公使在北京居住、同意内河航道供对外贸易之用，以及鸦片合法化。

显而易见，货币和商品贸易已经占据了知识交流的上风。它始于鸦片战争中国的百年屈辱，随后是日本入侵，义和团起义受到10个国家的暴力镇压，清朝灭亡和之后的内战。直到1949年10月1日，毛泽东宣布中华人民共和国正式成立，中国近代的痛苦血腥历史才得以终结。然而中国的崛起还需等待"文化大革命"的结束。邓小平在70年代末上台后，在中国特色社会主义的基础之上，结合了政府的统一领导和开放市场，中国也在此后的几十年间，重新成为全球舞台上的主角之一。

五 地缘政治和文化前景展望

在这种背景下，中欧目前和未来的关系前景如何？欧洲又以何种身份面对这样一个中国？如果利玛窦和莱布尼茨设想中与中国相对照的欧洲是真实的，那么如今的欧洲无疑更进一步。我们也无法否认，如今的欧洲对中国而言并不是一个合格的对话者，而欧洲任何一个国家也显然不具备这样的实力。如今中国的政治经济现状及其长期向好的发展趋势，对欧洲而言是一个绝佳的机会。如果欧洲具有应对挑战的头脑，就应当抓住时机，加速促成政治经济统一体的建设，并成为世界舞台上独一无二的活跃主体。否则，欧洲将不断衰落，最终沉没于历史长河中。

但我们乐观地认为，欧洲能够建立一个内政外交、经济和国防的统一体。中国的政体给欧洲以启示，然而也对其提出了挑战：如何在欧洲建立一个同历史传统相吻合的政治社会机制（尽管无法尽善尽美），有效融合居民、安全、经济发展、社会正义与自由。此外，我们也应当集结多方力量在政府层面实现稳定与持续，并采取合理的选举制度来保障政府换届时必要的延续性。

同时，我们有信心实现欧洲一体化的迅速发展，并为不同国家和机构在各领域同中国开展具体合作提供广阔空间。尤其是实现利玛窦的未竟事业以及莱布尼茨的知识互通构想，直到回归曾经中欧之间的知识文化交流状态，与此同时也不忽视商贸往来。

如果说我能为在座的各位人文科学、文学、历史与哲学领域的年轻学者们提出一些建议，为你们指出一个值得研究的领域的话，我将选择中欧人文主义的对照。事实上，这一领域早在4个世纪之前就已经被利玛窦及其传教士同伴们，以及中国文人研究挖掘，其成果直到今天仍熠熠生辉。而中欧人文主义对照给我们的启示在于，成功与中国进行文化沟通的欧洲人文主义并非主要来源于天主教，其根源在欧洲古希腊古罗马人文主义，以及文艺复兴和现代人文主义之中。欧洲人文主义作为人类文明的瑰宝，与中国人文主义相呼应，能够且应当成为地球未来的一个重要文化之源。我并不想混淆中欧各异的文化特征与传统，而是为了突出两者在保持各自差异性的同时，彼此兼容而实现新的和谐。在此我们只需引用孔子《论语》中的警句："君子和而不同，小人同而不和。"

改革开放以来的利玛窦研究
（1978—2018 年）

代国庆　林金水[*]

内容摘要：改革 40 年来，中国学术界对利玛窦展开了全方位的研究，使利玛窦成了当下中国人最为熟知的史上入华的外国人之一。本书分别从利玛窦的回归与评价、西文史料的翻译、中文史料的钩沉、传记的著述、中西文化交流的研究、传教策略的研究、耶儒比较的研究几个方面回溯了 40 年间中国的利玛窦研究概况，并强调了利玛窦研究的时代意义。

关键词：利玛窦；文献研究；文化交流；改革开放；文明互鉴

2018 年恰逢中国改革开放 40 周年，这场深刻的社会变革重塑了中国与世界的关系。值此，我们亦重新反思历史上的中外关系，尤其是中国与欧美基督教世界的关系，利玛窦不可避免地再次浮现在我们眼前。作为近代首位成功进入中国，驻居北京的欧洲人，利玛窦颇具传奇色彩的人生经历不仅值得称道，其身后遗产更值得认真对待及研究。从某种程度上而言，中国社会对利玛窦的态度亦折射出国人对世界的看法。1978 年 10 月，在召开党的十一届三中全会之际，中国最高领导层批准重修利

---

[*] 代国庆，华南师范大学，中国古代史博士，现为华南师范大学历史文化学院副教授，主要从事世界宗教史和中西文化交流史的研究。林金水，现为福建师范大学中国基督教研究中心主任，教授、博士生导师，福建省政协常委，国务院特殊津贴专家，福建省政协常委、九三学社厦门市委副主任委员。

玛窦墓别有深意。① 40 年后的今天，我们回望此事，或许能体会出别样的历史韵律。尔后 40 年，中国学术界对利玛窦展开了全方位的研究，正是得益于学术界的孜孜勤敏，利玛窦（1552—1610）才成了当下中国人最为熟知的史上入华的外国人之一。本文简要回溯 40 年间的利玛窦研究概况，以纪念利玛窦这位沟通中西的伟人，弘扬改革开放。

一　利玛窦的回归与评价

在某一历史时期，鉴于利玛窦的独特身份，他被视为外来殖民势力的帮凶和文化侵略的前锋，有关的学术研究更是布满雷区、禁区。直至改革开放吹拂思想解放的清风后，有关利玛窦的研究才得以解冻，利玛窦得以"平反"，其形象亦愈发积极、正面且多样。

改革开放最初几年，有关利玛窦的研究开始破冰，且较为集中地围绕着利玛窦的历史评价问题展开，一改先前的旧说陈见。1983 年第 1 期《历史研究》刊发了《历史研究》评论员文章《努力开创历史研究的新局面》，总结了五年来史学研究取得的新成就，呈现出当时学术研究生动活泼的局面，有助于我们了解改革开放之初利玛窦研究所处的整体学术氛围。该文说道："自党的十一届三中全会以来，史学研究出现了初步繁荣的景象"，"学术讨论出现了空前活跃的局面，因十年内乱而中断了的一些重要史学问题的讨论得到恢复，并且有了新的进展，同时又提出了不少新的问题"。还特别提及了"双百"方针，并引用毛泽东同志的"双百"言论："为了判断正确的东西和错误的东西，常常需要有考验的时间"，"正确的东西，好的东西，人们一开始常常不承认它们是香花，反而把它们看作毒草"，"不是由于有意压抑，只是由于鉴别不清，也会妨碍新生事物的成长。因此，对于科学上、艺术上的是非，应当保持慎重

---

① 有关利玛窦墓修复内情，余三乐作了翔实披露，参见余三乐《利玛窦墓地修复的前前后后》，《新视野》1994 年第 3 期；另见余三乐《1949—1994 年的栅栏墓地》，载高智瑜、马爱德主编《栅栏：北京最古老的天主教墓地》，澳门特别行政区政府文化局 2001 年版，第 93—100 页。在此披露了修复利玛窦墓的报告获得当时中国最高领导层华国锋、叶剑英、邓小平、汪东兴以及李先念等领导的一致圈阅批准。

的态度,提倡自由讨论,不要轻率地作结论"。①

为了表达评论员文章的思想,该期《历史研究》组稿时,有意挑选那些以往中断,改革开放后重新加以讨论并取得新进展的论文,如对西学东传、来华传教士等的专门探讨,作为刊发的重点文章。首篇为叶晓青的《西学输入和中国传统文化》,以宽宏的视野梳理了300年来中西文化交流与碰撞的历史进程,不可避免地提及利玛窦、徐光启等人;末尾"学术动态"栏目的《上海将影印出版〈徐光启遗著〉》学术信息与之相呼应,特别指出了顾廷龙、朱维铮等人影印出版的8种较为罕见的徐光启著作,其中2种庋藏于巴黎和牛津,并明言法国国家图书馆收藏的明刻本《徐氏庖言》"系明末传教士离华时带去的"。上述两文讨论的主题虽均非利玛窦,但对传教士或利玛窦并没有忽略。第二篇文章《利玛窦在中国的活动与影响》,对利玛窦作了专题研究,试图"弄清利玛窦在华活动的基本史实,正确评价他在中国历史上的作用",认为"不要把利玛窦等耶稣会士与鸦片战争后来华的传教士相提并论","他们与西葡殖民主义的海外扩张有联系,但还谈不上是文化侵略",并进一步认为"宗教来往和传播是古代中西文化交流的重要手段","对中西文化交流作出重大贡献的人当中,有不少就是宗教人物"。② 此文后译为英文,在海外学术界亦产生了一定影响。笔者在此文中的观点主要受前辈著名学者、专家的影响,吕同六、冯天瑜尤其是笔者导师马雍对利玛窦作出的全新且中肯的评价。③ 这些文章从思想观念上为后来学人扫清了障碍,为初期利玛窦研究定下了基调。此后,学术界虽对利玛窦的历史评价有所争论,④

---

① 《历史研究》评论员:《努力开创历史研究的新局面》,《历史研究》1983年第1期。
② 林金水:《利玛窦在中国的活动与影响》,《历史研究》1983年第1期。此文节取自笔者的硕士学位论文。1978年至1981年,笔者就学于中国社会科学院研究生院,并选择以利玛窦为硕士学位论文的研究对象。
③ 吕同六:《沟通中西文化的先驱者——利玛窦》,《人民日报》1979年11月4日第6版;冯天瑜:《利玛窦等耶稣会士的在华学术活动》,《江汉论坛》1979年第4期;马雍:《近代欧洲汉学家的先驱马尔蒂尼》,《历史研究》1980年第6期。对上述文章的学术综述,可参见林金水、代国庆《利玛窦研究三十年》,《世界宗教研究》2010年第6期。
④ 如何桂春:《关于明清耶稣会士在华活动评价的几个问题》,《学术月刊》1992年第11期;对此文的商榷文章,参见康志杰《也谈"关于明清耶稣会士在华活动评价的几个问题"》,《学术月刊》1993年第10期。

但利玛窦"中西文化交流使者"的身份成了基本共识,这为接下来的学术研究提供了较为坚实的基础。

随着利玛窦研究的深入,其历史形象亦不断地丰满与多样。新世纪伊始,学术界不再简单地视其为文化交流的使者,还赋予其西方汉学奠基者之一的光环。张西平《传教士汉学研究》一书就认为利玛窦以及罗明坚是"西方汉学之父",他们最早开始了对汉语、儒家经典、中国历史、宗教、政治等多方面的引介和研究工作,可谓是现代西方汉学的开创人。① 不可否认的是,利玛窦身后遗产在教会内外均引发诸多争议,尤其对"礼仪之争"影响深远。在利玛窦身前、故后,对他的褒贬之评早已纷扬而起,这也难免对以后的利玛窦形象及研究产生深刻影响。

针对利玛窦等传教士引介的西学,何兆武在给中华书局版《利玛窦中国札记》所写的长篇序言中,虽承认"利玛窦作为介绍西法的创始人是功不可没",但亦认为"利玛窦及其所代表的思潮是与之(近代科学与近代思想)背道而驰的";② 何兆武《略论徐光启在中国思想史上的地位》一文更是明确批评"当时来华的传教士们传播中世纪的宗教神学体系,使中国学者完全被封锁在已经大步登上历史舞台的近代科学和近代思想的大门之外","近代科学在中国当时未能正式出现,那阻力并不来自中国科学家这方面,而来自西方神学家那方面"。③ 何氏其他诸文亦持相似的观点。即便如此,他也承认传教士中"也有不少的学者和技术家、艺术家,曾给中国带来了新的知识和技术。利玛窦本人就是一个最出色的代表"④。值得一提的是,何兆武对利玛窦等传教士的批评完全是在学术的框架内进行的,与此前的政治定性与批判迥然不同。正因如此,随着相关研究的推进,诸如在徐光启科技思想来源、徐光启天主教信仰、传教士的西学引介与传播等问题上,学术界作了更为微观且扎实的研究,

---

① 张西平:《传教士汉学研究》,大象出版社 2005 年版。
② 何兆武、何高济:《中译者序言》出版时间、版次(初版省略)/页码。《利玛窦中国札记》虽于 1983 年出版,但其序文则写于 1982 年初,两位何先生标明了序文的落款时间为 1982 年 3 月 24 日。
③ 何兆武:《略论徐光启在中国思想史上的地位》,《哲学研究》1983 年第 7 期。
④ 何兆武:《明末清初西学之再评价》,《学术月刊》1999 年第 1 期。

从而在一定程度上修订乃至否定了何兆武的上述立论及观点。① 有趣的是，宋黎明的《神父的新装》一书同样批评利玛窦，但与何兆武的立场却大相径庭，该书"充分肯定利玛窦在文化科学方面的杰出贡献，同时指出他在宗教方面存在的问题和缺陷。借用'儒僧'之说，利玛窦堪称'大儒'、'小僧'"，认为利玛窦是"一个伟大的文化人，也是一个平庸的传教士"。② 这在某种程度上呼应了历史上"礼仪之争"中对利玛窦的斥责。

学术视野下的利玛窦形象不免严肃，而当利玛窦从学术殿堂走进千家万户时，其形象则变得更为平易近人。2005 年，中央电视台、故宫博物院联合录制的纪录片《故宫》，再现了利玛窦入京及其所带来的诸多西洋器物；2016 年播出的百集专题纪录片《中国通史》，利玛窦及其同侪占有一席之地（第 84 集《耶稣会士来华》）；2017 年度热门综艺节目《国家宝藏》中，艺术再现了利玛窦、李之藻合作绘制《坤舆万国全图》的故事，生动且有趣。上述影视作品借助于多媒体的立体传播效果以及新兴媒介的互动平台，引发了大量网友的参与。他们以朴素的语言来表达心中的利玛窦形象，诸如"功德无量""真了不起""一个平凡的伟人"等词语不时刷屏，利玛窦一度成为大众社交中的热门话题。

从 20 世纪 70 年代末 80 年代初利玛窦的回归与"平反"，到当下利玛窦所展现出来的多元形象，见证了四十年的利玛窦研究进程，有关的研究可谓汗牛充栋，要把所有的研究成果渐次展示几乎是不可能，亦是不必要的。下文仅就四十年间利玛窦研究具有原创性、代表性、系统性的专著，及个别具有较大影响的论文，分门别类，从 6 个方面梳理利玛窦研究的历史进程，力图呈现一条较为清晰但也相对简单的研究脉络。挂一漏万和言之不妥之处，在所难免，敬请方家指正。

---

① 何兆武先生后来的观点或许也发生了一些变化，新近的一篇文章《中国为什么没有产生近代科学》，《人民日报》2015 年 3 月 16 日，第 16 版，完全没有提及利玛窦等传教士的阻碍作用。
② 宋黎明：《神父的新装——利玛窦在中国（1582—1610）》，南京大学出版社 2011 年版，自序第 4 页，第 294 页。关于此书，详见下文的评述。

二　有关利玛窦西文史料的翻译

利玛窦作为中欧交流史中的重要人物，有关他的史料具有中文与西文、教内与教外的双重分野。自 1982 年笔者翻译的部分利玛窦西文文献发表以来①，学术界对利玛窦史料用功颇勤，收获亦丰。

利玛窦留下的最重要的西文文献是他历年的书信报告以及晚年在北京写的回忆录。西方学者汾屠利（1861—1956）、德礼贤（1890—1963）对这些利玛窦西文底本文献的搜集、整理作出了巨大贡献，他们所作的考释研究工作亦具有显著的学术价值。不过在更长的一段时间内，金尼阁修订的拉丁文本更为流行。中文学术界对利玛窦西文文献的引介便基于上述这两个系统，以时间为序，主要的中文译本如下：

首个完整的利玛窦回忆录中译本是由何高济、王遵仲、李申合作翻译，何兆武审校完成的，并纳入颇负盛名的中华书局"中外关系史名著译丛"系列，于 1983 年以《利玛窦中国札记》为名出版。该中译本依据的是 Louis Joseph Gallagher 的英译本，而 Gallagher 又是基于金尼阁的拉丁译本。从底本而言，中华书局版的《利玛窦中国札记》源于金尼阁的修订本，这与利玛窦意文手稿尚有显著差异。既然选择 Gallagher 的英译本，那么也就忽略了德礼贤已经完成了的详细的考证成果。不过作为首个中译本，《利玛窦中国札记》仍具有巨大的影响力，从它频繁重印出版就可以估量出学术界乃至一般读者对它的迫切需求。事实也是如此，在长达 30 余年的时间内，此书是大陆学术界利玛窦研究倚重的最主要文献之一。②

同样是在 1983 年，台湾教会学者开始着手利玛窦西文全集文献的汉译工作。由罗光主持，刘俊余、王玉川负责翻译利玛窦的回忆录，底本是德礼贤整理的 Fonti Ricciane；罗渔负责翻译利玛窦的书信，底本是汾屠立的汇编本。上述两部分合为一集四册，以《利玛窦全集》为名于

---

① 《利玛窦日记选录》，林金水译，《明史资料丛刊》1982 年第 2 期。
② 利玛窦、金尼阁：《利玛窦中国札记》，何高济等译、何兆武校，中华书局 1983 年版。此书至今仍不断重印，如中华书局于 2010 年又予以重新出版。

1986年出版。① 台湾版的《利玛窦全集》以意大利文本为底本，且囊括了利玛窦及其与他密切相关的传教士的书信，这都是大陆中华书局版所欠缺的。但由于两岸的隔阂状态，此一全集在很长一段时间内无法在大陆地区流传。20世纪90年代后期，它虽被大陆学者所征引，但也局限在一个较小的学术范围内，无法取代、撼动中华书局版的地位。台版全集存在的另一问题是，翻译者于学术规范有所疏忽，导致出现漏译、错译等硬伤。

可见，汉语学术界在20世纪80年代前期便形成了两个底本、内容均有差别的汉译版本。它们对利玛窦研究的推动作用是毋庸置疑的，但其存在的显著缺陷亦无可讳言。鉴于此，有必要对利玛窦西文文献进行重新汉译整理。令人欣慰的是，文铮重译了利玛窦西文文献，先后在商务印书馆出版了《耶稣会与天主教进入中国史》和《利玛窦书信集》。② 此商务版在底本选择、内容涵盖方面比中华书局版更为精当、全面，在翻译信、达方面比之台版更为精确、严谨。从译的角度来说，随着文铮商务译本的面世，汾屠利、德礼贤汇编整理的利玛窦西文文献的基本面貌算是得到较为完整且准确的汉译本呈现，是现今可利用的最好的本子；从注的层面而言，则有欠缺，不仅没有系统翻译汾屠利、德礼贤的译注，亦没有跟进现有的学术成果。另一个问题是，现有的汉译本没有突破汾屠利、德礼贤的框架，在拓宽、钩沉新的利玛窦西文文献方面乏善可陈。相比之下，利玛窦汉文文献的搜集、整理工作更为显著，成就亦更为可观。

三 有关利玛窦中文史料的钩沉

在利玛窦研究重启之初，中国学术界自觉地把他纳入中国历史的脉络予以考察，追寻利玛窦的交游网络，汇编他的汉文著述，搜集明清典

---

① 刘俊余、王玉川译：《利玛窦〈中国传教史〉》（上下）；罗渔译：《利玛窦书信集》（上下），共同构成《利玛窦全集》4册，光启出版社、辅仁大学出版社联合出版，1986年版。
② 利玛窦：《耶稣会与天主教进入中国史》，文铮译、梅欧金校，商务印书馆2014年版；利玛窦：《利玛窦书信集》，文铮译、梅欧金校，商务印书馆2018年版。

籍中有关的片言只语。在这一过程中，诸多学者参与其中，添砖加瓦，为利玛窦研究夯实了汉语文献基础，其中具有代表性的汉文文献整理文本有如下三种。

首先，朱维铮先生主编的《利玛窦中文著译集》为学术界贡献了一部整全的利玛窦汉文文献集。① 此前，利玛窦的汉文文献多分散在诸多丛书中，且影印本居多。学术界对《天主实义》等个别文献虽索读无碍，但于利氏汉文译著却难以窥其全貌。鉴于此，朱维铮主持了利玛窦中文著述的辑录、编校工作，集结而成《利玛窦中文著译集》。此书共收录利玛窦中文译著文献17种，其中15种全文收录，2种存目，② 另汇辑了相关的序跋题词，且对每种文献逐一作简介、提要、句读、校勘，由此而成"一部编校较完整的结集本"。得益于此书收集之广、底本之善、点校之精、校勘之细，一部可信、易读、较完整的利玛窦中文文献集由此面世。

相比之下，把散落在明清浩瀚典籍中的有关利玛窦的吉光片羽涸泽而渔似乎不可能。随着汤开建汇辑的《利玛窦：明清中文文献资料汇释》一书的出版，③ 此一不可能具有了可能性的坚实基础。此书按照所录文献的性质，分为"碑传"（58条）、"序跋"（134条）、"公牍"（46条）、"述论"（69条）、"诗束"（90条）以及"杂纂"（232条）共六卷，引征了500多种文献、著述，汇辑字数达80余万字。数量及种类几乎出乎所有人的意料和估计，极大拓展了利玛窦中文文献的范围。此书的出版并不意味着相关文献搜集的完毕，2017年11月7日，在上海图书馆徐家汇藏书楼新书首发式上，汤开建补充了一批新搜集但未及纳入出版的资料，其后又在《国际汉学》上发表《〈利玛窦明清中文文献资料汇释〉补遗》一文，计7万余字。④ 上述90余万字的释校文本，既是汤开建长

---

① 朱维铮主编：《利玛窦中文著译集》，复旦大学出版社2001年版。
② 朱先生认为现存的归在利玛窦名下的中文文献有19种，17种可以确定，其中全文收录的15种分别是：《天主实义》《交友论》《二十五言》《西国记法》《坤舆万国全图》《上大明皇帝贡献土物奏》《西琴曲意》《西字奇蹟》《浑盖通宪图说》《畸人十篇》《乾坤体义》《圜容较义》《测量法义》《复虞淳熙》《理法器撮要》，2种存目：《几何原本》《同文算指》。
③ 汤开建：《利玛窦明清中文文献资料汇释》，上海古籍出版社2017年版。
④ 关于此次新书发布会，可参见媒体的相关报道及宋黎明《利玛窦研究资料汇释梳理》，《文汇报·文汇学人》2017年12月29日；汤开建：《〈利玛窦明清中文文献资料汇释〉补遗》，《国际汉学》2018年第4期。

期从事明清中西交流史、澳门史研究的结晶，亦是众多学人勤勉搜寻的共同结果。

学术界除了在一个较广的维度上对利玛窦中文文献予以汇辑外，亦不乏对其单篇文献作深入笺注。鉴于利玛窦中文著述具有显著的跨文化思想史文本特征，蕴涵着中西神学、经学的相遇与碰撞，中西自然科学的互识与交流等话题，尤其是他的经典之作《天主实义》，可谓是中西两大传统的首次深入对话。对此对话细节及深层次哲理的梳理，见于梅谦立、谭杰对《天主实义》所作的全面且不乏新意的解读。在他们校注的《天主实义今注》一书中，利玛窦被定位于耶稣会东方传教的坐标中，书中也肯定了范礼安、罗明坚的著述对《天主实义》的直接影响。此外，校注者还回溯了《天主实义》各章节在华成书的具体时空场景和文化背景，呈现了一幅生动且深刻的中西文化交流的图景。①

综上所述，利玛窦相关中文文献的整理，无论在广度还是在深度层面均有突破性进展，并远超现在所见的利玛窦西文文献整理本。我们可以自信地说，利玛窦不仅来过中国，而且深深地嵌入中国历史和文化中。要想了解利玛窦，必须去看这些颇具规模的中文史料。这为中国学者在利玛窦研究领域中的话语权奠定了坚实基础。

四 有关利玛窦传记的著述

中国学者对利玛窦生平的了解与研究，是从翻译外国学者的利玛窦传记开始的。裴化行、史景迁、邓恩等学者的利玛窦传记及相关作品的汉译本相继发行出版，不仅推动了中国学术界的利玛窦研究，而且还在中国社会中普及了明清之际入华耶稣会的历史知识。改革开放后，最早开始以利玛窦为研究对象的是笔者的硕士学位论文（1981），15年后，此一文稿稍加整理以《利玛窦与中国》为名出版。②进入21世纪后，有关利玛窦传记的品种繁多，且写作风格不一，其中具有显著学术价值的有

---

① 利玛窦：《天主实义今注》，梅谦立注，谭杰校勘，商务印书馆2014年版。对此书的书评，可参见代国庆《〈天主实义〉的今注与新评》，《国际汉学》2017年第3期。
② 林金水：《利玛窦与中国》，中国社会科学出版社1996年版。

如下几部。

首先提及的是，2011年南京大学出版社出版的宋黎明的《神父的新装——利玛窦在中国（1582—1610）》一书。① 诚如其名，此书关注的是利玛窦在华期间的故事，聚焦的是"利玛窦时代"。此书用5个章节依次记录利玛窦的在华足迹和事迹，分别对应利玛窦在华留居5个城市的经历。最后2个章节则谈了两个层面，即文化与宗教的历史遗产，并作了一改常言的历史评价。宋黎明以其对中西文献的熟稔、专业的考据、富有新意的视角，以及所塑造的"新装"利玛窦，达到了他著述此书的目的，即"你未必完全同意本书的观点，但一读之下，你心中利玛窦的形象将难以原封不动"。此专著连同宋黎明所写诸篇有关利玛窦的考据文章，不仅在细节方面斧正了诸多利玛窦生平或交往方面的史实或人物本源，而且基于扎实的史料，对利玛窦作了"大儒""小僧"批评性的评价，突破了对利玛窦的固有认知，成为利玛窦研究的难得之作。

在宋著出版前后，另有两部利玛窦的传记作品先后汉译出版。一部是夏伯嘉的《利玛窦：紫禁城里的耶稣会士》，此书先于2010年出版英文版，2012年汉译本面世。② 这是一部标准的利玛窦传记，涵盖了利玛窦从出生到去世，从欧洲到东方，从澳门到北京及其历史遗产等方方面面的事项。另一部传记是来自利玛窦故乡马切拉塔大学的菲利浦·米尼尼教授撰写的《利玛窦：凤凰阁》，同样是在2012年汉译出版。③ 此书提供了一些鲜为人知的细节，尤其是对利玛窦早年生活的细致研究，诸如利玛窦家族情况、早年学习情况等。

除此之外，市面上尚有不少冠名利玛窦的作品，诸如《我先祖的故事——利玛窦、徐光启和熊三拔》④《利玛窦行旅中国记》⑤ 等书。其中

---

① 宋黎明：《神父的新装——利玛窦在中国（1582—1610）》，南京大学出版社2011年版。
② R. Po—chia Hsia, *A Jesuit in the Forbidden City: Matteo Ricci 1552—1610*, Oxford: Oxford University Press, 2010. ［美］夏伯嘉：《利玛窦：紫禁城里的耶稣会士》，向红艳、李春园译、董少新校，上海古籍出版社2012年版。
③ ［意］菲利浦·米尼尼：《利玛窦：凤凰阁》，王苏娜译，大象出版社2012年版。张西平教授为此书所写的中文版序言，评述了此书的特点以及学术贡献，当为中肯之言。
④ 倪波路、利奇、徐承熙：《我先祖的故事——利玛窦、徐光启和熊三拔》，浙江大学出版社2010年版。
⑤ 上海博物馆主编：《利玛窦行旅中国记》，北京大学出版社2010年版。

既有严肃的学术性讨论，又有通俗性的叙事，亦不乏后人的追思以及生动的图像展示，呈现出多元化的色彩。这体现了不同的作者对利玛窦的书写有着不同的诉求，同时也暗示着它们要满足不同层面读者的需要。

五　有关利玛窦中西文化交流的研究

利玛窦是以中外文化交流使者的身份回归汉语学界、中国社会的。这是40年来利玛窦最为显著的一个标签，同时也是学术界研究利玛窦用力最勤，成果最多之处。既然是中西文化交流，就包含"西学东渐""中学西被"这一双向的交流。而交流的内容除了器物，更主要的是思想与观念。在相当长的一段时间内，"西学东渐"与器物传播是学术界研究的主要话题。近20年来，"中学西被"与思想传播则受到学者的更多关注。此种学术转向亦与中国社会以及中外关系的走向相合。

学术界对利玛窦"西学东渐"的研究可谓方方面面，涉及音乐、美术、教育、语言、医学、法律、建筑等，而历算、舆地、神哲之学的研究也颇具心得。代表性的著述有黄时鉴、龚缨晏领衔编著完成的《利玛窦世界地图研究》。① 此书分三部分，上编对利玛窦世界地图的绘制与刊行作了翔实的历史梳理，中篇追溯了地图的资料来源以及在整个东方世界产生的深远影响，下编则对地图上的录文作了整理。此书收寻广泛、视野广阔，以世界整体史观考察利氏地图的来源、传播以及影响，把科技传播史纳入思想史的脉络，从而丰富且深化了器物传播研究的层次性。此书研究文本与文献文本并存、图文并茂，大大增加了学术性、可读性与收藏性。由此也获得不少学者的推崇和认可，被视为"资料之翔实，论述之精到，堪称国内外一流水准"。②

同样，利玛窦还是"中学西被"最早的倡引者，经由利玛窦，中国历史、政治、宗教等现状首次在西欧获得最为直接且忠实可靠的传输，尤其是利玛窦对中国儒家文本与思想的引介，更是受到学术界的重视。除了上述具体领域与名目外，利玛窦对西方学术亦产生了一定影响，即

---

① 黄时鉴、龚缨晏编著：《利玛窦世界地图研究》，上海古籍出版社2004年版。
② 卞继之：《〈利玛窦世界地图研究〉出版》，《世界汉学》2005年第1期。

由利玛窦时代所开创的汉学传统。对上述问题，张西平多有涉及，并主要反映在他的两本专著中，即《中国与欧洲早期宗教和哲学交流史》《儒学西传欧洲研究导论》①。前书的上编较为系统梳理了由利玛窦所开启的亚里士多德哲学、托马斯神学的入华轨迹，下编则专门探讨了中国哲学、宗教的西传话题；后书更为深入探讨了中学西被问题，尤其是耶稣会士对儒家经典的译介。此外，梅谦立的系列文章以及他所主持的中山大学西学东渐文献馆亦较多涉及儒学西传问题，且不乏对其间利玛窦角色的专门研究。②

六　有关利玛窦传教策略的研究

利玛窦在华的成功，在很大程度上与他所采用的灵活传教策略有关。而此策略又与利玛窦对中国社会、中国文化的细致体察与推崇褒扬相连。康熙皇帝以"利玛窦规矩"简而言之，学术界多称之为"适应策略"。此策略极大影响了明清之际中西交流，故受到学术界重视。其中有两本专著讨论了利玛窦的传教策略及其成因、影响等问题。

一是沈定平的《明清之际中西文化交流史——明代：调适与会通》，③此书在广阔的社会历史背景下探讨了明清之际入华传教士及其所引发的中西文化交流。该书以"适应性传教策略"为核心议题，认为耶稣会士中国传教路线，经过沙勿略（St. Francois Xavier，1505—1552）的初步酝酿，范礼安的具体谋划，罗明坚的最早实践，直到利玛窦集其大成，一环紧扣一环，一层深似一层的传承下来并基本形成。同时还对这一策略

---

① 张西平：《中国与欧洲早期宗教和哲学交流史》，东方出版社2001年版；张西平：《儒学西传欧洲研究导论》，北京大学出版社2016年版。
② 梅谦立：《孔夫子：最初西文翻译的儒家经典》，《中山大学学报》2008年第2期；梅谦立：《论语在西方的第一个译本（1687年）》，《中国哲学史》2011年第4期；梅谦立：《耶稣会士与儒家经典：翻译者，抑或叛逆者》，《现代哲学》2014年第6期；梅谦立、汪聂才：《〈中国哲学家孔夫子〉中所谈利玛窦宣教策略译评》，《国际汉学》2014年第1期；中山大学西学东渐文献馆主编：《西学东渐研究》第六辑，商务印书馆2016年版。
③ 沈定平：《明清之际中西文化交流史——明代：调适与会通》，商务印书馆2001年版。增订本出版于2007年。

作了理论总结，并与军事征服路线作了比较分析。诚如作者所言："书中特辟出较多篇幅，详细阐述了利玛窦在建立适应性传教策略的整体构架中不可磨灭的贡献，以及该构架所包含的基本内容。"

另一是张国刚的《从中西初识到礼仪之争——明清传教士与中西文化交流》，① 此书较多讨论了"适应策略"所隐含的文化冲突，而此冲突肇源于"耶稣会士对华传教中的结交士大夫并适应士大夫文化的政策"。该书用两章篇幅探讨了"适应政策与文化冲突"在教会内部以及中国士大夫中的具体呈现，并最终以"礼仪之争"的形式呈现出来。

沈书与张书共同勾勒出适应策略的前因与后果，适应策略的完整图景由此获得翔实且富有思辨性的呈现。两书虽都对适应策略着墨颇多，但也就其他相关问题作了较大篇幅的交代。这表明适应策略牵涉广泛，其实利玛窦适应策略的形成与实践关涉传教团体的权力结构、利玛窦以及罗明坚早期的不同尝试、后来多明我会士与方济各会士的质疑与否定、中国儒士以及儒学派别的差异等复杂历史情形，其中所呈现出来的保教权问题、传教士的民族身份及修会所属问题、中国地域文化问题、易服问题、术语问题、合儒易佛问题等均受到学术界的关注和检讨，与此相关的学术论文颇为可观，围绕易服等问题所展开的学术争鸣亦较为活跃。相关的学术研究，随着对罗明坚、"礼仪之争"等话题的演进，相信会有进一步的推进。

七　有关利玛窦耶儒比较的研究

利玛窦最独特的历史贡献或许是连通了天主教与儒学，后世学者亦充分认识到耶儒互动的重要性。朱维铮独具慧眼，较早察觉到"西学"与"汉学"的关联性。其《十八世纪中国的汉学与西学》一文，以犀利的笔锋宏观地梳理了外来西学与中国本土学术变迁的内在理路，首倡利玛窦与王学的关联性。② 在《利玛窦中文著译集·导言》一文中，朱维铮

---

① 张国刚：《从中西初识到礼仪之争——明清传教士与中西文化交流》，人民出版社2003年版。
② 朱维铮：《十八世纪中国的汉学与西学》，《复旦学报》1987年第3期。

又作了系统阐释,敏锐地观察到利玛窦北上的历程"恰好踩着前一百年王学由前驱到教主自南至北拓殖的路线",并在关键时刻"得到王门有关人士的同情和奥援"。①《晚明王学与利玛窦入华》一文则进一步解释了利玛窦赢得王门士人好感的原因。② 上述观点可谓真知灼见,摆脱了对利玛窦耶儒关系的泛泛而谈。朱维铮对此学术公案的关注,着眼于晚明经学与西学"二者发生遭遇以后激起的一连串学术畸变",并认为它实为促使中国"走出中世纪"不可忽视之因素。除此之外,中国学术界对利玛窦所开启的耶儒互动的比较研究亦多有力著。

孙尚扬的《基督教与明末儒学》是较早一部系统阐释利玛窦耶儒观的专著,此书较为深入地分析了利玛窦对儒学的资取与批判,同时亦注意到明末士大夫对天学的理解和反应,并对耶儒互动的要害处进行了重点讨论阐发,揭示了利玛窦和徐光启、李之藻、杨廷筠等人各自思想核心中的优长及差异,从而阐明他们彼此尊重、吸取、互释与融通的原因和机制,同时指出了各自出发点上的重大分别。③ 陈卫平的《第一页与胚胎:明清之际的中西文化比较》亦是较早一部对明清之际中西文化进行比较的专著,论及了耶儒间的调试与冲突。④ 其后,何俊的《西学与晚明思想的裂变》一书在更为广泛的文本与历史场景下,较为深入地考察了处于"裂变"状态下的晚明思想与外来天主教的互动过程。⑤ 此书敏锐地察觉到"关于道德与伦理的思想,成为利玛窦讲道与交往中所谈论的核心内容",并着重从耶儒伦理道德层面去分析利玛窦的传教事业与得失。林中泽继续此一话题,其《晚明中西性伦理的相遇——以利玛窦〈天主实义〉和庞迪我〈七克〉为中心》一书着重于利玛窦、庞迪我所引介的性伦理及其具体的生活规范,并重点阐释了它在晚明中国本土伦理语境下呈现出来的错综复杂的境遇。此书不仅论证了传教士内部对相关敏感

---

① 朱维铮:《利玛窦中文著译集·导言》,复旦大学出版社2001年版,第18页。
② 作者分析道:"东西南北四海皆可出圣人"的观点为天主教东传提供了理论契机;天学的修身之道为王门人士提供了借鉴;利玛窦迎合王学对"师友之道"的重视而撰写《交友论》,参见《晚明王学与利玛窦入华》,《中国文化》2004年第1期。
③ 孙尚扬:《基督教与明末儒学》,东方出版社1994年版。此书的修订本《明末天主教与儒学互动:一种思想史的视角》,于2013年由宗教文化出版社出版。
④ 陈卫平:《第一页与胚胎:明清之际的中西文化比较》,上海人民出版社1992年版。
⑤ 何俊:《西学与晚明思想的裂变》,上海人民出版社1998年版。

话题的不同立场，亦凸显出表面相似实则本质迥异的中西不同传统的伦理规范与道德体系，颇引人深思。① 此外，《天主实义与中国学统——文化互动与诠释》② 以及《诠释的圆环》③ 均借助于诠释学的视野，较为深入剖析了利玛窦对儒学的理解以及由此而成的具有显著混合特征的"天学"对本土儒学的影响和意义。

结语 超越历史的利玛窦与"互鉴"精神

2016年11月23日，《光明日报》发表了《学界为何纪念利玛窦》一文，④ 认为利玛窦之所以被视为"明清之际中西文化交流的奠基人"，要归功于他所秉持的"文化互鉴"精神，并进一步阐释互鉴的内涵，即适应本土文化、平等对话、相互学习。可见，利玛窦化身为某种符号和象征，它已经超越了利玛窦本身的作为，而成为某一历史时代的缩影与历史情结的表达。而这一历史符号，具有穿越历史时空与人为阻隔的独特魅力，成为中国与世界各国友好关系的见证与桥梁。对于为全球化造就的第一代人来说，利玛窦所秉持的"互鉴"精神正是400年来开放包容、平等对话、互利合作等支撑全球化持续演进的精神内核的生动体现值得秉承并发扬。

利玛窦不仅是西方文化和平的使者，还是中国文化的代言人。2016年杭州G20峰会，习近平主席致开幕辞，热情欢迎各国政要，指出"上有天堂，下有苏杭，相信杭州峰会将给大家呈现一种历史和现实交汇的独特韵味"；在晚宴致辞中，又亲切地说道："1583年，意大利人利玛窦来到中国，他于1599年记述了'上有天堂、下有苏杭'这一说法，据说他是首个记录、传播这句话的西方人。"⑤ 利玛窦作为历史上中外"友谊

---

① 林中泽：《晚明中西性伦理的相遇——以利玛窦〈天主实义〉和庞迪我〈七克〉为中心》，广东教育出版社2003年版。
② 张晓林：《天主实义与中国学统——文化互动与诠释》，学林出版社2005年版。
③ 孙景尧：《诠释的圆环》，北京大学出版社2005年版。
④ 彭景晖：《学界为何纪念利玛窦》，《光明日报》2016年11月23日第5版。
⑤ 2016年9月5日的《人民日报》对习近平主席出席二十国集团领导人杭州峰会作了全面报道；中央电视台新闻频道亦作了直播报道。

之桥""合作之桥"的见证者与当事人,被习主席提及,可见利玛窦不仅存在于历史中,还活在当下,并继续参与创造未来,他也是"未来之桥"的参与者。

利玛窦在中国语言学上的贡献研究论纲

张西平　杨少芳

内容摘要：利玛窦作为耶稣会入华、基督教来华传播最具代表性的人物，其对汉语文字之功的重视在当时的来华传教士中也是开辟天地的。本书尝试从注音、词汇、汉语学习等视角，梳理从利玛窦初涉汉语到汉语习得中重要的语言文献，将其对汉语的理解和创造性应用条分缕析，发现利氏于现代汉语注音系统、近代汉语外来词和汉语教育史中的开创性贡献，并试图从语言学的角度，揭示出中西两种文化相遇的真实图景。

关键词：利玛窦；注音；《西字奇迹》；词汇；汉语学习

利玛窦作为中西文化交流史的奠基性人物，在许多方面都有着重大的贡献。在其诸多的贡献中，他对中国语言学的贡献十分突出，但学界鲜有研究。近年来，这个领域开始引起学术界的重视，出版了一系列重要成果，[1] 但对利玛窦在语言学上的贡献研究仍显得薄弱。本文对此略作

---

[1]　参见张西平等编《西方人早期汉语学史调查》（上下），大百科出版社2003年；姚小平编：《海外汉语探索四百年管窥》，外语教学与研究出版社2008年；李向玉、张西平等编：《世界汉语教育史研究》，澳门理工学院2005年版；张西平、杨慧玲编：《近代西方汉语研究论集》，商务印书馆2013年版；杨慧玲：《19世纪汉英词典传统：马礼逊、卫三畏、翟里斯汉英词典的谱系研究》，商务印书馆2012年版；董海樱：《16—19世纪初西人汉语研究》，商务印书馆2011年版；李真：《马若瑟〈汉语札记〉研究》，商务印书馆2014年版；刘亚辉：《马若瑟〈汉语札记〉与〈马氏文通〉文言徐子对比研究》，语文出版社2016年版；陈辉：《论早期东亚与欧洲的语言接触》，中国社会科学出版社2007年版。

尝试，以求教各位方家。

一 利玛窦在汉语注音上的贡献

（一）《葡华词典》中的《宾客问答辞义》

利玛窦和罗明坚（1543—1607）的《葡华辞典》是一部重要的语言学著作。作为世界上首部欧—汉双语辞典，关于它的相关研究也随之深入展开。① 《葡华辞典》的手稿是由意大利汉学家德礼贤（1890—1963）于1934年在罗马耶稣会档案馆（Aechivum Romanum Societartis Societatis Iesu，ARSI）首次发现。② 而《宾主问答辞义》③ 是附在辞典正文之前的散页部分，共9页，从第003至007页。④ 全文没有一个汉字，只有罗马字母注音，是目前可知的第一份汉语注音会话体文献。文献上所写的标题"Pin ci"，德礼贤将其转写为"平常问答词意"。杨福绵根据罗明坚草创之汉语语音系统做出更正，将题目汉字确定为"宾主问答辞义"。⑤ 杨福绵在《罗明坚、利玛窦〈葡华辞典〉所记录的明代官话》一文中提到了这份手稿散页中的《宾客问答辞义》，但并未展开深入研究。⑥ 对这篇文献展开最早研究的是日本学者古屋昭弘。他认为"《问答》和金尼阁根据耶稣会在全国活动的需要于1626年在杭州出版的《西儒耳目资》这两

---

① 相关研究参见杨福绵《罗明坚、利玛窦〈葡华辞典〉所记录的明代官话》，《中国语言学报》1995年第5期；王铭宇：《罗明坚、利玛窦〈葡华辞典〉词汇问题举隅》，《励耘语言学刊》2014年第1期；姚小平：《从晚明〈葡华词典〉看中西词汇的接触》，《当代外语研究》2014年第9期；［意］康华伦（Valentino Castellazzi）：《罗明坚和利玛窦编辑的所谓〈葡华辞典〉》（Dicionário Português—Chinês）中的一些不一致》，辅仁大学第六届汉学国际研讨会论文，新北，2010年11月。

② 该手稿藏于罗马耶稣会档案馆（Archive Romanum Societatis Iesu），其编号为：Jap—Sin. I 198，共189页。

③ 下文简称《问答》。

④ 关于散页内容分布及页码，参见张西平《〈葡华词典〉散页研究》，《北京行政学院学报》2016年第1期。

⑤ 参见杨福绵《罗明坚、利玛窦〈葡华辞典〉所记录的明代官话》，《中国语言学报》1995年第5期。后又有日本学者对该题目做出校正，定为"宾主问答私拟"，参见［日］古屋昭弘《〈宾主问答释疑〉的音系》，刘丽川译，《中国语言研究·开篇》1988年第6卷。

⑥ 参见张西平《〈葡华辞典〉中的散页文献研究》，《北京行政学院学报》2016年第1期。

份文献，在音系上，没有太大的差异。"① 由于这份文献是《葡华辞典》中的散页，所以首先应该搞清这份文献的注音系统和《葡华辞典》的注音系统之间的关系。

　　这份文献共有 9 页。笔者试将其注音配上中文，并对原文加以转写。现将第一页即对话一摘录如下：②

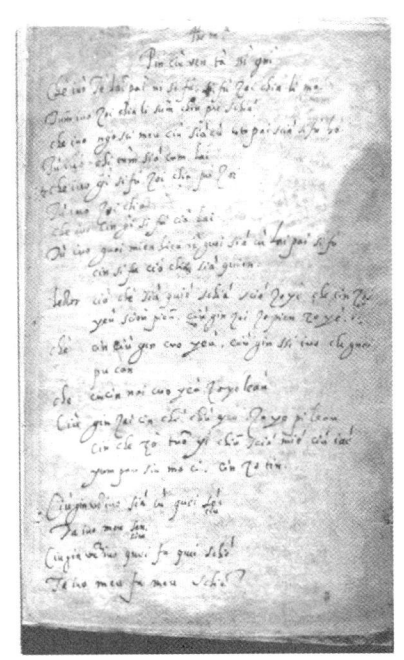

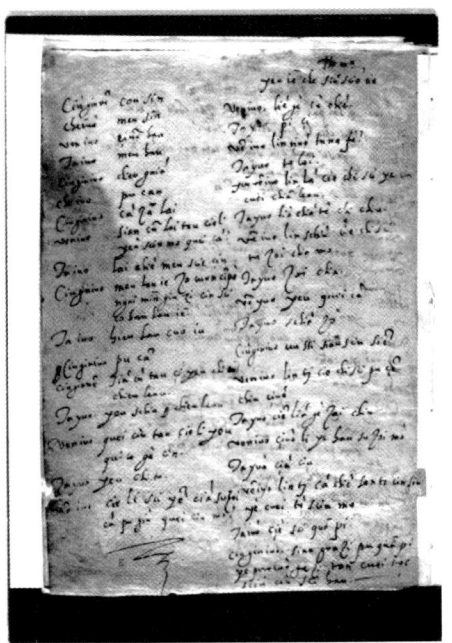

f. 003R

Pin ciù ven tà ssì gnì

宾主问答辞义（私拟）

Chè iuó Tè laī paì ni si fu, si fu zai chia li mo.

客曰：特来拜你师傅，师傅在家里么

Tum iuo zoi chia li sum chin pu schiá

---

① ［日］古屋昭弘：《〈宾主问答释疑〉的音系》，刘丽川译，《中国语言研究·开篇》1988 年第 6 卷。
② 由于文本老旧，手写字迹模糊，加之早期罗明坚注音系统不稳定等因素，某些字词无法对应，阙如。

徒曰：在家里诵经不暇

che iuo ngo sa meu ciù sià cù toto pai scià si fu bo.

客曰：我下次拜上师傅不

Tù iuo chi tùm sià cum lai

徒曰：相公来

（汝）che iuo gi si fù zoi chia pu zoi

客曰：你师傅在家不在

Tu iuo zoi chia

徒曰：在家

Che iuo cin gi si fù ció lai

客曰：请你师傅出来

Tu iuo guai mien hieu iè guei sià cù lai pai si fu

徒曰：外面有一位相公来拜师傅

Cin si fu ció chiu sià quien.

请师傅出去相见

Ledor ciù chè sià guiè schià scià zoyiçhe cin zoi

主客相见上下作揖客请坐

Yeù scioù pien. Ciu gin zoi zo pien zo yè.

右手边。主人在左边作揖

Che cin ciu gin cuo yeù, ciù gin ssi iuo che guei

客：请主人坐右，主人辞曰客贵

pu can

不敢

Che ciu cin nai cuo yeù Zoye leaù

客：主请　汝　坐右　作揖了

Ciu gin zai cin chè chiù yeù. Zoye pi leau

主人再请客趋右。作揖毕了

Cin che zó tuō, yi chiū scin' mie' ciu' iai'

请客坐妥　　主

Yum pru siu mo ci. Cin zo tin.

休莫辞。请坐定

Ciù gin ve iuo sià cù guei séi /ciu

主人问曰：相公贵省/城

Ta iuo meu seu/ciu

答曰：某省/城

Ciu gin ve iuo quei fu quei schiè.

主人问曰：贵府贵县

Tu iuo meu fu meu schie

徒曰：某府某县

通观全文，笔者首先通过对比《问答》与《辞典》在注音上的异同，来尝试说明该部分散页内容和辞典正文的关系。

表1 ①

汉字	拟音**	《宾主问答辞义》	《葡华辞典》
宝	[pau]	pau sciè 宝石	pau scie 宝石
怕	[pʻa]	pu pa 不怕	po pa 不怕
明	[miŋ]	min po' 明白	min puo 明白
费	[fi]	fi cum 费功	guei chij② 费气；guaʻfi 枉费③
无	[vu]	uu ssi 无事	uu cin 无尽
到	[tau]	tau 到	zai tau 才到
同	[tʻuŋ]	tum chiu 同去	tu^ngo 同我；siaʻtum 相同
两年④	[liaŋ niɛn]	lia^nien 两年	liao^nien 两年
这	[tʃiɛ]	cie li 这里	cie li 这里
怎	[tsɛn]	çen mo 怎么	cen mo 怎么
做	[tsɔt]	zu ij fo' 做衣服	zu fan zi 做房子

---

① 此表所选例字以三十六字母为参照。

** 拟音参照意大利语和葡萄牙语的语音拼法及杨福绵的拟音而成。

② 虽然罗明坚和利玛窦在初学汉语时就是学习当时的官话，不过在肇庆他们所请的汉语老师有一位福建儒士，他们所学官话语音中自然带有福建方音的影子。

③ 由于《宾主问答》篇幅有限，所涉及词语不一定出现在《辞典》中。如无，则以别词代替。

④ 以词语出现时，两个字各代表一个声母列出。

续表

汉字	拟音	《宾主问答辞义》	《葡华辞典》
小心	[siau sin]	siau sin 小心	siau sin 小心
程	[tʃ'iŋ]	gè cin 日程	lu cin 路程
什	[ʃin] [ʃiɛ]	scin mo 什么	scie mo；scin mo 什么
如今	[ʒiu kin]	giu chin 如今	giu chin 如今
二	[ʒi]	gi si fù 二师父	ti gi 第二
这个	[tʃie kɔ]	cie co 这个	cie co 这个
可	[k'ɔ] [xau]	pu co 不可	po hau 不可
一块	[iɛ kuai]	ie quai 一块	ye guai 一块
爱	[ŋai] [ŋoi]	ngai mīn 爱民	po ngai 不爱；ngoi sie 爱惜
义	[ɲ.i]	ssì gnì 辞义	uu gni 无义
何	[xɔ]	ho giu' 何如	mo nai ho 没奈何
官	[kuɔn]	zo cuon 做官	zo cuo^ 做官
为	[ʔuei]	guei	in guei 因为
下雨	[xia y]	schia iu 下雨	schia iu 下雨
一样	[iɛ iaŋ]	ie jam 一样	ye/y/ie 一；yam/ia'/ya' 样

由表 1 可以看出，《问答》与《辞典》有大致相同的汉语注音系统。《辞典》中有些汉字的拼法不止一种，比如"费"可作 fi 和 guei 两种，"什"拼作 scie 和 scin。这一方面说明当时的记音系统尚不稳定，另一方面也可看出官话与方音的混记，即方音异读的存在。①

另外还有一些字的注音虽然看似不同，但并不是拼读方法不同，只是使用了简省的书写方法，如"做官"中 cuon 与 cuo^为同音异形，"一样"更是使用四种记法：jam 和 yam/ ia'/ ya'，不过发音却是一致的。

其次，从这份文献的注音特点来看，在声母拼法上与《辞典》一样，《问答》中的声母也不分送气音与不送气音。如表 1 所示，tau 和 tum 使

---

① 关于明末官话和方言的相关研究，参见鲍明炜《南京方言历史演变初探》，载江苏语言学会主编《语言研究论集（一）》，江苏教育出版社 1986 年版；[日] 平山久雄：《江淮方言祖调值构拟和北方方言祖调值初案》，《语言研究》1984 年第 1 期；杨耐思：《中原音韵音系》，中国社会科学出版社 1981 年版；北大中文系语言学教研室编：《汉语方音字汇（第二版）》，文字改革出版社 1989 年版；林焘：《北京官话溯源》，《中国语文》1987 年第 3 期。

用同一字母标记，而利玛窦在《西字奇迹》中则做了区分；在声调上，它并没有系统的表达，只是零散的有些声调符号。

因此，《问答》中的标音方案大体与《辞典》一致，无送气音，无声调符号，有鼻化记号，但声母韵母的拼法也常常不一致，在少数的声韵上有差别，以及书写习惯也有所不同。当然，《问答》的文本容量有限，以上特点的总结也是在有限的样本数量上进行的。

学习官话口语，第一步就是读准汉语发音，本质上说，就是传教士要建立一套完全不同于欧洲语言的全新发音习惯。所以，耶稣会士开始编词典、注字音，这是欧洲人第一次将自己的语言文字运用到汉语学习中，也促成了历史上首个汉语注音方案的形成。懂得正音方法，还必须要有针对性强的口语材料，才能使口语训练实用、有效。如果说《葡华辞典》是传教士自学汉语的第一个正音系统，那么《宾主问答辞义》就是最早期的一份发音练习语料。

关于罗马字汉字注音的源流，学者们普遍把关注点放在《西字奇迹》（1605）与《西儒耳目资》（1626）这两部耶稣会最重要的语音材料上。利玛窦、金尼阁（1577—1628）制订的这两部较为完善的早期汉语注音方案，本意都是给西方传教士提供语言帮助，出发点是现实的，也是实用的。但这一创造在后来的中国乃至世界上所产生的巨大深远影响，是当初他们无法设想的。任何完善的体系化成果必然发端于不够完善的初期尝试。不谈早年西人游记中偶尔出现的中国人名、地名的罗马字译注，真正开始用罗马字注音的，正是《葡华辞典》与《宾主问答辞义》，它们确为汉语罗马字拼音方案之滥觞。

（二）佛教学习文献

1993 年，笔者在原北京图书馆发现一份署名为利玛窦《中国天主教教义》的文献，在此以前的中文文献中，未有任何人对此做过报道和研究。为确定这篇文献的内容，1998 年秋，我曾同美国的耶稣会神父魏若望在北京图书馆，一起对该文献做过初步的研究。为慎重起见，我暂未将研究成果发表。1999 年北京图书馆出版社出版了任继愈先生主编的《中国国家图书馆古籍珍品图录》，在该书的第 216 页公布了这份文献的书影，并注明为利玛窦所撰。

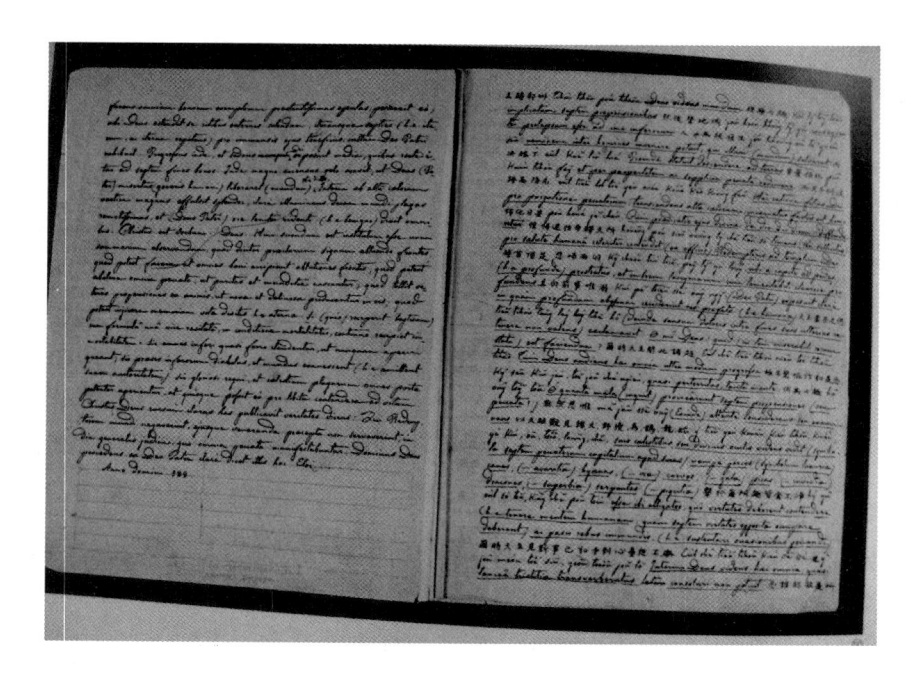

这篇文献在中国国家图书馆的编号是："v. bx1960r49"，经文的英文书名（"Fragments of Catholic Catechism in Chinese, with note in Latin by Matteo Ricc 1588"）则由编目人员直接写在存放文献的黑色硬壳书封上。该文献共有两张，折为 7 页，每页长 25.5cm，宽 19cm。第 1—2 页为拉丁文写成；第 3—5 页为中文，同时，罗马字母为每个中文注音、拉丁文解释中文；第 6 页空白；第 7 页为中文。这两页纸不是宣纸，很可能是当时传教士带入中国的欧洲纸张，且拉丁文和中文显然都是用西洋书写工具所书写。1999 年，当时的北京图书馆第一次公布这篇文献书影时，认为作者为"利玛窦"，① 至今未有全文发表。就语言学的角度而言，该拉汉对照最有学术意义。② 现将拉汉对照部分抄录如下：

---

① 任继愈编：《中国国家图书馆古籍珍品图录》，北京图书馆出版社 1999 年版，第 216 页。有人认为中国国家图书馆的这个目录并不重要，不应成为学术讨论的对象。此言不妥，因为中国国家图书馆是中国最高的图书馆，它的目录、图录，历来受中国学术界重视。这是第一次公布这篇文献的书影，理应重视。中国国家图书作为收藏地，公布该原始文献，理应重视。

② 笔者在《中国和欧洲早期哲学与宗教交流史》（东方出版社 2001 年版）一书中对这份文献做过简单的介绍。

主瞻部州　chou tchan pou tcheou【Deus videns mundum】

经历七趣　kin ly tsy hu【Implicatum septem propensionnibus①】

然后坠地域　jan heou thouy ty yu【Consequenter prolapsum esse ad ima infero】

人中无脱援生　Jan tchong ou To yuen sen【Rum eminen inter homines invenire potuit，qui illum（mundum）Salvaret】

而决临下　eul kue lin hia【Potuit proind statuit descendere at terras】

贫窘拯非　pin kuin tchen fey【Et per paupertatem ac supplicia peccata redimere】

而天子衍汶，跨高降凡　eui tien tse yen ouen koua kao kiang fan【Hâc intentione filius Dei, pro purgatione peccatorum, transcendens alta caelorum incarnatus factus east homo.】

怖化日甚　pou houa je chen【Cum praedicatio djus divina de die in diem diffunderetur】

惶怖速往帝释所　houany pou siou quang ty che tien so【Limens（seu sollicitus）pro salute humanâ celeriter contendit，（ex officio）redemptoris ad templum Dei】

稽首顶足悲啼雨泪　ky cheou lin tiou pey ty yu loucy【Ubi a capite ad pedes（h. e profunde）prostratus, et imbrem lacrymarum cum lamentabili clamore profun】

具白前唯溺　kui pe hien sse ouy ngy【Dens（Deo Patri）exposuit clarè, in quam profundam abyssum cecide rint res prafatae（h. e. humanae）】

天主奈之何　tien tchou tang lay tche ho【deinde sensum doloris intra fines suos ulterio retinere nou valens exclamavit：O mi Deus! Quid（in tam miserabili rerum statu）est faciendum?】

尔时天主闻此诸超　Eul che tian tchou ouen tie tchou titao【Cum

---

① 在拉汉对照部分第一行是罗马字母注音汉字，第二行为用拉丁文翻译中文内容与第一部基本相同。

Deus pater audiens haec omnia ultra modum progressa①】

极性惊怪作如是念　ky sen kin jen tso jou chen ngien【Quasi perterritus, tacitamente:】

何为七趣　ho ouy tsy tsu【0 quanta mala（inquit）procrete: ngienltra modum progressa, nou valen】

默然思惟　me jan sse ouyqu【Ex in de attente conliderans: seu exaaminans】

以天眼观见猪、犬、野猿、乌、鹊、龙、蛇　y tien yen kouan kien tchou kiuen ye kin ou tsio poung cho【Suis②caelestibus, seu divinis oculis videns "vidit（symbelo septem peuatorum copitalium apud sma）nempe perious"③（symbolum luxuriate）canes,（- auaritiae apud Sinenses）, hyenas,（- irae）corvos（- gulae）picas】（invidiae）dracones（- superbiae）serpentes（- pigritae）

系于尔所趣皆食不净　hy yu oul so tsu kiay che pou tsin【Esse ibi alligatos, gua virtutes contendere deberent（h. e tenere）mentem humanan, quam septem corvos（- g④oppositae vuitutes occupare deberent ac pasci rebus immundis（h. e sustentari occasionibus peccandi.）】

尔时天主见斯事如矛刺心忧愁不乐　Eul che tieu tchou kien sse sse y jou meou tse sin yeou tsesu pou lo【Interim Deus videns haec omnia, quasi lanceâ tristitiae transverberatus consolari non potuit】

念谁能救是所故投　ngien chouy nen kiesu, che so kou teou【Consideravit enim, quis posset salvari,（si preafta animalia h. e peccata）⑤ sua sponte sint introducta】

复作是念　fou tso che ngien【Intes haec（alia erectus sententilv⑥Consideravit】

---

① 这个词仅在拉汉对照中有。
② 这个词仅在拉汉对照中有。
③ 引号内的这一句仅在拉汉对照中有，引号为笔者所另加。
④ 这个词仅在拉汉对照中有。
⑤ 此括号仅在拉汉对照中有。
⑥ 这个括号仅在拉汉对照中有。

唯有如来应等觉，是而归趣　ouy yeou jou lay yn tchen ten kio che eul kouy tsu【Fore ut soli bonitatem, rectitudinem, et alias virutes sapientes perventuri sint ad finem Salatis（eterno）①】

尔时帝释至于晓，持众系香花种种饮食　eul che ty che tche yu hiao che tihe tihoung hiang houa tchoung tihoung yu che【Proinde Christus, ap ipsu hiaora aetatis, protulit omne aromaticos virutum flores, et②ferens omnium bonorum exemplum prastantissimas epulis,】

往世尊所显面礼，旋绕七匝恭洪养　Ouang che hen so hien mien ly suen tsy tsa koung kin haung yang【Perrexit ee hen so hien mien ly suen tsy tsa koung kin haungeransque Septies（h. e iterum ac iterum repetens）pro immensis ejus beneficiis, cultum Deo Patri exhibuit】

进坐一面于世尊所　tsin tso y mien yu che tseng so【Progressus inde, et sedens in conspectu Dei】

见白善往七趣之事　kiu pe chan ouang tsy tihe sse【Exposuit media, quibus recte i-tur ad septem fines bonos.】

唯愿世尊哀愍救拔　ouy yuen che tsen rgay mim kieou pa【Inde magno accensus zelo oravit, ut Deus（Pater misertus generis humani）liberaret（mundum）】

（说此语已）尔时从顶上放大光明，照十方界远　Eul che tasoung tin tien chang fang la kouang, mim tsao che fang kiay ynen【His dictis interim ab alta caelorum vertice magnus effulsit splendor, clare illuminans decem mumdi plagas remotisslmas,】

复口中见微笑，相告帝释言天主　fou kou tchong kie Ouy siao jiang kao ty che yen tien tihou【Et（Deus Pater）ore leviter ridenti（h. e benigno）dixit omnibus Christus east verbum Deus.】

当知有一总持名曰佛顶尊踪　tang tche yeou y tsoung tch min yue fou tin tsen tsoung【Hinc Sciendum est institutam esse unum Summarium observandum quod dicitur praclarum signum abluendis frontes】

---

① 括号内一词仅拉汉对照部分有。
② 个别仅有拉丁文没有中文对照的纯拉丁文部分，还有"start verso"。

能举一切如来，会受灌顶　nen kiu y tsia jou lay lin cheou kouan tin【Quod potest facere ut omnes boni accipiant ablutiones frontis】

能言签一切有约成清净　nen tchar y tsie yeou houan tchen tsin toin【Quod potest abolere omnia peccata, ut puritas et munditia nascantus】

除归于令趣所生之处　tchou kieou yu lim tou po tsu so sen tchen tichou【Quod tollit veteres propensiones ex annimis ut novae et deliciasae producantur in eis,】

能忆富命　nen y fou min【Quod potest injicere memoriam vitae divitis（h. e aeternae）】

若诵一遍　jo soung y pie【Si（quis）receperit（Baptismum）cum formulvitis（h. e aeternae）】

设寿尽者现护延寿　chen chou tsa tsin tche hia yay cheou【In conditione mortalitatis, continuo recipiet immarlitatem.】

一切地域铁定芘生　y tsie ty yu tie tin mie sen【Sic Omnes inferi quasi ferro claudentur ut nunquam aperiri queant】

狱主世界悉杳成空　yu tchen che kiay sy yao tchen koung【Sci proases in ferorum diabolus et mundus evanescent（h. e amittent Suam auctoriratem）】

能开一切佛国天界人之门　nen kay y tsie fou koue tien kiay tche men【Sic gloriosi regni, et calestium plagarum omnes Portae potetes aperintur】

随愿往生　chouy yuen ouang sen【Ut quisque possit eò pro libitu contendere ad vitam】

帝释天主复白佛言　ty che tie tchou fou pe fou yen【Christus Deus rursum claras has publicavit veritates dicens】

悖赎世尊法诫总持章非时　pey chou che tsen fa kiay tsoung tcha tchang fey che【Qui Redemptorem mundi negaverint ejusque venreranda pracepta non servaverint in die generalis judicii, quo omnia peccata manifestabuntur】

世尊受天文清说此陀啰呢　che tsen cheou tien tchou tsin cho tse E po-I【Domines Deus procedens ex Deo c patre clare dicet ills hoc Eloi】

总持　tsoung tche【Qeneraalis gubernator seu Rex regum et Dominus Dominatium, jesus Christus dicitur①】

总持　tsoung tch【Juxta quoa dictum ert de illo：Dominabitur a mari usque ad mare, et a flumine usque ad fines orbis ferrarum, proinde ille numerus②】

总持五百八十八春　tsoung tche ou pe pa che lctouen【Iuem Sonal ac anno domini 588】

从此可见，国家图书馆中的这份文献并非是所谓的"利玛窦《中国天主教教义》"，而是《佛顶尊胜陀罗尼经》。《佛顶尊胜陀罗尼经》是唐代著名印度译经家佛陀波利（Buddha-pala）所译，相传在唐高宗仪凤元年（676），佛陀波利在五台山"逢一神异之老翁，蒙其示教"，随后他返回印度取来"尊胜陀罗尼经"。唐高宗先令日照和杜行顗译出。而后，应佛陀波利的请求，高宗把梵文原本还给他，佛陀波利住西明寺与顺贞共译。除了这两个译本外，另还有 7 种译本，但佛陀波利的译本流传最广。

从该文献的罗马字注音可知，它曾作为传教士的汉语学习文献。他们尝试用尚在完善中的耶稣会罗马字方案进行汉字标记。笔者根据这篇注音中的不同字音，归纳它们声韵的基本特点，得出以下的结论：

（1）文中的 200 多字中共有 20 个声母：

唇音 p p'm f　舌尖音 t t'n l
舌尖前音 ts ts's（ss）　舌叶音 tch tch'ch j
舌根音 k k'ng h ø（零声母）

（2）韵母有 39 个：

a ay ao an ang
o ou oua ouy ouan ouang ouen oung ong

---

① 此句拉丁文仅在拉汉对照中有。
② 同上。

e ey eou en eng

y ia iay iao iang ie ieu ien in io iou iu ieou iuen

u uang ue uen ui ul

(3) 声调共有 5 个：阴平、阳平、上声、去声、入声。

由以上声、韵、调规律可知，该罗马字拼音方案是依照法语正字法来标注的，其注音规律与罗明坚方案有所区别，更接近利玛窦方案。《佛顶尊胜陀罗尼经》注音在声、韵、调上与《葡华词典》和《西字奇迹》的异同点，可以帮助我们了解该文献的历史分期。而最能反映三个方案区别的还是关于声母的标注，下表即是对三种方案声母系统的比较：

表2　　　　　　　　　三种方案声母系统比较

拟音	《葡华词典》（1585—1588）	《西字奇迹》（1605）	《佛顶尊胜陀罗尼经》（1626后）	例字
[p]	p	p	p	遍 pie
[p']	p	p'	p'	贫 p'in
[m]	m	m	m	矛 meou
[f]	f	f	f	复 fou
[v]	v, u	v		
[t]	t	t	t	帝 ty
[t']	t	t'	t'	天 t'ien
[n]	n	n	n	能 nen
[l]	l	l	l	令 lim
[ts]	c, ç, çc, z	c (e, i), ç (a, o, u)	ts	总 tsoung
[ts']	c, ç, çc, z	c' (e, i), ç' (a, o, u)	ts'	切 ts'ie
[s]	s, ss	s	s, ss	速 siou 思 sse
[tʃ]	c, cc (e, i)	ch	tch	州 tcheo
[tʃ']	c, cc (e, i)	ch'	tch'	除 tch'ou
[ʃ]	sc (i)	x	ch	寿 chou

续表

拟音	《葡华词典》 （1585—1588）	《西字奇迹》 （1605）	《佛顶尊胜陀罗尼经》（1626 后）	例字
[ʒ]	g（e, i）	g（e, i） j（o, u） lh	j	然 jan
[k]	c（a, o, u） ch（e, i） q（u）	c（a, o, u） k（i） q（u）	k	经 kin
[k']	c（a, o, u） ch（e, i） q（u）	c'（a, o, u） k'（u）， q'（u），	k'	决 k'ue
[ʊ]	ng（a, o, u） ngh（e）	ng	ng	溺 ngy
[ɳ]	Gn	nh（i）		
[x]	h（a, e, o） c（u） g（u） sch（i）	h	h	前 hien
[ʔ]	g（u）	g（u）		
[i]	i, j, y	i, j, y	y	域 yu

  由以上对照表可知，《佛顶尊胜陀罗尼经》一文的罗马字注音，与"利玛窦方案"更为接近，并且与《西儒耳目资》也有相呼应之处。也就是说，该文献的注音部分可能是在"利氏方案"成形过程中完成的，其抄写者也在一定程度上影响了《西儒耳目资》的"金氏方案"。

  从以上的研究我们可知，这是利玛窦等人入华不久，仍以"西僧"名义开展活动的文献。从文献的内容结构来看，这篇文献既是他们学习佛教理论的见证，也是他们学习中文的一个读本。

  从文献"五八八春"的字样看，中国国家图书馆编目时将其确定为"1588 年"是正确的。笔者也请教过一些佛教的专家，他们也认为"588春"应该指的是"1588 年"。如果这个前提成立，1587 年 8 月因罗明坚在广西传教不顺,孟三德返回澳门,① 1588 年 1 月罗明坚也返回澳门,②此时只有利玛窦和麦安东(1556—1591)两人留在肇庆,因该文献字迹与利玛窦不符,所以麦安东是该文献的作者可能性最大。且写作地点应是在肇庆,因他和利玛窦在 1589 年 8 月才离开肇庆,前往韶州。③

(三)《西字奇迹》

1605 年,利玛窦在北京刻印《西字奇迹》,在书中将拉丁文与中文进行对照。该书后来被收入安徽人程大约所编的《程氏墨苑》(1606)。

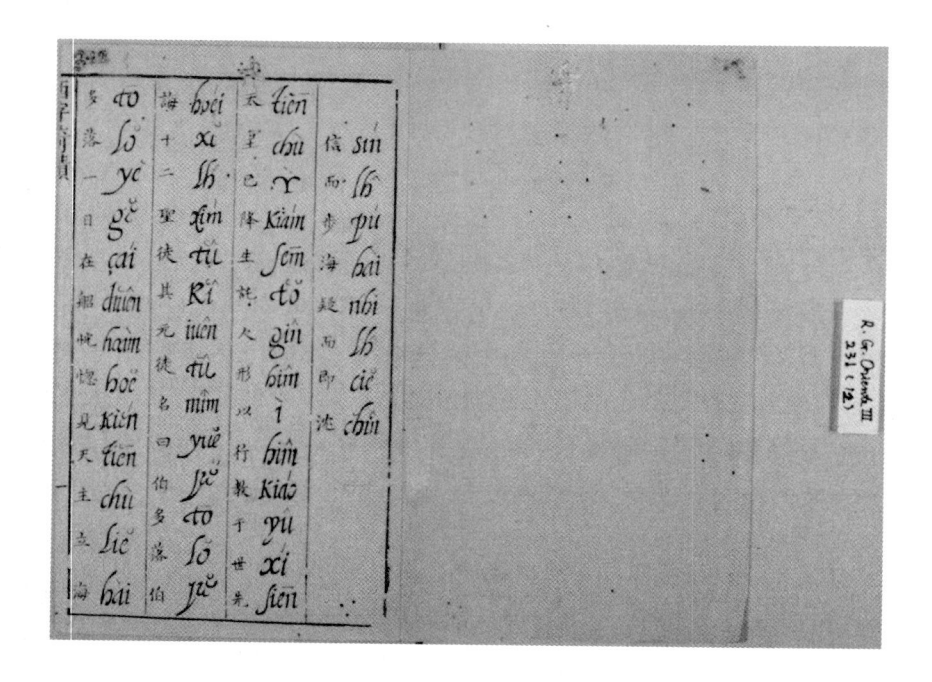

---

① [法]费赖之:《在华耶稣会士列传及书目》第一册,冯承钧译,中华书局 1995 年版,第 70 页。
② [法]裴化行:《利玛窦评传》上册,管震湖译,商务印书馆 1993 年版,第 97 页。
③ 当然,这只是笔者的意见,希望有新的研究者共同讨论这个问题。

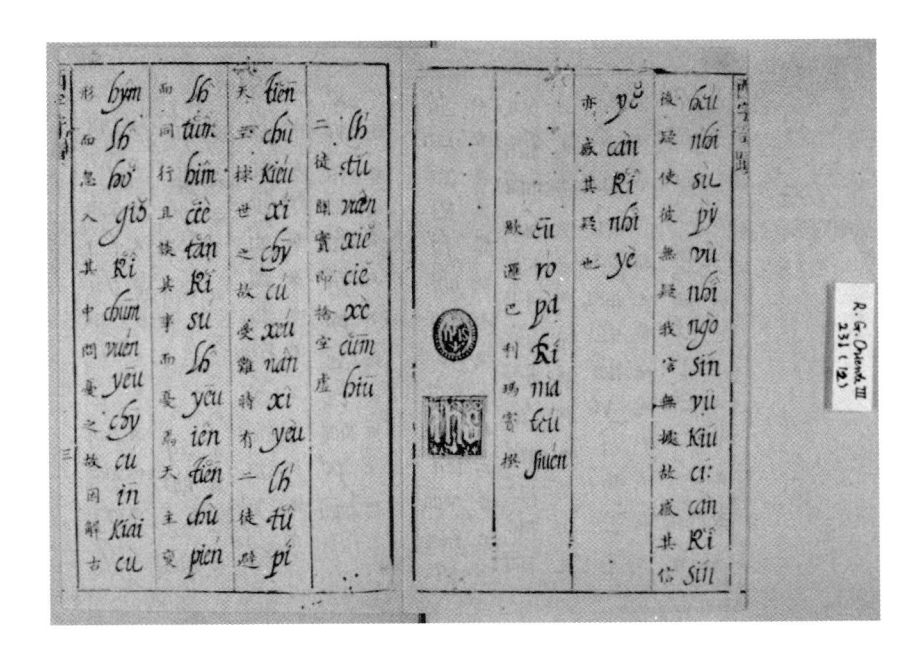

利玛窦在中国语言学上的贡献研究论纲 / 51

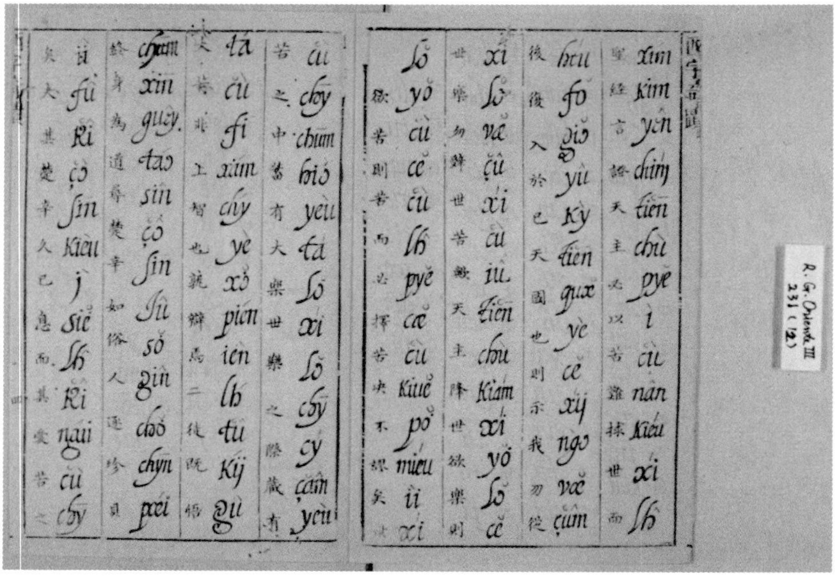
R. G. Oriente III 231 (12)

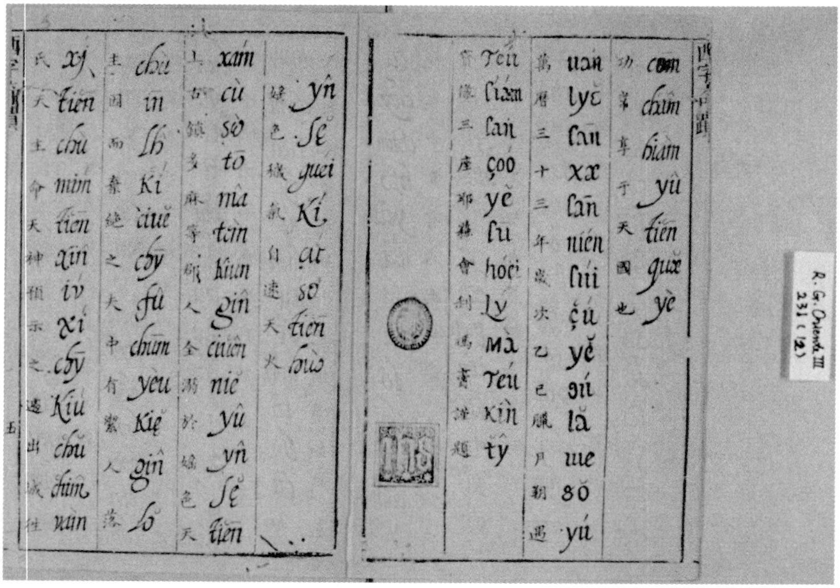
R. G. Oriente III 231 (12)

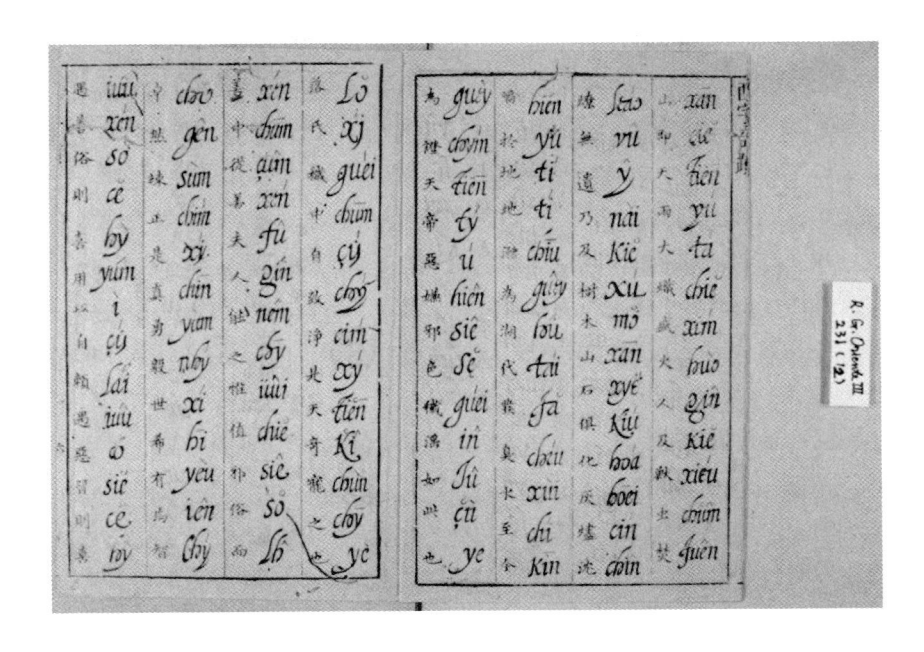

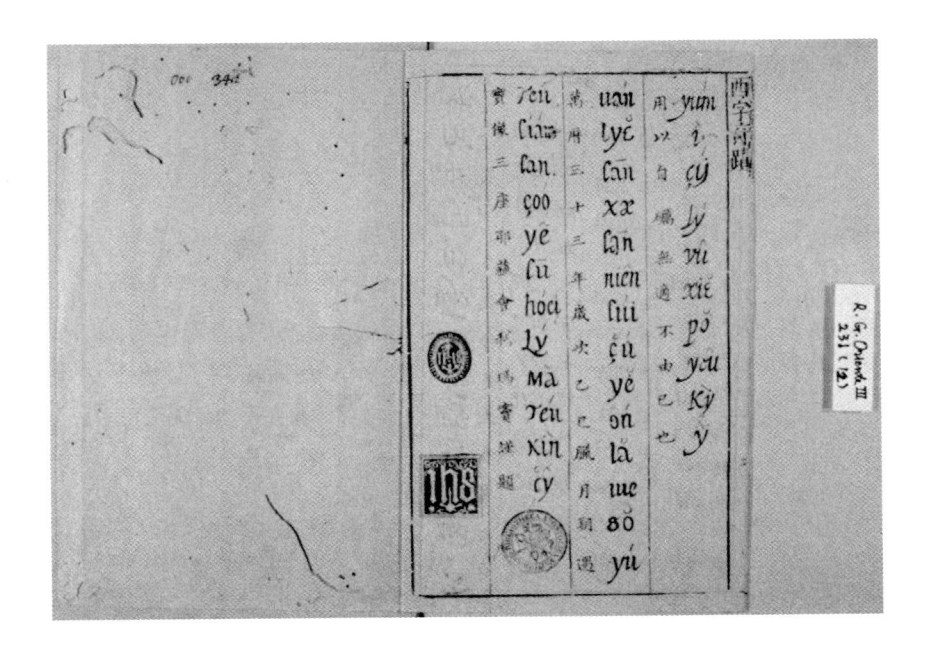

利玛窦在中国语言学上的贡献研究论纲 / 53

母 元 字 鳴 白

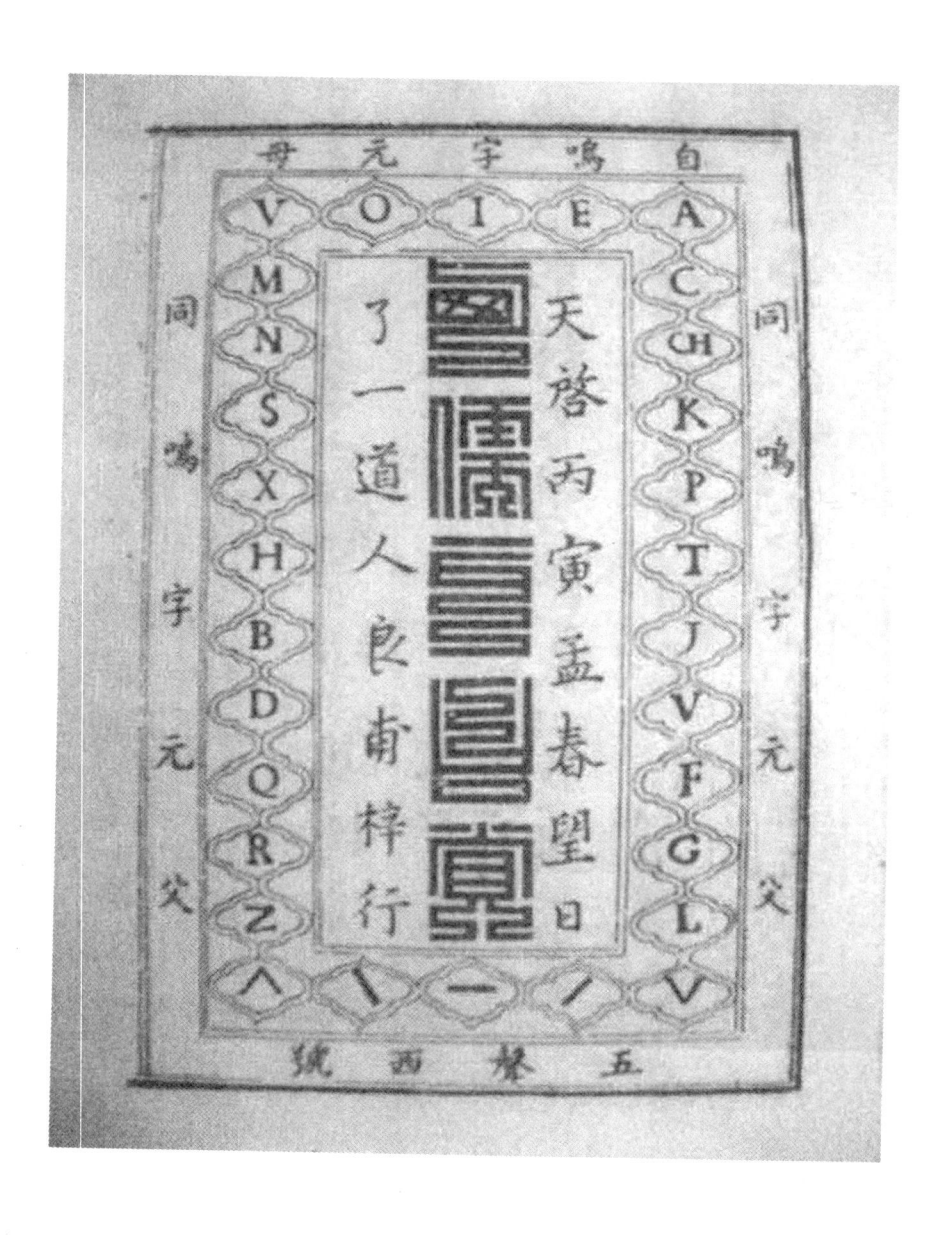

同鳴字元父

天啓丙寅孟春望日
了一道人艮甫梓行

同鳴字元父

號西磬五

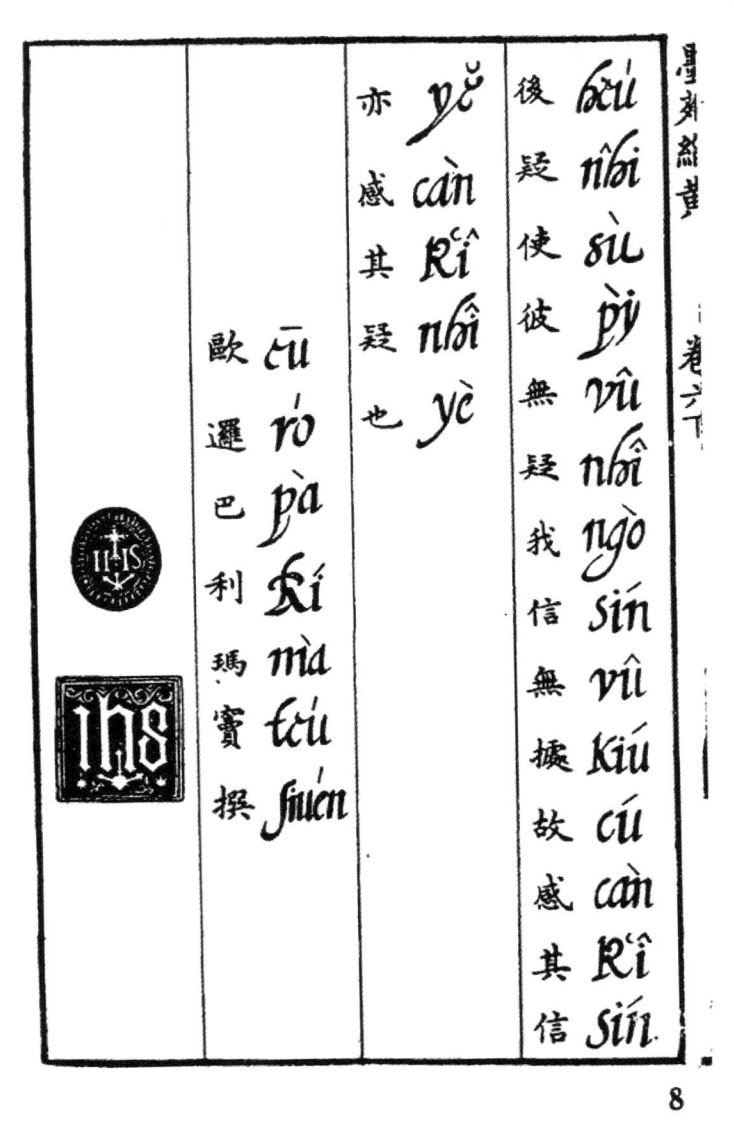

利玛窦在中国语言学上的贡献研究论纲 / 55

一、信 而 步 海, 疑 而 即 沉
　　sín Ith^pú hài nhî Ih^ciĕ ch'în
天主已降生，托人形以行教于世。先诲十二圣徒，
t'iēn chù ỳ kiám sēm　t'ŏ gĵn hĵm ì hîm kiáo yû xí siēn hoéi xĕ Ih'xím t'û
其元徒名曰伯多落。伯多落一日在船，恍
k'î iuên t'û mîm yuĕ pĕ tō lŏ pĕ tō lŏ yĕ gĕ Çái ch'uên hoàm

忽见天主立海涯，则曰：“倘是天主，使我步海
hoě kién tʻiēn chù liě hài iâi cě yuē tʻàm xý tʻiēn chù sǜ ngò pú hài
不沉！"天主使之行。时望猛风发波浪，其心便
pǒ chʻîn tʻiēn chù sùǜ chy hîm xî vám moèm fūm fǎ pō lám kʻî sīn pién
疑而渐沉。天主援其手曰："少信者何以疑
nhî Ihˆ cién chʻîn tʻiēn chù iuēn kʻî xèu yuě xào sín chě hÔ ì nhî
乎？笃信道之人，踵弱水如坚石。其复疑，水复
hû tǒ sín táo chy gîn chùm jǒ xuì jû kiēn xiě kʻî fǒ nhî xuì fǒ
本性焉。勇君子行天命，火莫燃，刃莫刺，水莫
puèn sím iēn yùm kiūn çừ hîm tʻiēn mím huò mǒ gēn gín mǒ çừ xuì mǒ
溺，风浪何惧乎？然元徒疑也，以我信矣。则一
niě fūm lám hô kiú hû gên iuēn tʻù nhî yě ì ngò sín ì cě yě
人瞬之疑，足以竟解兆众之后疑，使彼无疑
gîn xúm chy nhî çǒ ì kím kiài cháo chúm chy héu nhî sử pỳ vû nhî
我信无据。故感其信，亦感其疑也。"
ngò sín vû nhi kiú cú càn kʻî sín yě càn kʻî nhî yě

欧　逻　巴　利　玛　窦　撰
ēu　rsín　vû　nhi　kiú　cú　càn　kʻ

二、二 徒 闻 宝，即 舍 空 虚
　　　Ihʼ tʻû　vuēn　xiě ciě　xè　cʻūn hiū
天主救世之故，受难时，有二徒避而同行，且
tʻiēn chù kiéu xí chy cú xéu nán xî yèu lhʼtʻû pí Ihˆtʻûm hîm cʻiè
谈其事而忧焉，天主变形而忽入其中，问忧
tʻân kʻî sừ Ihˆ yēu iēn tʻiēn chù pién hŷm Ihˆ hǒ giǒ kʻî chūm vuén yēu
之故。因解古《圣经》言，证天主必以苦难救
chy cú īn kiài cù xém kīm yēn chím tʻiēn chù pyě ì cʻù nán kiéu
世，而后复入于己天国也，则示我勿从世
xí Ihˆ héu fǒ giǒ yû k ỳ tʻiēn quoě yě cě xý ngò voě çʻûm xí
乐，勿辞世苦欤？天主降世，欲乐则乐，欲苦则
lǒ voě çʻû xí cʻù iû tʻiēn chù kiám xí yǒ lǒ cě lǒ yǒ cʻù cě

苦，而必择苦。决不谬矣。世苦之中，蓄有大乐；
c'ù Ih^ pyě cieˇ c'ù kiuě pǒ miéu ì xí c'ù chy chūm hiǒ yèu tá lǒ
世乐之际，藏有大苦。非上智也，孰辨焉？二徒
xí lǒ chy cý ç'âm yèu tá c'ù fī xám chý yè xǒ pién iēn Ih't'û
既悟，终身为道，寻楚辛如俗人逐珍贝
ký gû chūm xīn guêy táo sīn ç'ô sīn jû sǒ gîn chǒ chyn poéi
矣。夫其楚辛久已息，而其受苦之功，常享于
ì fyn poéi xīn guêy táo sīn ç'ô sīn jû xí pyě ì c'ù nán kiéuy
天国也。
t'iēn quoě yè

万历三十三年岁次乙巳腊月朔遇宝像
ván lyě sān xě sān niên suí ç'ừ yě sử lǎ iuě sǒ yú pào siám
三座耶稣会利玛窦谨题
sān çoó yê sū hoéi lý mà téu kìn t'ŷ

三、淫色秽气，自速天火
ŷn sě guéi k'í çừ sǒ t'iēn huò

上右锁多麻等郡人，全溺于淫色，天主因
xám cù sù tō mâ tèm kiún gîn c'iuên niě yû ŷn sě t'iēn chù īn
而弃绝之。夫中有洁人落氏，天主命天神
lh^ k'í ciuě chy fû chūm yèu kiě gîn lǒ xí t'iēn chù mím t'iēn xîn
预示之，遽出城往山。即天雨，大炽盛火，人及
iú xí ch^kiú ch'ǔ ch'îm vàm xān cieˇ t'iēn yú tá chieˇ xím huò gîn kiě
默虫焚燎无遗，乃及树木山石，俱化灰烬，
xiéu ch'ûm fuēn leáo vû ŷ nài kiě xú mǒ xān xye kiú hoá hoēi cín
沉陷于地，地潴为湖，代发臭水，至今为证天
ch'în hién yû tí tí chiū guêy hû tái fǎ cheú xuì chí kīn guêy chým t'iēn
帝恶嫌邪色秽淫如此也。落氏秽中自致
tý ú hién sie sě guéi în jû ç'ừ yě lǒ xí guéi chūm çừ chý
净，是天奇宠之也，善中从善，夫人能之。惟值

cím xý t'iēn k'î chùm chy yê xén chūm ç'ûm xén fû gîn nêm chy vuî chiě
邪俗而卓然竦正，是真勇毅，世稀有焉。智遇
siê sǒ Ihˆ chǒ gên sùm chím xý chīn yùm nhý xí hī yèu iên chý iû
善俗则喜用以自赖，遇恶习则喜用以自
xén sǒ cě hỳ yúm ì çừ lái iû ǒ siě cě hỳ yúm ì çừ
励，无适不由己也。
lý vû xiě pǒ yêu kỳ yê
万历三十三年岁次乙已腊月朔遇宝像
ván lyě sān xě sān niên suí ç'ừ yě sừ lǎ iuě sǒ yú pào siám
三座耶稣会利玛窦谨题
sān çoó yê sū hoéi lý mà téu kìn l'ỳ

四、述文赠幼博程子
xǔ vên cém yéu pǒ ch'îm çừ

广哉，文字之功于宇内耶！世无文，何任其愤
quàm çāi vên çừ chy cōm yû yù nuí yê xí vû vên hô gín k'î fuèn
悱，何堪其暗汶乎？百步之远，声不相闻；而寓
fì hô c'án k'î ngán vên hû pě pú chy yuèn xīm pǒ siām vuēn Ihˆ yú
书以通，即两人者暌居几万里之外，且相问
xū ì t'ūm ciě leàm gîn chè q'uēi kiū kì ván lì chy vái c'iè siām vuén
答谈论如对坐焉。百世之后，人未生，吾未能
tǎ t'ân liún jû tuí çǒ iên pě xí chy héu gîn Ví sēm gû ví nêm
知其何人；而以此文也，令万世之后可达已
chī k'î hô gî thˆ ì ç'ừ vên yě lǐm ván í chy héu c'ǒ tǎ kỳ
意，如同世而在。百世之前，先正已没，后人
ý jû t'ûm xí Ihˆ çái pě xi chy c'tên siēn chým ỳ mǔ héu gîn
因其遗书，犹闻其法言，视其丰容，知其时之
yn k'i ỳ xǔ yêu vuê k'i fǎ yên xỳ k'i fūm yûm chī k'î xỳ chy
治乱，于生彼时者无异也。
Chý luòn yū sēm pì xì chè vû ý yě
万国九州，棼布大地。一人之身，百旬之寿，

ván quoě kièu chēu fuên pú tá tí yě gîn chy xīn pě siûn chy xéu
竭蹶以行，不能殚极。而吾曹因书志，卧坐不
kiě kiuě ì hím pǒ nêm tān kiě Ihˆ gû çʻâo yn xū chý guó çǒ pǒ
出室门，即知其俗，达其政，度其广，识其土
chʻǔ xě mên ciě chī kʻî sǒ tǎ kʻî chím tǒ kʻî quàm xiě kʻî tʻù
宜物产，曾不终日，奥地如指掌焉。圣教之业，
nhî voě çʻân cēm pǒ chūm gě yû tí jû chì chàm iên xím kiáo chy nhiě
百家之工，六艺之巧，无书何令今至盛若是
pě kiā chy cūm lǒ nhí chy kʻiào vû xū hô lîm kīn chí xím jǒ xí
欤？故国愈尚文，愈易治，何者？言之传莫纪之
iù cú quoě iû xám vên iû yí chý hô chè yên chy chʻuên mě kí chy
以书，不广也，不稳也。一人言之，或万人听之，
ì xū pǒ quàm yě pǒ uèn yě yě gycú qên chy hoě ván gchy ʻím chy
多则声不暨。已书者能令无量数人同闻
tō cě xīm pǒ ký ỳ xū chè nêm lím vû leâm sú gîn tʻûm vuên
之，其远也且异方无碍也。言者速流，不容闻
chy kỳ xū chè nêm lím vû leâm sú gîn tʻûm vuêsǒ lik ỳ pǒ ylik ỳ
者详思而谛识之，不容言者再三修整而
chè cʻiân sū Ihˆ tý xiě chy pǒ yûm yên chè çáy sān siêu chìm Ihˆ
俾确定焉。若书也，作者预择之笔，而重笔改
pì kʻiǒ tím iên jǒ xū yě çó chè yú cě chū piě Ihˆchʻûm piě cài
易，方圆及著之众也。故能著书，功大乎立言
Ỳ fām yuên nài chú chy chúm yě cú nêm chú xū cōm tá hû liě yên
者也。
chè yè

今岁窦因石林祝翁诗束，幸得奥幼博程
kīn suí téu īn xě tîn chǔ vūm xī kièn hím tě iù yéu pǒ chʻїm
子握手，知此君旨远矣。程子寿逾艾而志气
çừ ǒ xěu chī çʻừ kiūm chì yuèn ì chʻїm çừ xéu yû gái Ihˆ chí kʻí
不少衰，行遊四方，一意以好古博雅为事。即

pŏ xào xuī hím ieu sừ fām yĕ ý ì háo cù pŏ yà guêi sừ ciĕ
其所制墨绝精巧，则不但自作，而且以廓
k'î sò chí mĕ ciuĕ cīm k'iào cĕ pŏ tān çừ çó Ihˆ c'iè ì q'uŏ
助作者。吾是以钦仰大国之文至盛也。
çú çó chè gû xý ì k'īn nhàm tá quoĕ chy vên chý xím yè
向常见中国彝鼎法物，如博古图所载，往
hiám xâm kién chūm quoĕ ỳ tìm fǎ voĕ jvo xâŏ cù t'û toŏ ày vàm
往极工致。其时人无异学，工不二事，所以乃
vàm kiĕ cūm chý k'î xî gîn vû ý hiŏ cūm pŏ lh' sừ sò ì nòi
尔。今观程子所制墨，如墨苑所载，似奥畴昔
Ih'k'īn quōn ch'ïm çừ sò chí mĕ jû mĕ iuèn sò çày sừ yiù ch'eu siĕ
工巧无异。吾乃谂大国之文治，行将上企唐
cūm k'iào vû ý gû nài xìn tá quoĕ chy vên chý hîm ciām xám k'í t'âm
虞三代，且骎骎上之矣！
Yû sān táy c'iè c'īn c'īn xám chy ì
程子闻敝邦素习文，而异庠之士且文者
ch sānừ vuēn pí pām sú siĕ vên Ihˆ ý siâm chy sừ c'iè vên chè
殊状，欲得而谛观之。予曰："子得中国一世
xû ciám yŏ tĕ Ihˆ tý quōn chy yù yuĕ çừ tĕ chūm quoĕ yĕ xí
之名文，何以荒外文为耶？褊小之国，僻陋之
chy mím vên hô ì hoām vái vên guêi yê pièn siào chy quoĕ p'iĕ léu chy
学，如令演绎所闻，或者万分之一，不无少裨
hoŏ jû lîm yèn yĕ sò vuēn hoĕ chè ván fuēn chy yĕ pŏ v lîm yèn
大国文明之盛耳。若其文也，不能及也！"
tá quoĕ vên mîm chy xím Ihˋ jŏ k'î vên yè pŏ nk'î vên
万历三十三年岁次乙巳腊月朔欧逻巴
ván lyĕ sān xĕ sān nièn suí ç'ừ yĕ sừ lă iuĕ sŏ ēu ró pà
利玛窦撰并羽笔
lí mà téu siuén pím yù piĕ

根据上文 387 个汉字的罗马字注音，笔者将《西字奇迹》中的拼音规律分别从声母（字父）、韵母（字母）、声调三个方面做一总结。

在声母方面，这四篇文章共出现声母 26 个，笔者将其按照拟音顺序列于下表，并选取其中例字说明：

表 3　　　　　　　《西字奇迹》中的拼音规律

编号	利玛窦声母	拟音	例字
1.	c（e, i/y, u）	[ts－]	赠 cém, 即 ciě
2.	ç（a, o, u）		再 çáy, 作 çó
3.	c'（e, i）	[ts'－]	且 c'iè, 详 c'iân
4.	ç'（a, o, u）		此 ç'ù, 产 ç'ân
5.	ch	[tṣ－]	之 chy, 者 chè
6.	ch'	[tṣ'－]	出 ch'ǔ, 重 ch'ûm
7.	f	[f－]	风 fūm, 复 fò
8.	g	[ɣ－]	为 guêy, 悟 gû
9.	ng	[ŋ－]	我 ngò, 暗 ngán
10.	h	[x－]	乎 hû, 何 hô
11.	g（e, i） j（o, u）	[ʑ－]	入 giǒ, 然 gên 如 jû, 若 jǒ
12.	c（a, o, u）	[k－]	改 cài, 工 cūm
13.	k（i） q（u）		及 kiě 观 quōn, 国 quoě
14.	c'（a, o, u）	[k'－]	苦 c'ù, 堪 c'án
15.	k'（i） q'（u）		企 k'í 廓 q'uǒ
16.	l	[l－]	陋 léu, 乐 lǒ
17.	m	[m－]	玛 mà, 谬 miéu
18.	n	[n－]	乃 nài, 能 nêm
19.	nh（i）	[ȵ－]	毅 nhý, 仰 nhâm
20.	p	[p－]	博 pǒ, 敝 pí
21.	p'	[p'－]	僻 p'iě

续表

编号	利玛窦声母	拟音	例字
22.	s	[s-]	素 sú，习 siě
23.	t	[t-]	得 tě，鼎 tùm
24.	t'	[t'-]	图 t'û，唐 t'âm
25.	v	[v-]	文 vên，闻 vuên
26.	x	[ʂ-]	上 xám，盛 xím

其次，经过整理，《西字奇迹》中的韵母共有 43 个，笔者将其列表标出并举出拟音，也选取其中例字说明：

表 4　　　　　　　　《西字奇迹》中的韵母

编号	利玛窦韵母	拟音	例字
1.	a	[a]	巴 pà，腊 lǎ
2.	e	[ə] 或 [ɛ]	乙 yě，十 xě
3.	i（y. j）	[i]	其 k'î，之 chy
4.	o	[ɔ]	逻 ró，朔 sǒ
5.	u	[u]	无 vû，如 jû
6.	ai	[ai]	外 vái，代 táy
7.	ao	[au]	少 xào，好 háo
8.	am	[aŋ]	邦 pām，上 xám
9.	an	[an]	三 sān，万 ván
10.	eu	[əu]	欧 ēu，陋 léu
11.	em	[əŋ]	能 nêm，生 sēm
12.	en	[ɛn]	文 vên，门 mên
13.	ia（ya）	[ia]	雅 yà，家 kiā
14.	ie（ye）	[iɛ]	笔 piě，历 lyě
15.	io	[iɔ]	确 k'iǒ，学 hiǒ
16.	iu（yu）	[y]	羽 yù，舆 yiù
17.	im（ym）	[iŋ]	并 pím，盛 xím
18.	in	[in]	骎 c'īn，谂 xìn
19.	oa	[ua]	化 hoá

续表

编号	利玛窦韵母	拟音	例字
20.	oe	[uə]	国 quoě, 或 hoě
21.	ui	[ui]	岁 suí, 衰 xuī
22.	uo/oo	[uɔ]	学 hoǒ, 卧 guó
23.	lh	[ər]	耳 lh, 而 lhˆ
24.	um (om)	[uŋ]	中 chūm, 功 cōm
25.	eao	[eau]	燎 leáo
26.	eam	[eaŋ]	量 leâm, 两 leàm
27.	iai	[iai]	解 kiài
28.	iao	[iau]	小 siào, 巧 k'iào
29.	iam	[iaŋ]	状 ciám, 行 ciām
30.	ieu	[iɛu]	游 iêu, 修 siēu
31.	ien	[iɛn]	年 niēn, 演 yèn
32.	iue	[yɛ]	月 iuě, 曰 yuě
33.	ium (yum)	[yŋ]	用 yúm
34.	iun	[yn]	君 kiūn, 论 liún
35.	oei	[uɛi]	灰 hoēi, 贝 poéi
36.	oam	[uaŋ]	荒 hoām, 恍 hoàm
37.	uai	[uai]	
38.	uei (uey)	[uɛi]	为 guêi
39.	uam	[uaŋ]	广 quàm
40.	oem	[uəŋ]	猛 moěm
41.	uen	[uɛn]	分 fuēn, 问 vuēn
42.	uon	[uɔn]	观 quōn, 乱 luón
43.	iuen (yuen)	[yɛn]	撰 siuén, 苑 iuèn

最后，则是对利玛窦在《西字奇迹》中所使用的声调符号进行分类，共有 5 个调类：

表5　　　　　　　　《西字奇迹》中使用的声调符号

调类	符号	例字
清	ˉ	生 sēm, 多 tō
浊	ˆ	沉 ch'în, 船 ch'uên
上	ˋ	倘 t'àm, 也 yè
去	ˊ	信 sín, 道 táo
入	ˇ	复 fǒ, 入 giǒ

　　不同于罗明坚的"意大利式注音",利玛窦在《西字奇迹》中体现的注音方式更偏向葡式注音。由于当时来华的耶稣会士渐多,且国籍涉及意、法、德、西、葡等各国,就有必要选择一种更具权威性的欧洲"通用语"作为汉语注音的正字法依据。对于拥有远东保教权的葡萄牙来说,使用以葡语为主的注音体式,自然成为利玛窦的首选。在标注《西字奇迹》之前,利玛窦为了方便耶稣会传教士学习汉语,也编纂了一些双语词典,以固定其注音方案,如他在传记中提到的1598年所编《汉欧字典》等。这种利玛窦式的注音方案便在这一过程中逐渐完善和成熟。

　　利玛窦认为,汉语拼音方案是郭居静所编制的。利玛窦说:"神父们在旅途中没有浪费时间。因为神父们已在中国传教多年,且同行者中又有精通汉语的钟鸣仁修士,所以大家在一起编写了一份实用的词汇表,把汉语的词汇整理了出来,并进行规范。有了这份词汇表,以后再学汉语就可以事半功倍了。神父们注意到,汉语词汇是由单音节的汉字组成的,每读一个字时,都要格外小心它的声调与气息,并以此来区别于其他很多的字,否则就会把这些字混淆,这也是汉语中最难掌握的东西。汉语中有五个不同的声调,多亏了郭神父的音乐造诣,才把这些声调分清。为此神父们创立了一种方法,发明了五种标音符号和标注气息的符号,用这些符号可以把所有汉字的发音都用拉丁字母写出来,成为一种规范的方法。利玛窦神父叮嘱说,从此以后大家都要遵循这种方法,不得随意书写,以免造成像现在这样的混乱。这样,人们便可以用这种方式交流,也可以用它来编出其他的词汇表——后来的确有人做这项工作,使大家都能够很好地掌握这种方法。同样,人们还可以看懂别人的文章或注释。总之，在传教士中推广这种科学方法是大有裨益的。"①

比利时传教士金尼阁在利玛窦死后，与中国的天主教文人王征合作，于1626年完成了《西儒耳目资》一书。这部书是对利玛窦方案的一个具体运用，它"只是对利玛窦等人的方案做了一些非原则性的修改，其中主要是简化了拼法，可以说是对这个方案的进一步完善"②。

从早期来华传教士的官话注音材料来看，虽然在利玛窦、金尼阁之后，还出现了一些注音方案，但仍是以《葡华词典》（罗氏方案）、《西字奇迹》（利氏方案）和《西儒耳目资》（金氏方案）三个方案最具里程碑意义。其后的方案虽各具特色，但仍不脱这三个方案的基本框架。据罗常培先生的研究，《西儒耳目资》同《西字奇迹》的声、韵、调体系并无太大差别，只是《西字奇迹》中存在有"一音两写"的现象③。总体来说，《西儒耳目资》是对利玛窦注音方案的进一步完善，具体表现在以下几个方面：

首先，"金氏方案"与"利氏方案"在汉字标音系统上都是成熟和完整的。尽管二者在声母系统中有一定的差别，比如"利氏方案"使用多个字母表示同一发音，"金氏方案"则几乎能做到一音一符，但是这一差别产生的原因，更多的是因为二者是根据不同国籍传教士的民族语言所创制出来的。然而，它们各自都是较为完整、系统的注音方案，不管声、韵、调，二者都具有明显的继承特征，体现了两位耶稣会士对汉语发音比较成熟又略有差异的认知体系。

其次，两个方案在韵母系统上大体重合。利玛窦在《西字奇迹》中一共出现了43个韵，虽然《西儒耳目资》中增加至50个韵，也多是u介音的不同标注方法的差异，比如ua、ue、un、uan、oen、oan、oai，这些《西字奇迹》中缺少的韵大多并非真的"缺少"，只是标注方式的取舍而已。何况《西字奇迹》中的汉字数量有限，也可能在一定程度上影响

---

① ［意］利玛窦：《耶稣会与天主教进入中国史》，文铮译，商务印书馆2014年版，第233—234页。
② 尹斌庸：《利玛窦等创制汉语拼写方案考证》，载王元化《学术集林》卷4，上海远东出版社1995年版，第350页。
③ 罗常培：《耶稣会士在音韵学上的贡献》，载罗常培《罗常培语言学论文集》，商务印书馆2004年版，第267—388页。

了那7个韵的出现。

再次，二者注音中所选用的声调、送气符号等基本一致。《西儒耳目资》中使用的清、浊、上、去、入5调的标调符号与利玛窦系统是一致的，并且送气符号同样使用"ʕ"来标记。

从《葡华辞典》到《西儒耳目资》，入华耶稣会士完成了用拉丁字母拼读方案的制定，"《西儒耳目资》是一部具有划时代意义的著作。"① 罗常培先生把从利玛窦到金尼阁的注音称为"利—金方案"，并认为这一方案对中国音韵学有三大贡献：

第一，"借用罗马字母作为拼音的符号，使后人对于音韵学的研究，可以执简驭繁"；

第二，可以依据"利—金方案"所提供的材料来确定明末"官话"的音值；

第三，"自从利玛窦金尼阁用罗马字标注汉音，方以智、杨选杞、刘献廷受到了他们的启示，遂给中国音韵学的研究，开辟出一条新路径"②。

金尼阁的《西儒耳目资》的拼音方案为今日的汉语拼音打下基础，然而通过对以上新材料的研究，我们可以看到利玛窦在中国汉字拼音史上有着重大的贡献。以往，学界只知道《西字奇迹》和《西儒耳目资》，现在，我们可以把中国汉字注音的历史追溯到它的源头。

二 利玛窦中文词汇学上的贡献

中国历史上外来词③的发展最重要的是佛教的传入，新的文化造成的新的词汇，例如"现在""过去""未来"，都是佛教传入后的新词汇。晚明耶稣会入华开启了中华文化和欧洲文化的相遇，由利玛窦开始，大

---

① 何九盈：《中国古代语言学史》，北京大学出版社2000年版，第251页。
② 罗常培：《耶稣会士在音韵学上的贡献》，载罗常培《罗常培语言学论文集》，商务印书馆2004年版，第267—388页。
③ 关于外来词的概念学术界有所分歧，参见王力《汉语词汇史》，中华书局2012年版；史有为：《汉语外来词》，商务印书馆2003年版；罗常培：《罗常培语言学论文集》，商务印书馆2004年版

量的新词进入中国语言中。① 在这个过程，利玛窦做出了重要的贡献。关于利玛窦在词汇学的重要贡献，这篇文章不能全部概括。这里仅仅列出他在地理学上和神学哲学上的新词汇，并对它们做初步的研究。

目前，主流学术界认为，《葡华辞典》是利玛窦和罗明坚共同编订的，我现在更倾向于是罗明坚为主，利玛窦作为助手的一部文献。不管如何，利玛窦都参与其中，因此是可以讨论的。

在语言学上，接受外来语言有两种形式：借词和译词。"借词和译词都是受到别的语言的影响而产生的新词。他们表示的是一些新概念。当我们把别的语言中的词连音带义都接受过来的时候，就把这种词叫借词。也就是一般的'音译'；当我们利用汉语原来的构词方式把别的语言中的词所代表的概念介绍到汉语中来的时候，就把这种词叫作'译词'。"②

《葡华词典》中的借词不少：

Igresia（教会、教堂）译为"寺"；Padre（神父）译为"僧 野僧"；Freyra（修女）译为"尼姑"；Santo（圣徒）译为"仙"；Paraiso terreal（尘世天堂）译为"天霆""佛國"；Mortorio（葬礼）译为"做功德"；Carta de marear（海图）"針簿"；

《葡华词典》中的译词：

Armada（军舰）"兵船"；Nao d"兵船"译词 ar（战舰）"戦舡"；Cousa de nao（船用器物）"舡器"；Estaleiro, porto（船坞，港）"湾里頭"；Aluguar, dar lo aluguer（出租 租给）"税他"；Dereito ciuil（民法）

---

① 目前研究明清新词汇的绝大多数集中在晚清新词汇方面，特别是从日本转来的新词汇，对明清之际由耶稣会带来的新词汇研究著作至今尚未出现。参见［意］马西尼《现代汉语词汇的而形成的：十九世纪汉语外来词研究》，汉语大词典出版社1997年版；香港中国语文学会《近现代汉语新词词源词典》，汉语大词典出版社2001年版；岑麒祥《汉语外来语词典》，商务印书馆2015年版；黄河清《近现代辞源》，上海辞书出版社2010年版；［德］郎宓榭等《新词语新概念：西学译介与晚晴汉语词汇之变迁》，赵兴胜等译，山东画报出版社2012年版；［德］郎宓榭《呈现意义：晚清中国新学领域》（上、下），［德］费南山主编、李永胜译、王宪明校，天津人民出版社2014年版；庄钦永、周清海《基督教传教士与近现代汉语新词》，新加坡青年书局2010年版；赵明《明清汉语外来词史研究》，厦门大学出版社2016年版；沈国威《近代中日词汇交流研究：汉字新词的创造、容受与共享》，中华书局2010年版；冯天瑜《新语探源：中西日文化互动与近代汉字术语生成》，中华书局2004年版。

② 王力：《汉语词汇史》，中华书局2012年版，第161页。

译为"法度 诏";Jurisdi？舶o（司法管辖权）译作"管地方"①。

利玛窦在《坤舆万国全图》中的新词汇。

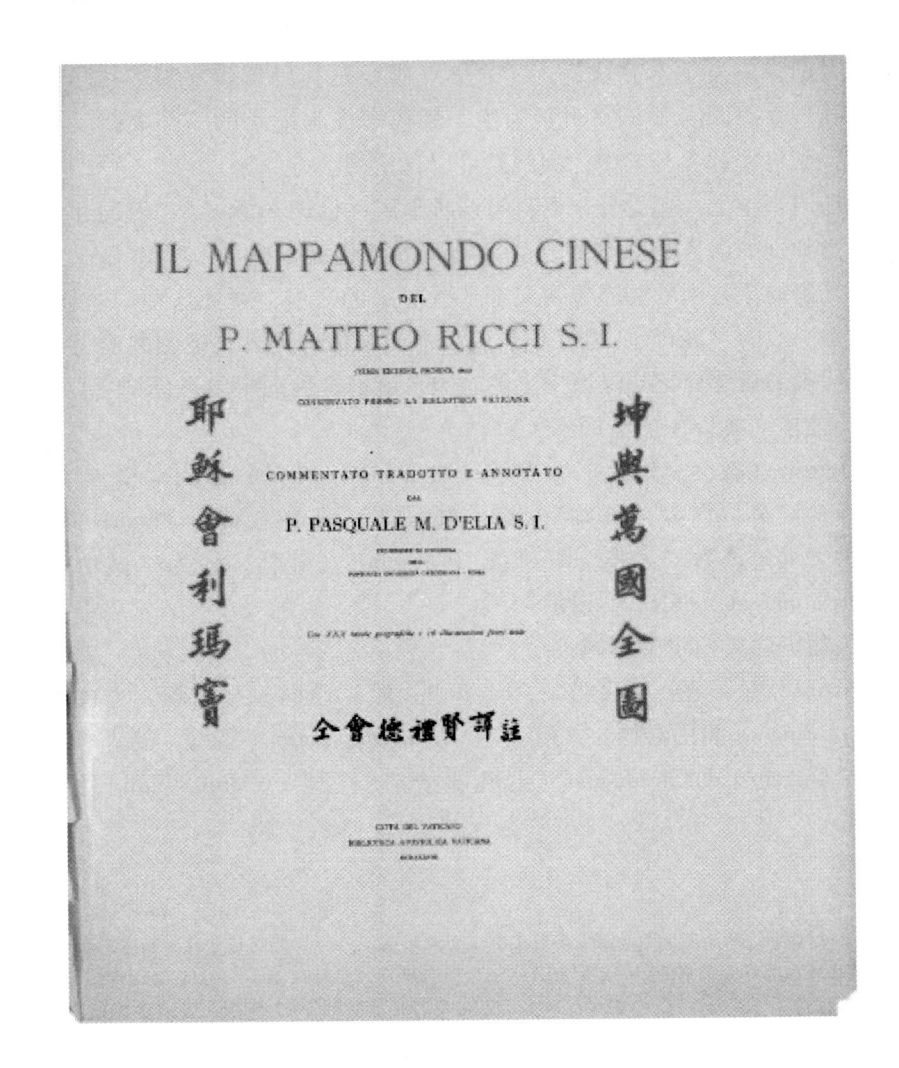

关于利玛窦地图的研究，学术界已经有了深入的研究。② 正如已故学者黄时鉴先生所指出的，百年来关于利玛窦地图的研究主要集中在五个

---

① 参见姚小平《十六世纪后期的中西词汇与社会生活》，《中华读书报》2014年4月10日第17版。

② 黄时鉴、龚缨晏：《利玛窦世界地图研究》，上海古籍出版社2004年版。

方面："一、现存于世的《坤舆万国全图》诸本和《两仪玄览图》的发现，及其流传和收藏；二、利玛窦绘制诸种世界地图及其摹绘本、摹绘本的研究；三、利玛窦世界地图上韩文字的整理和注释；四、利氏世界地图资料来源的探索；五、利氏地图所传播的欧洲地理学新知识及其在中国以及朝鲜、日本的影响。"①

天文，即地理：

天球、赤道、地球、欧逻巴、利未亚、亚细亚、南北亚墨利加、墨瓦蜡泥加、地中海、卧兰的亚、冰海、大乃河、墨何的湖、大西洋、红海、仙劳岭祖岛、河摺亚诺沧、新曾白腊、小西洋、南极、北极、纬线、经线、几何、四行、天地仪、南北回归线、周天黄、黄道圈、月天、水星天、金星天、日轮天、火星天、岁星、木星天、填星、土星天、列宿天、宗动天。

五大洲的国名和地名：

孛露、金加西腊、坡巴牙那、智星、伯西儿、巴大温、马大突、峨勿大葛特、哥泥白斯湖、得尔洛勿洛多、革利国得尔勿罗洛、墨是可、利祸、墨瓦腊泥、大茶答岛、哥儿墨意貌山、是的亚意貌外、姬厥律、区度寐、乌洛侯、襪结子奴儿干、北室韦、亦力把力、焉耆、榜葛刺、三佛齐、宣司、波尔匿何、马路古地方、新入匿、玛力肚、谙厄利亚大泥亚、第那玛尔加、入尔马泥海、两沙尔马齐、西齐里亚罗马、区大亦、北高海、如德亚、死海、巴尔齐亚、泥罗河瓦约瓦、黑入多、曷刺比亚、忽鲁谟斯、利未亚、巴罗襪斯砑麻蜡、马拿莫、仙劳冷祖岛、麻打曷失葛、木岛、波尔多瓦、福岛、亚大蜡山、亚察那入。

利玛窦的地图地名有 1114 个，② 如果算上地名和物志，则有 1224 个。③ 这里只是简单列出一部分。黄时鉴和龚缨晏已经根据德礼贤神父的《利玛窦神父的汉文世界地图》（*IL Mappamodo Cinese del P. Matteo Rocci*, Vaticano, 1938）一书，在《利玛窦世界地图研究》书后做了一个汉语——

---

① 黄时鉴：《利玛窦世界地图研究百年回顾》，《暨南学报》（哲学社会科学版）2006 年第 2 期。
② 黄时鉴、龚缨晏：《利玛窦世界地图研究》，上海古籍出版社 2004 年版，第 183 页。
③ 高翔认为有 1200 个地名，24 个物志，参见高翔《〈坤舆万国全图〉地名考本》凡例，光明日报出版社 2015 年。

拉丁文的地名通捡，高翔则在其《〈坤舆万国全图〉地名考本》一书中对每一个地名的词源做了总体的研究。但以上诸位学者的研究都未从语言学，或者从外来词的角度展开，因为这些地名从语言学来看有些是借词，有些是译词。

利玛窦世界地图中的译词包括如下：

Germania 入尔马泥亚（日耳曼）

Balabar 巴亚巴

Talena 打勒那

Corsica 哥尔西克（科西嘉）

C ossa 哥沙国

Andalusia 俺大鲁西亚（安达卢西亚）

Asia 亚细亚（亚洲）

Sicilia 西齐里亚（西西里岛）

Albania 亚尔百泥亚（阿尔巴尼亚）

本文希望在高翔和黄时鉴、龚缨晏诸位学者研究的基础上，从语言学的词汇学上加以分析。但由于篇幅所限，这里无法具体展开。

（一）利玛窦所创造的科学新词汇

利玛窦还和徐光启合作翻译了《几何原本》，与李之藻合作翻译了《乾坤体义》《浑盖通宪图说》等著作，这些著作中包含了大量的新词，例如面积、秒、平面、平行、平行线、切线、曲面、曲线、锐角、三角形、三棱镜等。①

（二）利玛窦所创造的宗教哲学词汇

以利玛窦为代表的来华耶稣会士，极重视文字之功，他们对文学流传在文明史的作用有着十分清醒的认识，体现了文艺复兴后对文学理解的精神。利玛窦在谈到文字的作用时说："广哉，文字之功于宇内耶！世无文，何任其愤悱，何堪期闇汶乎？百步之远，声不相闻，而寓书以通，即两人者暌居几万里之外，且相问答谈论如对坐焉；百世之后人未生，

---

① 参见黎难秋《中国科学翻译史》，中国科技大学出版社2006年版。

吾未能知其何人，而以此文也令万世之后可达己意，如同世而在百世之前。先正已没，后人因其遗书，犹闻其法言，视其丰容，知其时之治乱，于生彼时者无已也。"① 在这样一种文明观的基础上，文字传教就成为他传教策略的重要手段，如他所说："圣教之业，百家之工，六艺之巧，无书，何令今至盛若是与？故国逾尚文逾易治。何者？言之传，莫纪之以书，不广也，不稳也。一人之言，或万人听之，多声不暨已；书者能令无量数人同闻之，其远也，且异方无碍也。"②

两种文化相遇，以文字为桥梁，以翻译为手段，由此开始文化间的容受与理解、排斥与争论。这些来华传教士在中国传播西学时，在文字翻译上有两个领域较为重要：一是科技方面，③ 一是宗教方面。学术界对于来华传教士在科技方面的翻译，有较为深入的研究，④ 但对传教士在宗教哲学方面的翻译至今没有较为满意的成果。⑤ 明清之际的汉语基督宗教文献是一个亟待研究的广阔领域。⑥ 这里仅仅限制在明清之际最早入华的耶稣会士罗明坚和利玛窦两人的中文著作和文献来考察汉语基督宗教哲学术语的创立，试图从语言学的角度，揭示出两种文化相遇的真实境遇。

根据罗明坚以上的中文文献，我们经过筛选和分析，由罗明坚首次使用的天主教宗教哲学词汇有50个，具体如下：⑦

亚当（1—Adam），也物（1—Eva），妈利亚（里呀）（1—Maria），耶稣（作者注1—Iesus），圣水（2—aqua benedica），前罪（2—peccatum），天主（2—Deus），天堂（2—caelum），净首（2—puritas origina-

---

① 利玛窦：《西字奇迹》，载《利玛窦中文著译集》，复旦大学出版社2007年，第268页。
② 同上。
③ 利玛窦在谈到翻译《几何原本》之难时说："且东西文理，又自绝殊，字义相求，仍多阙略，了然于口，尚可勉图，肆笔为文，便成艰涩矣"（《利玛窦中文著译集》，第301页）。
④ 参见《中国科学翻译史》；安国风：《欧几里得在中国：汉译〈几何原本〉的源流与影响》，凤凰出版传媒集团2008年版。
⑤ 马祖毅的《中国翻译通史》（湖北教育出版社2006年版）一书基本上对明清天主教传入中国的翻译鲜有突破性、展开性。任东升的《圣经汉译文化研究》（湖北教育出版社2007年版），在明清之际的《圣经》汉译上基本上停留在二手文献，对一手翻译文献所知甚少，从而直接影响了研究的深度。
⑥ 张西平：《明末清初天主教入华史中文文献研究的回顾与展望》，《传教士汉学研究》，大象出版社2005年版。
⑦ 以下词汇对应的拉丁文，数字表示上面标出的罗明坚的著作。

lis），魂灵（2—anima），地狱（2—paradisus），十诫（3—decalogus），礼拜（3—ritus），灵魂（4—4—anima），圣教（4—Ecclesia），根因（causa prima 4—4—），人魂（anima 4—7—），净水（aqua pura 4—8—），天主经（4—9—oratio Dominica），普世（universalis 4—10—），知觉（intellectus 4—16—），世界（mundus 4—20—），真理（veritas 4—20—），祖公（progenitores 4—29—），哑当（4—29—Adam）也（4—30—Eva），噜只啰（4—33），下品之魂（anima vegetalis 4—39—），中品之魂（anima sensibilis 4—39），上品之魂（anima rationalis 4—39），五觉（quinque sensus 4—40），目司（visus 4—40），耳司（auditus 4—40），膜（4—47），布革多略（4—47），巴喇以（4—47），赎罪（penitentia 4—48—），诺耶（Noe 4—54），啰哆（4—55），梅瑟（Moysis 4—56），热所（4—58，耶稣—Iesus），妈利亚（4—59—Maria），十字架（4—63—crux Christi），亚明（4—84—amen），妈利呀（4—84—Maria），圣图（sacra imago 5—6—）。①

从利玛窦中文著作中初步择录出来的中文西方宗教哲学外来词汇有149个，具体如下：

天主（6—7—Deus）②，公教（6—8—pater），真教（6—8—），知觉（intellectus 6—9—），固然（6—9—necessitas），所以然（6—9—caus），徒斯（6—9—Deus），造物（6—10—creatio），诸宗（6—12—origines），作者（6—120—causa efficiens），模者（6—12—causa formalis s），质者（6—12—causa materialis），为者（6—12—causa finalis），物之内（6—12—in re），物之外（6—12—extra rem），物之私根（6—13），物之公本主（6—13），★梧斯悌诺（6—14）③，类之属（6—15），本体（6—18—essentia），宗品（6—18），本品（6—18—principium），自立者（6—18—substantia），依赖者（6—18—accidentia），总名（6—19—nomen collectivum），上物（6—20），下物（6—20），语法（6—22 grammatica—），黑

---

① 括号中的5表示罗明坚文献序号，6表示是第六首诗。
② 括号中的第一个数字是利玛窦的中文著作序号，第二个是《利玛窦中文著译集》中的页码。
③ ★号部分为无法用电脑合成的异体字。

蜡（6—25），德牧（6—25），三品（6—26，参阅51页—tres partes animae），下品（6—26），生魂（6—26—anima vegetativa），中品（6—26—），觉魂（6—26—anima sensitiva），上品（6—26），灵魂（6—26—anima），推论（6—26—discurrere），目司（6—27—visus），耳司（6—27—auditus），鼻司（6—27—odoratus），口司（6—27—gustus），四行（6—27 参阅5—216—elementa），自检（6—27—examen conscientiae?），公理（6—27—evidentia），形性（natura corporalis 6—28），神性（natura spiritualis 6—28），性之性（natura 6—28），超性之性（supernaturalis 6—28），司欲（voluntas 6—29），司悟（intellectus 6—29），无形之性（natura spiritualis 6—29），隐体（secreta 6—29），良觉（conscientia 6—31），外现（6—35 参阅51页、73页），内隐（6—35），然（6—35），别类（6—38 distinctio），同类（similitudo/similis categoria 6—38 参阅72页），内分（6—39），辂齐拂尔（6—40），本分（6—43）同宗（6—45），同类（similitudo/similis categoria 6—45），同体（6—46），同宗异类（6—46），同类异体（6—46），同体异用（6—46），闭他卧剌（6—48），欧罗巴（Europa 6—49），外人（6—53），内人（6—53），拂郎祭斯克（Franciscus 6—65），泥伯陆（6—65），陃袜（Eva 6—69），生觉（6—73），良善（virtus a natura 6—74），习善（virtus acquisita 6—74），公学（6—76），西痒学（6—76），五司（6—76），记含司（6—76—memoria），明悟司（6—76—ratio），爱欲司（6—76—voluntas），教化王（6—86—Summus Pontifex），罢巿（6—86），四圣录（quattuor evangelia 6—94），九重天（novem astra 5—216），月天（dies lunae 5—177），水星天（dies Mercurii 5—177），金星天（dies Veneris 5—177），日轮天（5—177），火星天（dies Martis 5—177），木星天（dies Iovis 5—177），土星天（dies Saturni 5—177），列宿天（sabbatum 5—177），宗动天（dies dominica 5—177），十二圣徒（7—251—apostolus），元徒（discipuli 7—251），伯多落（Petrus 7—251），圣经（7—256—sacra scriptura），外文（lingua 7—269—），界说（8—301 参阅325页），公论（opinio communis 8—301），所据（8—301），保禄（10—452—Paulus），形体（10—453—corpus），若翰（Johannes 10—456），万物之本（11—525），元行（11—526—elementa），亚物（12—91），海星（12—91），额辣济亚—圣母

（12—91—mater Dei），亚玻斯多罗—使徒（12—95—apostolus），性薄禄—共具（symbolum 12—95），罢德肋—父（12—96—pater），费略—子（filius 12—96—），利斯督（基利斯督 christus 12—97—），宗撒责耳铎德—圣油（12—97—chrisma），斯彼利多三多—圣灵（Spiritus Sanctus 12—97—），厄格勒西亚—教会（12—99—Ecclesia），真福（12—104—beatus），司视（12—110），司德（12—110），司唉（12—110），司臭（12—110），体司觉（12—110），撒格辣孟多—圣迹（12—111—sacramentum），拔第斯摩—洗（12—111—ablutio），共斐儿玛藏—振也（12—112—confirmatio），共蒙仰—相取（communio 12—112），白尼登济亚—悔痛（paenitentia 12—1132），陁斯得肋麻翁藏—圣油终傅（extrema unctio 12—114），阿儿等—品级（ordo 12—114），本世（13—5），超性（13—9）。

三 利玛窦在汉语学习上的贡献

利玛窦不仅自己学习汉语，而且为了传教，一直在推动耶稣会内部的汉语学习。① 近期，我们在从事梵蒂冈藏明清中西文化交流史文献整理研究时，发现了一本中文编写的传教士对话文献，标题为《会客问答》（即为《拜客问答》），这是目前所发现的关于耶稣会士汉语学习最为系统的文献。这份文献有多个藏本。

以下为《拜客问答》各类抄本一览表：

表6

序号	题名	汉字	注音	译文	收藏地	版本
1	Pin ciù ven tà ssì gnì	无	罗式注音	无	罗马耶稣会档案馆 Jap-Sin I 198	雏形本
2	拜客问答	有	法式注音	法文	西班牙耶稣会托雷多教区历史档案馆 Caja 101, China (II), N. 33 (Lg. 1042. 14)	训示本

---

① 参见夏伯嘉《利玛窦：紫禁城里的传教士》，上海古籍出版社2012年版；［美］柏理安：《东方之旅：1579—1724 耶稣会传教团在中国》，毛瑞芳译，江苏人民出版社2017年版。

续表

序号	题名	汉字	注音	译文	收藏地	版本
3	Pái Kě vén tǎ	无	法式注音	葡萄牙文	梵蒂冈宗座图书馆 Borgia latino 523	训示本
4	拜客问答	有	葡式注音（部分）	葡萄牙文（三页）	梵蒂冈宗座图书馆 Vaticano estremo oriente 14	全本
5	Shi ke wen da	有	无	无	法国国家图书馆 Chinois 7024	全本
6	拜客问答	有	葡式注音	拉丁文	梵蒂冈宗座图书馆 Borgia Cinese 503	全本
7	会客问答	有	无	无	梵蒂冈宗座图书馆 Borgia Cinese 316 vol. 2	全本
8	Pái Kě Vuén Tǎ	无	葡式注音	西班牙文	柏林国家图书馆 Libri Sin. 30？	全本
9	管堂中事	有	葡式注音	无	梵蒂冈宗座图书馆 Vaticano estremo oriente 13	训示残本
10	新来神父拜客问答	有	无	无	法国国家图书馆 Chinois 7046	类似本

尽管文献并没有写作者，但可以肯定的是，利玛窦参与了这份文献的写作。

（一）《拜客问答》的写作时代与作者

这是一份稿本文献，编号为 Borg. cin. 316，共有 93 页，每页 5 行，每行 10 字，楷书，毛笔书写。文献是对话体，一方是来访的秀才举人或者在职的官员，一方是传教士私宅里的管家。例如开篇两句就是：

> 譬如中国一个人或是秀才举人，或是有职官员，来拜访在京的客。
> 初进门，长班手拿一个帖子问道："某某老爷，或是相公在家里不在？"
> 家里的管家说："不在家。"

由此，来客和管家之间展开了长篇的对话。这篇文献既没有表明作者，也没有表明文献写作的时间。因此，需要研究的第一个问题就是这篇文献的作者和写作时间。经笔者研究，认为这篇文献的作者应是明代来华的耶稣会士。文献中当来客问到主人为何不在家时，有这样的对话：

长班又问"往哪里去了？"
管家或说："今早四更鼓时便进朝去修自鸣钟。"

进宫修理自鸣钟是利玛窦寓居北京时的重要内容。这点在利玛窦的回忆录中有明确记载。"皇帝就要钟了，钟就要遵命搬到他那里去。他非常喜欢它，立刻给这些太监进级加俸，太监们很高兴把此事报告给神父们，特别是因为从那天起，他们之中有两个人被准许到皇帝面前给一个小钟上发条。"① 利玛窦等人进宫修自鸣钟作为制度确定下来，是因为自鸣钟曾经坏了，拿到神父那里修理，"钟一拿出来，放了三天的时间，好奇的群众都涌到这里来。皇帝知道后，就下令此后不得把钟拿出皇宫。如果钟表需要修理，就召送钟人进宫修理。这当然就传出了皇帝对欧洲人有好感的故事。此外，为了防止太监们不断请求允许神父们进宫，皇上钦准神父们可以获允一年进宫四次而无须要求此准，从那时起，耶稣会士就可以进入皇宫，不是一年四次，而是可以经常随意进出了，还可以自由地带领此后来京的教友同去参观。访问和谈话助长了太监们的善意和友谊，并且日渐增进。"②

通过这个史料，可以说明这个文献的作者应是当时在京城的利玛窦、庞迪我。利玛窦和庞迪我的中文都很好，都有在中国流传很广的著作，利玛窦的《天主实义》、庞迪我的《七克》等。但究竟是谁写了《拜客问答》，则尚不能确定。自然，从字体来看，文献很可能是传教士们口述，中国文人或教徒来书写。至今我们从历史文献中尚未发现过利玛窦和庞迪我的中文字迹。

---

① ［意］利玛窦、［比］金尼格：《利玛窦中国札记》，何高济等译，中华书局1983年版，第405页。
② 同上书，第426—427页。

这份文献写于明代的另一个重要证据就是在文献第 27 页，有一段介绍服饰的对话。

中士又问西士曰："贵国做官的也戴纱帽，穿圆领否？"答说："衣冠与贵处亦不同。"明朝立国不久，就下令禁穿元代服装，恢复了唐朝衣冠制度，《大明会典》"冠服"以及《明史》"舆服"，对官员的服饰有很具体的要求，官吏戴乌纱帽，穿圆领袍。官员平日里在本署衙门办理公务，则穿常服。常服的规制是：头戴乌纱帽，身穿团领衫，腰间束带。①

所以，从这个对话我们可以明确说此文献写作时间是在晚明，具体时间应是在 1601 年至 1618 年期间，1601 年是利玛窦进京，由此才有传教士进宫修理自鸣钟的历史记载，1618 年是庞迪我去世。

(二)《拜客问答》的语言特点

首先，《拜客问答》是晚明时期的西方传教士汉语学习教材。《拜客问答》也是以会话问答形式展开汉语学习，完全继承了《老乞大》的传

---

① 现据《明史·舆服志》及《明会要》卷二十四《舆服下》的记载，将明代百官衣冠服饰制整理成简表如下：

品级	朝冠	带	绶	笏	公服颜色	补子绣纹	
						文官	武官
一品	七梁	玉	云凤，四色	象牙	绯袍	仙鹤	麒麟
二品	六梁	犀	同一品	象牙	绯袍	锦鸡	狮子
三品	五梁	金花	云 鹤	象牙	绯袍	孔雀	虎豹
四品	四梁	素花	同三品	象牙	绯袍	云雁	虎豹
五品	三梁	银 花	盘雕	象牙	青袍	白鹇	熊黑
六品	二梁	素银	练鹊，三色	槐木	青袍	鹭鸶	彪
七品	二梁	素银	同六品	槐木	青袍	鸂鶒	彪
八品	一梁	乌角	鸂、鶒，二色	槐木	绿袍	黄鹂	犀牛
九品	一梁	乌角	同八品	槐木	绿袍	鹌鹑	海马
未入流					与八品以下同	练鹊	

统。例如以下的会话：

> 问：贵国叫做什么国？
> 答说：敝国总叫欧罗巴，这总地方内有三十多国，各有本王统管。
> 问：既是各国有王，国又多，毕竟常有相战？
> 答：相战的少，国都结了亲，大概敝处国王太子不娶本国的亲，娶邻近国王的公主；
> 又答：应说道若放敝处大西洋一总的地方，比贵国自然是大，若论敝处各国相比还是贵国大。
> 客又问：贵国风俗与中国都一样了或是不一样？
> 答说：大同小异。
> 又问：贵国人穿的衣服与我这边是一样不是一样？
> 答说：敝国衣服与贵国做法不同，那衣服的材料同，亦有绫绸缎子，但多锁眼，锁缎，如布疋都是一样。

其次，《拜客问答》体现了口语会话的特征。

《拜客问答》中的会话完全是口语化，而非书面语言。中国传统的书面语言是文言文，典雅、含蓄。但在实际生活中，人们则讲白话，这种白话并非今天的白话，而是古白话。《拜客问答》基本上属于古白话形式。将口语记录下来，就是白话。口语是第二语言学习的基础阶段，从口语到书面语，汉语教学由浅到深。对话体汉语教材利于学习者掌握第二语言的特点。

再次，这是一份文化教学内容为主题的汉语学习教材。对话体汉语教材有多种，从简单的生活知识为内容的对话体教材到以文化知识为主题的对话教材。如果我们和来华传教士第一份对话体教材做个比较，就可以看得更为清楚。

最后，从语言学上，《拜客问答》有很高的语言学价值，它保留了明代会话的特点，有着大量的新词汇。同时，也为中国的汉语教育史保存了极其宝贵的文献资料。

由于前面的研究，我们知道《葡华辞典》中的《宾主问答辞义》，可能是目前我们所掌握的最早一份来华传教士的对话体汉语教材。这份《宾主问答辞义》作为《葡华辞典》的散页，与其放在一起。全文采取罗马注音形式来表现汉字，这说明当时刚进入中国的罗明坚和利玛窦的汉语能力还较差。我们对比一下《宾主问答辞义》和《拜客问答》就可以清楚看到，《宾主问答辞义》是一份以简单生活知识为基本内容的对话体教材，而《拜客问答》这是一份以文化知识为内容的对话体教材。所以，这份文献表明，利玛窦所推动的耶稣会内部的汉语学习取得了巨大的进步。从《宾主问答辞义》到《拜客问答》，耶稣会的汉语学习经历了很长时间，在这个过程中利玛窦发挥了重要的作用。

《利玛窦明清中文文献资料汇释》补遗

汤开建[*] 辑纂释注

内容摘要：《利玛窦明清中文文献资料汇释》一书于2017年10月由上海古籍出版社出版后，在学界引起了极大的反响。该书虽然采用竭泽而渔的史料搜集方法，对海内外明清文献进行了地毯式的搜寻，但由于明清文献藏量之巨、散播之广，仍有不少有价值的明清利玛窦资料为该书所遗漏。作者在出版以后，又根据各方面提供的线索，在海内外各大图书馆和新近出版的重要的影印丛书中找到了数十条有关明清利玛窦的中文资料。下面仍根据原书的分类体例，将新搜寻到的明清利玛窦中文文献作一补遗，以飨读者。

关键词： 利玛窦；明清文献；史料搜集；注释

《利玛窦明清中文文献资料汇释》一书于2017年10月由上海古籍出版社出版后，在学界产生了极大的反响。书中披露的为量甚巨且为目前学界所不知的利玛窦资料，引起了学界的震撼，同时也引起了我的反思。海外的利玛窦研究发展至今已有百余年，中国的利玛窦研究如果从洪业算起，至少也有八十余年，为什么这一在国际汉学史颇被人称诩的"利

---

[*] 汤开建，现为澳门大学历史系教授、博士生导师。目前致力于澳门史、中国基督教史、中西文化交流史、西夏史及中国边疆民族史研究，曾先后获得广东、甘肃、澳门地区以及国家级社科类学术大奖12项。因其在法国历史与文化研究中做出的卓越贡献，2009年获颁"法国教育骑士勋章"，为港澳地区教育界获此殊荣的第一人。

学"经过这么长时间的研究还有如此众多的中文资料未被学者利用,甚至还藏匿于故纸堆中而不为人所知呢?利玛窦从万历九年(1581)进入澳门,到万历三十八年(1610)在北京去世,其在中国生活长达29年。在此期间,利玛窦见过什么人,做过什么事,说过什么话,写过什么书,被记录下来的有多少,没被记录下来的又有多少,这一切在文献资料没有彻底清底之前,研究者切莫草率结论。要想全面、系统、深入地研究利玛窦,要想真实地还原利玛窦及利玛窦时代,必须采用新的史料搜集方法及新的考据方法,即黄一农先生提出的e考据,用今天的时髦话就是"互联网+乾嘉"。因此,对海内外各大图书馆、档案馆、各种中文古籍数据库及各种影印古籍丛书之中的明清文献档案进行地毯式的爬梳,竭尽全力地做到资料搜集的竭泽而渔,这就是我编纂《利玛窦明清中文文献资料汇释》一书的目的所在。然而由于明清文献藏量之巨,散播之广,隐藏之秘,搜寻之难,因此到该书正式出版时,仍有不少极具价值的明清利玛窦资料遗漏书外。于此之时,余才深深了然傅斯年先生"上穷碧落下黄泉,动手动脚找东西"之旨意。故在该书出版以后,余又根据各方面提供的线索,在海内外各大图书馆和新近出版的重要的影印丛书中找到了近百条有关明清利玛窦的中文资料,其中有多条资料则完全是出人意表,实为"众里寻他千百度"而难获得的独家珍稀材料,可以为推进利玛窦研究纵深发展添砖加瓦。另外,本书原来并不打算全面搜集日本、朝鲜、越南东亚汉字文化圈三国中的利玛窦资料,但考虑到为了全面反映利玛窦在整个东亚文化圈中的影响,故在补遗时有意识加强了上述三国在清嘉道之前有关重要的利玛窦资料的搜集。这次补充搜集,大大出乎我的意料,竟获得有利玛窦未收资料达七八万字之多,但囿于文章版面字数的限制,我不得不忍痛割爱,将与利玛窦史实关系疏远者及资料产生时间年代较后者予以删削,删削部分几达三分之一。下面仍根据原书的分类体例,将新搜寻到的明清利玛窦中文资料作一补遗。希望能为未来利玛窦研究提出和解决一些问题,推动利玛窦研究的深入发展。

碑传第一

云栖莲池祖师传　（明）虞淳熙

作者小传：虞淳熙（1553—1621），字长孺，号六梦居士，浙江钱塘人。万历十一年（1583）进士，万历二十年（1592）由兵部职方主事任礼部员外郎，后调吏部稽勋司员外郎。万历二十一年（1593）罢官，遂隐居西湖回峰。著有《虞德园集》《孝经集灵》。此为莲池禅师之友虞淳熙为其所作的传，其中明确提到莲池对当时人所推崇的利玛窦《天主实义》准备"立论破之"，足以佐证西文资料所述利玛窦与莲池的争论为实。

莲池袾宏，字佛慧，仁和沈氏子。兄弟皆以儒显，而师试屡冠诸生，于科第犹掇之也。性好清静。……而专事佛，虽学使者，屠公义英力挽之，不回也。从蜀师剃度，受具。……归得古云栖寺旧址，结茅默坐。……久之，檀越争为搆室，渐成丛林，清规肃然，为诸方道场冠，而师始启口说法。弟子日进，六时观念，中夜警策，慈颜温论，无异花开见佛矣。其说主南山戒律，东林净土，先行《戒疏》《发隐》，后行《弥陀疏钞》。一时，汪道昆、王尔康、冯梦祯、虞淳熙数与征难，而王几、张元忭、管志道、陶望龄诸儒，则又与之究。天台东越，同异是非，观兴浦菴倡。所谓一朝踏破香岩钵，双报君恩与佛恩者，始知师东昌之悟，返念之念，真戴角虎，不但称理而谈已也。住云栖，间赴他方之请。王侍郎宗沐问：夜来老鼠唧唧，说尽一部《华严经》。师云：猫儿突出时，如何自代云。走却，法师留下讲案。又书颂云：老鼠唧唧，华严历历，奇哉王侍郎，却被畜生惑。猫儿突出画堂前，来头说法无消息，无消息。《大方魔佛华严经》，世主妙严品第一，盖师直摈曲说者，语无回互。而世所宗《天主实义》，又期立论破之，亦时时在寺讲诸经论，音吐洪畅，词旨恳恻，矢口敷衍，宛同夙构。于是，滥名座主者，往往侧目矣……万历乙卯六月晦日，书辞淳熙，还山设斋，分表亲施略尽，若将远别者。七月三日卒。

（明 郑元勋辑：《媚幽阁文娱》初集，《传》，四库禁毁书丛刊影印明崇祯三年自序刊本，集部第172册，第132—134页。）

淮阴陈酉函①墓志铭　（明）李楷

作者小传：李楷（1602—1670），字叔则，号雾堂，陕西朝邑人。天启四年（1624）举人，崇祯十一年（1638），列名南京《留都防乱公揭》。入清，顺治四年（1647），任宝应知县，顺治十四年（1657），与潘陆、孙枝蔚等在镇江结丁酉社。康熙二年（1663），主持《陕西通志》修纂。著有《河滨全集》《雾堂遗书》等。其人与西学关系密切，曾著有"西学"一诗，对天主教持中间态度。

春之日，河滨子如淮河饮某家。诸荐绅先生咸在，陈君齿最尊。或曰：此前司马函先生也。它曰：召河滨子论其志，业则以天学对。以为《太西水法》、天仪制器皆小技，而事天之旨与吾儒略同。又示西儒之书焉。予则叹，夫异土不同文，故不可槩以六书，非虫、非穗、非篆、非籀，吾土乃能兼有之，讵非奇事。抑其学，自利子始入于万历之季，盖南中徐儆弦②、雍秦王葵心皆笃信之。淮之陈先生，则淮之独也。秋九月，昶自秣陵来扬，苴杖缞经，讶之。对曰：家大人已作化人矣。予涕出而吊于其扶榇之舟。昶归山阳，复寓书以谂也，曰：大人之窀穸乡者，已自为铭，并其碑版之题而预定之。其言曰：髑髅姓陈，讳所学，字无学，号酉函，圣名保禄。孝友乐施负重望，人多嫉之。文不加点，手不释卷，修身事天，官至兵部郎中。生于万历丙戌年三月十七日，后丙戌预为铭。铭曰：曾几何时，尔貌改神不存，尔非我，我非陈，惟上升者

---

① 陈酉函（1586—1651），名所学，字无学，号酉函。江南淮安人。崇祯时为明兵部职方郎中。曾受利玛窦影响，与西学接触。后耶稣会士毕方济（Francesco Sambiasi）来淮安传教，有27名文人加入天主教，陈所学当为其中之一，其洗名为保禄，是淮安最早信教的文人天主教徒之一，其天学著作有《圣主原心录》，现藏于中国国家图书馆。此人天主教事迹，学界未曾提及。

② 徐儆弦，江苏武进人，生卒仕履不详，为明陈继儒称其为"南中大儒"。李楷将其与王徵并列，亦为受利玛窦西学影响笃信天主教的明朝士大夫。

反其真。表曰：呜呼！此前兵部职方司郎中封赞治少尹朝议大夫加四品服俸陈公之墓。大人志在天，故六十即作魂升图也。曰：因尔神贫而无累，因尔能忍而不坠，因尔受洗而不瘵，因尔自克而蒙赉。骨骸虽腐，其灵常在，今不幸至于大，故微椽笔将无以传永，敢藉先子之略邀一言，河滨子于是为之志焉。夫西函以明经府丞，甲申乃为兵部郎，监军采石。初诸生时，为山东孙兴公所知，留京改江南行省，兴公来为右辖。辛卯往会之，遂卒于铁塔寺之天主堂①。其子昶以是为公志也。时有西儒穆先生②者护其终事，云：生卒世系与子女之详状，不载不书，葬地葬日不列亦不书。且既自铭矣，申铭之赘矣，铭其末曰：事母孝，五十而踬，祇以谐也；事天诚，殁齿不忘，恒如斋也；言以行，掩用为时，抑人无怀也。其生其死，其神岳不可埋也。

（李楷：《河滨文选》，卷9，《淮阴陈西函墓志铭》，清代诗文集汇编清辛未陈元春刻本，第34册，第243—244页。）

沈㴶传　（清）沈宸奎

作者小传：沈宸奎，生卒仕履不详，乾隆嘉庆间人，为沈㴶十四代孙。沈宸奎所作《沈㴶传》是目前所见最为详细的沈㴶之传记，其中提到沈㴶万历三十四年（1606）在南京为国子司业时，利玛窦当时已朝贡进北京。沈㴶应该没有见过利玛窦，但作为同时代人，他对利玛窦在南京和北京的事迹应该是了解的。此处将利玛窦写作"利玛头"，是明清文献中第一次见载。沈㴶作为明代最早反对以利玛窦为首的入华西方天主教势力的代表人物，这份传记为我们提供了十分重要的认识沈㴶的宝贵资料。

---

① 铁塔寺天主堂，为明代建于淮安的天主教堂，据1639年耶稣会年报，毕方济于1639年在淮安修建一座教堂，当即此座教堂。又据静乐居士：《辩学》之《各处堂志》（台湾政治大学社会科学数据中心藏方豪旧藏清钞本，第10页）称淮安天主堂在"北门内台山寺东"。

② 西儒穆先生，当指波兰耶稣会士穆尼阁（Jan Mikolaj Smogulecki）。护其终事，即指陈所学去世时，穆尼阁守护在陈所学身边，并为其行终敷礼。

公讳㴶①，字仲雨，号铭镇，端靖公仲子也。生而岐嶷，弱冠与伯兄季弟颉颃庠序，每试递冠多士。紫溪苏公来视学，大奇之，有三沈之目。万历乙酉②，伯兄举乡荐，公与季弟偕游北雍，才名噪甚，公卿倒屣，轼、辙省试，机、云入洛，不啻也。辛卯③季，发解公第三人。明年成进士，选庶常，转检讨。庚子④典楚试，丙午⑤授国子司业，升少詹南礼部右侍郎，摄尚书事。时西夷利玛头来朝，以晓历法待命阙下。其党蔓延金陵，据乾冈建奉天堂，设天主像，煽惑愚俗。公疏纠言，干纪悖伦，渐不可长，凡三上。奉旨遣归国，尽撤其居，以葺黄忠烈祠，并毁左道五部六册之镂版者。当公上疏时，或阻以丑类，实繁有徒，急之，恐不能无生得失，公不为惕。既而，晏如议者谓，郭钦徙戎，非关卫道之正；昌黎诋佛，不为经国之献。公之功，盖兼之矣。

（沈宸奎修：《重辑马要沈氏族谱》，卷25，《特传》2，《十一世文定公》，美国哥伦比亚大学东亚图书馆藏乾隆五十八年永思堂刊本，第21页。）

大西修士行略纂　（清）静乐居士

作者小传：静乐居士，原书署"古晋静乐居士儒望撰"，可知作者为山西人，"儒望"当为其洗名Jean或João，为基督徒。查乾隆五十四年《静升王氏族谱》有王氏第17世"王喜"者，字巨成，称静乐居士⑥。时间、地点及称号都与古晋静乐居士相合，疑此王喜即辩学作者。方豪称《辩学》："钞本无名，惟边口有'辩学'二字，姑以名之。书共八十叶，前半五十二叶，后半二十八叶。叶上下各八

---

① 《利玛窦明清中文数据汇释》碑传第一收有刘沂春《（崇祯）乌程县志》的《沈㴶传》，其中只记录了沈㴶的卒年，而无沈㴶的生年。据（清）沈宸奎修《重辑马要沈氏族谱》卷11《十一世》第36页明确记载沈㴶生于嘉靖乙丑（1565）三月十三日，卒于天启甲子（1624）三月初一日，前引《乌程县志·沈㴶传》"乙丑卒"比族谱要晚一年，当以族谱所载为准。
② 万历乙酉，即万历十三年（1585）。
③ 辛卯，即万历十九年（1591）。
④ 庚子，即万历三十一年（1600）。
⑤ 丙午，即万历三十四年（1606）。
⑥ （清）王梦鹏：《静升王氏族谱》卷4，《仁派世系图》，清乾隆五十四年序刊本，第70页；卷20，《艺文考》，第21页。

行，行二十四字，行线与鱼尾及版匡，皆系印就著。书中有某某道监察御史某某'为崇真教以正人心，除禁律以活民命'奏折，述及嘉庆十六年字样。是钞本为近百年物，并非甚古，然其中存录有关天主教文献，颇多稀见者，此其所以可贵也。"① 可知，《辩学》一书实成于嘉庆十六年以后。

利玛窦，号西泰，大西欧罗巴洲意大利亚国人。明万历九年岁辛巳至中华，偕其友郭仰凤、罗明坚等先居粤数年。二十八年庚子，以礼科文引同其会友庞迪峨诣阙，献天主教像、圣母圣像、天主经典、自鸣钟、铁弦琴、万国图等物。皇上欣念远来，召见便殿，重帘以观，问西来曲意，玛窦译八章以进。复问天主教旨，钦赐官职，设馔三朝宴劳，玛窦固辞荣爵，日用须需，遵上命取给，光禄赐宅留京。不时遣人顾问，知深明天文度数之学，因命纂修历日。庚戌岁，卒于京，御赐葬祭，隆礼攸加。时李之藻官南京太仆，遂延郭仰凤及其友金尼阁至南都，仰凤为上海徐文定公光启延归，后又往粤。李之藻延金尼阁至杭，敷教数年，卒葬方井，著有《西儒耳目资》及《天学况义》行世。玛窦居京时，与诸名公论天学，旁及度数，著有《畸人十篇》《天学实义》，又与徐文定论议，译有《几何原本》《测量》等书并行，本世学者称为利氏学。庞迪我亦著有《七克》《信经遗诠》，罗明坚著有《圣教实录》，郭仰凤亦有著述，其本散失，诸书并行于世。

（静乐居士：《辩学》② 不分卷，台北：台湾政治大学社会科学资料中心藏方豪旧藏清钞本，第38页。）

如意公传　（清）彭翊

作者小传：彭翊，生卒不详，字仲山，苏州府长洲人。幼承家

---

① 方豪：《方豪六十自定稿补编》补遗4，《"辩学"钞本记略》，台湾学生书局1969年版，第2905页。

② 此《辩学》原由方豪私藏，为海内孤本，方豪去世后，将其捐赠于台湾政治大学，现藏于该校社会科学数据中心，此稿本蒙台湾萧弘德先生协助拍摄照片寄赠，在此特表衷心感谢。

学,工画善书,诗文有较高的造诣,著有《无近名斋文钞》等。其兄彭蕴章,道光十五年(1825)进士,累官至工部尚书,武英殿大学士。道光时期,江南文人彭诩站在批判鸦片烟的立场上,将鸦片烟传入中国的罪名强加在利玛窦头上,虽然属于齐东野语,但也可证其反对西学和天主教的立场。

如意公者,姓黑土,名膏,西洋人。其先罂粟氏之苗裔也,食采于黑白二土,子孙因以为姓,而黑土之族尤贵。明神宗时利玛窦将至中国,思与畸异之士,俱将以变风易俗,得膏大喜。筮者曰:光远而自他,有耀者也,不在此,其在异国乎。坤,土也;巽,木也。有木之英,根之于土,而照之以光,故曰观国之光,利用宾于王。且其繇曰:风之蕃焚如自毙,谁谓荼苦,甘如荠,作宾王国,天下方且风行,吉孰大焉?乃行至闽粤,通交游,见者咸爱匿焉。膏为人和易而可亲,幽隽而不介,与人交淡而不厌。久而弥笃,自官府、寮佐、学士、大夫,下及工商妇竖、奸猾亡命,一见膏无不乐与周旋,前席不倦,结为生死。虽捍文网,倾性命丧身家不悔。又善能移人性情,忘机械之心,灰名利之念,视麹蘖如仇雠,弃粉黛如粪土,怡然一室中,人人自以为游华胥之道,得羲皇之乐也。何大令尝曰:《诗》曰:一日不见,如三岁兮。其膏之谓乎?能使人意也消。膏虽久居南方,中州人士,莫不慕之。至闽粤游者,挟以北去,时匿楮中,以避关吏稽察。然关吏皆阴与膏驩,无何迹遍天下,所至皆通邑大都,居京师尤久。天启时,客魏弄权,思得异方之士以侍天子清谯,乃荐膏。上大悦,使待诏供奉。时有出纳司管蔗卿火正金缸,与膏出入必偕。上召则俱往,永巷密室,侍恒终夜,上劳之,赐于阗白玉为小凫以坐。时时易以黄金,二人者虽缕金错采,佩饰珍异,终莫之及也。上尝曰:膏不习于医药,而能长人精神,不务为和甘,而能平人务躁,病可以愈,忧可以蠲。餐霞吸雾,可疗朝饥,真能如人意也。吾将与之终老,南面王岂易此乐哉。因封如意公,以军功荫一子。是时,上好夜游晏朝,常至于日昃,朝论皆议膏。膏素热中,有消渴疾,中外煎迫,而金缸又忌其宠,持之急,乃叹曰:此臣所谓鞠躬尽瘁也。遂乞休,荐白土以自代,不许。卒燔灼以没,子灰嗣。初膏既贵,人思与游不获,白土氏为优孟衣冠以媚世人,至是以传召之。既至,供奉便殿,不称旨，恩遇渐替，而金管之宠亦哀矣。太史公曰：膏以海外孤臣，置身通显，膺非常之宠，其遇合岂偶然哉？至若移风易俗，以无怀葛天之治，胥一世而化之，其术亦神矣。信乎，西方之教，不可思议也夫。

（彭翊：《无近名斋文钞》外编，《如意公传》，哈佛大学燕京图书馆藏道光二十七年序刊本，图书编号5508/4202，第5—6页。）

沈宏传　（清）程其珏

作者小传：程其珏（1834—1895），字序东，江西宜黄人。清同治十三年（1874）进士，钦点翰林院庶吉士。清光绪四年（1878）四月，散馆改授嘉定知县，主持修纂《嘉定县志》。传称利玛窦和阳玛诺合著有《西法通宪考》二卷，此书不见传世。

沈宏，字宁远，一字隐庵。好读书，留心九章，研究中西历术。泰西利玛窦、阳玛诺《西法通宪考》二卷，图居其半，皆旋螺萦发。宏如法描摹，不失秒忽。凡岁差里差，五星迟疾，日月交食，无不洞澈。

（程其珏：《（光绪）嘉定县志》，卷20，《艺术》，中国地方志集成上海府县志辑影印光绪七年尊经阁藏本，第8册，第431页。）

序跋第二

大西方杂语序　（明）郑怀魁

作者小传：郑怀魁（1562—1612），字辂思，别号心葵，福建龙溪人。万历二十三年进士，官至浙江观察副使。与张燮等组织霞中社，为"霞中十三子"之一。万历三十一年，李之藻赴闽组织乡试，两人结识交往。最初，郑怀魁对利玛窦传入的西器与西学均持疑惑态度，后受李之藻的影响，并改变其对西学的态度。万历三十三年，曾降职为处州知州，三十五年，帮助李之藻在处州出版《浑盖通宪图说》①。著有《葵圃存集》，现仅存日本尊经阁文库明万历刊本。

万历壬寅②之岁，大西方贡使利玛窦在京师，已贡上其铜琴、候时钟暨图像、书籍凡若干种。荐绅先生多从怀方氏询访其所自来，盖彼国学道人也。其为道，与佛老多同出而异名。天文历数之学，率与回回历不异。所云天地之际经纬各周九万里，幻冥不可考而原也。至声音反切，其入中国已久，释典所不翻者，以彼方语读近之。乃句股算术，差为简易直捷，足可备九章之助。夫天下大矣，何物不有，彼亦自一方之说。君子于所不知者，则存而不论。其疑之者与其信之者，皆惑也。作大西方杂语序。

（郑怀魁：《葵圃存集》卷14，《大西方杂语序》，日本尊经阁文库藏明万历刊本，第8页。）

浑盖通宪图说序　（明）郑怀魁

始李工部振之试闽癸卯③士，以历志发策，士言人人殊。比振之为说天经纬，以地经纬合之，士无不人人诵服者。时已撤棘，予造访振之，胸中岂有成历耶？既示予测晷器，如汉铜鉴，上刻辰度灿然，是日为季秋月朔，于闽省测得日躔某宿某度，至今可覆说也。盖本西方仪象，昼考景，夜验星，率视地去极近远为候。利氏来宾之岁，其法遂东，振之译为斯制，原公历以中历程酌之，有书焉，图与说甚具。是以为浑天耶，则黄道南至而外已截去不用。以为盖天耶，则赤道之阳尚尽二十三度半而止乃浑，逊于全体，盖多于半周。彼天圆物也，而平测之，究其用则灵宪通焉，斯振之所为志哉。至其规画推移，位置疎蜜，式自为篇，咸极微眇。尝以为法象之大，著明变通而约之成器者，宜莫精乎此。《周

---

① 陈庆元：《龙溪郑怀魁年谱》，《漳州师范学院学报》（哲学社会科学版）2013年第1期；徐光台：《西学对科举的冲激与回响——以李之藻主持福建乡试为例》，《历史研究》2012年第6期。本处所引日本尊经阁文库藏明万历刊本《葵圃存集》之影印件由台湾清华大学徐光台教授提供，在此特表衷心感谢。

② 万历壬寅，即万历三十年（1602）。

③ 癸卯，即万历三十一年（1603）。

髀》宣夜，无以验其术，虞敦商彝，不足为其宝矣。丁未①，振之携是书东游栝②，予为属樊尹致虚③梓行世，车参知公，援证经史，序其所以，犹夫成振之之志也云尔。然闻振之过北地，邢士登④先生与语中历，夜深意会，归述其书。湖上求气，至表长短有度，交食古今皆有考，五纬赢缩，急舒有常，而秘之弗论，何也？予然知学之无足而睹子之难穷矣。书也者言也，图也者象也，其可尽乎。俟其春容焉，问以竟之。

（郑怀魁：《葵圃存集》卷14，《浑盖通宪图说序》，日本尊经阁文库藏明万历刊本，第8—9页。）

辩学遗牍后识⑤　（明）李之藻

　　作者小传：李之藻，前已有作者之传，此处不再重复。近日郑诚先生公布李之藻1626年5月30日在杭州写给耶稣会总会长的信，原信为葡文，后由金国平先生译出，其中多次提到其与利玛窦的关系，下佻录如次："敬禀者：我主基督诞生之一千五百九十九年，余奉皇帝命，官京曹，得天佑，逢利玛窦先生入都，相与从游，获聆真道，越十载，余遘重疾，天主遣利先生调护残躯，遂领洗焉。余蒙昧无所用心，经年德无寸进。泰西先生东来，效我主基督，慈悲为怀，末学如余，未尝离弃。时时启吾智，振吾懦，脱吾于三恶敌之手。每念来世，缓步踯躅。辱承不弃，华翰先颁，谆谆以砺德行道相勖。会中先生奖借有加，贱名传至泰西，不胜惶恐。弟子未效微劳，竟蒙诸先生投书上闻。大人明鉴万里，德行崇高，余何敢望

---

① 丁未，即万历三十五年（1607）。
② 栝，又作括，应指括苍县，明朝为处州府丽水县。
③ 樊尹致虚，即樊良枢，致虚为其字，时任丽水知县。
④ 邢士登，当即邢云路，字子登，一作士登，直隶安肃人，官至陕西按察使，精通天文历法。
⑤ 原无题，此题为作者加。据郑诚辑校：《李之藻集》卷4《序跋》，中华书局2018年版，第108页称，中国国家图书馆藏《天学初函》本，内封下半刻《辩学遗牍》四之，上半镌小字识语："虞铨部未晤利公，而彼此以学商证，爱同一体，虽其往来书牍惜多散佚，今刻其仅存者，吃紧提醒，语不在多耳。莲池亦有论辩，并附牍中。慎修堂识。"很显然，这也是李之藻的题识，当时在刻书后所题。

其万一。神圣福音，传布中华。信哉天主，必予眷顾。忆昔万历年间，今上皇祖治世，利先生晋京，生养死葬，得厚赐焉。前数岁，余居京师，诸先生离散外省。时封疆不靖，余上疏奏闻，乞诏现任副省会长阳马诺及龙华民先生入都效力。二氏皆利先生故友。天主厚恩，吾愿得偿。①"

莲池弃儒归释，德园潜心梵典，皆为东南学佛者所宗，与利公昭事之学戛戛乎不相入也。兹观其邮筒辩学语，往复不置，又似极相爱慕，不靳以其所学深相订正者，然而终未能归一，俄皆谢世。悲夫！假令当年天假之缘，得以晤言一室，研意送难，各畅所诣，彼皆素怀超旷，究到水穷源尽处，必不肯封所闻识，自锢本领。更可使微言奥旨，大豁群蒙，而惜乎其不可得也。偶从友人得此抄本，喟然感叹，付之剞劂，庶俾三公德意不致岁久而湮，浅深得失，则余何敢知焉。凉菴居士识。

（李之藻编：《天学初函》，第 2 册，《辩学遗牍后识》，台北：学生书局据台北中央研究院历史语言研究所傅斯年图书馆藏本影印，1964 年，第 688 页。）

刻天学初函题辞　（明）李之藻

天学者，唐称景教，自贞观九年入中国，历千载矣。其学刻苦昭事，绝财色意，颇与俗情相戾，要于知天事天，不诡六经之旨，稽古五帝三王，施今愚夫愚妇，性所固然，所谓最初最真最广之教，圣人复起不易也。皇朝圣圣相承，绍天阐绎，时则有利玛窦者，九万里抱道来宾，重演斯义，迄今又五十年，多贤似续，翻译渐广，显自法象名理，微及性命根宗，义畅旨玄，得未曾有。顾其书散在四方，愿学者每以不能尽观为憾。兹为丛诸旧刻，胪作理、器二编，编各十种，以公同志，略见九鼎一脔。其曰初函，盖尚有唐译多部，散在释氏藏中者，未及检入。又近岁西来七千卷，方在候旨，将来问奇探赜，尚有待云。天不爱道，世

---

① 郑诚辑校：《李之藻集》卷 6《杂著·上耶稣会总会长书》，中华书局 2018 年版，第 139—140 页。

不乏子云、夹漈，鸿业方隆，所望好是懿德者，相与共臻厥成。若乃认识真宗，直寻天路，超性而上，自须实地修为，固非可於说铃、书肆求之也。凉庵逸民识。

（李之藻编：《天学初函》，第 1 册，卷首，《刻天学初函题辞》，台北：学生书局据台北中央研究院历史语言研究所傅斯年图书馆藏本影印，1964 年，第 1—6 页。）

十诫序　（明）朱宗元

作者小传：朱宗元（1616—1660），字维城，浙江鄞县人。顺治三年（1646）贡生，顺治五年举人。崇祯十一年（1638）葡萄牙耶稣会士利类思在宁波传教时，朱宗元受洗，成为天主教徒，教名为葛斯默（Cosmos），为明末清初著名的中国天主教徒[1]。其天学著作有《答客问》《拯世略说》《轻世金书直解》《天主圣教豁疑论》等。

当我神宗皇帝御极之八年，有大西洋上德利公玛窦航海来宾，洪宣爱铎。嗣后诸贤继踵，大畅圣传。小子不敏，获闻斯义至矣哉。

鄞县朱宗元维城氏敬叙

（［葡］阳玛诺：《天主圣教十诫直诠》卷首，《十诫序》，法国国家图书馆藏顺治己亥佟国器序江宁天主堂刻本，Chinois 7192，第 3—5 页。）

铎德姓氏录小序　（清）陆希言

作者小传：陆希言（1631—1704），字思默，松江华亭人。天主教徒，教名多明我。康熙十五年（1676），督工为《徐文定公辩学章疏》勒石立碑，康熙十七年（1678），为来华西教士修撰《铎德姓氏录》，康熙十九年（1680）来澳门圣保禄学院学习，康熙二十七年（1688）加入耶稣会，为修士，著有《亿说》、《新刻主保单》及

---

[1] 龚缨晏：《明清之际的浙东学人与西学》，《浙江大学学报》（人文社会科学版）2006 年第 3 期；王泽颖：《论朱宗元之天儒观》，宁波大学专门史硕士学位论文，2010 年，第 3—6 页。

《澳门记》等。

明世宗嘉靖三十一年壬子，上帝是祐圣方济各沙勿略东至，来此三洲，而奄然殁世，乃帝命不渝中国之获闻。天主教自利玛窦先生始，利先生来自明神宗朝，晋上方物，召见殿陛，赐宴大廷，给廪禄以供饔飧，褒天教以隆教化。由是，西方之士秉司教化者，闻风接踵，咸愿捐躯以报上帝，冀得中夏英材而教育之，以期一道同风之化。

　　　　　　　　　　　时康熙十七年岁在戊午七月既望
　　　　　　　　云间后学陆希言思默氏偶葺于上洋之敬一堂

（静乐居士：《辩学》不分卷，台北：台湾政治大学社会科学资料中心藏方豪旧藏清钞本，第17—19页。）

圣教真实利益序　（清）佚名

泰西传教到中国，是万历年间。二十八年庚子，亲到内廷，进献方物。神宗召见，特问大西的教理，及民风、国政等类事情。三日宴坐款待。那一时的名公卿相，如大学士叶向高、大宗伯冯琦、金宪冯应京、都谏曹于忭等类的人，彼此质证辨明，著出书来，名叫《天学真义》①。冯公作叙为首篇，印刻大行。后来大臣常常的举到朝里，大学士徐光启、太仆李之藻上奏，西洋利玛窦狠能格物穷理，能放前贤，合他讲论天地的原始，七政运行的道理，从所以然处，一一指示明白，一定不移，比我中国所著的成书，多有未闻的，可见利子胸藏大道。涉水九万里，孤身一人到中国，他的志向，算的狠难。且粗通中国语言文字，就能力辟佛老二教，深许古儒，分别天人的奥旨，发明性命的精微。他的功，算的狠大。当这个时候，圣教已有可行的机会了，但西士初来不久，人心多游移不定，延迟了几年。到天启年间，有逆党专理国政。又到崇祯年间，流贼混乱天下，败坏国家大事。虽有铎音不绝，到底圣教没有大行。又到皇清，盛世太平，厚待西士，恩宠越发加重。赏汤若望，通微教师的美名，加南怀仁，工部侍郎的显秩。钦谕各省，任行居住，御书金扁、对联，挂在圣堂，隆文盛典。自明以来，至今圣教昭明，比前加倍。

---

　① 《天学真义》，当为利玛窦《天主实义》。

（佚名：《圣教真实利益》①　不分卷，法国国家图书馆藏清钞本，图书编号：Chinois 7248，第2页。）

书异言后　（日）新井白石

作者小传：新井白石（1657—1725），名君美，号白石，日本江户时代政治家、诗人、儒学学者，对朱子理学、历史学、地理学、语言学、文学等方面造诣颇深。永宝六年（1709）成为日本幕府藩主第六代将军德川纲丰的文学侍臣，并于德川家继即位后续任辅佐幼君大臣，1716年，德川吉宗即位后，新井白石才告老退休，继续学术事业。新井白石是日本著名的"海外通"，接受了大量的西学知识，并完成了《采览异言》和《西洋纪闻》这两部著名西学著作，为日本锁国时代西学的传播起了十分重要的作用。十分奇怪的是，这一位著名的"海外通"西学专家居然写出了利玛窦生于广东海岛旁，实非西方之人的误说。晚清时，文廷式照抄新井白石之言，又将其传到中国。

浙西李之藻刻《万国坤舆图》，万历年间，大西利玛窦重修考定，附以南北半球图，事具二子所叙，而一时荐绅杨景淳、吴中明之徒赞述焉。正德己丑②冬，美得遇西人，乃按其图，访以方俗。其人曰：此图明人所作，稍似缜密。然与地理不合，莫由依据，敢辞。美意谓彼不解汉字，敢为大言耳。美乃曰：是则欧罗巴人利玛窦所携入于中州者，世称其善，子无取焉，独何与。曰：某未尝闻我人有其姓名者也？曰：西教东渐，自利氏始，子不知其人可乎？彼笑而不答，既而索得西图于官府以示之，披玩久之，曰：是和兰镂板，盖百年之物也。虽我西土亦不易得，某与此图，唯得三见之矣。于是，左把右指，章步而亥筭，使人不待穷夫辙迹。而周游乎八极，名山大川，举望而出，殊方绝域，随愿而在，亦奇

---

①　《圣教真实利益》，此书未见他处著录，亦未注明作者，从行文内容观察，似应为康熙三十年容教令颁发前后所著的天主教著作。
②　正德己丑，即康熙四十八年（1709）。

矣哉，诚得其术也。明年春，和兰入贡，美私其使者以质焉。对曰：舆地全图，旧有数本，此版敝邑所刻，去今既及一百一十三年。先是，西士佛来释古者，始倡天教于东南诸州，其塔今在印度地。香华之盛，一百七十年于兹焉。欧罗巴人未闻有利氏之子者也，美窃怪焉。嗣后，适得金闾钟始振①《辟邪论》于新增大藏函中，因知窦本生于广东旁近海岛间②，北学于中国者，实非西方之人。则前者之说，果不诬矣。李氏之徒，徒叹其学在夷，而不知用夏变于夷也。故今我是编所采其说，系之明人者，盖从其实也。癸巳③之秋源君美书。

（新井白石：《采览异言》卷末，《书异言后》，日本国会图书馆藏东京白石社明治十四年刊行本，第1页。）

《几何论约》原序 （清）吴学颢

作者小传：吴学颢，生卒不详，字子淳，河南睢州人。康熙三十三年（1694）进士，官中书舍人。著有《翠幄斋诗集》等。

《几何原本》一书，创于西洋欧吉里斯，自利玛窦携入中国，而上海徐元扈先生极为表章，译以华文，中国人始得读之。其书囊括万象，包罗诸有，以为物之形有短长，有阔狭，有厚薄。短长曰线，阔狭曰面，厚薄曰体，以三者提其大纲，而曲直相参，斜正相求，方圆相准，多寡相较，轻重相衡，以虚例实，用小该大。自近测，远参之，伍之，错之，综之，物之，形得而无阂，数无遁理矣。顾其书虽存，而习者卒鲜，即稍窥其籓，亦仅以为历学一家之言，不知其用之无所不可也。友人杜子端甫，束发好学，于天文、律历、轩岐诸家无不览，极深湛之思而归于平，实非心之所安，事之所验。虽古人成说，不敢从也。其于是书尤沛然有得，以为原书义例、条贯，已无可议，而解论所系，间有繁多，读者难则知者少矣。于是，为之删其冗复，存其节要，解取诂题，论取发

---

① 钟始振，当为钟始声，字振之，所著为《辟邪集》。
② 因知窦本生于广东旁近海岛间，新井白石称"窦本生于广东旁近海岛间"一语来自钟始声的《辟邪集》，查今本《辟邪集》并无此语，不知新井白石据何称"窦本生于广东旁近海岛间"，还称利玛窦"实非西方之人"，实误。
③ 癸巳，即康熙五十二年（1713）。

解。有所未明，间以已意附之。多者取少，迂者取径，使览者如指掌列眉，庶人不苦难，而学者益多。既成，征序于予。……吴学颢序。

（杜知耕：《几何论约》卷首，《原序》，清文渊阁四库全书本，第802册，第2—3页。）

《几何论约》原序 （清）杜知耕

  作者小传：杜知耕（约1644—1722），字端甫，号伯瞿，河南柘城人。康熙举人，清前期数学家，著有《几何论约》、《数学钥》及《道古堂文集》等。

《几何原本》者，西洋欧吉里斯之书，自利氏西来，始传其学。元扈徐先生译以华文，历五载，三易稿而后成其书。题题相因，由浅入深，似晦而实显，似难而实易，为人不可不读之书，亦人人能读之书。故徐公尝言曰：百年之后，必人人习之，即又以为习之晚也。书成于万历丁未，至今九十余年，而习者尚寥寥无几。其故何与？盖以每题必先标大纲，继之以解，又继之以论。多者千言，少者亦不下百余言。一题必绘数图，一图必有数线，读者须凝精聚神，手志目顾，方明其义。精神少懈，一题未竟，已不知所言为何事。习者之寡，不尽由此，而未必不由此也。若使一体之蕴，数语辄尽，简而能明，约而能赅，篇幅既短，精神易括，一目了然，如指诸掌。吾知人人习之恐晚矣，或语余曰：子盍约之。余曰：未易也。以一语当数语，聪颖者所难，而况鲁钝如余者乎。虽然，试为之。于是，就其原文，因其次第，论可约者约之，别有可发者，以已意附之。解已尽者，节其论题自明者并，节其解，务简省文句，期合题意而止。又推义比类，复缀数条于末，以广其余意。既毕事，爰授之梓，以就正四方。倘摘其谬，删其繁，补其遗漏，尤余所厚望焉。杜知耕序。

（杜知耕：《几何论约》卷首，《原序》，清文渊阁四库全书本，第802册，第4—5页。）

送宋德章儒夏序　（朝）李瀷

作者小传：李瀷（1681—1763），字子新，号星湖，朝鲜京畿道骊州人，朝鲜李朝哲学家、实学家，有《星湖僿说》和《星湖文集》传世。李瀷曾经读过利玛窦、阳玛诺、艾儒略等西方传教士所撰写的汉文著作多种，亦曾获得利玛窦的《坤舆万国全图》，还曾为《天主实义》和《天问略》写过序跋，是朝鲜受西学影响最重要的学者之一。

余尝远游南北各千里，东西傅海，每至佳山水沃壤乐土，辄有受廛之愿，及归心焉有得，把作生世一大事，而彼兔窟貉丘，有不足守以终焉。……既而得西洋人《万国全图》，就中间卷土，乃大明一统之区。其大小广狭之分，如东土之于华夏。而史传所见畸人逸士大观而遐瞩者，又不过如余向所游历数千里之近，于是益叹夫所见者小而气消意怠，无复远近优劣之较矣。

（李瀷：《星湖先生全集》卷51，《序》，韩国文集丛刊本，韩国景仁文化社，1990年，第199册，第440—441页。）

跋《天主实义》　（朝）李瀷

《天主实义》者，利玛窦之所述也。玛窦，即欧罗巴人，距中国八万余里，自丑辟以来未之与通也。皇明万历年间，与耶稣会朋友阳玛诺、艾儒略、毕方济、熊三拔、庞迪我等数人航海来宾，三年始达。其学专以天主为尊，天主者，即儒家之上帝，而其敬事畏信则如佛氏之释迦也。以天堂地狱为惩劝，以周流导化为耶稣。……盖天下之大州五，中有亚细亚，西有欧罗巴，即今中国乃亚细亚中十分居一，而如德亚亦其西边一国也。耶稣之世，上距一千有六百有三年，而玛窦至中国，其朋友皆高准碧瞳，方巾青袍，初守童身，不曾有婚。朝廷官之不拜，惟日给大官之俸。习中国语，读中国书，至著书数十种。其仰观俯察，推算授时之妙，中国未始有也。彼绝域外臣，越溟海，而与学士大夫游，学士大夫莫不敛衽崇奉称先生而不敢抗，其亦豪杰之士也。

（李瀷：《星湖先生全集》卷55，《题跋》，韩国文集丛刊本，韩国景仁文化社，1990年，第199册，第516页。）

跋虚舟画 （朝）李瀷

西洋利氏之论画云：画小使目视大，画近使目视远，画圜使目视球，画像有坳突室屋，有明暗也。比年使燕还者多携西国画，其殿阙廉陛，人物器用，棱隅方圆，宛若真形，其言概不诬矣。见者疑其为南海之蚌泪，沃焦之山石，幻药眩眼之类，殆非也。察之则只烟煤印本皆然，柳子久云，此不过远近曲直细大隐见之势分数明故也。东人之善画，奚独不尔，今观李虚舟八景图，依然洞庭潇湘之间。斯又画家七分境界，独不晓视大视球之为何术。

（李瀷：《星湖先生全集》卷56，《题跋》，韩国文集丛刊本，韩国景仁文化社，1990年，第199册，第535—536页。）

送洪侍郎良浩燕槎之行序 （朝）李献庆

作者小传：李献庆（1719—1791），字梦瑞，号艮翁、白云亭、玄圃，朝鲜李朝时期儒学者，著有《艮翁先生文集》。李献庆师从李瀷，但他站在儒学的立场上，钻研西学，对利玛窦所传西学却进行了激烈的批判，这不仅表现在此序中，而且在其《日食辨》和《天文问答》中有更多的论述。

异端之说，其始也甚微，如涓涔爝火，卒至于滔天燎原而不可禁。惟明者睹其始而绝之，愚俗之见昧焉。杨墨之害，不及于后世，孟氏之功也。其他老、佛、庄、荀之说，不遇如孟氏者遏绝之，故得肆焉。至今祸天下国家，可胜痛哉。今闻为天主之学者，盛行于中国，虽未得其说之详，其本出于西洋国。利玛窦云：西洋人工于推步、历象、圭臬等器，制作纤巧，丝毫不差。利玛窦尤其诙诡瑰奇人也，中州之人骤闻而创见，无不嗟异酷信，駸駸然流入我国。我国学者论天人性命之理者，往往以其说为宗，而古圣人贤人之论，几乎弁髦而不知省，噫嘻其惑之甚也。盖尝论之，外夷诸国，其壤地偏侧，风气疎散，故其民多奇巧淫技，葛卢之识牛鸣，牦轩之出眩人，即其验也。西洋去中国海道数万里，又其鴃舌之尤者，非可与论于大道，而所能明者，偏曲而已。以其善幻多怪，人皆诳惑，使狐魅遇张华，安能遁其形哉。明于推步，亦偏曲之知也，见其如此，遂信其知道可乎。夫穹然在上者天也，以功用谓之鬼神，以主宰谓之上帝，存乎人则所赋之性是也，在乎事则当然之理是也。尊性而居谓之敬天，顺理而行谓之奉天，神而祭之，不过除地而郊而已。今乃殿宇以严之，图像以明之，使上帝之尊，下同于一鬼，其为慢天亵天孰甚焉。天下之人，一溺于释迦，再溺于利玛窦，鬼怪肆行，妖说诬民。几何不燃臂脔肌以为事天，而天叙天秩天命天讨，古先王大经大法，终至于废坏而不修。为吾徒者，其可立视其如此而莫之救耶。今我洪侍郎汉师儒者也，读圣贤书者也，以副价入中土也，余窃有望焉。幸其说之未炽也，以事天之实，在此而不在彼，为燕之学士大夫，一诵而晓解之，其间岂无悦吾言而从之者欤。设或不从，立一赤帜，使天下之人，咸知我国有贤大夫独守孟氏之传而不惑于邪说，则亦吾道之光也，子其勉乎哉。

（李献庆：《艮翁先生文集》卷19，《序》，韩国文集丛刊，韩国景仁文化社，1990年，第234册，第407—408页。）

利玛窦《南北极图》记　（朝）李种徽

　　作者小传：李种徽（1731—1797），字德叔，号修山，朝鲜全州道人。曾任兵曹参判。李朝后期阳明学者、历史学者，著有《东史志》及《修山集》等。此处称利玛窦有《南北极图》，但查现存利玛窦资料，尚未见利玛窦有《南北极图》的记录。利玛窦在《坤舆万国全图》中的左边上下两角分别有南北极图，该图所录文字与李种徽所录的诸国文字差异甚大。查钱曾《钱遵王述古堂藏书目录》卷5收有"利玛窦《赤道南北极图》一卷一本"①，可知当时确实有利玛窦《南北极图》单行本流传。

　　利玛窦《南北极图》称，中国为亚细亚地方，盖欧逻巴方言也，在

---

① （清）钱曾：《述古堂藏书目录》卷5，《历法》，四库全书存目丛书影印清钱氏述古堂钞本，史部第277册，第692页。

小洋海中，中国及西域、东夷、北狄、南蛮皆系焉，佛家所谓南赡部洲也。东北南皆海环，西波斯之外连陆，曰欧逻巴世界，即所谓西洋也。大洋海环其西南北，其国曰古祸泥，曰鲁西亚，曰瓒利亚，曰矮人，曰都力，曰加西郎，曰拂郎察，曰莫勒亚，曰甘的亚，曰卧的亚；其山镇曰思祈匪利，曰沙勿牙，曰迷色，曰多罗；其川泽曰巴尔德峡，曰大劳混河，曰墨阿的，曰大乃河，曰诺沧，曰上海，曰下海。海中有一种咽几，那鱼长尺许，周身皆刺而大有力，遇船而贴，顺风不能动。西洋诸蕃之会，又有古里之国，其利沉香布，其畜马，其谷宜麦，其鸟多白鸠，其玩好琉璃瓶椀、珊瑚、珠宝带、往往为黄金细丝、花缀、鸦骨石、珍珠、八宝饰之手巾、蕃花人马象。其俗，近古以石灰画地为禁，莫敢犯，行者让路，道不拾遗。王老不传子，传外孙，否则传弟，无外孙与弟，传善行人，此则诸国皆同，岂佛家所谓极乐世界耶。

由欧逻巴而南且西为利未亚世界，其国曰墨利，曰仙多，曰佛沙，曰息匿瓦，曰大儿瓦，曰亚毗心域；其山镇曰巴尔加也衣，下有蠲河之水，三伏三出，每隔二百里，西北入于欧逻巴之巴尒德峡，曰罗经正峰，曰檀杏树岭，岭上多檀杏之树故以云。其川泽曰黑江，曰波尔诺湖，曰地中海，曰西红海，曰绿峰岛，曰金河；其大洋海中，鳄鱼似巨舫大，四时有波浪，出没惊人。

由利未亚而东且南，直亚细亚之南，为墨瓦蜡泥加世界。其国曰苏门答剌，于洪武中，奉金叶表贡方物，其山多石青，多龙涎，多大茄，大茄之树高丈余，三四年不萎，子大如瓜；小瓜哇，有色青之盐，蔷薇花上露承之可以饮；曰哇阇婆，曰玛力肚，曰路客。其山镇曰白峰，曰加利麻那美峰，曰鹦地，曰师峰；其川泽曰瓶河，曰仙色巴，曰南湾，曰小岛滨。大抵苏门答剌，为天下之极南。南方在卦为离，离为火，故其地热如洪炉。国东南大山横亘，夜常有火光烛天，人至少，故未审人物如何世界。大洋东南，有沧溟宗盖，乃众海之宗也。

由墨瓦蜡泥加于东，直亚细亚，东南为南亚墨利加世界。南北东西皆海环，其国曰巴大温，古之长人国也，曰祈勤，曰帕齐那，曰玛八作，曰利玛；其山镇曰椰林峰，曰潮水峰，曰盘羖，曰阿林答；其川泽曰银河，曰马良河，曰金鱼湖，曰宇露河。

大东北洋之内，有北亚墨利加世界。其国视诸他世界最多，不能尽记，记其大者云：曰富令那，曰大人尒①，曰加拿大，曰亚利俺，曰新拂，曰多笼，曰郎察；其山镇曰耨荼，曰蠍山，曰吐会，曰雪山；其川泽曰皮六河，曰流鬼，曰众仙河，曰东红海，曰青球岛，出青色之球，曰亚泥俺峡。自此可通北海，古所谓两过之地也。北海之外，北极不远，其地半年有日光，半年无日光，沍寒人难到，不详其所有，冰海在其中，四时不泮云。

凡六世界，为国三十三，为山镇十八，为川泽二十八。丙子流头之月，图自莲谷故李尚书家来，时雨中泬寂，展阅颇会心，令人有焱举区外之想。留之三日，被其索还之，而意不忍舍，遂手摸其亚细亚地方，而其余五世界，记其国名及山镇川泽之号，皆取其大者及名目颇雅者。又采人物风土杂出于诸书者以入之，而时观之以自释焉。尝观邹衍云：神州赤县为一州，而其外如神州赤县者九，乃所谓九州，各有裨海环之。又有大瀛海环其外，天地之际焉，其术皆此类。而要其归必止乎仁义节俭。今图所谓小洋海，即裨海，大洋海，即瀛海也。第自亚细亚为六州而无其三，岂玛窦亦不能尽见耶。邹衍死而世无其学二千年，观《畸人十篇》，其道术亦本于仁义节俭，斯非所谓闻其风而说者欤。

（李种徽：《修山集》，卷4，《记》，韩国文集丛刊本，韩国景仁文化社，1990年，第247册，第356—357页。）

题天文九重图　（清）陈本礼

作者小传：陈本礼（1739—1818），字嘉会，号素村，江苏扬州人。一生不仕，唯好读书。著有《屈辞精义》等。

圜则九重，孰营度之？惟兹何功，孰初作之？笺：《淮南子》天有九重。泰西利玛窦曰：九重者：宗动、恒星、土星、木星、火星、日轮、金星、水星、月轮九层。坚实相包如葱头然。愚按：天包地外，地处天中，离地即天，何从有九。九重之天，谁为经始，谁为创造，其首事先于何重耶？

---

① 尒，此字为韩国汉字，表示结束语。

（陈本礼：《屈辞精义》卷2，《天问》，续修四库全书影印清嘉庆十六年陈本礼自序刻本，第482页。）

订西法诸书序 （清）杨大壮

作者小传：杨大壮，生卒不详，字贞吉，号竹卢，又号耕云，江苏甘泉人。官徽州营参将，精于历算、律吕之学。此人对利玛窦及西学极为推崇，但对天主教持反对态度，并称利玛窦翻译的《几何原本》为"西法之宗"。

欧罗巴在西域之西极，西海之滨，张骞所不知，甘英所未到也，从古未与中国通朝贡。其都三面滨海，南北万一千二百五十里，东西二万三千里。内分七十余国，其著名之邦曰拂郎察，曰意大里亚，曰以西把尼亚，曰波尔都瓦尔，曰热尔玛尼。其人碧眼虬髯，聪明精巧。前明万历时，意大里亚国人利玛窦航海东来，居广东，习华文华语者二十年，遂至京师。因中官马堂献《万国全图》、天主等像，礼部劾之，请勒还本国，不报。明帝嘉其远来，假馆授餐，给赐优厚。公卿以下重其为人，多与晋接，玛窦安之，遂留不去。利氏九万里泛重洋而来，盖图行其耶稣之教，一时士大夫颇有惑之者。其说荒诞支离，多类释氏，又似回回教，殆又西域异端中之外道支流也欤。然欧罗巴历算之学极精，利氏妙于其术，上海徐文定公光启、杭州李太仆之藻与之游久，尽得其秘奥。文定为译《几何原本》《容圜》《测量法义》，太仆为译《同文算指》《圜容较义》《浑盖通宪》等书。太仆又彚其前后所译西书二十种为《天学初函》，分理器二编，理编为洋教邪说，鄙谬不足论，今亦禁绝。器编则其历算之书，最有蕴奥，于是中士多有习之者矣。崇祯初，中历交食益差，诏徐文定开局修改，时利氏已卒，文定乃荐其同会东来者，曰邓玉函、罗雅谷、龙华民、汤若望等人入局，翻译西法，成百余卷，今之《新法算书》是也。顺治元年，恭逢我世祖章皇帝入关定鼎，修正历法，遂授汤若望钦天监官，采其法为《时宪书》。我圣祖仁皇帝御制《数理精蕴》《历象考成》二书，亦多取其术。远西诸子，以荒陬一介之士，其说得邀圣天子菶菲之采，岂非其遭逢之幸欤。至其洋教，峻令严禁，不许传染中土，于以仰见我国家正大光明之规。诚所谓好而知其恶，而知其美，凡我臣民，宜凛遵焉。忆昔甲辰①之初，壮初见《表度说》于金陵，读而深味乎其言，始知地圆日月交食之故，因有心为此学，顾无师承，遂辍而未获究心也。岁月如流，倏然二十载，岁在甲子②，归林三年，养疴闭户，心寂双清。适衡斋汪先生③来邘上，虚心请业，荷其恳勤指授，于今三更寒暑，得少窥藩篱焉耳。吁！少壮闻其说，老大方从事焉，甚矣，余之嬾漫也。此编乙丑④夏日得之既堂沈都转先生，又二年丁卯⑤五月望日雨窗闲寂乎。为装整并述西述东来之，自以备初学者。考论云：尔原编先后不伦，今重编次第如左：《几何原本》，西法之宗，利氏首译之书也，列为第一。几何非算不明，《同文算指》次之，《圜容较义》几何之一种也。《测量法义》《勾股义》，入算之实用也，次于《同文算指》之后。以上五种，皆算术也。《天问略》，首明天体历学之梯阶，当列于前。《表度说》《测日论》《天议论》最为明显，故次《天问略》后。《简平仪》为用，增广作法亦精，必明《表度说》而后可读，是又次焉。《浑盖通宪》，义蕴渊奥，非深于斯学，不能了然心目，故以之殿群书也。《泰西水法》，有益民生日用，《职方外纪》，可证地圆里差，均附编末云。

（焦循：《扬州足征录》卷13，《订西法诸书序》，北京图书馆古籍珍本丛刊影印嘉庆二十年焦循序刊本，第25册，第646—647页。）

述论第三

九天地球诸星总论　（意）利玛窦

按：这应是利玛窦为吴中明万历二十六年（1598）在南京刊刻的《山海舆地全图》中所作的题识，后又被收进万历三十年（1602）

---

① 甲辰，即乾隆四十九年（1784）。
② 甲子，即嘉庆九年（1804）。
③ 衡斋汪先生，即汪莱（1767—1813），字孝婴，号衡斋，徽州歙县人。嘉庆十二年（1807）优贡生，深通经学，曾被大学士禄康荐修国史天文志。
④ 乙丑，即嘉庆十年（1805）。
⑤ 丁卯，即嘉庆十二年（1807）。

李之藻在北京刊刻的《万国坤舆全图》中，但有所改动。

地与海本是圆形而合为一球，居天球之中，诚如鸡子，黄在青内。有讲地为方者，乃语其定而不移之性，非语其形体也。天既包地，则彼此相应，故天有南北二极，地亦有之；天分三百六十度，地亦同之。天中有赤道，自赤道而南二十三度半为南道，赤道而北二十三度半为北道。按中国在北道之北，日行赤道则昼夜平，行南道则昼短，行北道则昼长。故天球有昼夜平圈列于中，昼短昼长二圈列于南北，以著日行之界。地球亦设三圈，对于下焉。但天包地外为甚大，其度广；地处天中为甚小，其度狭，以其差异者耳。查得直行北方者，每路二百五十里，觉北极出高一度，南极入低一度；直行南方者，每路二百五十里，觉北极入低一度，南极出高一度，则不特审地形采圆，而并征地之每一度广二百五十里，则地之东西南北各一周有九万里实数也，是南北与东西数相等而不容异也。夫地厚二万八千六百三十六里零百分里之三十六分，上下四傍皆生齿所居，浑沦一球，原无上下。盖在天之内，何瞻非天，总六合内，凡足所伫即为下，凡首所向即为上，其专以身之所居分上下者，未然也。且余自大西浮海入中国，至昼夜平线，已见南北二极皆在平地，曾无高低；道转而南，遇大浪山，已见南极出地三十六度，则大浪山与中国上下相为对待矣。而吾彼时只仰天在上，未视之在下也。故谓地形圆而周围皆生齿者，信然矣。

吾尝留心于量天地法，且泛大西庠天文诸士讨论已久，兹述其各数以便览。为夫地球既每度二百五十里，则知三百六十度为地一周得九万里，计地面至其中心得一万四千三百一十八里零九分里之二。自地心至第一重谓月轮天，四十八万二千五百二十二里余；至第二重谓辰星即水星天，九十一万八千七百五十里余；至第三重谓太白即金星天，二百四十万零六百八十一里余；至第四重谓日轮天，一千六百零五万五千六百九十里余；至第五重谓荧惑即火星天，二千七百四十一万二千一百里余；至第六重谓咸星既木星天，一万二千六百七十六万九千五百八十四里余；至第七重谓填星即土星天，二万零五百七十七万零五百六十四里余；至第八重谓列宿天，三万二千二百七十六万九千八百四十五里余；至第九重谓宗动天，六万四千七百三十三万八千六百九十里余。此九层相包如葱头皮焉，皆硬坚，而日月星辰定在其体内，如木节在板，而只因本天而动。但天体明而无色，则能通透，光如琉璃水晶之类，无所碍也。若二十八宿星，其上等每各大于地球一百零六倍又六分之一；其二等之各星，大于地球八十九倍又八分之一；其三等之各星，大于地球七十一倍又三分之一；其四等之各星大于地球五十三倍又十二分之十一；其五等之各星，大于地球三十五倍又八分之一；其六等之各星，大于地球十七倍又十分之一。夫此六等皆在第八重天也。土星大于地球九十倍又八分之一，木星大于地球九十四倍半，火星大于地球半倍，日轮大于地球一百六十五倍又八分之三，地球大于金星三十六倍又二十七分之一，大于水星二万一千九百五十一倍，大于月轮三十八倍又三分之一，则日大于月六千五百三十八倍又五分之一。自以可征，使有人在第四重天已上视地，必不能见，则地之征，比天不啻如点焉耳。

时万历戊戌孟冬谷旦欧逻巴人利玛窦撰①

（袁启：《天文图说》②，续修四库全书影印浙江图书馆藏明抄本，第1031 册，第 529—533 页。）

利马窦所作《坤舆万国全图》渺薄中国 （明）梁禾

作者小传：梁禾，生卒不详，字天成，安徽凤阳人。万历十年

---

① 利玛窦万历三十年（1602）《题〈万国坤舆全图〉》称："庚子（1600）至白下，蒙左海吴先生之教，再为修订。"利玛窦称吴中明在南京刊刻的《山海舆地全图》在万历二十八年（1600），这为利玛窦的误记。刘凝：《天学集解》，卷3，吴中明：《题〈万国坤舆图〉》，第23—24 页称《山海舆地全图》刊刻的时间为"时大明万历戊戌年徽州歙县人左海吴中明题"，万历戊戌，即万历二十六年（1598），就可以证明利玛窦的误记，而在此处又发现利玛窦为吴中明南京刊刻《山海舆地全图》所写的题识，其落款时间也是"时万历戊戌孟冬谷旦欧逻巴人利玛窦撰"，这是利玛窦当时的原始记录，这就成为吴中明南京刊刻《山海舆地全图》的时间为万历二十六年（1598）的铁证。而四年后，利玛窦在为《万国坤舆全图》题识时而称吴中明《山海舆地全图》刊刻的时间为万历庚子，即万历二十八年（1600），可以说明利玛窦的记忆是会发生误差的，并非如时人对他记忆力吹捧之神。

② 袁启《天文图说》是明末一部重要的天文学著作，书中不仅收录了利玛窦万历二十六年为吴中明《山海舆地全图》所作的题识，而且还收录了《大地圆球五州全图》《亚细亚一大州图》《天地仪图》《周天黄赤二道错行中气界限图》《日蚀、月蚀图》《天地仪解》《天地仪制度》及署名为"欧逻巴人葛捺楞马著"《四行解》，其中大部分为欧洲天文学的内容。

（1582）任海州直隶州训导，后陞任赣州府教谕，其他事迹不详，著有《可知编》。据邓瑞全等主编《中国伪书综考》称，"《可知编》八卷，作者伪，原题明杨慎撰。"今据四库存目丛书影印万历三十六年沈调元序刊本，据沈调元序此书实为明梁禾天成著。由于此书刊刻于万历三十六年（1608），则知下面这段关于利玛窦《坤舆万国全图》的评论很可能完成于万历三十年（1602）该图刊刻不久，这应该是明代最早对利玛窦《坤舆万国全图》反面评价的第一人。

按《舆地图》，古今代有，然一再传，未免差讹。独广舆一图，本元人朱思本画方计里，颇为足据。如《坤舆万国全图》，乃西洋欧罗巴人利玛窦所作，共图六幅，以天环地，似矣。顾六幅中，五幅半皆海，而中国及西北夷之地，不满半幅，是天之下皆海矣。则古人何不曰天海，而曰天地。又言天圆地亦圆，天有三百六十度，地亦如之；天有南北二极，地亦有之，与天相应。盖天圆地方，自古记之，惟天四围皆圆。故细分之，谀三百六十五度四分度之一，足尽天体。地虽曰方，然多参差不齐处，将何所据，而分定其度数。天昼夜旋转，故指其不动处为极；地未尝旋转，将指何者为极。况彼图以地如弹丸在天中，如何与天相应。又言地之四边有齿，夫海底之地，人固不见；海上之地，人多见者，何尝有齿。又言自彼岛稍南即大浪山，见南极出地，北极入地。又言南海有岛，一年八季，二春二夏，二秋二冬。按《孤树里谈》① 载，邓老曾往西洋，历数国极远处，仰视三光，大小次第，一切与中国不异。斗柄只如此，彼大浪山与海岛，皆不出天地外，何至颠倒若是。又言天地有九重，月轮居第一重，日轮居第四重，是月在日上矣，又何言日食为月所掩。又言日大于地，地大于月，夫日一日随天经行地上六时，岂得大于地？又言若使人得到四重天上，下视乎地，不啻一点耳。人奈何于此一点中。争王竞霸，次即庄生蜗角之残语，彼直窃以渺薄中国耳。乃观者喜其异，不察其妄，为之品题而传布焉，不将为彼所欺笑耶。

（梁禾：《可知编》第5卷，《利集·地部·地第一》，四库全书存目

---

① 《孤树里谈》，明李默撰，现藏北京大学图书馆。李默（1494—1556），字时言，福建建安人。正德十六年（1521）进士，官至吏部尚书。

丛书影印万历三十六年沈调元序刊本，子部第 177 册，第 285 页。）

利玛窦曰友者吾之半 （明）林有麟

作者小传：林有麟，生卒不详，字仁甫，号衷斋，上海华亭人。以父荫入仕，累官至龙安知府。工画，著有《素园石谱》，还辑有《法教佩珠》二卷。《法教佩珠》最早为万历四十二年刊本，其中收有利玛窦《交友论》之语，可知其应与利玛窦同时代人，也是最早传播利玛窦《交友论》的明代士人。

利玛窦曰：友者，吾之半，即第二我也。二语何其真切，多情者，不可与定媸妍；多谊者，不可与定取与；多气者，不可与定雌雄；多与者，不可与定去往；多酬者，不可与定是非。

（林有麟：《法教佩珠》卷 2，四库全书存目丛书影印明万历四十二年刻本，子部第 144 册，第 253 页。）

利玛窦曰地与海本是员形 （明）江旭奇

作者小传：江旭奇，生卒不详，字舜升，安徽婺源人。诸生，著有《小学疏义》、《书经传义》、《孝经义》、《孝经疏义》、《汉魏春秋》及《朱翼》等书。因《朱翼》刊行于万历四十四年（1616），故可知江旭奇与利玛窦应是同时代人，此中所引文字为利玛窦《坤舆万国全图》上的题识，故可知江旭奇在万历四十四年之前就见过利玛窦的《坤舆万国全图》。所引利玛窦文字与原文有所差异。

利玛窦曰：地与海本是圆形，而合为一球，居天球之中，诚如卵黄。有谓地为方者，乃语其定而不移之性，非语其形体也。天有南北二极，地亦有之。天分三百六十度，地亦同之。但天包地外之一度，广二百五十里，厚二万八千六百三十六里零三十六丈。分为五大州：曰欧罗巴，曰利未亚，曰亚细亚，曰南北墨利加，曰墨瓦蜡泥，各国繁伙难悉。

（江旭奇：《朱翼》不分卷，《完瓯部》，四库全书存目丛书影印明万历四十四年刻本，子部第 206 册，第 702 页。）

利玛窦曰交友如医疾　（明）江旭奇

利玛窦曰①：交友如医疾，然医者诚爱病者，必恶其病也。彼以救病之故，伤其体，苦其心，医不忍病者之身，友者宜忍友之恶乎？谏之，谏之，何恤其耳之逆，何畏其额之蹙。上帝给人双目双耳，双手双足，欲两友相助，方为事有成。视其人之友如林，则知其德之盛；视其人之友落落如晨星，则知其德之薄。德盛者，其心和平，见人皆可交；德薄则其心刻鄙，见人皆可讪。人当静夜自念，我所许可者多，则我德日进矣。我所未满者多，则我德日减矣。友也，为贫之财，为弱之力，为病之药焉。仇之馈，不如友之捧也。飞走麟介，不待教而识其伤我与否。故鸡避鹰而不避孔雀，羊忌豺狼不忌牛马，非鹰与豺狼滋巨，而孔雀与牛马滋小也，知其有伤无伤异也。右手救人，则左手及全体皆称慈悲；左手偷物，则右手及全体皆称盗贼。人乃同类，友则同体。友之善不善焉，得其无异于我手。

（江旭奇：《朱翼》不分卷，《委赘部》，四库全书存目丛书影印明万历四十四年刻本，子部第 206 册，第 746 页。）

利玛窦曰人生赤身来无所遗于后　（明）江旭奇

利玛窦曰②：人生赤身来，无所遗于后，赤身以去，亦何损。人生开口即哭，生之为累，明矣。生而富，累更甚矣。人尽能负，能驰富者，勇力俱暗消了。

（江旭奇：《朱翼》不分卷，《志林部》，四库全书存目丛书影印明万历四十四年刻本，子部第 206 册，第 812 页。）

利玛窦论北一南二东三西四　（明）陈仁锡

作者小传：陈仁锡（1581—1636），字明卿，号芝台，江苏长洲

---

① 江旭奇在"利玛窦曰"这段话上加了一个眉批，称"以下皆利玛窦之言"，如果上述文字确如江旭奇所称为利玛窦之言，则此本《交友论》与今本《交友论》多有歧异。

② 利玛窦这段话未见于现存利玛窦著作，不知出于何书。

人。天启二年（1622）进士，授翰林编修，因得罪权宦魏忠贤被罢职。崇祯初复官，官至国子监祭酒。陈仁锡讲求经济，性好学，喜著述，有《四书备考》、《经济八编类纂》、《重订古周礼》、《陈太史无梦园初集》、《潜确居类书》及《系辞十篇书》等。利玛窦直接谈《河图》《洛书》亦首见于此处论及。

利玛窦曰：如北一南二东三西四，岂于方隅时分，人心物理上有此数之可纪乎，无非此圆神微密之体之，所著察云尔。自其直贯处观，高卑陈而上下奠；自其一纵处观，则水火分而一二立；自其横处观，则木金辨而三四定；自其中实处观，其土位成而五数。明此四正生数也，加之以罗之交络，而六七八九十之成数彰。初不必为之点，而历然自著者矣。后人因其有天一生水，地六成之，地二生火，天七成之之语。遂以六置于一之外，七置于二之外，以为相成之义。而遂使四维之位阙，殊不知，四维者，辰与土之谓也。故六七八九之水火木金，比生数皆多五焉，正谓系于四维之土耳。《河图》对待之间，水火自为牝牡，金木自为配匹，则克制之义，未尝不在。《洛书》对待之间，金水自为母子，木火自为根宗，则相生之义，亦未尝不在。但《河图》举其常，故其纵横交络，虽有奇耦之义，皆直道也。《洛书》尽其变，故其往来出入，无非屈伸，以神其不穷之道，明矣。

又曰：圣人以其直亘纵横者，演之为《河图》，其北一、南二、东三、西四、中五者，生数也。所谓道也，形而上者也，生而未尝生，化而未尝化者也。其六水、七火、八木、九金、十土者，成数也。所谓□也，形而上者也，生矣，化矣，生生化化者，于此而著见也。天数在始可推，而地数在终不可推者，以地下则藏也。一二三四，数在地下，至五则出乎，地上人物始生，始有朕兆，可见到六七八九，则著矣。

（陈仁锡：《系辞十篇书》卷4，《河洛书》，四库全书存目丛书影印北京大学图书馆藏明神默斋刻本，经部第22册，第266—267页。）

利西江入中国言量天地之法　（明）张自烈

作者小传：张自烈（1597—1673），字尔公，号芑山，又号谁庐居士，江西宜春人。崇祯末为南京国子监生，博物洽闻。明亡，隐居庐山，主讲白鹿书院。著有《正字通》、《四书大全辨》及《芑山文集》等。

吴澄论天体有九层，利西江入中国言，量天地之法，有九重。第九重为月轮天，第六重为日①轮天，第一重为宗动天。八七五四三二重，但言天，不复如一六九之各有名称。皆臆说，不足信。
（张自烈：《正字通》卷2，《丑集》下，《大部》，四库全书存目丛书影印清康熙九年廖文英序刊本，经部第197册，第365页。）

地球每度二百五十里　（明）张怡

作者小传：张怡（1608—1695），初名鹿征，一名自怡，字瑶星，江苏上元人。明诸生，父亲为登莱巡抚孙元化部属总兵官张可大，荫官锦衣卫千户。明亡后，隐居南京摄山白云观，著书自娱，人称白云先生。著有《明末史事杂抄》、《謏闻随笔》及《玉光剑气集》等。

西士利玛窦云：地球每度二百五十里言度、里，与古迥异，三百六十度为地一周，九万里。计地面至中心，隔一万四千三百十八里零十八丈。天有九重，最下者曰月轮天，等而上之曰星辰天，曰太白天，曰日轮天，曰荧惑天，曰岁星天，曰填星天，曰三垣二十八宿天。其最上者，曰宗动天，相去至六万四千七百三十八万八千六百九十余里而止。此九层相包如葱头，日月星辰，定在体内，如禾节在枝，因天而动，而天体本明通透如琉璃之毫无隔碍也。又云：日轮大于地球一百六十五倍又八分之一，地球大于月轮三十八倍又三分之一，各星有大于地球百倍、数十倍者，有小于地球数十倍者，皆以光所及远近推测得之。《通雅》曰：利公自西泰浮海入中国，至昼夜平线，见南北二极皆平。转南过大浪山，见南极出地三十二度，则大浪与中国正对矣。又以地势分五大洲，皆经

---

① 日，原文为口，当为日。但利玛窦称第四重为日轮天，第六重为木星天。

历足迹所至。与邹衍大九州、佛氏庄严海悠谬之说不同，古所未闻也。惟是金水附日为轮，其言日大于地百余倍，予不谓然。日光甚烈，若如所言，人在地上必多喝死。其言日大于地，以地影尽而言之也，不知光常肥，影常瘦，不可以直线取。

（张怡：《玉光剑气集》卷3，《法象》，北京：中华书局据张怡手稿本整理标点，2006年，第103页。）

天体论　（清）朱奇龄

作者小传：朱奇龄，生卒不详，字与三，号拙斋，浙江海宁人。清康熙中贡生，屡试不第，著《春秋测微》《续文献通考补》《拙斋集》等。

世之测天者有三：或曰天如盖笠，地法履槃，中高外下，天地相从，此盖天之说也；或曰地在其中，天包其外，形如弹丸，上下斜倚，此浑天之说也；或曰日月五星，浮生于虚空之中，行止须气，而无所根系，此宣夜之说也。……至于明人宋景濂则有天大地小，月食本于地景之说。利玛窦则有地为圆体，天中一粟，周围上下，人物所居之说。人皆骇之，不知其说虽创见，盖亦有所本矣。《南齐书》称，日月当子午，正隔于地，为暗气所食。此即宋景濂之说也。《大戴记》称，天圆地方，则是四角之不掩也。此即利玛窦之说也。凡此者，精于言天者也。

（朱奇龄：《拙斋集》卷3，《论策·天体论》，四库全书存目丛书影印清康熙三十八年祝翼恒序刊本，第637页。）

排耶稣　（日）林罗山

作者小传：林罗山（1583—1657），本名信胜，又名忠，号罗山，字子信，出家后法号道春，日本德川幕府初期著名学者。林罗山是日本德川幕府中最早与欧洲人及天主教接触的学者，庆长十年（1606），林罗山与其弟林信澄等三人一起拜访日本江户耶稣会，并与日本修士不干氏就基督教义和西方科学观发生了争论，并明确提出了他自己反对天主教的观点。特别值得指出的是，他于公元1606年时就提到了利玛窦的天地鬼神及灵魂之论说，而且明确提出他不相信利玛窦之言，这是现存明清文献中在利玛窦活着的时候就明确反对利玛窦的海外第一人。

庆长丙午①六月十有五日，道春及信澄②依颂游③价不意到耶稣会者，不干氏④许，不干令守长不干侍者，招三人入室。彼徒满席坐定，寒温已而后，春问以徒斯画像之事，使彼言之对语鹘突，盖恐浅近而不言之。又见彼圆模之地图，春曰：无有上下乎。干⑤曰：以地中为下，地上亦为天，地下亦为天。吾邦以舟运漕大洋，东极是西，西极是东，是以知地圆。春曰：此理不可也，地下岂有天乎？观万物皆有上下，如彼言无上下，是不知理也。且夫大洋之中，有风有波，舟西而或北，或南而又东。舟中之人不知其方，以为西行，谓之西极是东不可也。若舟东则或北或南，又必西谓之东极，是西不可也。且又终不知，物皆有上下之理，彼以地中为下，地形为圆，其惑岂不悲乎。朱子所谓天半绕地下，彼不知之。干又曰：有南北，无东西。春曰：已是有南北，何无东西耶。又见彼日月行道之圆，不及一行、沈括之万分。盖彼潜在大明，见浑天之遗则，而窃摸傚之耳，可笑。又见形如水晶，有三角者，掩目见物为五彩，盖以有棱，故为彩也。又见表凸里平之眼镜，以是见物，则一物分而为数物，盖以面背不平，故如此。凡如斯奇巧之器，眩惑庸人，不可胜计。……

春问曰：利玛窦耶稣会者天地鬼神及人灵魂有始无终，吾不信焉。有始则有终，无始无终可也，有始无终不可，然又殊可证者乎。干不能答。春曰：天主造天地万物云云，造天主谁耶？干曰：天主无始无终天地，曰造作天主，曰无始无终。如此遁辞，不辩而可明也。春曰：理与天主有前后乎？干曰：天主者，体也；理者，用也。体者前，理者后也。

---

① 庆长丙午，即庆长十年，为万历三十四年（1606）。
② 信澄，即林永喜，又名林信澄，江户初期的儒学者，为林罗山之弟。
③ 颂游，当为与林罗山兄弟同至耶稣会的第三人，事迹不可考。
④ 不干氏，原文作"不于氏"，因为此人即耶稣会日本修士不干斋·巴鼻庵，故此处的"于"当为"干"之讹。
⑤ 干，指耶稣会日本修士士"不干氏"，著有《妙贞问答》一书。

春指面前之器曰：器者体也，所以作器者理也，然则理者前而天主者后也。干不解曰：灯者体也，光者理也。春曰：所以火为灯者理也，光者非理也。唯云之光而已。干犹不解曰：作器之一念起处为理，一念不起以前，元无想无念，而有体然，则体前理后也。春曰：不可也，不谓无想无念，唯言理与天主而已，无想无念之时，有理而存。颂游笑曰：问高而答卑，彼之不解，信宜哉。春有事起坐，时暴雨疾雷。干大不悦曰：儒者所谓太极者，不及天主，天主非乡曹弱年之所知，我能知太极。信澄曰：汝狂谩也。太极者，非汝之所可知矣。干怒而杜口，时春复坐曰：凡言义理，则不有益于彼，必有益于此。若争胜，则忿怒之色，嫉妒之气见。干而是害心术一端也。慎之哉。及天晴而归，干出拜送。

（林罗山：《罗山先生文集》，下册卷56，《杂著》1，日本帝国图书馆藏日本京都史迹会大正七年翻刻本，第228—230页。）

九重天　（日）中村惕斋

作者小传：中村惕斋（1629—1702），名之钦，字敬甫，号惕斋，通称七左卫门、仲二郎。曾任德岛藩儒官，江户初期儒学者，以博学著称，著有《四书示蒙句解》和《天文考要》等。中村氏对西方天文学颇持怀疑态度，但却明确记录利玛窦曾携带望远镜入华。

《通雅》明方以智著云：九天之名分析于太玄，详论于吴草庐，核实于利西江西夷人，名玛窦，又号西泰。按太玄经九天，……吴草庐始论天之体实九层，至利西江入中国而畅言之。……至于西洋天学传，遂曰九重相包，如葱头皮焉，皆硬坚。而日月星辰定位在其体内，如木节在极，只因本天而动，第天体明而无色，则能通透光如琉璃、水晶之类，无所碍也《月令广义》。盖不知诸曜之行，各有自然之义，拨而视天地如一浑仪象，似真营度而造行者，实夷狄之见，甚可嗤矣。诸天去地万万里之数，虽曰以测器量定之，亦未妄信可也。利夷，所谓耶稣国人也，明万历间入中国，西洋天学自此而传。清闽人游艺著《天经或问》，敷演其说；广昌揭暄序其书曰：利西入世，皆称为郯子，考其测验仪象诸器，法精密，不能遇，至自然本然，数法所不到者，则亦有不决之疑，亦有两可之说，未免揣摩臆度，纷纷不一。始悟中土之学为绝学，特不专门，遂为脱粟语耳。歧伯论地曰：大气举之。郭守敬见南北极出入地之不同，曰，地乃日体。程伊川曰：天地无适而非中。张横渠以日月皆左旋而不及。其所言皆中土之已言，中土之言者，又未尝一一相合也。吾闻利夷甚慧敏，且识文字，著作颇多，其所携来天地球图、测量诸器、远镜、自鸣钟之类，皆今世所利用也。

（中村惕斋：《天文考要》卷1，《九重天》，日本早稻田图书馆藏仲近义享保五年写本，第5—7页。）

论利玛窦《山海舆地全图说》　（清）杨方达

　　作者小传：杨方达，生卒不详，字符苍，江苏武进人。乾隆间举人，著有《易学图说会通》《易学图说续闻》及《尚书通典略》等。

　　夫地广矣大矣，囿于所见，或意之为小，放浪于所不见，或意之为大，意之类，皆妄也。利山人自欧逻巴入中国，著《山海舆地全图》，以度分天，即以天度分地。盖其国人及佛郎机国人皆好远游，所著或自有据。其说曰：地与海本是圆形，而合为一球，居天球之中，如鸡子黄在青内。有谓地为方者，乃语其定而不移之性，非语其形体也。天既包地，则彼此相应，故天有南北二极，地亦有之；天分三百六十五度，地亦同之。但天包地外为甚大，其度广；地处天中为甚小，其度狭。图中横竖三十六方，每十度一方，为经纬线。东西纬线数天下之长，自昼夜平线为中而起，上数至北极，下数至南极。南北经线数天下之宽，自福岛起为一十度，至三百六十度复相接焉。又用纬线以著各极出地几何，盖地离昼夜平线度数，与极出地度数相等。但在南方，则著南极出地之数；在北方，则著北极出地之数也。凡同纬之地，其极出地数同，则四季昼夜刻数均同。但一离南，一离北，其四时相反尔，详见全图。本朝《时宪书》定各省太阳出入昼夜时刻，悉依地图北极高度定纬所列，盖取诸此。西学言天有九重，亦非创论，《离骚》已有九天之说。朱子云：据某观之，只是九重，盖天运行有许多重数，此以气限分重，非有形隔也。

（杨方达：《易学图说续闻》不分卷，续修四库全书影印乾隆二年任启运序刊本，第21册，第578页。）

天学问答 （朝）安鼎福

  作者小传：安鼎福（1712—1791），字百顺，京畿道广州人，朝鲜李朝后期著名学者，师从李瀷。官至司宪府监察，著有《顺菴集》、《杂同散异》等。其师李瀷虽然对西学十分亲近，他本人虽然也读过很多利玛窦及其他传教士的西学著作，但他对西学仍然持批判态度，而且十分反对其师将利玛窦称为圣人的说法。

  或曰：观《实义》《畸人》等书，西士所言，中士莫不敛衽信从者，何哉？曰：此等书，皆西士设问而自作，故如是耳。若与识道之儒士言之，岂有敛衽信从之理乎。
  ……
  或曰：今闻为其学者，以教师为代父天主为大父，故代天而施教，谓之代父，设天主位，学者以三尺净布挂项，以手洗顶，玛窦所谓圣水，所以洗心垢者也。又明烛，学者俯伏，尽说从前过咎，以致悔悟之志。又陈八教以后不复犯过之意，而又定别号云，此意如何？曰：此专是佛氏兼子也，佛氏有法师律师，燃臂忏悔灌顶之节，此何异焉。是以吾以为其俗为之，非吾中国习圣人之教者所可行也。
  或曰：利玛窦言魂有三，生魂、觉魂、灵魂。草木之魂，有生无觉无灵；禽兽之魂，有生有觉无灵；人之魂，有生有觉有灵。生、觉二魂，从质而出，所依者尽，则生、觉俱尽，灵魂非出于质，虽人死而不灭自在也，此说何如？曰：吾中国亦有之。荀子曰：水火有气而无生，草木有生而无知，禽兽有知而无义，人有气有生有知有义，故最为天下贵也。此语真西山表出于性理大全中。西士之言，与此大同，而但灵魂不死之言，与释氏无异，吾儒之所不道也。
  ……
  附录：……或又问曰：星湖先生尝谓利玛窦圣人也，此辈之借此为言者多，其信然乎。余闻之，不觉失笑曰：圣有多般，有夫子之圣，有三圣之圣，不可以一概言也。古人释圣字，曰：通明之谓圣，与大而化之之圣，不同矣。先生此言，余未有知，或有之而余或忘之耶。假有是言，其言不过西士才识，可谓通明矣。岂以吾尧舜周孔之圣，许之者乎。近日人多以某人为圣人，某人余所见也。先生虽有此言，是不过某人之类耳，岂真圣人也哉。噫嘻！吾道不明，人各以自己斗筲之见，自以为是而不能觉焉。至于误后生而不知，诚足怜闵，他尚何言，是日复题。

（安鼎福：《顺菴集》卷17，《杂著》，韩国文集丛刊，韩国景仁文化社，1990年，第230册，第141—151页。）

金参判①《历法辨》辨 （朝）南克宽

> 作者小传：南克宽（1689—1714），字伯居，庆尚南道宜宁郡人，朝鲜李朝时期学者，著有《梦呓集》。对利玛窦和西学及天主教均持反对态度。

间者，忝直玉堂，见欧逻巴地方人利玛窦者所作堪舆图②，其说以为地形如球而浮于空中，处于下者与处于上者，对踵而行，南行渐远，则见南极之出，亦如中国之见北极。而北极之入，亦如之。又自言其躬亲见之，以证其言之信。夫与中国之人对踵而行，则是其足固倒附于地矣。其建立屋宇，安置器物，必皆倒著，而汲水焉倒盛，悬衡焉倒垂，天下其有是理乎。而言之者，敢发诸其口，听之者，至笔于书镂之板，传之天下，而莫之禁。盖不待虏酋之陷燕都，而识者固已卜中国之为毡区矣。彼所谓《时宪历》者云，是西洋国人汤若望者所造，盖其人亦利玛窦之流也。朱氏之末，道术不明，邪说肆行，若利玛窦、汤若望之类，得以售其诞妄无理之言。……今试仰而观天，则北极之出地也数百里之间，已不能无差，若漠北交南之差，乃至五十余度，唐元之书可考也。两地之人，虽不至对踵，亦必俯身而侧足矣。其屋宇器物，虽不至倒著，亦

---

① 金参判，即金始振（1618—1667），字伯玉，号盘皋，庆尚北道庆州人，官礼曹参判、全州府尹。顺治十七年（1660）曾翻刻《算学启蒙》一书。
② 堪舆图，当作坤舆图，应为流入朝鲜的《坤舆万国全图》。

必欹斜而不安矣。然而未闻其然者，何也？有鸡卵于此，悬之于空，置蚁子其上，则固能缘而倒行于其下矣。蚁知缘卵而行而已，又安自知其倒也。生人之眇小，厚地之博大，不特蚁之于卵也。大气举之，元化驱之，夫孰能知其所以然乎。沈存中有言曰：自安南至岳台，才六千里，而北极之差，凡十五度，稍北不已，讵知极星之不直人上也。夫谓北极直人上，则南极之如之也。不待利玛窦之目见，而可以理推也。今斥其说之不足，复以庬酋之陷燕，为收司之案，然则徽钦之北辕，亦由沈括之一言乎？明之末叶，道术诚不明矣，邪说诚肆行矣。……西洋所谓天主教者，颇行于明季，盖自古流传西域者，然其术甚浅，不出鬼道，亦无大悖。当时从之者不多，又乏文章之士，为之缘饰鼓舞如佛氏者，想当衰熄也。

（南克宽：《梦呓集》干集，《杂著》，韩国文集丛刊，韩国景仁文化社，1990年，第209册，第300—302页。）

日食辩　（朝）李献庆

先儒谓日月之食，皆有常度。然人事得于下则或当食不食，人事不得于下则当食必食。惟西洋国利玛窦之说，以为食有常度，虽尧舜在上，不能使当食不食，所谓当食不食云者，盖推步者误，不知其本不当食耳。其书余未之见，而今世之士，诵其说如此，靡然信向之。而先儒之论废，余甚痛焉。日月之食，以常度言之，一岁两交当两食，而春秋二百四十二年之内，日食仅三十六，若曰舍此三十六交，而余无当食之会则何其间阔也。汉高帝三年十月晦日食，十一月晦又食，文帝三年十月晦日食，十一月晦又食，逐月有之，若谓是当食之常度，则又何其频复也。由此论之，利玛窦之说，其通乎否乎？

（李献庆：《艮翁先生文集》卷21，《辨》，韩国文集丛刊，韩国景仁文化社，1990年，第234册，第446页。）

天学问答　（朝）李献庆

客有问于尔雅轩主人曰：顷年洪尚书汉师之聘于燕也，闻子作序送之，盛斥天主之学。其时天主之书虽行于中国，中国之人不甚尊信，且不流布于东方，则子何以逆料其祸天下而斥之严耶。……天主之学，实本于此，则子何斥之甚也。主人曰：天之主宰，命之曰上帝者。古圣人尊天之辞，而昊天曰朝；及尔游衍，昊天曰明；及尔出王，则可见上帝之无不在也。上天之载，无声无臭，则可见上帝之无形象也。在事物则当行之理，是上帝也；在人心则所赋之性，是上帝也。大学之止至善，乃所以顺上帝也；中庸之率性，乃所以事上帝也。安有耳目口鼻，可以图像，魂魄精爽，可以庙祀乎？……利玛窦以鸟兽鱼鳖之民，及来中国，见周孔程朱之书，睹礼乐刑政之美，非不潓然心服，而特以别种妖魔之性，挟其细黠小慧之智，敢于圣学之外，创出奇僻之论。于是天堂地狱之说，蹈袭于佛家；严畏上帝之论，依据于经传；星历推步之学，推演于璇衡。而谈人所易知则人必不惊异，故乃曰天有十二重天；语人所易见则人必不诳惑，故乃曰六合之内，凡有五大州。譬如不肯画人而喜画鬼，不肯画虎而喜画龙，诚以人与虎易知而难欺，鬼与龙难知而易欺也。惜乎！世无照魅之镜，莫下其虚实；世无扰龙之人，莫证其真赝。天下有识之士，其将见欺于玛窦之凶狡，终莫之省悟耶，诚可痛也。

……

客曰：西洋去中国九万里，开辟以来所未通，而利玛窦始通之。虽未为圣智，独不为神异之人乎。主人曰：利玛窦之来，果欲壮游者乎？抑航海遇风而漂者乎？是未可知也。唐时遣玄奘求佛经于西域，则好事者因之为《西游记》；宋时宋江作乱，张叔夜讨平之，则好事者因之为《水浒传》。中国多才喜事之人，固多如此之习矣。吾意此等辈人因利玛窦之来，假托绝国之人，创出荒诞之辩，连编累帙，至于汗牛。上以抗儒书，下以敌佛经，要以玩世愚弄，自骋其吊诡而已。然而埋趣粗浅，已不如佛经之玄奥；文辞俚近，又不如佛经之奇古，必是明末清初轻薄迂怪者所为也。愚夫愚妇，无惑乎见欺；学士大夫，抑或不免，何也？其书甚多，必非玛窦之所皆论述。以玛窦为神异者，吾所未信；以玛窦为罪魁者，亦吾所未信也。客曰：天主之书遍天下，未易尽焚，将以何术而禁之也。主人曰：不过明吾道以教之耳。日暮而磷出，天阴而狐啸。吾道素明，视若坦路，则左道之惑，邪径之走，何足虑也。客乃悦服称谢，卷舌而退。

（李献庆：《艮翁先生文集》卷23，《杂著》，韩国文集丛刊，韩国景仁文化社，1990年，第234册，第491—493页。）

辟异端说　（朝）尹愭

作者小传：尹愭（1741—1826），字敬夫，号无名子，坡平人。朝鲜李朝著名学者。

近日客有来者曰：子亦闻所谓天主学乎？

曰：未也。何以谓之天主学也？

客曰：其学本出于西洋国利玛窦，其书有所谓《天主实义》等十许目，而中国人有治之者。年前我国使行时购其书以来，轻俊之士见而悦之，多学焉者矣。

……

余曰：……吾闻利玛窦于天文地理及天下之事无所不通，自谓四海万国，迹无不及。故其星历推步之术，最极精妙，至今天下遵用其法。虽在外夷绝域，亦可谓神智之人也。不佞平日每论及此事，未尝不想像而奇歎之，岂料更为此一种杜撰之学，而遗风余波至及于一片礼义之邦耶？……彼玛窦者挟才多智，自以为超古今，骋环海，而独立万物之表也。必将以神圣自处，创出万古所未道之语，以作万古所未有之人，而乃以伏羲、神农、黄帝、尧、舜、禹、汤、文、武之继天立极者为庸常而不足述也，周公、孔子、颜、曾、思、孟之立言垂后者为陈腐而不足师也，程子、朱子继往开来、卫道距邪之千言万语则又卑之且恶之而斥之，将欲异乎此而别为一端。

（尹愭：《无名子集》第 1 册，《辟异端说》，首尔：景仁文化社，《韩国文集丛刊》，第 256 册，1990 年，第 207—208 页。）

日月星辰各有一世界辨证说　（朝）李圭景

作者小传：李圭景（1778—1862），号五洲、啸云，出生于两班贵族全州李氏家庭，朝鲜王朝后期实学派著名学者。一生未仕，《五洲衍文长笺散稿》是他长期以来潜心于学术研究的浩繁著作，其内容涉及哲学、历史、经济、地理、语言、文学、天文学、数学、医学、动物学、植物学和矿物学等，成为了 19 世纪朝鲜名副其实的百科全书派代表者之一。

天有九重，屈原有九重天之语，有九天之名。……皇明万历中西人利玛窦入中国，有十二重天论，其可知者九重，故以为九重：太阴月天、辰星天、太白天、太阳日天、荧惑天、岁星天、镇星天、恒星天、宗动天，诸天主宰。……利玛窦之论，日径四百八十八万四千零三十五里。……利玛窦之论，月径七百四十七里，不及半度。

（李圭景：《五洲衍文长笺散稿》卷1，《天地篇·天文类·日月星辰》，上编，首尔：东国文化社，1959年，第6—9页。）

浑盖通宪仪辨证说　（朝）李圭景

粤自邃古，昧谷独通中夏，故西方所传，每有中土之所遗逸者，而询诸其人，亦云本自中国之流传。于盖天之理，足可征也。按西泰《浑盖通宪》中，浑天圆仪如塑像，盖天平仪如绘像云。而梅文鼎《历学疑问补》：浑盖通宪仪，非利玛窦所创，即自中国盖天之遗器流入西土，悬而可挂，轻便利于行远，为行测之所需，所以远国得存其制，而流传至今也。

（李圭景：《五洲衍文长笺散稿》卷17，《天地篇·天文类·历象》，上编，首尔：东国文化社，1959年，第505页。）

一日刻数辨证说　（朝）李圭景

古法一日百刻，今法一日九十六刻，何也？百刻之于九十六刻，少无长短赢缩，而但分刻所定有异故也。其曰百刻，曰九十六刻，特以中国言也。皇明李之藻、利玛窦所撰《浑盖通宪》曰：凡日法百刻，刻法六十分。凡每时八刻零二十分，初初刻一十分，初一刻、初二刻、初三刻、初四刻各六十分。正初刻一十分，正一刻至四刻，亦六十分。今减去余分，但作八刻，以便起算。

（李圭景：《五洲衍文长笺散稿》卷17，《天地篇·天文类·历象》，下编，首尔：东国文化社，1959年，第151—152页。）

万国经纬地球图辨证说　（朝）李圭景

崔上舍重刻《地球图》时，何不立说剽之也。图与说并行，然后图状可悉矣。且图不阳镌，变作阴刻，球黑书白，而漫患糊涂，不得明净，是可欠也。又有西坞人《大地球图》数十页，或称利玛窦所作，或以为汤若望所撰，或复称南怀仁之所为，然似是利氏所绘之《万国全图》者也。岁乙亥，闻在于赵尚书贞喆第云：故予亲往求见，凡叶大几一丈余，画经纬线，乃搨本，而出于钦天监云。以主人为我盥手躬自披览，有似米芾之洗手为人执役者然，不胜中心之不安。草率观览，忽遽而归，至今为恨。又闻藏于卞振威之华家，装作屏风，而素无一面，故不得借看，但记其所藏处耳。

（李圭景：《五洲衍文长笺散稿》卷38，《天地篇·地理类·地理总说》，下编，首尔：东国文化社，1959年，第180—185页。）

数原辨证说　（朝）李圭景

皇明万历间，西洋人始入中土，其中一二习算数者如利玛窦、穆尼阁等，著为《几何原本》《同文算指》诸书。

（李圭景：《五洲衍文长笺散稿》，卷44，《人事篇·技艺类·算数》，下编，首尔：东国文化社，1959年，第420页。）

几何原本辨证说　（朝）李圭景

《几何原本》有二：其一，皇明徐光启所椠利西泰《原本》也；其一，清圣祖康熙改本，而入《数理精蕴》者也。《几何原本》，凡三册六编。皇明万历丁未，西人利玛窦与徐太史光启译而为书，乃数学之所以然之故也。初学必先解此书，然后可入象数之阃域矣。此书入于我东，或以为南相国药泉九万出来，或云洪启喜购出，未知其详，而无人晓其义者。有市井人韩姓者素无赖，见辱人奴，发愤学书，一览辄记，遂成博洽。闻此书在于启喜，往恳一见。启喜侮之曰：若何能透释，靳不借，韩屡示诚悫，始与之归，读一月，尽通奥旨，以书还。启喜与语，大奇之。玄后数三家购藏之，西泰《原本》，国中只有四本云。虽有写本，讹误不堪读。岁纯宗丙子腊下瀚，借得利本，而即北京原板吴淞重订者，徐尚书浩修所藏。而其胤左苏山人教官有本曰：此书，中原亦几绝种者。清圣祖康熙命编《数理精蕴》，撮《几何原本》之旨，更著《几何原本》，而仍毁利本，原板不得立行。而《精蕴》《几何原本》，特体比例等篇，利本所无者，以此利本稀贵，便作禁书，故购得甚难者，有以也。

正庙朝有金泳者,本以岭南晋州牧士人,后寓京师,入于日官,备观象监员。天才超出,贯通其旨,善算交食星度,尝貌视《精蕴》曰:此行数也,使我踵成利本体比例,则当如本书深义不失其旨云。所著多发前人所未发,竟饿死慕华馆破屋中,有一子不能继述云。凡读此书有三等,上才三月可通,中才六月可通,下才九月可通,其余则或三年可通。又有平生未通者,欲学算数者,先解此书,然后他理可通也。予借钞,凡三日迄工,然仍束庋不讲,而能识其大义而已。西泰又著《几何约法》,而其书尚未出我,故未知其如何也。

(李圭景:《五洲衍文长笺散稿》卷44,《人事篇·技艺类·算数》,上编,首尔:东国文化社,1959年,第478页。)

诗柬第四

寄沈介庵① (明) 游朴

　　作者小传:游朴(1526—1599),字太初,号少涧,又作肖涧,福建福宁州(今柘荣黄柏)人。明万历二年(1574)进士,历成都府推官、大理寺评事,万历十七年(1589)任刑部郎中,万历二十年(1582)出任广东按察副使,官至湖广布政司右参政。着有《藏山集》和《诸夷考》。在万历十七年时,他曾派到广东调查案件,并在除夕以后来到韶州②,应该是这个时候与当时被称为"西僧"的利玛窦和石方西相遇,并互有问答。这应该是利玛窦从肇庆迁至韶州后最早遇到的中国士大夫,但从游朴对利玛窦的记载来看,他仍将利、石二人称为"二竺僧"和"竺僧",这就是说,他当时所遇和所识的利玛窦还

---

① 沈介庵,即沈鈇(1550—1634),字继扬,号介庵,福建诏安县三都人。万历二年(1574)甲戌科进士,初任顺德知县,累迁衡阳、鄢阳、九江知府,礼部主事等职。为官清廉,刚正不阿,有八闽"孤介之士"之称。

② (明)游朴,《游朴诗文集》,卷6,福州:福建人民出版社据日本内阁文库万历四十五年刻本整理标点,2015年,第208—209页有《己丑除夕》诗一首,己丑即为万历十七年(1589),接下来即是《李景渠招集韶州九成台》和《南华寺》两首诗,即可证明万历十七年除夕后不久,游朴即已抵达韶州南华寺,当时利玛窦正被韶州同知刘承范护送到韶州南华寺,游朴与利玛窦相见,大概就在这个时候。

是一副完全的僧人打扮，故他误将其视为真正的佛家子弟。

寄沈介庵：承示儒、释之辨，痛快人心。数十年来，海内沉没于葱岭之习，目之所睹，耳之所闻，无一非佛家弟子也，何从而聆斯语乎哉！其谓禅家附吾儒名目，以为高吾党，乃从释子借路，尤中时弊。弟在韶州见二竺僧①，问其所以来此之故，谓闻中国广大，故间关而来；问其何以不归，曰宇宙一也，随处寄形足矣。竺僧慕中国而入华，中国之人反愿往生西天，此与今之谈道者何异？知在内而通于物，物在外而根于知，此正朱子之旨，而阳明极力排斥之以为非。朱、陆之辨，判若冰炭，吾丈谓相成而非相盭，则不知其解矣。

（（明）游朴，《游参知文集》，卷2，《寄沈介庵》，福州：福建人民出版社据日本内阁文库万历四十五年刻本整理标点，2015年，第488—489页。）

与谭广文②论崇奉西教书　（明）马朴

作者小传：马朴（1557—1633），字敦若，号淳宇，自号阆风山人，陕西同州人，出身同州马氏回族世家，为万历间礼部尚书、东阁大学士马自强之族孙。明万历元年（1573）补郡弟子员，万历四年（1576）举人，万历二十六年（1598）谒选景州，万历二十九年（1601）补易州，万历三十二年（1604）入为刑部员外郎，万历四十年（1612）擢任襄阳知府，官至云南按察副使③。著有《阆风馆文集》《阆风馆诗集》《谭误》《四六雕虫》《（天启）同州志》。据该

---

① 二竺僧，民国郭莘撰《（民国）霞浦县志》，卷25，《艺文志》上，中国地方志集成福建府县志辑影印民国十六年序刊本，第13册，第219页亦收有游朴《寄沈介庵》书，其为"天竺僧"。

② 谭广文，即顾凤翔《天主实义序》中所言"龙先生以西国之产以人化中国，故当时开教颇为不易。今谭生以中国之儒而行化域中，因枝传叶，阐教何难"中的谭生。此谭生为韶州基督徒，曾刊刻利玛窦的《天主实义》，亦在韶州捐资建堂，亦即利玛窦著：《耶稣会与天主教进入中国史》，文铮译、梅欧金校，第473页提到的陪同李玛诺、骆入禄送杜禄茂神父遗体前往澳门的安东尼奥·雷谭（António Leitam）修士。参见本书前注。

③ 以上生卒履历，参见清马先登《关西马氏世行录》，卷11，韩爌《诰授中宪大夫云南按察使司副使洱海道敦若马公墓志铭》，美国国会图书馆藏清同治七年敦伦堂刊本，第1—10页。

书信所言，马朴曾与利玛窦相识，根据马朴的仕履，马朴与利玛窦相见的时间大约在万历三十二年（1604）其入京任刑部员外郎之后。据马朴称，利玛窦还给他出示过天主图像，两人相处时间颇长，"与其朝夕功课"，应是明代回族人物中最早与利玛窦相见相处的重要人物，由于明代回族多已汉化，特别是在公开场合很少表明自己伊斯兰教徒的身份，所以利玛窦也许并不知道马朴为回族或伊斯兰教徒。马朴虽接受西学，但对天主教并不完全认同，他站在儒家的立场上直接批评顾凤翔吹捧泰西天主教而贬低儒释道三教之观点。本文没有明确的反教观点，但据其著《四六雕虫》一书中记载有其与沈㴓的往来①，并对沈㴓极为赞赏。

日昨拜教之辱，甚幸！甚快！所示《绝徼同文纪》②，别后披读，至云间顾君一序③，殊可疑可骇，有当相质者。彼云：初见龙先生④，似儒而非儒。继云：研讨《天主实义》，直发吾儒之堂奥。又云：探其精微所诣，则儒氏亦糟粕矣。夫物物有精微，有糟粕，各自不同。泰西有精微，自有泰西之糟粕；儒氏有糟粕，亦有儒氏之精微。以泰西而糟粕儒氏，儒氏不受也。谓儒氏而沉迷于糟粕，而不知精微者，可谓儒氏尽糟粕而无精微，儒氏不受也。仆不识所谓龙先生者，曾识利玛窦。其人明慧笃重，其言尊儒而诋佛。自谓越八万里慕中国尧舜之氓、周公孔子之徒而来，仆甚重焉。及见天主图像，与其朝夕功课，虽颇异之，然风土所囿，益以见乾坤之大。乃云间谓历程十万，悯东土生灵而来化度也。是泰西未来，中国无天与王化乎？此其所可疑者。又谓西方之教，行千神万圣皆为幻妄，千经万卷皆为卮言。嗟乎！是何其忍于蔑神诬圣，而勇于侮圣人之言哉！夫天主之神，见于佛经，中国虽不经见，而史汉载八祀之首。云间以为，惟泰西知耶。中国所寅威者惟天，第非天子不敢祀耳，

---

① （明）马朴：《四六雕虫》卷8，《通沈铭镇宫谕启》，陕西省图书馆藏清同治十一年伦敦堂藏板，第33页。
② 《绝徼同文纪》，为杨廷筠编辑的一部明代天主教文献集，出版于万历四十三年（1615），所收文章多为天主教文献的序、跋。
③ 云间顾君一序，指的是《绝徼同文纪》中所收的顾凤翔《天主实义序》。
④ 龙先生，即龙华民，意大利耶稣会士，西文名为 Nicolas Longobardi。

泰西求天于形像泥矣，人得而祀之亵矣，朝夕香火以祈谢渎矣。视儒氏之所以事天、祀天、畏天者有间矣，今谓圣神经卷尽幻妄卮言，则凡后土与风云、雷雨、社稷、山川若祀典所载诸神皆可废乎？粒食火食，我衣裳宫室；我治历明时，使不长夜；我教人伦兴礼让，使不禽兽；我继往开来，息邪卫道，使不迷谬；我之诸圣人皆可废乎？十三经之所以弥纶天地，治安民世，与道性情，定名分，阐教化，而翊圣真者，皆可废乎？泰西极力诋二氏，而不敢诋儒，云间乃谓远出三教，直与二氏同类而共斥之，且欲尽灭神圣经史以尊异之，此皆其所可骇者。嗟乎！今世儒皆诋瞿昙，不知始而尊异之者，中国人后之使其角立，而欲加诸儒道之上者，亦中国人非瞿昙氏也。仆浅陋老腐，雅不敢是非人，但默而处乎。恐非门下所以见教之意，且恐人亦以仆为唯唯致开罪名教，故略一请质，惟门下教之。

（马朴：《阆风馆文集选》，载（清）马先登辑《烬余志过录》，哈佛大学燕京图书馆藏同治九年敦伦堂刊本，第43—44页。）

利山人以巨册进于大内　（明）杨思本

作者小传：杨思本，生卒不详，一作忍本，字因之，号十学，江西建昌人，郡庠生。饱学多才，名重一时，但从未入仕。长于古诗文，从《寰海赋》内容看，可知杨思本热衷于当时传华的西学，赋中提到了《职方外记》，则知此赋当作于天启以后。又因杨思本与汤显祖有交往，万历二十六年（1598）后，汤显祖曾有《九日送杨因之归新城》诗一首①，《榴馆初函集选》中还保存了他万历三十七年（1609）写成的《游麻姑山记》长文，文字成熟老辣②，大致可以判定杨思本应生于隆庆末、万历初，利玛窦到南昌时，他已经是20出头的年轻人，所以他完全有可能在南昌见过利玛窦，而且他称

---

① （明）汤显祖：《汤显祖诗文集》，下册，卷19《诗二百十首（1598—1616）》，上海古籍出版社1982年版，第799页。
② （明）杨思本：《榴馆初函集选》，卷5，《记》，明别集丛刊影印清康熙十三年杨日升刻本，第5辑第88册，第391—395页。

利玛窦为"山人",可见他所见到的利玛窦已经不是僧人的形象了。

寰海赋:圣人经天以立极,镜地以开仪,廼有前圣之所未曾,今皇之所仅见。良以凡物,相推而出,事为道之无尽,创见以习而常,道为事之永久,举凡舆盖函藏,总皆精灵丛荟。若乃西方之人,精于缀术,又好远游,虽嘉服阙其从来,王会未之记录,一一句而胪之。如万历辛酉,有利山人揭其徒,汎重溟而来,以巨册进于大内,是其事矣。尝闻德之休明,奎缠炳瑞,时则有异国异书,梯航九万里而来,邝古于兹,无有比其芳烈。西域天文,洪武中曾译之,若夫平线之图,外纪之录,其为说不一端,其为书不一种,亦足以征陷代,化被于无外。书契以来,未有之前闻矣。儒者每谓,王者富有四海,亦仅从其耳目之所及者言之耳。夫国包乎海,海在国之中,是曰地中海;海包乎国,国在海之中,是曰寰海。李、张二子海赋,此地中海耳。幸生二子之后,得遇圣明之朝,耳不加聪,而西穷冥冥之党;目不加明,而东贯洪濛之光。益知邹子九州之说,虽曰域其津涯,已自通其大旨;王子拾遗之纪,即尚烦于攟摭,后自招其从来。凡为昔者之所已,尝不复为兹公之重见,于是作《寰海赋》,为天朝鼓吹,以俟后之君子考成焉。

((明)杨思本:《榴馆初函集选》,卷8,《赋》,明别集丛刊影印清康熙十三年杨日升刻本,第5辑第88册,第477页。)

拟老胡文康辞[①]舞曲 (明)王启叡

作者小传:王启叡,字圣临,又曰圣思,号玉烟,又曰玉琴。山东淄川人,明诸生。生卒不详。据《王启叡传》称:"玉琴初学诗于王季木。[②]"王季木,名象春,明万历天启时山东济南府著名诗人,卒于崇祯五年(1632)。《传》又称王启叡:"最膺服者为吴蓟督平

---

① 老胡文康辞,为(宋)郭茂倩编:《乐府诗集》卷51,《清商曲辞》8,周舍《上云乐》,中华书局1979年版,第746—747页中的一首曲辞。

② (清)冯继照编:《般阳诗萃》,卷2,《王启叡传》,哈佛大学燕京图书馆藏清道光二十七年刻本,图书编号:5241.15/3640(1),第1页。

子、王考功季木、王学宪带如，皆执弟子礼，随吴入太学，欲以功名显。①"吴，即吴平子，即吴阿衡，天启二年（1622）至天启七年（1627）任历城知县，后出任蓟辽总督。王启叡从吴阿衡学时当在天启二年至七年之间。王启叡还有一首诗《恭挽神宗大行皇帝》称："我当三十无名日，四海惊传驾御天。②"万历皇帝逝世于万历四十八年（1620），可以确知王启叡生于万历十八年（1590）前后。入清后，未见出仕，以诗闻于世，着有《水弦楼诗集》及《西湖山题诗》。王启叡将利玛窦比作古时从印度文康国来的"老胡"，并仿周舍《上云乐》舞曲，重新填词。此诗创作时间不详，但诗中提到利玛窦"今与帝王作友"句，我怀疑此诗即作于万历二十九年利玛窦进京后至万历三十八年利玛窦去世之间。诗中提到天主圣母像、自鸣钟、三菱镜、西洋布、混天仪、日晷等西洋器物，余疑1600年利玛窦神父从南京进京路过济南府时，当时还是少年的王启叡曾经见过利玛窦和利玛窦随身携带的各种西洋器物。当时"利玛窦和他们的珍宝早已扬名天下了，神父们也正好利用这个机会向大家讲述我们圣教的事，并告诉大家神父们打算进京向皇帝献礼"③。

西方异人，名琍玛窦。遨游九州，□视星斗。西过瑶沱，东到蓬莱。南走交趾之国，北历混江之口。昔与古佛为朋，今与帝王作友。所至挚持天主，□化生母□□④。叹白日之易消，悲大命之难久。故乃流传圣教，下民是幪。用何画法，不知入手。怀中抱子，其发深黝。中绕神色，虚室光透。自鸣作钟，莲华刻漏。轩辕镜悬，照见羣丑。西洋织布成云，乌思藏佛象狗。陛下中国至人，位登上九。泽及不臣，功开九有。占风而前，望气而后。贡唑白鹇，力袪狮吼。路迅南针，道尊鲁叟。秘启娜

---

① （清）张鸣铎修：《（干隆）淄川县志》，卷6上，《人物志》，中国地方志集成山东府县志第6辑影印民国九年石印本，第89页。

② （清）冯继照编：《般阳诗萃》，卷2，《恭挽神宗大行皇帝》，哈佛大学燕京图书馆藏清道光二十七年刻本，图书编号：5241.15/3640（1），第12页。

③ 利玛窦：《耶稣会与天主教进入中国史》，文铮译、梅欧金校，商务印书馆2014年版，第271页。

④ 按《上云乐》曲辞的格式，此处疑为二字。

嬛，编发二酉。谓人如礋螳，昃行陂陁。制浑天仪，左旋右纽。玉历度躔，黍秒无否。粪视此黄金，坐不嫌白酒。久客见人亲，无欲还多寿。枕中鸿宝函，不与俗人究。愿以奉明君，不惜千万言。开承惟忠厚，但愿皇帝陛下千万岁，远人重稽首。

（清冯继照编：《般阳诗萃》，卷 2，王启叡，《拟老胡文康辞舞曲》，哈佛大学燕京图书馆藏清道光二十七年刻本，图书编号：5241.15/3640（1），第 2 页。）

震旦友道无，叹自利西泰 （明）白德游

> 作者小传：白德游，生卒不详，号啸云，山东滨州人，明末诸生，著有《浴鹤庵诗集》。

出游当过容城，再拜其墓，再讯父老，为之立传。屠翁旧居宁国寺门侧，或当是菩萨化身，乃作诗和南以颂：大梁鼓刀人，香名名朱亥。有屠居容城，奇品接前代。……此屠掩前屠，姓氏亦不载。至德无得称，高风为之最。震旦友道无，叹自利西泰。富贵则慕羶，患难倏而背。我之第二身，反面见交态。得翁此伦存，友道千年赖。寺门供馔年，便是菩萨会。仰观日月明，及翁精神在。杨家家庙中，合与忠愍配。翁乎如再生，日月盘襟带。吾当为执鞭，吾当纳头拜。

（白德游：《浴鹤庵诗集》卷 1，《五言古诗》，台北"中央"研究院傅斯年图书馆藏未刊稿钞本影印崇祯六年自序抄本，集部第 4 册，第 25—26 页。）

利山人以巨册进于大内 （明）杨思本

> 作者小传：杨思本，生卒不详，字因之，号十学，江西新城人。郡庠生，工诗善学，名重一时，约为明末清初人。著有《榴舘初函集》及《笔史》等。

寰海赋：圣人经天以立，极镜地以开仪，乃有前圣之所未曾，今皇之

所仅见。良以凡物相推而出，事为道之无尽创见以习，而常道为事之永久。举凡舆盖函藏，总皆精灵丛荟。若乃西方之人，精于缀术，又好远游。虽荒服，阙其从来，王会未之纪录，一一匀而胪之。如万历辛酉，有利山人揭其徒，汎重溟而来，以巨册进于大内，是其事矣。尝闻德之休明奎缠炳瑞时，则有异国异书，梯航九万里而来。旷古于兹，无有比其芳烈。

（杨思本：《榴舘初函集选》卷8，《赋》，四库全书存目丛书影印清康熙十三年刻本，集部第195册，第94—95页。）

利玛窦心巧过公输般　（清）释迹删

作者小传：释迹删（1637—1722），名成鹫，俗姓方，原名颛恺，广东番禺人。南明时补诸生，清朝攻占广东后，削发为僧，以明遗民而逃于释。曾两度来到澳门，寓居普济禅院，著有《咸陟堂诗文集》等。

观李雪樵明府新制龙尾车图式述为长歌寄邑明府姚齐州冀广其传：……曾闻西洋利玛窦，师心巧过公输般。制器尚象无不有，玉衡平衡浑等闲车名。竹木为车效龙尾，宛转汲干沧海水。倾湫倒峡挽天河，日浸桑田盈十里。见所未见闻所闻，想象虚无空拟议。

（释迹删：《咸陟堂诗文集》卷5，《七言古》4，四库禁毁书丛刊影印清康熙四十八年樊泽达序刊本，集部149册，第294—295页。）

答鹅山成公庚午①　（朝）尹凤九

作者小传：尹凤九（1681—1768），号屏溪，曾官副司直，为朝鲜李朝著名学者黄江弟子，为江门八学士之一，著有《屏溪先生文集》。

地之上下四方空虚，而以在大气之中故不坠矣。大明初，利玛窦者来自西洋国，而便神人也，历览四海之外，有海外诸国地图印本行于世

---

① 庚午为诗作的时间，即乾隆十五年（1750）。

矣。其地图四海之外，有陆而诸国列焉，此不可准信，而盖以振河海之言准之，海外必陆矣。

（尹凤九：《屏溪先生文集》卷32，《书》，韩国文集丛刊本，韩国景仁文化社，1990年，第204册，第121页。）

答姜甥辛亥①正月　（朝）韩元震

作者小传：韩元震（1682—1751），字德昭，号南塘，忠庆北道清州人。历任学行、副率及经筵官等，朝鲜李朝前期学者，著有《朱书同异考》《南塘先生文集》等。

世传西洋国人利玛窦之说，以为地之上下四旁六面，皆有世界，而逐面世界，皆有山川人物，一如地上世界。申伯谦首先惑其说，而彦明永叔随风而靡矣。人或难之者曰：地之下面世界，山川人物，皆倒立倒行，四旁世界，山川人物，皆横立横行。永叔之所以辨者乃曰：地之上下四旁，元无定位，此世界之人，固指彼世界，以为下与四旁。而彼世界之人，即便以此世界，为下与四旁矣。其言诚无伦理，不足多辨。然惑之者众，则又不得不索言之。上下苟无定位，则凡物之腾在空中者，其腹背头足，亦无定向，而或上或下，无所不至矣。今鸢之戾天者，以背负天，而未尝腹天而背地。以水注于空中，亦必下落于地，而未尝上至于天，何也？上下既有定位，则四旁又可知矣。彦明于此说也，虽不敢开口大说，心实主之。故地下有水之说，必深排而力抵之，盖以地下有水，则不得有世界故也。故于朱子之定论，非不见不闻，而不合于己见，则辄皆归之于不可信，此不须深与之辨矣。

（韩元震：《南塘先生文集》卷22，《书家中问答》，韩国文集丛刊本，韩国景仁文化社，1990年，第201册，第527页。）

上星湖先生别纸　（朝）安鼎福

又辨学遗牍者，即莲池和尚与利玛窦论学书也。其辨论精覈，往

---

① 辛亥为诗作的时间，即乾隆五十六年（1791）。

往操戈入室，恨不与马鸣、达摩诸人对垒树帜，以相辨争也。先生其已见之否，《实义》第二篇又曰：有君则有臣，无君则无臣。有物则有物之理，无此物之实即无此理之实。此所谓气先于理之说，此果如何。

（安鼎福：《顺菴集》卷2，《书·上星湖先生别纸丁丑》，首尔：景仁文化社，《韩国文集丛刊》，第230册，1990年，第30—31页。）

听铁琴　（朝）南公辙

　　作者小传：南公辙（1760—1840），字符平，号思颖居士，庆南道宜宁人。嘉庆十二年（1807）任冬至正使出使清朝。

此琴初传利玛窦，来自西洋万里国。宫商太清羽征激，振如鸣金如戛玉。花底莺语泉声咽，谷里猿啸木叶落。刀鎗突进铁骑驰，百万金铃碎玉盘。余音转作杀伐声，曲终叹息泪阑干。

（南公辙：《金陵集》，卷之二，《诗·听铁琴》，首尔：国立中央图书馆藏聚珍字本，1815年，第3页。）

新井白石与朝鲜使臣对话录　（朝）赵泰亿

　　作者小传：赵泰亿（1675—1728），字大年，号谦斋，朝鲜扬州人。朝鲜肃宗三十七年（1711），时任通政大夫吏曹参议知制教的赵泰亿出使日本，贺德川幕府第六代将军德川家宣即位。于日本正德元年十一月五日，在江户时与日本著名学者新井白石进行了笔谈，后由赵泰亿整理辑录成文。

白石曰：公等奉使万里，合二国之驩，则贤劳岂不壮哉。若仆生悬弧以来，譬如坐井，尝始望洋初冠。在壬戌之聘，造诸贵邦二三君子。嗣后，唐山、琉球及大西洋欧罗巴地方和兰、苏亦齐、意多礼亚人等至于斯。仆皆得见之，且今与诸公周旋有日，于此少偿四方之志耳。

青坪①曰：大西洋是西域国名，欧逻巴、意多礼亚等国在于何方耶？

白石曰：贵邦无《万国全图》耶？

南冈②曰：有古本，而此等国多不载。

白石曰：西洋者，去天竺国犹且万里，有所谓大小西洋。仆家藏有图一本，可以备观览焉。

南冈曰：果有所储，毋悭一示。

白石曰：第恨其地名志以本邦俗字，诸君难解，其图义在《月令广义》《图书编》等书者即是。

南冈曰：吾邦无此书矣。

明日，白石送一小图来曰：《万国全图》原本二式，有地球，有横幅，皆系番字，其字如丝发，地名、人物、风俗、土产尽备焉。利山人所刻六幅图，及《月令广义》《天经或问》《图书编》等所载，译以汉字，略记其梗概而已。此小图，吾长崎港人所作，其缩地之法尤妙，只惜图小，所载地名存十一于千百。且译以谚文，恐诸君子不可解，试使对马州译人读之，可也。若其地球、横幅等原图，则欧罗巴诸国所贡，数本藏在秘府。今仆之力不能使诸公一睹之，亦可以恨也。

南冈曰：每年往来商舶有定额云然耶？

白石曰：唐山及西南海舶岁额有百六七十艘，常年来聚于长崎港。

青坪曰：曾闻西洋古里国利玛窦者到此，有文字留传者，信然？

白石曰：只有《交友论》一篇，我国严禁天主法，尽火其书。《交友论》者，《百川学海》《说郛》等书收录焉。

（日 市岛谦吉编：《新井白石全集》第4册，《江关笔谈》，日本国书刊行会明治四十年排印本，第725—727页。）

---

① 青坪，即任守干。任守干（1665—1721），字用誉，号逐窝，又号青坪居士，籍贯丰川。朝鲜朝后期文臣，1711年为朝鲜赴日本使团副使。

② 南冈，即李邦彦。李邦彦，号南冈，为1711年朝鲜使团的从事官，参加了与新井白石的对话。

与林广平札 （清）焦袁熹

作者小传：焦袁熹（1661—1736），字广期，江苏金山人。康熙三十五年（1696）举人，康熙五十三年（17）后授山阳教谕。清前期著名经学家，著有《春秋阙如编》《四书杂说》《佛乘赘语》《尚志录》及《此木轩文集》等。

承许假《琢菴集》一观，乞付来人，为感。邺翁家《辛丑礼闱卷》，亦乞转假，钞录毕，即珍帚也。两意如此，未能南往躬恳耳。周介生跋王家相《星气策》云：闻之友人，此为利玛窦所作。倘有可考，幸亦知。又行。

（焦袁熹：《此文轩文集》不分卷，清代诗文集汇编影印湖南省图书馆藏怀旧楼钞本，第207册，第315页。）

洋画歌 （清）喻文鏊

作者小传：喻文鏊（1746—1817），字冶存，一字石农，湖北黄梅人。乾隆间贡生，官湖广竹溪县教谕。著有《红蕉山馆诗钞》《考田诗话》等。

西洋画人人欲活，四面圆满手初脱。侧面稍暗正面明，阴者为凹阳者凸。西洋画屋屋可居，纵横百道踪迹粗。谁知其细转与苗，髪比表里层级何。胡桃油非不易得，他手为之少颜色。视差之法汝能传，以指规目目更妍。……前明闻自利玛窦，泰西绝域重关扣。制器巧成自鸣钟，万国全图语荒谬。像绘妇人抱儿儿天主，膜拜十字葡萄酊。内地沾染教渐传，礼部防微交章奏。呜呼！通番左道律当诛，自有国法警群愚。

（喻文鏊：《红蕉山馆诗钞》卷8，清代诗文集汇编影印清嘉庆九年黄梅喻氏刻本，第414册，第541—542页。）

仙骨①谣　（清）陈文瑞

　　作者小传：陈文瑞（1747—?），字云卿，号亭苕，江西铅山人。清乾隆五十四年贡生，官江西新昌、丰城训导，义宁州学正。著有《瘦松柏斋诗集》。

仙佛皆人鬼，蜕骨有余臭。琐子裹皮肤，饮器断肩胫。何物大不祥，航海登朝右。佛骨谏者韩退之，仙骨贡者利玛窦。

（陈文瑞：《瘦松柏斋诗集》卷7，《古今体诗一百四十六首》，清代诗文集汇编影印清道光三年刻本，第423册，第605页。）

达奚司空歌　（清）曾燠

　　作者小传：曾燠（1760—1831），字庶蕃，一字宾谷，江西南城人。清乾隆辛丑（1781）进士，历任户部主事、两淮盐运使、湖南按察使、广东布政使、贵州巡抚等职，有《赏雨茅屋诗集》。

达奚司空歌塑像在南海庙前闻系泥傅肉身：波罗树新人自古，眼见优昙花几度波罗树，一名优钵昙，达奚司空所种，久不存，今其萌蘖，亦大数十围矣。重洋怅望可奈何其像一手加眉际为远瞩状，日月跳丸来复去。南海之神笑相语，天边浩淼君来路。记得萧梁时事无，达摩尔日亦东渡。佛门几代无七祖，夷教近来有天主。利马窦者何神通，异说纵横遍中土。司空三叹非吾侣，岂可人无翁与姥。而今风俗又一新，白莲开社且无数。

（曾燠：《赏雨茅屋诗集》，卷12，《古今体诗六十五首》，清代诗文集汇编影印清嘉庆八年王芑孙序刊本，第200页。）

---

① 仙骨，利玛窦贡品单中称为"圣人遗物"，朱国祚疏称为"神仙骨"。

闵正斋贞[①]换鹅图 （清）胡寿芝

作者小传：胡寿芝，生卒不详，号七因，浙江临安人。由拔贡分发州判，升知州。著有《东目馆诗集》。称焦秉贞、冷谦之画"宗利玛窦"，这是胡寿芝首次提出。

焦秉贞冷谦心传结习牢皆宗利玛窦，以襯整反背为工，一时牌谱竞秋毫谓陈老莲水浒牌，金古良无双谱。何人力矫西洋派，颤笔几同金错刀。

（胡寿芝：《东目馆诗集》卷18，《闵正斋贞换鹅图》，清代诗文集汇编影印清道光壬寅胡寿芝自序刊本，第352册，第187页。）

杂纂第五

西泰利先生洞测重玄逆知千禩 （明）冯应京

作者小传：冯应京（1555—1606），字可大，号慕冈，南直隶泗州人，万历二十年（1592）进士，二十八年（1600）擢湖广佥事。冯应京与利玛窦关系密切，曾刻利玛窦《交友论》，为利玛窦的《天主实义》和《两仪玄览图》作序，又为利玛窦的《二十五言》润色并准备付梓。冯应京在狱中三年，一直与利玛窦保持书信往来。故在利玛窦的心目中，冯应京应该是一个未经授洗的天主教徒。

九章：京按，周公作算术《九章》，章从音从十，数之终也。九阳之老也，十则变为一矣。知此者，其可以体化乎。《九章》至勾股而止，海岛即勾股也。今西泰利先生，洞测重玄，逆知千禩。余学之未能，姑录统宗之要者，为下学蒿矢云。

[①] 闵正斋贞，即闵贞（1730—1788），字正斋，江西南昌人。清代画家，其画学明代吴伟，善山水、人物、花鸟，笔墨奇纵、豪迈绝伦。

(冯应京：《皇明经世实用编》卷 26，《贞集》7，《数学》，四库全书存目丛书影印万历三十一年自序刊本，史部第 267 册，第 553 页。)

京邸晤厉马豆　（明）冯梦祯

作者小传：冯梦祯（1548—1606），字开之，号具区，又号真实居士，浙江秀水（今嘉兴）人。著名的佛教居士。明代诗人。万历五年（1577）进士，著有《快雪堂集》《快雪堂漫录》《历代贡举志》等。冯梦祯本人并未见过利玛窦，但是其友金卓然在利玛窦进京的当年就在北京与利玛窦相见，两人还互相交谈了学问，冯梦祯则将利玛窦的学问鄙为"小乘外道"，并将利玛窦的名字译成"厉马豆"，这是现今仅见的一次。

壬寅①五月初四，晴。面史左伯、金卓然，自燕归，即午川，达观老人为改今字，并得老人书一纸。晚饮金卓然，卓然为谈京邸晤厉马豆，学问梗概自是小乘外道，惜士大夫多有中之者。

(冯梦祯：《快雪堂集》之《快雪堂日记》卷 59，《壬寅》，四库全书存目丛书影印明万历四十四年黄汝亨朱之蕃等刻本，集部第 165 册，第 50—51 页。)

利玛窦谓朋友是第二个我　（明）王肯堂

作者小传：王肯堂（1549—1613），字宇泰，号顺庵，南直隶金坛人。其父王樵，历官刑部侍郎、南京都察院右都御史，与利玛窦有所交往。肯堂博览群书，因母病习医。万历十七年（1589）中进士，选为翰林检讨，万历四十年（1612），任福建参政。与利玛窦交游颇深，著有《郁冈斋笔麈》等。

五伦皆当以信，而独系之朋友者，何哉？盖朋友涂之人耳，而人不

---

① 壬寅，即明万历三十年（1602）。

能废谊不可解者，心相孚也。故利玛窦谓朋友是第二个我，其言甚有味，若不信，则无为贵交矣。

（王肯堂：《论语义府》卷1，《吾日三省吾身章》，四库全书存目丛书影印明刻本，经部第161册，第390页。）

利玛窦洞医玄奥 （明）程仑

作者小传：程仑，生卒不详。字原仲，号星海，徽州新安人。初攻科举，因病而精研医术，名闻于时，著有《程原仲医案》和《伤寒杂证》。程仑曾在外游历二十余年，历吴、楚、齐、鲁、燕、赵之间，而居北京时间最长，曾当过孙承宗幕僚，又曾任羽林参军。在利玛窦逝世的前一年，程仑曾拜访利玛窦，并与其讨论相关医学，利玛窦有一段关于西医十分重要的论述，但并不被程仑认同。

己酉①来京，客有称利西泰聪慧而巧，洞医玄奥，予往造焉。西泰曰：吾国人病，鲜有论脉者，惟取玻璃瓶溺之，映日观色，知五脏受病之从来，用药一以攻伐去毒为主。神矣哉！岐伯，诚天师也；西泰，西方之人。岐伯不曰西方人多肉食，宜用毒药以去其积？此一方之治耳。西泰自谓天主之教宏博，无所不通，轻三教，小四方，包天地，握阴阳，然议论不出岐伯范围之内。非达理者何足以语医，又何足以称道哉？神农、轩辕，帝也；岐伯、伊尹，圣也；越人、仓公，贤也；长沙、梁公，卿相也。有其德，有其位，咸借此以济世。今之士大夫往往衷此而不谈，所谈者未必皆深造达理之士。予曰：医道之不明不行，我知之矣。贤者过之，不肖者不及也。

（程仑：《程原仲医案》，《论八篇·原道》，中国中医药出版社校注本②，2015年，第1—2页。）

---

① 己酉，即万历三十七年（1609）。
② 《程原仲医案》成书于天启元年（1621），现存最早刻本为天启五年（1625）方道大刻本，本点校本以天启抄本为主校本。

利西泰制蔷薇露　（明）程百二

　　作者小传：程百二，字幼舆，号瓦全道人，徽州休宁人，《明史》及方志均无其传，洪业先生猜测其为一商人。有《方舆胜略》《程氏丛刻》等书传世。

余少侍家汉阳大夫，聆许文穆、汪司马，过谈溪上，谓新安江水以颖上为最味，超惠泉，令汲煮茶，毋杂烹点，虑夺水茶之韵。……李大司徒当玫瑰盛开时，令竖子清晨收花上露水煮茶，味似欧逻巴国人利西泰所制蔷薇露。

（程百二：《程氏丛刻·品茶要录补》，不分卷，北京图书馆古籍珍本丛刊影印明万历四十三年刻本，第83册，第543页。）

利玛窦李应诚有《山海舆地全图》　（朝）李晬光

　　作者小传：李晬光（1563—1628），字润卿，号芝峰，朝鲜王朝外交官、学者。他分别于朝鲜宣祖二十三年（1590）、宣祖三十年（1597）和光海君三年（1611）以奏请使副使的身份出使明朝，在此期间李晬光广泛与外国使臣进行交流，也因此闻名于东南亚国家，亦是最早将西学传入朝鲜的重要人物。著有《芝峰类说》和《芝峰集》。值得注意的是，万历三十一年（1603）时，李晬光即已获得朝鲜使臣带回的"欧逻巴国舆地图"，此地图当即李之藻1602年在北京刊刻的《坤舆万国全图》，也就是说此图刊刻的第二年即已传入朝鲜。

欧逻巴国，亦名大西国，有利玛窦者，泛海八年，越八万里风涛，居东粤十余年。所著《天主实义》二卷，首论天主始制天地，主宰安养之道，次论人魂不灭，大异禽兽，次辨轮回六道之谬，天堂地狱善恶之报，末论人性本善而敬奉天主之意。其俗谓君曰教化皇，不婚娶，故无袭嗣，择贤而立之。又其俗重友谊，不为私蓄，著《重友论》①。焦竑曰：西域利君以为友者第二我，此言奇甚云。事详见《续耳谭》。

万历癸卯②，余忝副提学时，赴京回还使臣李光庭、权憘，以欧罗巴国舆地图一件六幅送于本馆，盖得于京师者也。见其图甚精巧，于西域特详，以至中国地方暨我东八道、日本六十州地理远近大小，纤悉无遗。所谓欧罗巴国，在西域最绝远，去中国八万里，自古不通中朝，至大明始再入贡。地图乃其国使臣冯宝宝③所为，而末端作序文记之，其文字雅驯，与我国之文不异，始信书同文，为可贵也。按其国人利玛窦、李应诚④者，亦俱有《山海舆地全图》、王沂《三才图会》等书，颇采用其说。欧罗巴地界，南至地中海，北至冰海，东至大乃河，西至大西洋。地中海者，乃是天地之中故名云。

（李睟光：《芝峰类说》上辑，卷2，《诸国部·外国》，首尔：朝鲜古书刊行会影印出版，1915年，第53—55页。）

利泰西云造物者制人　（明）郑瑄

作者小传：郑瑄，生卒不详，字汉奉，福建闽县人。崇祯四年（1631）进士，官至应天巡抚，著有《昨非庵日纂》。

利泰西云：造物者制人，两其手，两其耳，而一其舌。意使多闻多为，而少言也。其舌又置之口中奥深，而以齿如城，唇如郭，须如樑，

---

① 《重友论》，当即利玛窦的《交友论》。
② 万历癸卯，即万历三十一年（1603）。
③ 冯宝宝，其人生卒仕履均不可考，此处称北京带回朝鲜的利玛窦世界地图是由冯宝宝刊刻，此事未见其他任何文字记录。余疑这位出使朝鲜的使臣冯宝宝为宫中宦官，他曾参与李之藻刊刻利玛窦地图之事，故坊间有传图为冯宝宝所作。
④ 此处将李应诚视为欧罗巴人，实误，李应诚当为李应试。李应试（1560—1620），字省勿，一字省吾，湖广人，生于北京，世袭锦衣卫武职。万历二十年（1592）参加壬辰之役。1600年，利玛窦入京后，即从利玛窦游，据利玛窦回忆录中保存的李应试受洗时的誓词称，李于万历三十年（1602）八月六日受洗，教名葆禄，成为利玛窦入京后最早受洗的天主教徒之一。万历三十一年（1603），与耶稣会会友钟鸣人、黄明沙、游文辉、倪雅谷、丘良禀、徐必登、邹采斯及阮泰元共同刊刻利玛窦《两仪玄览图》。

三重围之,诚欲甚警之,使切于言矣。不尔,曷此严乎。

(郑瑄:《昨非庵日纂》三集卷12,《口德》1,续修四库全书影印崇祯十三年余煌序刊本,第119册,第615页。)

利玛窦曾以天主教流入天方国　(明)宋存标

作者小传:宋存标(约1601—1666),字子建,号秋士,别署蒹葭秋士,松江华亭人。崇祯间贡生,候补翰林院孔目。著有《史疑》《国策本论》《秋士香词》及《棣华集》。

天方国,乃西海之尽也。四时皆春,酋长无科扰于民,亦无刑罚。见月初生,与民拜天号呼称扬以为礼。其寺每方九十间,共三百六十间,皆白玉为柱,黄甘玉为池。中有黑石一片方丈余,曰汉初时天降也。其寺层次如塔,每至日落聚为夜市,盖日中热故也。秋士曰:蜀有酆都县,午前与人市,午后与鬼市,犹未若夜市之奇也。有言陆路一年可达中国,利玛窦曾以天主教流入,想即此地。

(宋存标:《秋士史疑》卷4,《星槎录》,四库全书存目丛书影印明崇祯二年刻本,史部第288册,第698—699页。)

西士利玛窦为两图　(明)张怡

方密之曰:分野之说,予每求之而未通。夫天常运而不息,地一成而无变,以至动求合至静,此其难通者一也。若以为形象所主,必有相当,气类之应,乃出自然,不应各有入度之限。况天之一度,当地之九千二百余里。则天大而地小,尤碍吻合西士之言颇详,说见后。此其难通者二也。且以舆地言之,闽、粤、交、广,东通吴会,谓之扬州,实当中国之半,而分星所属止此,此又地广而天狭矣,此其难通者三也。尝读隋志,见载南极老人星下,尚有大星无数,此已明矣。西士利玛窦为两图,一载中国所常见者,一载中国所未见者,如海石、火岛、金鱼、小斗,曰满剌伽者,满剌伽国始见也。按天官书曰:甲乙四海之外,日月不占。注曰:甲乙主海外,以远,不关中夏事,故不占也。下洋兵邓老尝言,所历诸国,惟地上之物有异耳。其天象大小、远近、显晦之类,虽极远国视之，一切与中国无异。因此益知以二十八宿分隶中国之九州者谬也。

（张怡《玉光剑气集》卷3，《法象》，北京：中华书局据张怡手稿本整理标点，2006年，第102—103页。）

利玛窦有指上刻漏　（明）张怡

西士利玛窦来中国，所为琴，纵三尺，横五尺，藏椟中，弦七十有二，以金银丝为之。弦各有柱，通端于外，故其端而弦应。亦有谱。有自鸣钟，大钟鸣时，小钟鸣刻，应期不爽。今中国人亦有能为之者，然不如其精也。又有指上刻漏，如妇人所戴戒指，面上列十二时，中含一针，如世所用罗经状。每交一时，则中有机微触指背，而针尖自移向之。历局汤若望有一日暮，云是靺鞨宝也。大可三寸而杀，色若玫瑰，透明无纤瑕。中有天然十二辰字，而字与中土书异。中一针，随时而运，不由人力。全是造物生成，真属希有。若望甚秘之，昼夜佩胸前，不轻示人。予得见之。

（张怡《玉光剑气集》卷29，《类物》，北京：中华书局据张怡手稿本整理标点，2006年，第1017页。）

利玛窦以玻璃望远镜观星　（明）顾景星

　　作者小传：顾景星（1621—1687），字赤方，号黄公，湖北蕲州人。明末贡生，南明弘光朝时考授推官。入清后屡征不仕。康熙己未（1679）荐举博学鸿词，称病不就。著有《白茅堂集》《读史集论》和《黄公说字》等。书中明确提到利玛窦已经用玻璃望远镜观察星象。

　　利玛窦云：小星光聚所成，清秋晦朔，无云气。时以玻璃望远镜觇之，见细星如沙，犹水之有泡易日中，见沫是也。沫泡也，天文占河中，多星主大水，少星主旱。旧说：七夕前后，金气正盛，上掩天河而不见，与河源之说等。误。盖立秋处暑，日入在辛，与房心、箕尾相望。而月当上弦，所行之道逼近于河，日月光夺，而不见也，月望光满，亦不见也。理之著于日前者,俗妄以隐见先后迟速占米价。

(顾景星:《黄公说字》巳集卷 17,《水部》,四库全书存目丛书影印清康熙钞本,经部 201 册,第 382 页。)

利玛窦本西洋法造历 (明) 鲁论

作者小传:鲁论,生卒不详,字孔璧,江西新城人。19 岁补邑博士,天启时选明经,历官南直隶颍州同知、署天长知县、霍丘知县、福州海防馆同知等职。入清后,闭门著书,著有《仕学全书》。当为明启祯时人,享年 80 岁。

天启初,利玛窦本西洋法造曆,未详其说,不可考。
(鲁论:《仕学全书》卷 11,《礼部大政·历法》,四库全书存目丛书影印崇祯十六年自叙刊本,史部第 262 册,第 99 页。)

西域利玛窦集 (明) 汪定国辑

作者小传:汪定国,生卒不详,字苍舒,浙江海昌人。著有《古交褒异集记》及《诸子褒异》。汪定国对明代来华的西学持肯定态度,固将利玛窦的《交友论》作为诸子列入释道类书籍中进行评判,但其反天主教的态度十分明显,直接将天主教与当时的无为教相类比。

利玛窦曰:吾友非他,即我之半,乃第二我也,故当视友如己焉。……墨卧皮古闻士者,拆开大石榴。或人问之曰:夫子何物,愿获如其子之多耶。曰:忠友也①。

汪苍舒曰:天主教,夷学也。今时方来中国,其技艺颇可观,但鸠聚徒类,毁弃蒸尝,殊为伤坏中国之治。士夫往往溺其于技,令彼得借为声援,蛊惑后生。项国日本,最恶此种,有至理域者,以万矢杀之。

---

① 以上文字为利玛窦《交友论》全文,本处省略。

云先时有以此术往至其国,聚党既多,即欲据其君国也,然则中国又安可无以处之。中国释道,而为游食,尚后宜汰。况加此等来扰中国,何可长也。杭州横山,尤有一种无为教,啸聚党类,闻其綦布江南,如臂指犬牙,尤宜时雉之。愿来莅此土者,稍留心也。

(汪定国辑:《诸子褒异》卷8,《友论·西域利玛窦集》,四库全书存目丛书影印明末刻本,子部第153册,第639—643页。)

利玛窦不知阴阳进退之道 (明)朱朝瑛

作者小传:朱朝瑛(1605—1670),字美之,号康流,晚号罍庵,浙江海宁人。崇祯十三年(1640)进士,授旌德知县,后升议制司主事。曾受业于黄道周,深得其传。明亡后隐居20余年,致力学问,对经学、天文、勾股之法均深有研究。著有《读诗略记》《读春秋略记》《读易略记》及《罍庵杂述》等。

万历辛丑西域利玛窦入贡京师,精于历数之学,而不知阴阳进退之道、天人交会之机,一切参差变异,皆谓出其形体之固。然于楚日月五星,有同心轮,有不同心轮,有大轮,有小轮,此顺彼狙,轇轕蹟庚,天诚如是,劳扰乎哉。……《南齐书》称:日月当子午,正隔于地,为暗气所食,以天大而地小也。此言一倡,遂谓日月与地三者形体大小相次,日月相衡,为地所蔽,有景在天,其大如□□。宋景濂祖述其说,作《楚客对》,谓月之食本于地景。万历中,西域利玛窦来自海外,言与此合,而有甚之,以地为□体,天中一粟,周围上下,人物所居。人皆骇之,不知其说之出于中华,而非利氏之创见也。

(朱朝瑛:《读诗畧记》卷3,《小雅·十月之交》,清文渊阁四库全书本,第82册,第456—457页。)

利玛窦《舆地图》 (清)施男

作者小传:施男(1610—1680),字伟长,江西吉水人。明诸生。清顺治初随征广西,以军功授广西按察副使,著有《邛竹杖》。

从文中可以看出，施男曾收藏利玛窦《山海舆地全图》（亦可能为《坤舆万国全图》）。

归箧：广南富珠璧、孔翠、香象、贝犀，即清修如陆君，亦尚载郁林石返。余后先七载，马首剑稍料理，斩头陷胸，板干壁橹。廿六抵邑城，省余者，发箧笥，得《曹邺之集》、利玛窦《舆地图》，寒暑敞衣，数事而已。余亦颓赪，亡以复之。昔彭渊才游京师十余年，家素不备饘粥，一旦策蹇归，橐中惟李廷珪墨一螺，文与可竹一枝，欧阳六一《五代史》草稿一束，视余不崇侈万千耶。

（施男：《卭竹杖》卷3，《归箧》，续修四库全书影印清初留髡堂刻本，第1176册，第314页。）

孙元化与徐光启李之藻为利玛窦三大弟子　（清）陈祖范

作者小传：陈祖范，生卒不详，字亦韩，号见复，江苏常熟人。雍正元年（1723）举人，后举荐为经学通儒，赐国子监司业。清代著名学者，著有《掌录》。

陆桴亭①曰：西学有几何用法，见崇正历书中，盖详论勾股之法也。嘉定孙中丞火东，更为详注推衍，极其精密。火东与徐光启、李之藻称利玛窦三大弟子。

（陈祖范：《掌录》卷上，《西洋算法》，四库全书存目丛书影印清乾隆二十九年刻本，子部第101册，第238页。）

利玛窦精历象推算勾股圭测之术　（清）吴肃公

作者小传：吴肃公（1626—1699），字雨若，号晴岩、逸鸿，别号街南，安徽宣城人。晚明诸生，入清不仕，以行医和授徒自给。

---

① 陆桴亭（1611—1672），字道威，号刚斋，晚号桴亭，江苏太仓人。明亡，隐居讲学，与陆陇其并称二陆，着有《思辨录》和《淮云问答》等。

著述甚多,有《诗问》《读礼问》《律陶》《阐义》《姑山事录》《户祀典议》和《明语林》等。据吴肃公自序,《明语林》成书时间为康熙二十年。

西洋人利玛窦,精历象、推算、勾股、圭测之术。规玻璃为眼镜烛远者,见数百里外物;显微者,能鉴疥虫毛爪。范铜为小钟,以绳贯悬之,机关相输轧,应时自叩,周十二辰,刻漏不失。他所制器,皆机巧眩人从来未有。

(吴肃公:《明语林》卷10,《巧艺》,四库存目丛书影印清光绪刻宣统印碧琳琅馆丛书本,子部,第245册,第72页。)

利玛窦舆图志　（清）吴任臣

作者小传:吴任臣(1628—1689),字志伊,号托园,福建兴化府人。诸生,康熙十八年(1679)举博学鸿词科,授翰林院检讨,承修《明史·历志》。著有《十国春秋》、《礼通》、《山海经广注》、《字汇补》、《南北史合注》及《托园诗文集》。

鬼国在贰负之尸北为物,人面而一目,一曰贰负神。在其东为物,人面蛇身。任臣案:《论衡》北方有鬼国,《玄览》云,毗舍那有鸟语鬼形之民,《杨氏裔乘》云,鬼国在驳马国西。或曰《易》称伐鬼方,即此也。利玛窦《舆图志》云鬼国之人噉鹿与蛇,耳目鼻与人同,惟口在顶上。此与经说全异,当别为一种耳。

(吴任臣:《山海经广注》卷12,《海内北经》,清文渊阁四库全书本,第1042册,第204页。)

番僧利玛窦以友为第二我　（清）牟允中

作者小传:牟允中,生卒不详,字叔庸,号目源,又称纯阳真人,直隶天津人。著有《道德经释义》《庸行编》。

宋卓月曰：世人漫结交，遂不问声气之合与不合，辄自命相知。试绎相知之义，谈何容易。番僧利玛窦以友为第二我，此深于相知之解者也。太和曾文学大奇曰：今人曾是单知，那得相知。怀玉詹山人冕曰：人即密处，不必定相知。夫妇朝夕同卧起，亦是不得相离之人，未便称相知。知言哉。

（牟允中：《庸行编》卷4，《慎交类》，四库全书存目丛书影印康熙三十年尚朝柱等澹宁堂刻本，子部第157册，第535页。）

以坤舆万国横图缩画一圆球 （日）涉川春水

作者小传：涉川春水（1688—1727），又名入门川重恒，为涉川春海的养子。江户中期仙台藩天文学家，著有《春海先生①实记》。

宽文十年②庚戌，先生年三十二欲修浑天仪而验天象，依用工夫新制图仪，名新制浑天仪。其器只有经纬四游之三，单环而测天象，孔简易，日月星图，无能脱其机窥，还优乎旧图远焉。……又以欧逻巴利玛窦所著之坤舆万国横图乃画屏六幅，缩画一圆球，纵横象天度及里方；号曰地球。是亦便于学地理，且制我国之地图，合天度而定方位，别为深秘之一图前代所为曾有之画，而本朝第一之至宝。

（涉川春水：《春海先生实记》，不分卷，日本内阁文库藏写本，第4页。）

利玛窦为名儒 （朝）李衡祥

作者小传：李衡祥（1653—1733），字仲玉，号瓶窝。曾任朝鲜李朝济州牧使兼兵马水军节制使，亦为李朝儒学者，著有《瓶窝集》。直接称利玛窦为名儒和利儒，始见于此。

---

① 春海先生，即涉川六藏（1639—1715），原姓保井，字春海，通称助左卫门，京都人，为江户时期著名天文历学家。

② 宽文十年，即康熙九年（1670）。

昔在万历辛丑年，大西洋欧逻巴人利玛窦为名之儒，昼夜航海，二十八年，始达北京。译不通语，书不同文，其人以声知音，以音知言，以言知书。以谓其国在北京西南九万里之外，其外又不知几千万海、几千万陆、几千万国。著书二十余卷而上之，今行天下，余亦得见。其所谓《职方外纪》者，盖谓成周职方之外而始通中国者也。其书曰：东西北各有一天下，幅员之大于中土者凡四。南方又有黑瓦蜡尼加称云一局，在于极热之地，金石至此皆融，外人不通。虽不得见，其地之外，又不知几处山河。又作《天文图》并进焉，今之弘文馆所在者此也。其图穷极理数，以南北极为上下，刻以三百六十五度，以分于天下。而日本东南数万里之外，始为天下之中。其言虽不可尽信，其国之始通中国，明且征矣。天下如是之大，而特以足迹之不及，不知其远近，只把《禹贡》山川数万里之幅员，谓天下大都如是。又以嵩高为天下之中，洛邑为四方之中，不亦小乎。以此推之，我国东海之滨，与利儒所居之国，将一样土圭乎。今之十三省，日月出入，各自不同者，理势然也。吾意东表，日出之邦，日出入寅卯。西洋，日没之地，亦以寅卯为出入。此亦各据目所见而为候矣，其时刻未必同也。

（李衡祥：《瓶窝先生文集》卷12，《杂著·子集考异议》，韩国文集丛刊，韩国景仁文化社，1990年，第1164册，第417—418页。）

利玛窦著书二十篇　（朝）李万敷

作者小传：李万敷（1664—1732），字仲舒，号息山，尚州道延安郡人，任长陵参奉，朝鲜李朝学者，著有《地行录》及《息山先生文集》。李万敷为朝鲜早期西学传播者之一，其称利玛窦著书二十篇，不知是概指，还是实指，这是第一次有人如此提出。

成之曰：尝见进贺使郑斗源状启云，遇西洋国人陆若汉于京师。……盖若汉，即利玛窦之友云。闻利玛窦之书传至洛中，尝见之否？曰：昔尝一阅。盖利玛窦于万历中，航海二十余年，来到北京，言语不通，其人能以声和音，以音知言，以言究书，著书二十篇①而上之，盖神人也。其天文图，以为日本东南数万里之外为天下之中，且以天分五带，南北极直线之中为热带，日月之行正当其上，故极热无寒。六时为昼，六时为夜，稍南稍北为温带，日月之行，随时远近，寒暑之候，以节进退，春夏秋冬之昼夜为之长短，是即中土所管。又其南北温带之稍南稍北为冷带，日月之行甚远，故极寒无热，十一时为夜，一时为昼，其他说多类此，耳目所不及，不可诘也。然以羊胛之说见之，所谓十一时为夜一时为昼之处，或有之耶。

（李万敷：《息山先生文集》卷12，《杂著·露阴山房录》，韩国文集丛刊，韩国景仁文化社，1990年，第178册，第282—283页。）

利玛窦有《西镜录》　（清）郑相如

作者小传：郑相如，生卒年不详，字汉林，号愿廷，安徽泾县人。康熙庚子（1720）副贡，尝以博学鸿词科荐，聘修《江南通志》，卒时七十七岁。著有《四子图书》《通考泾川》《虹玉堂集》等。郑相如称利玛窦入京有《西镜录》一书，这是中国文献中第一次提到利玛窦携带欧洲制造各种镜片之书进入中国，与新发现的利玛窦著《开成纪要》中记录的"造镜"之法相吻合，进一步证明利玛窦不仅携带望远镜来华，而且还携带了制造望远镜的书籍进京。

惟元有简仰二仪，备列器铭。明之回回、泰西，来自塞岛，俱非华法。至万历间，西人利玛窦入京，有《西镜录》《同文算指》诸书流传中国，纯以笔用，但其写法横列如珠盘，位自左而右。夫珠盘，古人六觚之变法，民间便于小用。外有筹算，古算器多资之，其来已久。而西士

---

① 此处提利玛窦著书20篇，应该为传入朝鲜的利玛窦著作，或者是朝鲜学者所了解的利玛窦著作。江户末期日本学者松浦吉川则称利玛窦著书30余种。（参见松浦吉川《府朝事略》卷3，《大猷公》，日本国会图书馆藏明治三十四年常陆鹿岛若不足塾据庆应元年清宫秀坚序刊本重排，第3—4页）利玛窦来华后，究竟著述有多少种，至今仍是一个谜，现存明确为利玛窦著述者只有十余种，应该还有很多利玛窦生前在华的汉文著述，尚未被人发现，有待深挖考证，如最新发现的利玛窦著《开成纪要》就是十分明显的证据。

罗雅谷又有《比例规解》，比例云者，谓以尺，中原有之。两数求，今所问之，两数以例相比，彼中借此制器。如工师之用矩尺，即古者异乘同除，及西人三率之制也。夫珠筹笔尺，器也，至以器御法，以法御用，以用御三才，万物别有赖于测量之为之矣。精测量法，如近世欧逻巴，航海数万里，以身所经山海之程，测北极为南北差，测月食为东西差，是也。或曰：同在九州方域内，好尚犹有不齐，矧西人踰隔海洋之外学，岂同我中国？而梅子勿庵之言曰：中西浑圆之天同，自一至九之数同，西人纵测算精密，岂与中国异耶？此梅氏历算诸书所由会通中西，而发前人未发之旨也。

（郑相如：《泾川文载》卷78，《中西算法考》2，美国哈佛大学燕京图书馆藏道光十四年青虹阁刊本，第8页。）

利玛窦进中国为明失天下之暗信　（清）佚名

万历九年岁次辛巳，是年，利玛窦始至粤。辛数七，巳数四，并作十一，即利玛窦进中华后第十一年，是大清国顺治生。万历九年至崇祯末年，得六十三年，为七九数。七，切断也；九，天子之位也。其意谓天子之位当切断也。二十八年，利岁次庚子，利玛窦入朝。庚数八，子数九，并作十七，即利玛窦入朝后第十七年，是年为清太祖天命元年。万历共四十七年，自利玛窦于万历二十八年入朝，至崇祯末年亦四十七年。

（静乐居士：《辩学》不分卷，台北：台湾政治大学社会科学资料中心藏方豪旧藏清钞本，第27页。）

天主教以利玛窦为圣人　（朝）申维翰

　　作者小传：申维翰（1681—1752），字周伯，号青泉，朝鲜宁海人。朝鲜肃宗三十九年（1713）增广文科丙科及第，肃宗四十五年以制述官身份随通信使洪致中出使日本，完成《海游录》一书。

又问：西洋国人利玛窦，盖亦异人。其所经历纪述，虽不可尽信，而自有天地以来，为此说者，独有利玛窦，余固奇异之。今闻西洋国人，亦通长崎岛云。或有所传于其人行迹否？曰：彼其来贩于长崎者，贾人无识，别无问答之可凭。而但闻昔有一船，来泊于日本南海，而其人自称西洋国教主，以其君命，教导万国云云。其所谓教，以利玛窦为圣人，而语皆无伦。自国设禁，不使人相通，遂怒而归去云。

（申维翰：《清泉先生文集》续集卷8，《海游闻见杂录》下，《外俗》，韩国文集丛刊，韩国景仁文化社，第200册，1990年，第528页。）

琍马窦地球障隔之说　（日）五井纯祯

作者小传：五井纯祯（1697—1762），字子祥，号兰洲，关西大阪人。江户中期儒学者，著有《琐语》等。

月食，诸儒各有说。如暗虚，殊为不通，果如其说，每食须皆既，奚有微缺其边之时。琍马窦地球障隔之说一出，众说不攻自破。何楷《诗世本古义》乃引其说，以为肤浅，是不及知其详故尔。

（五井纯祯：《琐语》卷下，日本内阁文库藏浅草文库本，图书编号：和书18194，第4—5页。）

利玛窦传萝卜菜可解毒　（清）张德盛

菽宜一种，曰黄豆，可作酱煮腐，日用所必需。小麦亦作酱，磨面，性少湿，食多口渴生痰，惟萝卜菜可解其毒。西洋利玛窦所传。

（张德盛修：《（雍正）高邮州志》，卷3，《食货志》，哈佛大学燕京图书馆藏雍正二年刻本，第32页。）

玛窦所著理函气函等书遍满天下　（朝）赵曮

作者小传：赵曮（1719—1777），字明瑞，号永湖，京畿道丰壤人。1763年作为通信正使赴日。

癸未①十二月二十四日，译官李彦瑱以曾闻四五十年前，有西域人也

---

① 癸未，即乾隆二十八年（1763）。

苏东门者，以利玛窦之徒到日本，欲以其学售之于日本人。谓以诞妄而逐之，揭榜于各州，俾不止接矣。顷于马岛，目见其榜目之尚悬者云。余以为彼人之诞妄，固已多矣，犹复禁人之诞妄，其亦不自反矣。玛窦所著理函、气函等书①，遍满天下，而其徒又欲广其术于海外诸国，夷狄乱华之兆，尤可见矣。

（赵曦：《海槎日记》2，载《海行摠载》，首尔：民族文化文库刊行会，1986 年，第 200—201 页。）

明时利玛窦修正历法极其精妙　（朝）李时秀等

正祖二年②二月十四日乙巳。上曰：明时利玛窦修正历法，极其精妙。玛窦，以外国之人，何以独解其妙处，亦果能到十分处，不复有差舛之虑否？家焕曰：利玛窦之后，又有汤若望等修之，而亦非利玛窦所自创。西洋人，从古多有专门，互相传授造历，以仪器测之。而仪器之度、分、秒，在天体，所差甚大。西洋人已自言其久，则必差矣。

（李时秀等：《朝鲜王朝实录·正祖实录》卷 5，首尔大学奎章阁藏线装鼎足山本，第 5 册，第 17 页。）

利玛窦博游方之内外　（朝）李德懋

> 作者小传：李德懋（1741—1793），字懋官，号青庄馆、炯菴、雅亭、蝉橘堂、端坐轩、四以斋居士、注虫鱼斋、鹤上村夫、学草木堂等，全州人。乾隆四十三年（1778）曾任书状官随陈奏使团赴京。

世儒之志，夫游历者，每谈大西洋利玛窦，博游乎方之内外，未尝不扼腕壮之曰：大男儿当如此。

---

① "理函、气函"，当指李之藻于崇祯元年（1628）将利玛窦等人的著作合刊的《天学初函》，因其中分为理、器二编，故此处称为"理函、气函"。此处"气"当为"器"之讹。

② 正祖二年，即清乾隆四十三年（1778）。

（李德懋：《青庄馆全书》卷16，《雅亭遗稿》8，《书》2，首尔大学奎章阁藏写本，1900年，第18页。）

利玛窦冢　（朝）朴趾源

作者小传：朴趾源（1737—1805），字仲美，号燕岩，京畿道汉城人。朝鲜李朝后期学者，乾隆四十五年（1780），曾随堂兄朴明源率领的朝鲜使团到北京庆贺乾隆七十大寿，著有《燕岩集》。其在北京时，曾访利玛窦墓，并作了如实的记录，其称当时埋在北京栅栏的西士共有七十余人，比现今所存冢墓和碑刻所记录的西士要多。

出阜成门，行数里，道左列石柱四五十，上架葡萄方烂熟，有石牌楼三间，左右对蹲石狮，内有高阁。问守者，乃知为利玛窦冢，而诸西士东西继葬者，总为七十余冢，冢域筑墙，正方如棋局几三里，其内皆西士冢也。皇明万历庚戌，赐利玛窦葬地，冢高数丈，砖筑坟，形如甂瓦，四出远檐，望如未敷大菌。冢后砖筑六棱高屋，如铁钟。三面为虹门，中空无物，树碣为表曰：耶稣会士利公之墓。左旁小记曰：利先生，讳玛窦，西泰，大西洋意大里亚国人，自幼真修，明万历辛巳航海，首入中华衍教，万历庚子来都，万历庚戌卒，在世五十九年，在会四十二年。① 右旁又以西洋字刻之，碑左右树华表，阳起云龙。碑前又有砖屋，上平如台，列树云龙石柱为象设。有享阁，阁前又有石牌楼、石狮子、汤若望纪恩碑。

（朴趾源：《燕岩集》卷15，《别集》之《热河日记·盎叶记》，韩国文集丛刊，韩国景仁文化社，第252册，1990年，第318页。）

---

① 今《栅栏》收耶稣会士利公之墓，碑文为"耶稣会士利公之墓：利先生，讳玛窦，号西泰，大西洋意大里亚国人。自幼入会真修，明万历壬午年航海，首入中华衍教。万历庚子年来都，万历庚戌年卒，在世五十九年，在会四十二年。"（参见《栅栏》，澳门文化局1995年版，第130—131页）与朴趾源所录碑文稍异。

利玛窦辈所著书近始有流出东国者　（朝）蔡济恭

作者小传：蔡济恭（1720—1799），字伯规，号樊岩，平康人。朝鲜王朝后期名臣官至领议政，乾隆四十三年（1778）曾任谢恩兼陈奏正使赴京。

盖西国利玛窦辈所著书，近始有流出东国者。年少志学之人，厌旧闻而喜新奇，靡然弃其学而从焉。至曰父母比天主，犹为外也，人主无眷属而后可立也，二气不能生万物也，堂狱的然为真有也，太极图不过为对待语也，天主真降为耶稣也。盖其为说，汪洋谲诡，千百其端，而无一不与程朱乖戾，其所以诋排释氏，直盗憎主人耳。

（蔡济恭：《樊岩集》卷35，《记·不衰轩记》，首尔大学奎章阁藏木版本，1824年，第27—28页。）

利玛窦熊三拔创造龙尾玉衡恒升之车　（朝）洪良浩

作者小传：洪良浩（1724—1802），字汉师，号耳溪，丰山人。乾隆四十七年（1782）曾任冬至兼谢恩副使赴京。

万历之季，泰西利玛窦、熊三拔之徒入中国，创造龙尾、玉衡、恒升之车。其制愈巧，其利益博。余尝再游燕蓟，而北地无水田，故未见其制，只于皇城之内，得见救火之器。一人转轴，水涌数丈，可谓人工夺天机也。我国专尚水田，而未谙挈水之法，一有兼旬之暵。立视千顷之槁，可胜惜哉！

（洪良浩：《耳溪集》卷11，《序·赠湖南李汝元》，首尔：延世大学校中央图书馆藏本，1843年，第19—20页。）

九条家藏利玛窦世界图屏风　（日）里松光世

作者小传：裏松光世（1736—1804），法名固禅，江户后期皇宫内务官员，著有《大内里图考证》《皇居年表》等。

屏风八枚折：九条家藏利玛窦世界图屏风八枚折。
（里松光世：《大内里图考证别录》，《御屏风部》下，日本内阁文库藏写本，图书编号：和书17041，第14页。）

利玛窦所遗天主画　（清）张太复

作者小传：张太复（1747—1817后），原名景运，字静旍，号秋坪，直隶南皮人，乾隆四十二年拔贡生，授浙江太平知县，后迁安县教谕。著有《秋坪新语》。

京师宣武门内天主堂，其式准西洋为之。丙午①新正，予偕大兴令君汪怡堂、同年医学科杨君、满洲教授观近斋往观焉。……然云其画，乃胜国时利玛窦所遗，其彩色以油合成，精于阴阳向背之分，故远视颇觉如真境也。近时不乏能手，逊其妙远矣。壁画虽旧，卒莫得而易之。
（张太复：《秋坪新语》卷3，《天主堂画》，日本庆应义塾大学图书馆藏乾隆乙卯刊本，第14—17页。）

西洋耶稣秘录　（越）范文乙

作者小传：范文乙，生卒不详，越南阮朝时代学者，著有《西洋耶稣秘录》，该书约成于越南阮朝嘉隆前后，直至壬申年（1812）才出版。《西洋耶稣秘录》，这是一本越南汉文文献中极为罕见的有关天主教的书籍，其中也述及利玛窦入华事迹，但由于该书成书时间在清嘉庆时期，所记利玛窦事迹当亦来自教会之传闻，虽不可尽信，但亦可反映利玛窦在越南的影响。

大明万历年间，洋贼差督正利麻窦带圣名槎蒙，入管中华，居于燕

---

① 丙午，即乾隆五十一年（1786）。

京。先是，麻皋①虽不属中华，然其言语、文字、衣服，与中华同。至是大明兴乱麻皋，督正按华书，并问客商，备知中华情状，译写其经籍，潜递于洋。言今明朝有变，异国之禁未暇加心。且他国大，非极通慧不可。葩葩②会其臣谓曰：佛道之入，亦以其帝。我道之入，亦以其君。何所不济？且非国士重名，不可惑众。遂择得槎蒙备品服金宝先就麻皋，学其文字，习其衣服，三年而尽晓畅之，遂入燕京，著人民籍居焉。又学三年而中进士。时麻窦年二十三，尊得第荣归于京城之外。槎蒙既得势，遂将无数金宝以献明帝，及诸幸臣。且言珠崖蛮人，聚心所贱，不可从政。明帝亦利其珠宝而许之。故朔望祭祀，他以小臣不与也。槎蒙讲道于大明，居关外第，遂准。耶稣生年，乃中华汉哀帝元寿二年，庚申之岁也。其语曰：天主位三，孔子亦尝言之：即太极生两仪。及正旦，人来庆贺，他曰：今年失了前年，当悲，不当贺。人问何以不事先祖，他曰：吾家远，今设祭更倍思伤。人问：何不娶？曰：华女岂肯蛮人娶？意遁辞。疑有告明帝，曰：此非人情，必有奸计，请归其国。奈递年西洋将珍宝许他每年年献，故获容身。此中华有洋贼来管之始。

（范文乙：《西洋耶稣秘录》卷9，《我后黎洋贼潜隐，华大清洋贼显来》，越南河内综合大学历史系图书馆藏后黎甲寅年阮伯庵、陈程轩序抄本，图书编号HV.260，第109—110页。）

自鸣钟为利玛窦所携来　（日）佐藤一斋

　　作者小传：佐藤一斋（1772—1859），讳坦，字大道，号惟一斋，别号爱日楼，江户后期儒学家，著有《爱日楼文诗》《一斋净稿》及《磕子时器杂记》。

　　余尝见清国《钦定礼器图式》，谓本朝制时辰表，而其所图盘面记数字非汉非满，只是欧罗巴通用字耳。视之，则其为模制非创造，可知矣。余又亲见广东所制器仪极为滥品，而《高厚蒙求》所载时辰表制作亦不

---

① 麻皋，又译为马糕，即澳门（Macau）的越南语译音。
② 葩葩，即拉丁语Papa，本意为爸爸，转意为教宗。

及泰西十一。沈太成《学福斋杂著》亦载泰西洋时辰仪记，极称其为巧矣。要之，其非汉土所创者，万无一疑耳。近又读阮元《研经室集》，有自鸣钟说曰：小学绀珠暑扇中称辊弹者，即为自鸣钟，非西洋所创，则诬亦甚矣。自鸣钟为利玛窦所携来，明人皆言之。夸多之学，强说匪勘，率此类也，因并及之单称自鸣钟与时辰仪不同，然辰仪亦有自鸣之制理，则匪二故辩之。

（佐藤一斋：《磕子时器杂记》，载《天香楼丛书》第3卷，日本国会图书馆藏明治十五年刻本，第6—10页。）

"龙华民方法"(Longobardi Approach)与"利玛窦路线"(Riccian Methodology)之比较

李天纲[*]

在中西文化交流过程中,龙华民的《论中国宗教的若干问题》是和利玛窦的《利玛窦中国札记》《天主实义》一样重要的开拓性著作。欧洲学者是在参看利玛窦和龙华民的著作之后,经过比勘对照,对中国宗教、儒教,以及对理学思想追根溯源,才开始认识中国人的信仰本质,并对中国文化做出定性的判断。毫不夸张地说,《论中国宗教的若干问题》框定了西方学者对于中国宗教的认识方法和问题论域,对诸如儒家是否是宗教、中国有没有宗教、"理""气"是物质还是精神等等问题的讨论具有决定性的影响。众所周知,这一系列设问在19、20世纪又从欧洲转回中国,成为汉语学者关注的核心议题。遗憾的是,400年间这一重要文献只在欧洲籍的神学家、哲学家和汉学家中间流传,并未翻译成中文,为汉语学者知晓。某种意义上来说,如上有关中国文化重大问题的讨论,中国学者只是接受了欧洲学者的结论,而对其源头、过程和思想方法并未有深入了解。因此,翻译和研究龙华民《论中国宗教的若干问题》,对于中国宗教、儒家思想和东西方的中学思想比较有重要意义。

---

[*] 李天纲,复旦大学哲学学院宗教学系教授。

一 "龙华民方法"和"利玛窦路线"

　　龙华民（1556—1654），①汉语字精华。生于意大利西西里岛卡尔塔吉罗镇的贵族家庭。1582年加入耶稣会，在本岛莫西拿城的耶稣会士修院学习文学、哲学和神学达7年之久，毕业后还留校担任了3年教师。1597年，因耶稣会士日本—中国省监管范礼安神父的招募，42岁之年来到中国传教。龙华民世寿99岁，居中华国土58年，其间再也没有回过欧洲。中国天主教会的奠基人无疑是更加著名的人物利玛窦（1552—1610），但是龙华民在利玛窦去世以后，继任为耶稣会中国区会长，内地传教长达45年，影响极其重大。考虑到龙华民论文《论中国宗教的若干问题》的重要性，我们甚至可以说他对中华天主教会，对中西文化交流的深远影响，绝不亚于利玛窦的《天主实义》和《利玛窦中国札记》。就耶稣会士"汉学"对欧洲启蒙哲学家如莱布尼茨、伏尔泰等人而言，法文版的《论中国宗教的若干问题》作用更大，因为它首次采用了欧洲思想中的"形而上学"方式来谈论中国人的信仰和哲学，是西方第一本有概念体系的儒学、儒家和儒教研究著作。

　　一般来讲，龙华民是利玛窦教会事业的忠实继任者，但也是利玛窦神学路线的一位断然反对者。由于龙华民的发难，在华耶稣会遭遇了重大挫折，经受了"译名问题"和"中国礼仪之争"，天主教会在清中叶时跌落到谷底。教会历史学家总结说："当其（龙华民）仅为传教师时，对于其道长利玛窦之观念与方法已不能完全采纳，但为尊敬道长，不便批评。一旦自为会督后，以为事关信仰，遂从事研究，而在理论与事实上

---

① 龙华民生卒年有不同说法，费赖之《在华耶稣会士列传及书目》以为是1559年诞生，1654年12月11日去世。冯承钧注引耶稣会士历史学家布鲁克尔（J. Brucker）神父说：龙华民生于1556年9月10日，去世于1654年9月1日。方豪还看到有一种生于1565的说法，见于他的《中国天主教史人物传》；另有杜宁—茨博特（Dunyn—Szpot）说他去世于1655年。龙华民的生卒年不很确定，布鲁克尔来华耶稣会士历史研究的著作出版晚于费赖之《在华耶稣会士列传及书目》（1875），他的著作《中国与远东》（*La Chine et L'Extreme—Orient*，1885）应该是订正了费赖之的错误，故这里采纳布说。费赖之：《在华耶稣会士列传及书目》，冯承钧译，中华书局1995年版，第64页。

所得之结论,有数点与前任会督之主张完全背驰。"① 龙华民反戈一击,但没有人怀疑他的人品,争论纯粹为了教义,属于"不得已"之辨。利玛窦生前和龙华民大概只有一面之缘,龙华民却受到了利玛窦的信任,被指定为继承人。

利玛窦为什么把衣钵传给并不赞成他的龙华民?这个绕不开的尴尬问题天主教会有点回避,但必须回答。1609年,利玛窦预感到身体不能支撑,随时可能离世,他除了开始寻找墓地、杀青回忆录之外,还把龙华民从广东韶州(今韶关)召来北京见面,具体时间大约是在9月间。② 然而,1610年5月11日晚上利玛窦去世时,京城的高官教友徐光启、李之藻之外,泰西教师中接受和执行利玛窦遗嘱,料理后事的是两位跟随他多年的传教助手庞迪我、熊三拔。然而,利玛窦遗书指定的接班人并不是自己的左右手庞、熊二人,或者是在南方的老搭档郭居静,而是只有"一面之缘"的龙华民。遗嘱有两份,"一份是为北京寓所",关于北京传教区的事务,交代给庞、熊二神父;"一份是为了整个的传教工作,关于整个传教工作的那份计划,是寄给中国传教团负责人龙华民神父的,寄信人写的是'本传教团前负责人利玛窦神父'"。③ 利玛窦去世,龙华民不在北京寓所的临终现场。用现有资料来查考,龙华民是在1611年5月3日(西历)才到达北京,并在稍后以主持人的身份出现在利玛窦的

---

① 费赖之:《在华耶稣会士列传及书目》,第64页。
② 费赖之著《在华耶稣会士列传及书目》第65页提到"1609年华民被召赴北京,次年利玛窦神父于未死前任华民为中国全国之会督。"费赖之神父阅读量非常大,他的说法不能轻视。但是费氏没有提到龙华民什么时候到的北京。按照利玛窦《耶稣会与天主教进入中国史》(商务印书馆2014年版,根据德礼贤整理出版的意大利文 Fonti Ricciane, 1942/1949 翻译),1609年7月25日,传教伙伴杜禄茂(Barthelemy Tedeschi, 1572—1609)神父去世的时候,龙华民本人在韶州教堂现场。杜神父去世后,原在韶州的骆入禄神父和原在南昌的李玛诺(Emmanuel Diaz Senior, 1559 1639)护送杜神父遗体到澳门,并留在那里任职澳门传教区主管。该年上半年,韶州教堂因为有一位青年信使从澳门带来的信件被搜查,立案审判,定罪受罚,龙华民差一点被驱逐出境,故肯定滞留在当地。龙华民北上面见利玛窦,应该和骆、李两神父去澳门同时,而到达北京要在9月份以后了。当时的情景韶州教堂一人不留,传教团似乎就是解散了,此见于上揭书第471—476页"这段时间在韶州寓所发生的事情(1609年5月底—10月21日)"。
③ 利玛窦:《耶稣会与天主教进入中国史》,文铮译、梅欧金校,商务印书馆2014年版,第481页。

葬礼上。① 1609年10月到1611年5月期间，龙华民在哪里？现有的史书都没有提及。我们在《耶稣会与天主教进入中国史》"1609年5月底至10月21日"传教记录中间发现："龙华民神父被任命为南京寓所负责人。"② 也就是说，龙华民在面见了利玛窦之后，被任命为南京传教区的负责人，一年多的时间内在江南传教。

韶州是耶稣会士长期经营的根据地，对利玛窦和龙华民都有重要意义。1583年，罗明坚、利玛窦从澳门进入肇庆，辟建"仙花寺"，是耶稣会士定居内地的第一个城市。但是，他们并没有办法扎下根来，最后只能迁走。1587年，利玛窦得到两广总督的保护和承诺，到韶州开辟传教区。1589年8月23日，利玛窦到达韶州，孟三德、麦安东、石方西、郭居静先后陪伴他传教。③ 直到1595年离开，利玛窦在粤北城市住了6年。1597年，郭居静北上协助利玛窦，龙华民从澳门进入，接受韶州教区。龙华民传教很有成就，曾在一年之间就皈依信徒800人，直到1609年被当地官员驱走，他在韶州一共住了13年。放弃两代人合共经营了22年的韶州传教区，对于利玛窦和龙华民都不是一个容易做出的决定，一定是发生了什么变故，原因很值得探讨。龙华民在韶州挑战佛、道、儒教，导致了一系列排教事件，导致他个人被驱除肯定是个人原因。④ 还有一个原因，便是韶州传教区三位教士杜禄茂神父的去世，骆入禄神父撤到澳门担任要职，再加上龙华民任职南京，已经没有传教士居留，实际上就是放弃，或者干脆撤销了。

从利玛窦的回忆录来看，他对龙华民在韶州的工作非常满意，亟表

---

① 此见罗光：《利玛窦传》，学生书局1973年版，第231页。《耶稣会与天主教进入中国史》也提到龙华民在利玛窦去世时不在现场，只是要求"在他合眼的那一天，打开它的抽屉，阅读那份与他们（指庞迪我、熊三拔）相关的计划，再把另一份计划寄给龙华民神父。"（第481页）寄给龙华民，可见他不在北京。该书还记录了，是在葬礼之前，"中国传教事业的最高负责人龙华民神父也来到了北京。"（第505页）说利玛窦"临终前把这部回忆录的手稿交给了他的继任者龙华民"（文铮：《译者序言》，利玛窦：《耶稣会与天主教进入中国史》，第Ⅱ页）是误会了日期和著作。
② 利玛窦：《耶稣会与天主教进入中国史》，第471页。
③ 此据高龙鞶：《江南传教史》，周士良译，光启社2008年版，第34页。
④ 高龙鞶《江南传教史》第34页提供的《韶州住院大事年表》中说："1609年，龙华民被判驱逐，得利玛窦斡旋，离韶州北上，费奇观接待龙华民。"

赞赏，还努力向罗马教廷推荐。可是，利玛窦与龙华民的传教方法完全不同，利玛窦先后在南京、北京建立传教区，走通了一条上层传教路线，龙华民则在努力发展下层传教方法。利玛窦表扬龙华民，说："在他以前的神父们所取得的成果太少，他们只是待在家里，等着城里和近郊的人上门。于是，他决定到周边众多的村镇中去试一试"。① 龙华民"惯用的方法是：先委派一个教会中的人到神父想去的地方，让他作为使者告诉那里的人们，过些天将有泰西教士到此地，向他们讲解圣教问题，请大家来听"。龙华民的传教工具不只是《天主实义》，而主要是"十诫"和圣像。"讲解完毕，他要让大家瞻仰传此'十诫'的救世主的圣像。他把圣像安置好，前面燃起香烛，让大家在圣像前跪拜叩头，并许诺放弃其他神祇偶像，从此开始信奉他们的造物主。"利玛窦在南昌、南京和北京传教，走士大夫的"实学"和"心性论"路线，参与儒生们的雅集、讲学，从讨论学问开始，迂回地接触信仰。然而，龙华民在"利玛窦路线"之外发明了一套办法，到社会底层去，与一般农民、商人直接讨论信仰，传递天主信息，有点像基督新教传播"福音"那样，激发灵性，传教成绩相当不错。1604 年，龙华民"在韶州寓所受洗的教友就达 140 人"② 这种传教方式立竿见影，可以称为"龙华民方法"，正是中国天主教会迫切需要的。

后人把利玛窦的传教方法概括为"学术传教"，③ 是一条适应本地处境的"人文主义"④ 传教路线，这当然是正确的。通过官宦、士大夫走"上层路线"，固然是利玛窦思想的一张标签，是他在华传教的不二法门。但是，再推导下去，认为利玛窦只走此单一路线的"独木桥"，这是不对

---

① 利玛窦：《耶稣会与天主教进入中国史》，第 314 页。
② 同上书，第 375 页。
③ 马相伯：《学术传教》，收李天纲编《马相伯集》，中国人民大学出版社 2014 年版，第 532 页。
④ 对利玛窦路线"人文主义"性质的论述，参见裴化行《利玛窦传》的第七章"远东的人文主义"。裴化行：《利玛窦传》，商务印书馆 1993 年版，第 133—152 页。原有王昌祉译《利玛窦司铎和当代中国社会》，上海：东方学社，1943 年。学术界最近的利玛窦研究，搞清楚了耶稣会士在意大利的学业背景，更加证明利氏是一个"人文主义"学者，如夏伯嘉：《利玛窦：紫禁城里的耶稣会士》，上海古籍出版社 2012 年版；柯毅霖：《利玛窦学术及科学才能培养之背景》，《利玛窦：一位耶稣会士肖像》，利氏学社 2010 年版。

的。无论是在罗马帝国时期，还是在中世纪，天主教传教方法上的精英和大众路线之差别是固然存在的，神学家用"布道学"来做此学术研究。但是，对于刚刚在印度、日本、中国开辟的"远方传教"来说，当务之急是在一个完全陌生的文化环境下建立教会，布道学上"大众"和"精英"的区别并不是利玛窦这样的开拓者时时都强调的。相反，他需要有人来补充皈依信徒数量的不足，无论其来自上层，还是下层。利玛窦对自己用《万国坤舆全图》（1584）、《天主实义》（1595）、《交友论》（1595）、《几何原本》（1607）等著述在儒家士大夫群体中打开局面很自豪，同时也对中国传教区的传教成绩不显著，皈依教友太少的状况非常着急。利玛窦并不排斥"下层路线"和"直接传教"，相反在取得皇室、士大夫的保护之后，希望尽快尽量地皈依下层教徒，建立天主教会。任何人都能看出来，这个时候更需要"龙华民方法"来补充和平衡"利玛窦路线"。罗光主教观察到这一事实，说："龙华民在韶州停止了学术工作，亲往各城乡市镇，公开宣讲教义，激动人心，多收教友。但是不久便激起韶州士绅的愤怒，以至于关闭韶州的圣堂。利玛窦并不责怪龙华民，临死时遗嘱派龙华民继他为中国传教区区长。"①

龙华民在 1610 年到 1622 年，担任耶稣会中国区的负责人；1623 年到 1640 年，降级担任耶稣会中国区北京地区的负责人。② 龙华民不被重用的原因并不清楚，可能和年老不便捷有关，也可能和他喜欢到各地（西安、杭州、济南）农村开辟基层教区，并且引起很多民教纠纷有关。③ 利玛窦选择龙华民做自己的接班人，肯定是看到了他出众的基层传教能力，以及自己还没有发展出来的民众传教方法。利玛窦想依靠龙华民配齐左右两条腿，将新生的教会支撑起来。截至 1609 年，中国内地有 13 位欧洲耶稣会士，他们是北方的利玛窦、庞迪我、费奇观、熊三拔，江南的罗雅谷、郭居静、王丰肃、林斐理，南昌的李玛诺、苏儒望，韶州的龙华民、杜禄茂、骆入禄。利玛窦在 12 个会友中挑中龙华民，有其必

---

① 罗光：《利玛窦传》，学生书局 1973 年版，第 190 页。
② 荣振华：《在华耶稣会士列传及书目补编》，耿升译，中华书局 1995 年版，第 378 页。
③ 费赖之：《在华耶稣会士列传及书目》，"龙华民"条；荣振华：《在华耶稣会士列传及书目补编》，"龙华民"条。

然。利玛窦在去世前半年才见过龙华民，但对他在韶州的工作一直了解和欣赏，包括他去农村传教，与巫婆和观音抗争，和憨山法师论战，被诬陷有强奸罪，韶州教区面临危机等等，都以表彰和赞美的口吻，写在每年的报告和书信中，汇报给罗马。① 但是，利玛窦肯定是没有了解到，龙华民本人对他的传教路线早有不满，龙氏传教法蕴含着对他的反叛。

　　利玛窦来自教宗国的属地马切拉塔，那里是"意大利文艺复兴"的中心，他那一代耶稣会士，正是"文艺复兴的儿子"，渊博、开放，富有想象。就这一点而言，利玛窦和来自南方西西里岛的龙华民有很大的不同。虽然他们同是耶稣会士，都使用意大利语，但两人之间的神学差异比他们的南北方言差异更大。利玛窦精通天文、地理、哲学、数学、语言、音乐等学问，喜欢著述、讲学。概括地说，利玛窦是基于《神学大全》的阿奎那主义，强调信仰和理性的平衡，天主启示和人类经验的融合，他认为不同民族历史上形成的知识、礼仪、习俗、语言，既合乎人性的自然表达，也是天主在世界各地的奥秘显现。龙华民不同，他认为天主的呈现有固定的形式，必须要用教会已有的教义方式来理解。在中国的传教工具必须是十字架、圣像和福音书的"西教"，而不是"西学"。翻检龙华民的中文著述，仅有一本《地震解》联系到世俗学术，这是"丙寅京师边地大震"，② 龙华民应李之藻要求写作的。按19世纪末教会历史学家费赖之所知，龙华民的著作《圣教日课》《死说》《念珠默想规程》《圣人祷文》《圣母德叙祷文》《急救事宜》《圣若瑟法行实》《丧葬经书》，都是在1602年于韶州刊刻的。③ 这些著述都是纯粹教义、教理、教规、教仪的翻译，表明龙华民只关注教会内部建设，后来有一部《灵魂道体说》（原刻年代不详，有

---

　　① 见利玛窦《耶稣会与天主教进入中国史》和罗光《利玛窦传》中的有关章节。利玛窦采用自己的日记和书信，加上收集的资料，用意大利文编写了完整的回忆录，后经德礼贤编辑为 Fonti Ricciane（《利玛窦全集》），即今译为《耶稣会与天主教进入中国史》。利玛窦写完回忆录后，烧掉了原始资料（此说见邓恩《从利玛窦到汤若望》，上海古籍出版社2003年版）。该回忆录经金尼阁用拉丁文翻译、编著为《利玛窦中国札记》，出版后风行欧洲。《耶稣会与天主教进入中国史》更代表利玛窦本人的看法，其中对龙华民的评价非常高，读者自可参见。

　　② 龙华民《地震解》，《法国国家图书馆明清天主教文献》（五），利氏学社2009年版。"丙寅"，天启六年（1626）。地震应为1626年6月28日山西灵丘大地震，北京有感。

　　③ 费赖之：《在华耶稣会士列传及书目》，第68、69页。

1918年土山湾重刻本），也是灵修文字，表明龙华民是当时在华耶稣会士中确属另类。

龙华民的灵性著述，利玛窦肯定读过。但他排斥在华耶稣会士主流做法的激进观点，利氏未必知道。在《论中国宗教的若干问题》的开宗明义之处，龙华民说："抵达中国之初，按照我们传教士的惯例阅读了孔夫子的'四书'之后，我发现不少注释给出的'上帝'观念与其神圣的性质多少是对立的。但是，我们那些长期以来做福音传播工作的神父们告诉我：那个'上帝'，就是我们的神。于是我搁置了疑虑，并且以为只是个别注疏者们的错误，因为他们没有好好地理解古代教义。我在韶州驻留的前十三年间，一直停留在这个想法上；虽然我应该把这些难点与我们散在其他驻地的神父们一起讨论清楚，但却一直没有机会。"① 拉丁文"四书"是利玛窦在韶州开始翻译的，供新来的耶稣会士学习中文之用。② 龙华民从头到尾不喜欢《天主实义》用"四书"中的某些章句来证明"天主"，他对"混合式信仰"的抵制终其一生。

二　写作背景和讨论问题

1593年，耶稣会日本—中华传教区负责人范礼安（1538—1606）在澳门核准了利玛窦的"合儒"方案。此后，方济各（1506—1552）在日本奠定的与佛教僧侣对话（"西僧"）策略，就由他们两人最后决定修改为"西儒"——即利用儒家的思想文化来传播天主教义——路线。③ 1589

---

① 龙华民：《论中国宗教的若干问题》，李天纲等译，《〈论中国宗教若干问题〉笺注》，上海：复旦大学出版社，待出版。本文引用该著作的中文本均出自此本，不再一一注明。
② 事见金尼阁《利玛窦中国札记》记载，转见于费赖之《在华耶稣会士列传及书目》，第46页。
③ 耶稣会远东巡视员范礼安第四次巡视中华教区，居留时间为1592年10月24日至1594年11月15日。1593年2月，利玛窦从内地回到澳门汇报工作，范礼安非常欣赏他，赞扬为："他智力超群，德才兼备，为人谨慎，虽然还缺乏管理大机构的经验，但是主持一个堂所或者一所学院，似乎是不成问题的。"在这次会面中，利玛窦提出了改变"西僧"形象，改换儒服，扮作"西儒"，并使用儒家六经来适应中华文化的申请。范礼安利用自己的权威，予以批准。此事件见于 D'ELIA, Fonti Ricciane, Roma: La Libreria dello Stato, vol. 1, p. 323, no. 7. 转见于 Edward J. Malatesta, SJ, "Alessandro Valignano, Fan Li An 1539—1606", p. 126, in Macau Ricci Institute, Alessandro Valignano, Portrait of a Jesuit, Macau, 2013。

年，利玛窦甫定居广东韶州，便立志走儒家路线传教，开始学习"四书"，并用拉丁文翻译；1595 年，利玛窦迁江西南昌，开始用中文写作《天主实义》，在汉语中寻找适合天主教的"Deus"（上帝）。《天主实义》延续了罗明坚（1543—1607）《圣教实录》① 中肇端的儒学主张，是中华耶稣会第一部实践"利玛窦路线"的中文要籍，② 出版以后成为纲领性作品，几乎就是中华天主教的法典。《天主实义》一版再版，还翻译成日文（1604）；后来，又有了高丽文译本。③ 换一句话说，范礼安想让日本、韩国等汉字民族的天主教，也都采用"利玛窦路线"。耶稣会士的中文著述基本上都遵循了"补儒易佛"的"西儒"路线，当代学者认为：在明末清初天主教汉语著作中，已经呈现出一个初步的"基督论"。也就是说，利玛窦时代的华人天主教徒，已经可以借用"六经"中的概念、术语、语言和文字，在一个全汉语的环境下来理解天主教义。如果说这是最初的"汉语基督论"（Chinese Christology），或者"儒家天主教"（Confucian Christian）、"中华处境神学"（Chinese Contextual Theology）也是蛮有依据的。④

---

① 费赖之称罗明坚《圣教实录》是"欧逻巴人最初用华语写成之教义纲领，于 1584 年 11 月钞刻于广州"。费赖之：《在华耶稣会士列传及书目》，第 29 页。从《天主教东传文献续编》（台北：学生书局，1965 年）收录的罗明坚《天主圣教实录》["万历甲申（1584）岁秋八月望后三日"] 版本看，利玛窦《天主实义》延续了前辈开辟的话语，如罗氏"真有一天主""解释世人冒认天主"等，衍为利氏"论天主始制天地万物而主宰安养之""解释世人错认天主"等。根据近年来陈伦绪（Albert Chan）、鲁保禄（Paul Rule）和张西平对罗明坚著述的研究，发现他的中国文化造诣不低，诗文、书法、儒学都很好。细检《天主圣教实录》，可以发现罗明坚已经激烈批判佛教"天堂地狱"观；在《〈天主圣教实录〉引》中，罗明坚提到"尝谓五常之序，仁义最先；故五伦之内，君亲至重……"也开始尊重儒家，初具"补儒易佛"倾向。但是，按张西平查考到罗马耶稣会档案馆藏罗明坚《新编天主圣教实录》，署名为"万历甲申岁秋八月望三日天竺国僧书"，则可以知道罗明坚在 1584 年仍然使用"西僧"名号，并且在《圣教实录》中还没有引用任何一本儒家经典来论述"天主"。我判断当时的情况是这样：罗明坚和利玛窦一起商量了从"西僧"到"西儒"的战略转变，但这个战略的真正实施，是利玛窦在范礼安的支持下完成的。

② 利玛窦出版的第一部中文作品是 1595 年在南昌写作的《交友论》，在南方士大夫中间影响很大，但其中讨论的问题多关于伦理学，没有直接讨论天主教和儒教的本体论问题。

③ 费赖之：《在华耶稣会士列传及书目》，第 41 页。

④ 以上的观点和概念，参见钟鸣旦《可亲的天主：清初基督徒论"帝"谈"天"》，光启出版社 1998 年版；柯毅霖：《晚明基督论》，四川人民出版社 1999 年版；Claudia von Collani, "Did Jesus Christ Really Come to China?" Sino—Western Cultural Relations Journal, XX, Waco, Texas, 1998, pp. 34—48。

《天主实义》体现的"利玛窦路线",最大特点就是其"合儒""补儒"策略,即采用"天""帝""上帝"等"六经"神祇之名来对译天主教的"Deus"(神),然后用天主教神学对"古儒"哲学加以诠释,加上耶稣会士的修订,令其符合天主教义。龙华民在后来的著作说,他一开始就对"利玛窦路线"有着怀疑,为此而感到痛苦。"中国的'上帝'(意即上天之帝王)这个词,让我感到痛苦已经二十多年了。"① 尽管龙华民被"上帝"译名困扰,但他仍然服从耶稣会的纪律,还是使用《天主实义》作为传教工具。有一条史料证明他曾努力遵循"利玛窦路线",但有着严重的怀疑。1609 年(己酉),上海(云间)有一位当官差的天主教徒顾凤翔,在广东韶州拜访了龙华民。("己酉夏,余以陪巡之役过韶阳,闻有西士龙先生者,以天主之教行化中国,庐此者二十余年,其人奇也,乃造访之。")龙华民遇到这位上海来的天主教徒,见是个读书人,便热切地与他讨论《天主实义》。"(龙华民)出《天主实义》得研讨焉,其教约而不烦,言言皆实境,悉扫二氏之藩篱,直登吾儒之堂奥。及探其精微所旨,则儒氏亦糟粕矣。"② 两人"研讨"后的结论竟然是说"儒氏亦糟粕矣",不但排斥释、道"二氏",还如此严厉地否定儒家,表明龙华民在去北京面见利玛窦之前,已经对"利玛窦路线"已经忍无可忍。利玛窦当然知道儒教非天主教,天主教要谨慎对待儒教,但他主张"合儒""补儒",绝不至于"攻儒""非儒"。

  1610 年,利玛窦去世以后,龙华民继承中华耶稣会会长。他对"利玛窦路线"的合法性继续怀疑。果然,龙华民上任伊始便在北京讨论这个问题,提出修正主张。龙华民的同情者有曾在日本传教的耶稣会士巴范济;有躲避德川幕府"教难"到澳门,后来中国内地巡视的陆若汉

---

① 龙华民《关于中国宗教不同意见的论文》的法文本说他对"上帝"译名的怀疑"已经二十多年了",英文本则说"已经二十五年了"。龙华民 1597 年刚到韶州就开始怀疑利玛窦的"上帝"译名,25 年之后则是 1622 年,从这一句话可以考证他开始写作《论中国宗教若干问题》正是在这个年份。

② 顾凤翔的序文没有收录在李之藻重刻的《天主实义》中,在杨廷筠的《绝徼同文纪》保存。《绝徼同文纪》为明末西书的序跋集,今本收藏在俄罗斯圣彼得堡国家图书馆,《明末天主教文献》有影印。

(1561—1633);① 有同样被驱除到澳门的耶稣会巡阅使维埃拉（1555—1619）。他们都认为中华天主教会不应该采用儒经"上帝"之名来称呼自己的"Deus"。值得注意的是：提出异议的都是外籍神父，且都有日本传教经验。挑战"利玛窦路线"，日本的耶稣会士起了决定性的作用。龙华民回忆说："巴范济神父向我很直率地承认，（日本神父的怀疑）给了他极其深刻的印象。这个意见加重了我以前的怀疑，于是我花费了全部精力来寻求真相，并将其公之于众。之后因为工作关系，我必须移驻北京。我到北京之后发现熊三拔神父在'上帝'这个问题上与我有同样的怀疑。"②"怀疑"首先来自有日本传教经历的欧洲神父们，原因是圣方济各·沙勿略在日本开教时曾经把Deus（天主）误译为佛教徒的"大日如来"，③ 后来惊呼为"大错误"。吸取教训以后，日本教会在使用本土化意译方法时非常谨慎，"那些主张将天主教教义中所必须的有关信仰的那些葡萄牙和拉丁文词汇用日文注音的方式来表达的人胜利了"。④ 他们对于中华天主教采用儒家"六经"的"上帝"来翻译Deus，并且要求东瀛天主教会援引"上国"经验，采用利玛窦《天主实义》来改变日本传教路线的做法不以为然。

---

① 陆若汉的原文为 Fr. Jean Ruiz，拉丁文名应为 Joan Rodrigues，即著名葡萄牙籍日本耶稣会士陆若汉。陆若汉出生于葡萄牙北部贝拉省的塞南斯勒（Sernancelhe, Beira），1577年，16岁时到达日本，被耶稣会招募入会。在日本留居37年，曾担任天主教会的外交秘书和司库，1589年随范礼安一起见过丰臣秀吉；1604年见过德川家康。1610年，因家康迫害天主教定居澳门。1614年，他和耶稣会巡视员王丰肃（Alfonso Vagnoni, 1566—1640）一起在中国各大城市住了18个月，考察中国天主教会的状况。陆若汉曾率领澳门葡萄牙军人北上志愿抗清，听从徐光启指挥，其生平事迹见于 Michael Cooper, *Rodriuges the Interpreter, An Early Jesuits in Japan and China*, New York, Weatherhill, 1994；荣振华《在华耶稣会士列传及书目补编》（中华书局1995年版，第564页）等。

② 龙华民：《论中国宗教的若干问题》中译本。熊三拔与利玛窦的不同意见，在中文文献中也有表现，见于徐光启《〈泰西水法〉序》。当时，熊三拔很不愿意配合徐光启继续利玛窦的做法，翻译科学技术著作，"间以请于熊先生，唯唯者久之。察其心神，殆无吝色也，而故又怍色"。朱维铮、李天纲主编：《徐光启全集·泰西水法》，上海古籍出版社2011年版，第290页。

③ "大日如来"是日本佛教真言宗崇拜的主神，有"光明遍照、常驻不变和众德全备"的含义，但在民间俚语中还暗指男女性器官。沙勿略在鹿儿岛地区传教时采用"大日如来"意译Deus，经常被当地人起哄。一天有人告知后，他惊慌失措得到大街上高喊，"不要再礼拜大日了！"转引自戚印平：《日本早期耶稣会史研究》，商务印书馆2003年版，第216页。

④ 邓恩：《从利玛窦到汤若望》，上海古籍出版社2003年版，第267页。

与通常认定龙华民是挑起中国礼仪之争的"第一人"①稍有不同，"译名问题"最先在中国和日本教会之间发生，地点就在中、日、欧交通枢纽澳门。为解决多年的争议，1621年，龙华民在韶州的传教伙伴，继承维埃拉担任日本—中国省巡阅使的骆入禄神父，在澳门召集了中日传教士大会讨论译名问题。会上中华天主教会的意见占了上风，决定继续在中、日天主教会推行"上帝"译名。②对此决议，龙华民坚持自己和维埃拉神父商定的反对态度，并在1623年用拉丁文写了一篇驳议文章，题名《关于上帝、天神、灵魂和其他中文译名争议的大概回应》。③

龙华民站在了日本耶稣会士一边，和他并肩的有一位中国耶稣会士，就是人在北京的熊三拔。维护"利玛窦路线"的中华天主教徒人数众多，庞迪我、王丰肃等北、南耶稣会士，还有就是以徐光启代表的"儒家天主教徒"。中华天主教徒竭力维护由他们参与建立的"中华基督论"，当龙华民为"上帝"译名征求"天主教三柱石"徐光启、李之藻、杨廷筠等人的意见时，他们都表态要坚持"利玛窦路线"。"随后我们与保禄进士，以及其他几位学问极好的进士做了几次交谈，以便找到可以将注释与经文相协调的办法，他们一直认为我们不应在这个问题上自寻烦恼，对经文酌情采纳即可，对经注者驳谬之辞无需小题大做。我们也在其他不同的时机和场合下向若望进士和弥格尔进士咨询了此事，他们的回答别无二致。"④这里的"保禄"是上海人徐光启，"弥格尔"是杭州人杨廷筠，"若望"可能是来自澳门的钟鸣礼。⑤

---

① "龙华民盖为引起中国礼仪问题之第一人。"费赖之：《在华耶稣会士列传及书目》，第65页。拙作《中国礼仪之争：历史、文献和意义》（上海古籍出版社1998年版）引用了这个"第一人"的说法，见第25页。龙华民的《论中国宗教的若干问题》帮助我们了解到是日本耶稣会士挑起"译名问题"，并触发了后来的争议。

② 邓恩：《从利玛窦到汤若望》，上海古籍出版社2003年版，第269页。

③ 转见于邓恩《从利玛窦到汤若望》（第285页）第十七章"礼仪问题"的注三，龙华民本文藏于罗马传信部档案馆，卷宗号：APF SR Congr. I, 145—168。本文不见于费赖之《在华耶稣会士列传及书目》和荣振华《在华耶稣会士列传及书目补编》，惟荣振华书提到1631年龙华民在北京有《论反对使用"上帝"译名》一文，藏于马尼拉道明会档案馆手稿第30、74号，应是与本文，以及《论中国宗教的若干问题》同一内容和观点的争辩文章。

④ 龙华民：《论中国宗教的若干问题》。

⑤ 龙华民写作本文（约1622年）时，入教士大夫中有进士功名，且洗名"若望"（Jean）者并无一人。

在日本和澳门神父们的支持下，龙华民在北京对"利玛窦路线"展开调查。欧洲神父为了保持自己宗教的纯洁性，第一次把梵蒂冈"宗教裁判所"搬到明朝来。这一次还不是严格意义上的"异端审判"，但随着调查发生的"中国礼仪之争"却实实在在地进入了审判程序，导致了轰动法国思想界的巨大争议。因此，如果我们把龙华民主持的这次"译名问题"看作是以后所有中西文化争议的开端，便具有了牵动两大文明的对峙与对话的非凡意义。如果我们再设定利玛窦的《天主实义》开始了中西文化之间"求同"的探索，那么龙华民的《论中国宗教的若干问题》则开启了中西文明之间"存异"的对峙。在这里，我们完全无意判定"求同"比"存异"更积极，利玛窦比龙华民更值得肯定。相反，我们认为：当两大宗教（文明、文化）刚刚相遇的时候，"求同"和"存异"的讨论同样重要，两者都是"对话"的一部分，具有同等的思想价值。

1610年，在北京、南京持正方（"求同"）意见的庞迪我、王丰肃，以及持反方（"存异"）意见的北京熊三拔，各自按照规定的题目提供了详细的书面答案。除了三位耶稣会神父的证词之外，在澳门和内地巡察，反对"利玛窦路线"的陆若汉也提供了长篇论文。这样，正方和反方就各有了两篇证词，这四篇论文是龙华民写作《论中国宗教的若干问题》的基础。《论中国宗教的若干问题》和龙华民在别的论战场合写的答辩文章不一样，它不仅仅是对自己主张的陈述，而且是对四篇论文的再研究，因此层次更高，钻研更深。四篇论文各执一词，龙华民的《论中国宗教的若干问题》则作为总报告，被认为是代表中华耶稣会的主导意见。听证调查集中在三个问题上，即汉语中的"上帝"（Xang Ti）、"天神"（Tien Xin）和"灵魂"（Ling Heon），与西文中的"de Dieu"（God，神）、"des Anges"（Angeles，天使）和"de L'Ame"（Soul，灵魂）到底有没有本质上的联系？即这些词汇可不可以用来对译天主教的核心概念？龙华民虽然征求过徐光启、李之藻、杨廷筠等天主教徒，还有其他中国"进士"们的意见，"最近几年在南方诸省的驻留期间，特别是最近两年我在宫里这段时间里，我从来不忽略任何一个可以与文人士子交流的机会"。① 但是，在这样跨越中西文化，涉及"经学"与"神学"比较的领

---

① 龙华民：《关于中国宗教不同意见的论文》，中译本。

域，并不熟悉欧洲语言、文字、经典、宗教的"文人士子"，整体来说是无缘置喙，完全没有参加进来。

"关于中国宗教的若干意见"在欧洲神父之间激烈辩论，中华学者基本上是袖手旁观。欧洲神父在中国、日本长期居住，都曾刻苦研读中、日语言、文字和文化，对儒家经典有相当的发言权。徐光启、李之藻、杨廷筠等"进士"们渴求西方知识，翻译西方典籍，还皈依了天主教会。但是，他们都还没有学习欧洲语言，所谓的"翻译"只是以一种"笔受"的形式，记录神父们的"口述"，也就是说明末学者如天主教徒、"大学士"徐光启虽然接触外语，但并不通晓。①《论中国宗教的若干问题》挑起的有关"上帝"的"基督论""本体论"争议，儒家天主教徒、儒家经学家们都缺席了这场"对话"，中华学者的意见都由执行"利玛窦路线"的耶稣会士代理。显然，造成这种单边话语状况的原因，并不是欧洲学者的"霸权"，而是儒家学者自身的局限。徐光启等儒家天主教徒与利玛窦一起制定了"利玛窦路线"，利玛窦去世后却无法为自己的"补儒"主张辩护，只能听任庞迪我、高一志与龙华民、熊三拔去辩论。对"上帝"问题的探讨，本应是在中西学者之间进行，却不得不在西方学者中间展开，儒家与天主教之间的"比较经学"成为天主教内部的"神学审核"，这当然是一件遗憾的事情，却也是中华儒学转成国际儒学后不可避免的一个阶段。

1610年，龙华民邀请两派耶稣会士撰写报告，正式提出这一争议；1622年，龙华民据两派的报告意见整理成文，作出了否定性结论。此间以及此后，耶稣会内部围绕"译名问题"展开讨论。据统计，自1603年至1665年之间，中华耶稣会维持举行过74次内部会议，决定是否要采纳儒家的"上帝"来翻译"Deus"（神）。② 最激烈的一次辩论于1627年12

---

① 徐光启与耶稣会士合作，一共翻译了五本西学著作，都是第二译者。按他们的署名方式，可以看出中西学者在工作中的分工情况：《几何原本》（1607）是"利玛窦口授，徐光启笔译"；《测量法义》（1607）是"利玛窦口述，徐光启笔受"；《简平仪说》（1611）是"熊三拔撰说，徐光启札记"；《泰西水法》（1612）是"熊三拔撰说，徐光启笔记"；《灵言蠡勺》（1624）是"毕方济口授，徐光启笔录"。这样的翻译合作，依赖耶稣会士的中外文理解，徐光启只负责中文的对译工作。

② 参见 J. Metzel, *Die Synoden in China, Japan und Korea*, 1570—1931, Paderborn, 1980, p. 12. 由魏明德（Benoit Vermander）教授惠予提供。

月至 1628 年 2 月在上海附近的嘉定举行，史称"嘉定会议"，龙华民、金尼阁、郭居静、艾儒略、高一志、鲁德昭、毕方济、费奇观、李马诺、黎宁石等会士出席。会士们肯定就此会议争议内容继续咨询徐光启、李之藻、杨廷筠和孙元化等"儒家天主教徒"，但会议的日常语言是葡萄牙文，学术语言用拉丁文，汉语学者仍然不能参与。龙华民给自己的论文定名为《论反对使用"上帝"译名》（1631），明确地表达了反对立场。论文用中华耶稣会的工作语言葡萄牙文撰写，这应该是最早公布的和《论中国宗教的若干问题》相关的文本。"嘉定会议"之后，形成了用"天主"替换"天""天学""上帝"的决议，同时封存龙华民的论文，不再讨论，更不让耶稣会内部的"译名问题"流传到外面。① 但是，龙华民并没有收回自己的主张，1633 年，他又写了一篇论文，反对使用"上帝"和"天主"的译名。费奇观神父作了反驳，他又写了一篇更长的论文来回应。龙华民在 1633 年的作品还没有找到，但应该和《论中国宗教的若干问题》无关，而是另一场合的辩论文章。很多年前在罗马看到过这个本子的人说，文章反对"天主"译名，提出要用"太初"来对译"Deus"，② 这个主张不见于现在的本子。"太初"的建议有一定的合理性，当初被采纳的话，今天的"天主教"就会被改称为"太初教"。

---

① 参见李天纲《中国礼仪之争：历史、文献和意义》，上海古籍出版社 1998 年版，第 25—29 页。

② 龙华民在这篇论文中，"干脆抵制使用'上帝'和'天主'这两个中文词汇，而主张将拉丁文中的 Deus 音译成中文来代替。"（邓恩《从利玛窦到汤若望》，第 270 页）据《汤若望传》作者魏特在罗马档案馆看到的资料，说龙华民设想用"太初"来对译"Deus"。

利玛窦历史经验中的欧洲与中国：
中西方人文主义的相遇

［意］菲利普·米尼尼著　李思佳　译

毫无疑问，在1580年至1610年（利玛窦去世之年）期间，欧洲与中国真正实现了第一次富有成果的交汇。在此之前，这两种文明并没有过真正意义上的文化交流（除了13至14世纪早期在蒙古统治时期探访中国的圣方济各会传教士，以及以马可波罗为代表的商人们）。在利玛窦去世后（或者几年前）不久，包括在耶稣会内部，利玛窦和其他传教士们的影响力日趋扩大。因此可以说，利玛窦在中国度过的三十年以及他笔下的历史事件，成为了文明交汇的最佳见证之一。

此次中西方文明交汇的成功关键是什么？当然不是天主教的布道讲经，尽管这是传教的主旨所在。在来到中国后不久，利玛窦就意识到应当暂时搁置布道讲经，并且谨慎地对其加以限制，我也将对此展开论述。利玛窦成功的关键在于，他认识到儒家经典承载着丰富的人文精神，在兼容并包的同时还能与欧洲古代经典相吻合；此外，利玛窦将中西方人文主义相对照，意识到两者之间的结合可以为西方同中国文明搭建可能的交流平台。在利玛窦看来，中西方人文主义的基本价值有待培育，他也认识到两者内部所有相互兼容的价值取向。

就这个意义而言，我称利玛窦为"人文主义者"。为避免误解，我需要对这个定义进行简明阐释。而就"人文主义者"这个称谓的阐释而言，我不打算从利玛窦的个性或著作入手。事实上，利玛窦并非一位人文主义学者，因此我们更不能称其为一位"伟大的"人文主义学者，然而有人却不公正地指责我认同此种说法。利玛窦先是在1561年和1566年至1567年期间就读于马切拉塔耶稣会学校，随后在1568年和1571年间来到罗马大学攻读法律专业，最后于1572年至1577期间前往耶稣罗马公学院进修。以上学府的课程以及罗马公学院《耶稣会教学大纲》（1599）为利玛窦提供了广泛而深刻的通识人文教育。在对希腊文和拉丁文典籍深入学习并记忆的基础之上，利玛窦还对语法、修辞、辩证法和哲学进行了学院式的学习。我们几乎可以肯定利玛窦不是一位轻浮而不专注的学生，但他或许并不是特别出众，如果1573年利玛窦获得的最终考评"平等"是可信的话。正如我在其他著作中写的那样①，这个评价与如今的"中等"有着不一样的意义和价值，那时的"中等"可以理解成因中等优秀而被赞赏，也就是说高于平均，但并未达到顶尖水平。但师从著名数学家克里斯托弗·克拉维奥（1538—1612）的利玛窦在数学方面应达到了相当高的水准，因为只有罗马学院最出色的学生才能进入克拉维奥的班级，而利玛窦也在此后于中国所著的数学作品中显示了自己的才能。

在称呼利玛窦为"人文主义者"的同时，我无意掩饰其耶稣会传教士这一身份，当时的中国作为"世界的另一端已然臣服"，而在此几十年前，葡萄牙人已经给中国冠上了"支那"之名。尽管中西方在文化、文明和宗教层面都截然不同，但是利玛窦自始至终都坚持传教，并将实现沟通作为自己的第一要务。利玛窦通过"文化适应"或"文化本土化"策略，以同中国知识分子尽可能建立起明确、稳定和互惠的沟通渠道及形式，这也是他的第一个目标。而学习汉语口语和写作，系统研究中国古代经典，并寻求与中国上层官员结交友谊，则是实现交流的主要方式。利玛窦很快就意识到，这是历史交与他的使命，因此他必须推倒中西方相互恐惧和怀疑的高墙，在本性和知识层面同中国人结下深厚的情谊。

至于在宗教层面与中国建立直接而完整沟通的可能性，利玛窦立即意识到，由于中西方缺乏共同的逻辑和哲学基础，必须谨慎行事，以避免中方对被钉在十字架上的耶稣产生排斥，并由此避免一系列随之而来的误解与抵触。中国并不存在一个所谓"正统"的宗教，并且中国宗教的教义并非指向人死后灵魂的得救。也正是因为中国不存在"灵魂不灭"

---

① ［意］菲利普·米尼尼：《凤凰阁》，王苏娜译，大象出版社2012年版，第270—271页。

这一天主教的基本哲学与神学概念，使得传教失去了重要支撑。而这恰恰是利玛窦开创的工作，他十分形象地用"犁地"来比喻自己的事业。利玛窦在来到中国九年后，在给耶稣会会长的信中写道："这段时间我们与其说是取得了令人欣喜的成就，还不如说是在绝望中播种，尤其是针对如此贫瘠如沙漠般的土地，我都不能确定自己究竟是在一点一点犁地，还是真的在播种。"通过利玛窦信中的这番话，我们可以看到，他希望以自己在中国采取的决策、行为与态度来消除妨碍传教的一切障碍。如果说传教可以与"播种"类比的话，这就需要一块充分松过土、锄过草及施过肥的土壤。可以说，利玛窦在开始与中国接触时，就与其他传教士一同决定为传教准备好"播种的土壤"①。

　　随着与中国文人及士大夫的深入接触，利玛窦认识到，可以在数学和自然科学，以及中西方相互认同的人文价值层面实现持续而有效的沟通。他发现了儒家经典中深深蕴含的人文主义和伦理道德内涵，这与天主教是一致的（这也是利玛窦本人的观点）。利玛窦还从拉丁语和希腊语古代典籍，尤其是从斯多葛派的思想中发现，可以通过西方价值观与儒家世界进行对话，以实现传教理想。因此，利玛窦认同并利用西方古典与文艺复兴时期的人文主义成果作为优于儒家思想的有益参考，构建一个拥有共同而唯一价值的世界。

　　利玛窦人文涵养的形成离不开他在罗马大学为期三年的法律学习，这一点往往为人们所忽视。罗马法作为现代民法的基础，也是西方古典及文艺复兴时期人文主义的重要基础与体现，尤其在维护人权方面。罗马法的人权概念建立在自然人的基础之上，没有种族、文化或宗教之分。我们通常也把耶稣会对所有民众怀抱的敞开归结为由圣依纳爵制定的《耶稣会章程》（1554）中的规定，这也是耶稣会具有深厚传教实力的体现之一。然而，我们在公法和民法中也能看到同样对全人类适用的普世性。利玛窦在其著作中没有任何针对自己法律学习经历的明确记述，请允许我在这里引用一份本人正在研究的文献资料，这份资料来自一位几乎和利玛窦算得上是同乡的法学家，且两者都出生于1552年（他的出生地圣吉内西奥如今从属于马切拉塔省）。他与利玛窦同时期进入佩鲁贾大

---

① Matteo Ricci, *Lettere*, edited by Francesco D'Arelli, Macerata: Quodlibet, 2001, p. 95.

学进修法律。但随后阿尔贝里科·真提利与父亲和哥哥因被指控亲路德教,被迫离开意大利,并于1580年来到伦敦,随后于1581年进入牛津大学任民法教授;1587年成为牛津大学的皇家民法教授。受英国王室保护的真提利应王室要求研究国际关系,并于1585年出版《论立法》《立法三卷书》(1585),这也是最早涉及使馆法的著作之一。1598年阿尔贝里科·真提利出版了自己的杰作《论战争法权》(1598)。这部作品是第一个大胆而系统性的在法律范围内减少战争的尝试。因此我认为,整个法律体系都将战争等许多非人道事件限制在人性范围内,而在人权领域内采取人性视野也恰恰是法律系统建立的关键。让我们听一听阿尔贝里科是怎么说的:"一切为了他人的利益,不顾个人安危、需求或利益,这是一种正直的辩护。其基础是自然赋予人类的亲情、爱、仁善等天性,因此人权以人类的社会性为基础。[……]我们所看到的一切神灵或人类的事物都是一个整体,因而我们都是整个一体世界的组成部分。大自然使我们流淌着相同的血液,使我们拥有相同的原则和外貌,使我们具有社交性,并且能够互相关爱。正如塞涅卡所言,我们的社会类似于一个石头拱顶,如果石块彼此不紧贴和相互支撑,那么这个拱顶就注定要坠落。①"

在法律和古典文化方面的接受教育使利玛窦早在接触依纳爵的《精神操练法》《神操书》(1615)和耶稣会章程之前,已经具有了毫无区别地对全人类开放的广阔视野,这种精神也使他在日后将西方人文主义成功地嫁接到了中国人文之树上。中文中的"仁"字充分地表现了利玛窦的精神,"仁"在意大利语中有"人性""仁善""慈爱"等多种译法,而在《论语》孔子则把"仁"作为了一切人性美德中的至高品德②。

因此我们可以说,利玛窦通过自己众多的哲学及文学作品,包括一部分中文科学著作,将西方古典和文艺复兴时期人文主义与中国儒家思想有机结合。而对西方人和中国人而言,就在利玛窦进入中国几年前还对彼此的文化一无所知,然而因为利玛窦的贡献,中西方人文主义在人类文明基础之上成为了彼此的有益补充。我们对此只需引用瞿汝夔(字

---

① Alberico Gentili, *De jure belli*, translated by P. Nencini, Milano:Giuffrè, 2008, p. 97.
② 孔子:《论语》,X,20;II,4;VI,12;I,1。

太素)为利玛窦《交友论》撰写的序言即可:"利玛窦天赋异禀,他不仅仅是作为外国宾客来到中国,利公以中文翻译西方著作,体现出中西方思想的和谐一致,就像一件乐器的两端一般。因此我作了这篇序言,希望利公与我国传统相一致的著作千古流传。"("今利公其弥天之资,匪徒来宾,服习圣化,以我华文,译彼师授,此心此理,若合契符。")瞿太素对利玛窦的肯定是十分重要的,因为利玛窦《交友论》说明,就"友谊"这一主题而言,东西方文化是基于共同需求、欲望与价值判断基础上的人类同一文明的两端。

现在,如果利玛窦提出建立欧洲与中国文化间稳定沟通的主要目标,他首先面对的问题就是选择一个最接近儒家知识分子文化内涵的西方传统文化,因为儒家文人是利玛窦最有效的对话者。利玛窦毫不迟疑地选择了斯多葛派作为西方古典文化的代表,尤其是古罗马时期(古希腊哲学家爱比克泰德除外)和哲学家塞涅卡(前4—65)的作品。当利玛窦向耶稣会会长阿夸维瓦(1543—1615)解释"四书"的内容时(他将前三本翻译成了拉丁文,并有注释和批注),他把中国的"四书"比作"另一位塞涅卡或我们最有名的异教徒作者"(L185)。然而利玛窦在这里并没有明确指出这些最有名的"异教徒"作者是谁,不过我们可以从他翻译成中文的《二十五言》中推测,其中应当有爱比克泰德。更重要的是,利玛窦明确指出儒教并非与欧洲天主教形成对照,而是同欧洲古代异教人文经典相对应。这样看来,利玛窦似乎在暗示中国的儒家异教(即非天主教)思想只能同欧洲的另一种异教文化相对照。而利玛窦最终选择了斯多葛学派作为更接近儒家文化的欧洲文化,对此,他在写给法比奥·德·法比(1543—1615)神父的信中是这么阐述《二十五言》的:"《二十五言》这部神父们印制的小书大大减弱了我们敌人的仇恨。此书受到了所有人的欢迎,因为它没有反驳其他任何教派,只是以斯多葛派的思想诠释道德。他们说我们本应当以这种方式完成《天主实义》,既不对抗中国宗教,也不对其进行争论。①"

斯多葛学派最终成为了利玛窦选择的欧洲文化代表,就像他给自己在罗马见习修士期间的耶稣会会长写的信一样:"一切都适应天主教教

---

① Matteo Ricci, *Lettere*, edited by Francesco D'Arelli, Macerata: Quodlibet, 2001, p. 383.

义。"这也清楚地显示了利玛窦面临的第二个问题。如果儒家和斯多葛派在对自然的领悟方面是重合甚至相同的，那么这两种思想是人类共性的完美展现，尽管它们来自相距甚远、对彼此也知之甚少的两个国度。而利玛窦不仅想到了这一点，甚至把它写在了《四元行论》（1599—1600）中。他在该书中称呼自己为"西儒"，并暗指西方哲学思想家为"西方古代儒家学者"。然而问题是，如果利玛窦仅仅局限于中西方文化的一致性，便会完全抹杀欧洲天主教直面儒家思想，与其进行对话并实现相互认同的可能性。因此，利玛窦采取的解决方法是删去斯多葛派著作中不符合天主教神学和道德教义的内容。我们可以从利玛窦写给马塞利神父（1574—1583）的信中了解这一点，他在信中针对《二十五言》这样写道："又有一个贤明的人（冯应京）印制了我的书籍。因为这部书被分成了25个段落，因此被称为《二十五言》。在此小册子中我只谈修德养性，如何善用光阴，完全用自然哲学家的口吻论事，不攻击任何宗教，这当然呈现天主教伦理的色彩。因此被现存的所有教派所阅读并受到了欢迎。人们写信告诉我这本小册子在各地受到了极大的欢迎，接着也有一些人登门拜访，请求我继续创作，因为这部小册子使他们信任我们的宗教。①"

利玛窦非常清楚，如果自己想与中国儒家自然主义学者及其理论进行沟通交流，而不牺牲天主教及其超自然的起源，他将面临一条相当窄险的道路。利玛窦在适应天主教教义的范畴内介绍斯多葛派学说时，将有关宿命论以及人需要对自己的生命完全负责，否定自杀等内容全部删去，最终呈现了一部看似是与教理融合的著作。利玛窦不得不将斯多葛派的思想内涵安放于一个认为人世无常的超自然框架下，至少不能与精神世界或者决定人类命运的神相冲突。我将其称为"表面"融合主义，是因为利玛窦试图使自然主义思想与宗教教义相适应。塞涅卡的融合主义与之截然不同，即塞涅卡接受了伊壁鸠鲁（前342—前270）甚至其他自然主义哲学家的理论，他在写给友人鲁基里乌斯（约前4—64）的信中提及这一点时甚至颇为得意。而利玛窦在面对古代典籍时，不得不将神

---

① Matteo Ricci, Lettere, edited by Francesco D'Arelli, Macerata: Quodlibet, 2001, p. 377.

学和哲学相结合,并以哲学服务于神学。我在《畸人十篇》① 一作的导言中专门探讨了这一问题,此后我也将对此继续进行深入研究。

最后,为了充分了解利玛窦在中国的哲学思辨全貌,我们一定不能忽视或低估亚里士多德经院派哲学思想②在利玛窦试图形成天主教的哲学前提中起到的作用,这也在《天主实义》(1603)一作中有所体现。然而这种尝试以及说服中国人信奉天主的失败使得利玛窦将斯多葛派思想作为引进中国的主要西方思想,以此维系中西方沟通渠道的顺畅无阻。

利玛窦作品中的希腊语和拉丁语典籍《交友论》

《交友论》③ 作为利玛窦的第一部中文作品(南昌,1595),被认为是欧洲与中国的交流手段。利玛窦曾经在广东省作为外国僧侣生活了12年,在此期间他开始以"文化布道者"的身份接近中国文化,试图与儒家士大夫阶级进行更密切的接触。利玛窦在了解了中国人对宗教并无敌意却不感兴趣的相对主义态度后,他明白自己若是想使天主教在中国扎根,必须首先让中国人信服自己以及西方文明。因此展现自己对中国社会的"适应性"要优先于天主教的传教工作。利玛窦希望通过阐释西方有关友谊的思想,使中国文人减少对西方文化的不信任和恐惧,证明两者实质上的共通性。

利玛窦《交友论》的目标有三:1. 说明自己作为来自西方的作家、哲学家及老师的身份,使人们认同自己在中国传播知识的可行性;2. 使中国人认同西方除了数学领域外,人文与道德领域的文化;3. 说明西方与中国文化的兼容性,证明两者在基本话题上的一致性,例如对社会和国家而言存在必不可少的友谊。

利玛窦没有明确地指出《交友论》中翻译成中文的源头来自何处,因此这方面的考察只能交给翻译者。这是一项艰巨的工作,因为这涉及

---

① Matteo Ricci, *Dieci capitoli di un uomo strano*, edited by Filippo Mignini e Wang Suna, Macerata: Quodlibet, 2010, pp. 55—62.
② Filippo Mignini, *Philosophie und Spiritualität bei Matteo Ricci*, edited by H. Butz and R. Cristin, Berlin: Parerga, 2007, pp. 21—39.
③ Matteo Ricci, *Dell'amicizia*, edited by Filippo Mignini, Macerata: Quodlibet, 2005.

同一个句子从一个作者到另一个作者的转述，而且我们也无法得知利玛窦引用的源头是什么。我在这里进行说明的原则是追溯至原作者。在所有希腊语引用中，普鲁塔克（46/48—125/127）居首位（20次），其次是亚里士多德（前384/383—前322）（14次）。而拉丁语引用中最多的是西塞罗（前106—前43）（约30次），其次是塞涅卡（5次）和其他作者。

《西琴曲艺八章》

1601年，利玛窦抵达北京，并以欧洲使者的身份受到了万历皇帝的欢迎。在进贡的方物中，有一把手风琴、一把弦琴和一把键琴。随后利玛窦被要求为这些乐器谱写歌曲。这八首曲子的词句保留至今，但曲谱没有留存下来。利玛窦说自己创作了"八首美丽的短曲，歌词以中文写成，内容来自西方作者对不虚度光阴以及道德的歌颂"（E354）。

《西琴曲艺八章》中引用最多的是拉丁语著作，尤其是塞涅卡（21次）、贺拉斯（前65—前8）、马尔库斯·奥列里乌斯（121—180）（7次）和西塞罗（4次）。与拉丁语引用相呼应，书中还援引了儒家与道家经典，包括儒家的《论语》《孟子》和道家的《庄子》《老子》。

《畸人十篇》

利玛窦在1607年完成了《畸人十篇》的手稿，但1608年才正式出版。《西琴曲艺八章》包含在其附录中，而在此之前《八章》以手抄本形式流传于世。利玛窦本人称，这部道德哲学领域最成功的著作并非原创，他只是进行了记述、整理和摘选工作。目前《畸人十篇》已确定的文本源有400个，其中100个来自《圣经》，超过220个来自拉丁语和希腊语经典，此外还有超过60个来自中文经典。如果再加上十几个目前尚未确定的参考文献以及其他可能未被发现的文本源，我们将面对的是利玛窦著作中文献来源最丰富的一部作品。

另外值得强调的是《畸人十篇》对《圣经》文献的引用。这些引用主要来自《旧约·智慧篇》和《新约》（对观福音书和保罗书信）。利玛窦意欲将《圣经》作为天主教的经典，类比儒家的四书五经。除了对托马斯·阿奎纳（1225—1274）（12 处引用）和零星几处对圣安博、圣奥古斯丁和圣伯尔纳多的援引，利玛窦几乎没有提及基督宗教文学。而利玛窦对拉丁语和希腊语经典的引用是《圣经》引用的两倍，其中尤为突出的是塞涅卡（在《十篇》与《八章》中共有 114 处引用），其次分别为贺拉斯（52 次）、西塞罗（28 次）、柏拉图（前 428/427—前 348/347）（12 次）、伊索（前 620—前 564）（10 次）、马尔库斯·奥列里乌斯（7 次）和第欧根尼·拉尔修斯（180—240）（6 次）。

其中中国著作也占据了一席之地，主要包括《论语》《孟子》和《中庸》。此外，《庄子》等其他道家著作也相当重要。

《二十五言》

《二十五言》是对古希腊斯多葛派晚期的一个重要的引用范例。这部作品是对爱比克泰德《手册》的直接翻译和解释，它也成为了西方经典最广为人知和印刷最多的著作之一。为了与已经出版的《天主实义》统一，利玛窦选择了《手册》56 个句子中的 25 句来作为西方道德智慧的代表，这也隐含同佛教《二十四经》相对照的含义。

《二十五言》主要从宇宙本体论、道德、社会、在个人或社会政治层面实践教化，以及快乐与痛苦等角度探讨了有力和软弱、主动和消极、内部和外部以及秩序和正义。

与文艺复兴时期人文主义有关的范例《西国记法》

如果没有人文主义，尤其是没有伊拉斯谟的人文主义思想，我们便无法理解耶稣会《教学大纲》。而《教学大纲》也确实是传播人文主义思想的有力工具，我们也必须承认人文主义的推广在此处与天主教及其原则相适应。通常来说，早期耶稣会传教士的任务是建立天主教人文主义思想，与之对照的是以古希腊语和拉丁语经典为范例而形成的非宗教或反天主教人文主义。因此，想要了解具体哪些 16 世纪人文主义者在利玛窦的教育中起到了直接影响并非易事。然而，有一个研究领域在罗马公学院很受欢迎，我们也可以肯定与利玛窦同时期的人文主义者在该领域颇有建树，这就是记忆术。

众所周知，利玛窦在 1596 年将一本有关记忆术的小册子翻译成了中文，这是他在罗马公学院时为自己和朋友莱利奥·巴修内伊所写的。这本手册一直以手稿的方式流传于世，直到 1625 年后耶稣会士高一志（1566—1640）对其重新修订，并由朱鼎瀚作序出版。朱鼎瀚在序言中记述了自己是通过高一志得到了《西国记法》的手稿，并对其进行了一定的简化，最后明确了出版此书的目的：为建立百科全书式或通晓天文地理的科学提供工具。朱鼎瀚对于这一点的认识非常清晰：如果人们认为记忆术是一个用于帮助记忆的简单工具，那么他们就会觉得可能一名乡村教师可以用记忆术来进行阅读和写作的教授。然而这样就违背了作者的本意，记忆术在中国的传播目的在于展现一个百科全书式的科学学科。《西国记法》的传统有三：1. 有关地点和图像的经典修辞；2. 亚里士多德的传统；3. 对卢洛（1235—1315）"大术"（Ars magna）的重新诠释及其在文艺复兴时期的发展。在此，我们尤其应当注意"大术"将图像与 120 个表意文字相对应，以建立起一个百科全书式的知识库。当然，这些文字尽管看似随机，实则经过精挑细选，它们对应着现实世界的 14 个不同领域：天、地、四季、一天的轮转、月亮周期、公历、中国历法、文化培养、手工技艺、人的情感、职业以及手工艺、植物、中医和动物。

在利玛窦记忆术参考的文艺复兴文献中，除了有作为耶稣会学校课本的由西普利亚诺·苏亚雷斯（1524—1593）所著的《论修辞学》（1560），古列尔莫·格拉塔罗利（1516—1568）医生有关大脑生理学的研究也为利玛窦提供了颇有价值的文献资料，其中包括《有关修复、增强与保持记忆》（1553）。利玛窦参考的文献还有洛多维科·多尔切（1508/1510—1568）的《增强与保持记忆的方法》（注解版，比萨，2001），该书将龙伯格（1480—1532）于 1533 年出版的拉丁文著作《增强后天记忆》（1533）忠实地翻译成了意大利语。事实上，支撑这些作品中有关记忆术部分的还有一部著作，即彼得罗·托梅伊·达·拉文纳（约 1448—1508）的《凤凰，抑或后天记忆》（1491），这部作品在 16 世纪中叶流传甚广。

此外，我们还应当注意对朱利奥·卡米洛（1480—1544）的研究，尤其是《剧院思想》（1550）一书，这本著作对依纳爵·罗耀拉而言都不陌生。卡米洛的戏剧除了包含传统修辞学记忆术的教义以及亚里士多德的传统外，还将卢洛的融合记忆术纳入其中。卢洛的记忆术建立在16世纪的分类需求之上，并且反映了"在一个事物中认识另一个事物"，或者说将不同事物相互关联的迫切需求，这在朱鼎瀚为《西国记法》写的序言中也有所体现。事实上，卡米洛戏剧包含的地点与图像能够使人记忆世界上的所有事物以及人类的一切观念。如果说利玛窦有关记忆术的著作没有明确表达对百科全书式知识以及对其分类的需求，那么我们还拥有涉及人类知识各个领域的大量例子能够充分反映此种渴求，而记忆术则能使人轻易地在容纳一切知识的剧场中由一个图像转向另一个图像，在这里重要的不再是简单地记忆，而是通过事物的相互联系而获得广博学识。

这种百科全书式的知识视野在道德和文明层面上，对照的是建立在人的友谊和社会纽带基础上的普世人文主义。

普世人文主义

利玛窦于1602年在北京为《坤舆万国全图》作的序可以作为他普世人文主义的一个绝佳范例。事实上，利玛窦在进入依纳爵·罗耀拉的耶稣会学校之前，就已经在罗马学习法律期间养成了普世人文主义的价值观。因此毫无疑问，利玛窦绘制的世界地图也体现了他对实现全世界人人平等的追求。如果说利玛窦的地图十分明显地体现了对中国中心论的否认，实质上它也对欧洲中心论提出了批评。利玛窦意图说明，所有人到达自己生命本质的距离都是相等的，正如球体表面上的每一点与地心距离相等一样。如果说上天构成地球各部分的衡量标准，那么大地的任何部分与天空的距离都相等，就像内球面的表面相对于包含它的同心外球形表面的距离相等一样。因此，这个基于亚里士多德和托勒密（约100—约175）地圆说基础之上的几何等距，证明了所有人距离天空并没有远近之分，因此人人拥有平等的地位与尊严。利玛窦也许会以下面这段话为1602年所做的《坤舆万国全图》序言结尾："谨以此图献给所有跟随天主，并在广阔大地上行走的人们。"在为《坤舆万国全图》作序的中国文人眼中，利玛窦将对天与地的知识的认识推进到了相当深的程度，并被认可为一名儒家文人,这也是利玛窦对自己的称呼,他摒弃了一切分歧与不同,怀抱简单而普世的人性。

因时间有限,我不得不结束发言。我认为应当指出,作为欧洲人和中国人,我们是人类文明瑰宝的继承人与保管人。我们十年如一日地以最深入的方式研究这些文化宝藏,以便将其精华部分展现给我们的同胞。德国哲学家莱布尼茨早在 18 世纪初便说过,世界的未来依赖于中国和欧洲,也就是欧亚大陆两大文明之间知识交流和合作的成果。然而不幸的是,并且主要是欧洲方面的责任,这样的交流并没有实现。但我们作为学者,需要意识到地球今天的命运仍然在相当程度上取决于中国和欧洲在知识发展与世界和平方面建立的关系。不过就这一点而言,我明天将会和北京外国语大学的师生进行深入交谈。但请允许我再次提醒在座的各位研究利玛窦的学者专家,这也是我做了好几年的事情,在利玛窦研究领域仍然存在相当大的一块空白,这就是他的中文信札。在充分认识和研究这些文件之前,我们都不能说对利玛窦已经有了足够的了解。希望各位能找到利玛窦写的数百封中文信中的一些,它们可能就藏在中国的某个公共或私人的档案馆中。

利玛窦 1601 年进贡的三幅圣像溯源
——兼论在华耶稣会士偏爱圣母像的原因

宋黎明

内容摘要：根据西文和中文第一手资料，本文追溯利玛窦 1601 年进贡的三幅圣像的源流，试图澄清利玛窦本人记载以及其他资料中一些疑点，并探讨在华耶稣会士偏爱圣母像的原因。在这三幅圣像中，最大的为圣母怀抱圣婴像，由罗明坚携带至中国内地，其母本为罗马圣玛丽亚大教堂中的圣卢加圣母像；次大的为圣母、圣婴暨圣约翰像，与 Correggio 所作《圣母与圣婴暨圣约翰》非常相似，大约在 1586 年进入肇庆；最小的为救世主像，为耶稣会士 Giovanni Nicolao 绘制，类似达芬奇所绘《救世主像》。笔者认为，包括利玛窦在内的耶稣会士偏爱圣母像的重要原因之一，在于圣母像因被误认为送子观音而备受国人关注，为此包括利玛窦在内的耶稣会士不断展示圣母像，从而给人圣母即天主的印象。

关键词：利玛窦；进贡；三幅圣像；天主；圣母

1601 年 1 月 27 日（万历二十八年十二月二十四日），利玛窦（1552—1610）向皇宫进贡，其《贡献方物疏》写道："谨以原携本国土物，所有天主图像一幅，天主母图像二幅，天主经一本，珍珠镶嵌十字架一座，报时自鸣钟二架，《万国图志》一册，西琴一张等物。"① 对于这三幅画像，《熙朝崇正集》所列贡单写为：（1）时画：天主圣像一幅，（2）古画：天主圣母像一幅，（3）时画：天主圣母像一幅。② 与利玛窦同至北京的庞迪我具体描述道，三幅圣像中最大的为圣路加圣母像复制品（la major era la figura y retrato de Nuestra Señora del Populo por San Lucas），其次为圣母、圣子暨圣约翰像（la segunda era de Nuestra Señora con el Niño Jesus y San Juan），最小的为救世主像（la tercera era un Salvador, mas pequeño）。③ 本文追溯这三幅圣像的来龙去脉，力图澄清其流传过程的疑点与误解，并探讨在华耶稣会士偏爱圣母像的原因。

一 "时画"：圣母怀抱圣婴像

追根溯源，最早传入中国内地的圣像是一幅圣母像，其携带者为耶稣会入华第一人罗明坚（1543—1607）。从1580年开始，罗明坚随葡萄牙商人在春秋两季前往广州贸易，并获准在陆上居住。1581年11月12日，罗明坚从广州给耶稣会总会长梅库里阿诺（1514—1580）写信，叙述自己已经来广州三次，并受到优待：虽然前来进行贸易的葡萄牙商人不准上岸而只能住在船上，但广州官员却给他一所房屋，让他做弥撒，并吸引来大量的观众；他在一个房间建立了一座小堂，崇敬极其荣耀的圣母（la gloriosissima Virgine）。④ 罗明坚日后在一份中国传教报告中进一步指出，他的住所位于外国人驿站中，小堂原为佛堂，他去除佛堂中的偶像，建立了祭坛，上面安置了一幅圣母像（l'imagine della

---

① 黄伯禄：《正教奉褒》，载《中国天主教史籍汇编》，辅仁大学出版社2003年版，第467页。
② 韩琦、吴旻校注：《熙朝崇正集·熙朝定案（外三种）》，中华书局2006年版，第20—21页。
③ Diego de Pantoja, *Relación de la entrada de algunos padres de la Compañía de Jesús en la China, y particulares sucesos que tuvieron y de cosas notables que vieron en el mismo reino*, 1602, *Fonti Ricciane*, I, pp. 123—124, n. 16.
④ *Opere storiche del P. Matteo Ricci S. I.*, edited by Tacchi Venturi P., II, *Le Lettere dalla Cina*, 1580—1610, Macerata: F. Giorgetti 1913, p. 405.

Madonna），① 并命名为圣母堂（una cappella intitulata alla Madonna）。② 在其中国传教报告的另一处，罗明坚又写道，这是"一幅神圣贞女怀抱儿子的漂亮画像和铜制塑像（una bella Imagine et scultura di Bronzo della Beatissima Vergine col Figliolo in braccio）"，他让广州一个优秀的工匠浇铸，有五掌之高（一掌大约 25 厘米）。③ 在罗明坚以及利玛窦的著述中，imagine 均指画像，l'immagine della Madonna 则指圣母画像，因此，如果这段描述只有 imagine 这个词，则无疑指圣母怀抱圣婴像。但是，罗明坚用词为 una bella Imagine et scultura di Bronzo，那么则有两种可能性。其一，这是一座立体的铜制的雕塑，早期著名天主教史家巴托利就是如此理解，故将广州小堂中的圣象写为圣母塑像（la statua della Reina degli Angioli）。④ 但这显然与罗明坚前面的一段描述相互抵牾，何况圣母塑像为难以成立的孤证。其二，这是一幅画像，广州某工匠铸造了安置画像的一个铜制框架。笔者倾向于第二种可能性。在本文后面可以看到，这幅高约 125 厘米的画像覆盖以玻璃，而铜制框架很可能是为了安置玻璃。

1583 年初罗明坚和巴范济（1554—1612）首次访问肇庆时，展示了一幅圣母像，与广州小堂祭坛中的圣母怀抱圣婴像当为同一画像。1583 年 2 月 13 日利玛窦致总会长阿桂维瓦（1543—1615）函写道，罗明坚和巴范济在肇庆天宁寺内设立了一个小堂（la capella），中国官员进入小堂后礼拜其中的圣母像（immagine della Madonna）。⑤ 1583 年底，罗明坚和利玛窦再次进入肇庆，肇庆知府王泮根据给地柔远的原则，准许他们在正在建造的崇禧塔旁建立寓所。根据利玛窦晚年回忆，在两位耶稣会士与王泮等官员在工地见面时，许多人前来观看，并且特别欣赏三棱镜以

---

① Michele Ruggieri, *Relatione del successo della missione della Cina del mese di Novembre 1577 sino all'anno 1591 del padre Ruggiero al nostro reverendo padre generale Claudio Acquaviva generale della Compagnia di Gesù*（以下简称 *Relatione*），ARSI, Iap. Sin., 101 I, M. Ruggiero Relationes 1577—1591, f. 21v.

② Michele Ruggieri, *Relatione*, f. 104.

③ Michele Ruggieri, *Relatione*, f. 15.

④ Daniello Bartoli, *Dell'istoria della Compagnia de Gesu: La Cina, terza parte dell' Asia*, Ancona, Tipoafia di Giuseppe Aureli 1843, Libro II, p. 348.

⑤ Matteo Ricci, *Lettere*, 1580—1609, Macerata: Quodlibet, 2001（以下简称 *Lettere*），p. 52. Daniello Bartoli, *op. cit.*, pp. 360—361.

及在罗马绘制的精致的圣母像（l'imaginetta della Madonna, molto ben pinta in Roma）。① 关于这幅圣母像，德礼贤判断可能是罗马圣玛丽亚大教堂圣母像的复制品，并称同样的画像也出现在肇庆小堂。②

1584年耶稣会肇庆寓所和教堂落成，罗明坚称之为"圣母小堂"（cappella di Nostra Signora），③ 王泮赠匾则名之以"仙花寺"。利玛窦写道："寓所两边各有两个房间，中间有一个厅。神父们在厅中设立一个教堂，中间有祭坛，中间摆放了圣母怀抱圣婴像（l'imagine della Madonna col bambino nella braccia）"。利玛窦继续写道："对于置于祭坛的这幅圣母及其儿子之像（questa imagine della Madonna et al suo Figliuolo），所有的官员、文人、民众以及他们的僧人在前来拜访神父们时，均表示崇拜，他们倒地叩头，并羡慕我们的绘画艺术。"④ 值得注意的是，利玛窦还称不久之后仙花寺的这幅圣母像被更换以另一幅救世主像，此点容后再论。

1589年夏利玛窦被两广总督刘节斋逐出肇庆而移居韶州河西，并与韶州同知刘承范结交；刘承范在其《利玛窦传》中写道，利玛窦在韶州与他和韶州知府陈奇谋谈论天主教时说："唯以天下之至称者，莫于天苍苍之表，惟神主之，而此神实生于此母，故本国止祀一神。及视其象，绘在玻璃板中，非金非玉，然须眉眼目，俱觉微动，真神物也。"⑤ 刘承范文中谈到"此神"与"此母"，即耶稣和圣母玛利亚，绘在玻璃板中的"其像"当包括耶稣和玛利亚。这幅圣像应该就是开始悬挂在仙花寺的那幅圣母怀抱圣婴像，而刘承范提供了一个特别的细节，即此像"绘在玻璃板中"。1592年春汤显祖在韶州看到同一幅画像，即其《端州逢西域二生，偶成二首》首句中的"画屏天主"。⑥ 从单纯的字面看，"画屏天主"当指一幅罩着玻璃板的救世主像，但这里的"天主"其实为圣母怀抱圣

---

① Fonti Ricciane: documenti originali concernenti Matteo Ricci e la storia delle prime relazioni tra l'Europa e la Cina 1579—1615, edite e commentate da Pasquale M. D'Elia, Roma: Libreria dello Stato, 1942—1949（以下简称 Fonti Ricciane），I, p. 188.

② Fonti Ricciane, I, p. 188, n. 2.

③ Opere storiche del P. Matteo Ricci S. I., II, p. 422.

④ Fonti Ricciane, I, pp. 192—193.

⑤ 刘承范《利玛窦传》，湖北监利存泽堂《刘氏族谱》，1914年刻本，页14b—15a。

⑥ 关于此诗的研究，参见宋黎明《汤显祖与利玛窦相会韶州考——重读〈端州逢西域两生破佛立义，偶成二首〉》，《肇庆学院学报》2012年第3期。

婴像。事实上，这种圣母像经常被利玛窦或其他耶稣会士称为天主像。例如，程大约《墨苑》卷6《缁黄》刊有一幅圣母怀抱圣婴的木刻像，利玛窦在画像的上方亲笔题写"Tiēn Chù"（"天主"的拼音）。① 1602年郭居静（1560—1640）从澳门返回南京，携带一幅美丽的圣母像（una bella ancona della Madonna），② 徐光启1603年返回南京，罗如望（1565—1623）让他参观小堂，在那里崇拜其中的圣母怀抱圣婴像（l'immagine della Madonna e del Bambino），这幅圣母像在柏应理（1623—1693）著述中写为"天主像"。③

因此，在利玛窦时代，圣母怀抱圣婴像实际上有两种简称，一种是"圣母像"，主次分明；另一种是"天主像"，反客为主。利玛窦本人在描述圣母怀抱圣婴像时，经常将圣婴置于圣母之前。在1592年访问南雄时，利玛窦将郭姓商人家客厅中他所赠送的一幅圣像称为"天主与暨圣母像（un' imagine di Nostro Signore e di Nostra Signora）"；④ 1608年8月22日致总会长阿桂维瓦函中，利玛窦也将教堂中的圣像称为"救世主暨圣母像（l'imagine del Salvatore e della Madonna）。"⑤ 本文开头所述《贡献方物疏》中，利玛窦的贡品包括"天主图像一幅，天主母图像二幅"，而在《熙朝崇正集》所列贡单中，两幅"天主母像"均写"天主圣母像"。因此，在朱怀吴的笔下，这三幅圣像变成"天主像三"。⑥ 从刘承范的叙述中可知，利玛窦给他介绍圣母怀抱圣婴像时，先介绍"此神"即天主或

---

① 汤开建：《利玛窦明清中文文献资料汇编》，上海古籍出版社2017年版，第404页。
② *Fonti Ricciane*，II，p. 247
③ 柏应理：《徐光启行略》，钟鸣旦等编《法国国家图书馆明清天主教文献》，第12册，第531—555页。
④ Matteo Ricci, *Lettere*, p. 172。这类表达方式并非利玛窦独用，罗明坚和龙华民亦然。1586年—1587年游历绍兴期间，罗明坚发现王泮之父家中有一幅"救世主与圣母像"（l'imagine del salvatore del mondo et dela Santa Madre sua）；Michele Ruggieri, *Relatione*, f. 35v. 1598年11月4日龙华民致函 G. Alvarez，称他到达韶州不久，前往一个村庄，进入一个患病的家庭，他成功说服病人取下菩萨像，摆放天主和圣母娘娘像（un' imagine che li diedimo del Thienciu et Ximmu nian nian），即天主和圣母玛利亚像（del Signore del Cielo et delIla Santa Madre Regina delle Regine）。*Opere storiche del P. Matteo Ricci S. I.*，II，pp. 474—475。
⑤ Matteo Ricci, *Lettere*, p. 495。
⑥ 朱怀吴：《昭代纪略》，卷5，《利玛窦》，日本内阁文库藏明天启六年刊本，第71页；转引自汤开建：《利玛窦明清中文文献资料汇编》，第25页。

圣婴，再介绍"其母"即圣母，如果刘承范给此像命名，当为"神像"或天主像。可以想见，利玛窦给汤显祖展示圣母怀抱圣婴像时，也是如此介绍，所以汤显祖将之称为"画屏天主"。名曰天主像，实为圣母像。

　　1595年春利玛窦初离开韶州北上，后从南京折回并定居南昌。1595年8月29日利玛窦致函孟三德（1574—1599），称给建安王展示了"一枚三棱镜以及一幅带有框架的圣母油画像（huma imagem de Nossa Senhora de pintura estremada）"。① 1595年11月4日，利玛窦致函总会长阿桂维瓦再次提及圣母像："我也携带了一幅圣母怀抱圣婴油画（una imagine della Madonna, d'olio, con il Bambino），制作得非常漂亮。"② 李日华于1597年在南昌与利玛窦相识并看到这幅画像，《紫桃轩杂缀》载："余丁酉秋遇之豫章，与剧谈。出示国中异物，一玻璃画屏，一鹅卵沙漏……"这里的"玻璃画屏"与汤显祖所见"画屏天主"、刘承范所见"绘在玻璃板中"之神像当为同一幅画像。李日华在另一处又写道："余见大西国人利生者，持一神象见示，乃先团聚五色鸟毛为之，而外用玻璃四合函之，极其精妙，岂其国亦群鸟委羽耶？"③ 李日华不解西方油画，将画上的油彩误以为"团聚五色鸟毛为之"；他所说"外用玻璃四合函之"，当指"神像"放置在四方玻璃盒中，是对"玻璃画屏"的具体描述。

　　1598年利玛窦途径南京前往北京，南京巡抚赵可怀邀请他在句容小住，其间利玛窦出示给皇帝的一些贡品，包括一枚三棱镜和"一幅救世主像，它覆盖以玻璃，并置于一个四方形的画框中，非常漂亮（l'ancona del salvatore che stava coperta con un vitrio e posta in un guatro, assai bella）"，利神父首次给他展示画像时，是在他的房间里。他一见画像，震惊不已，用他的双手合上画像的两扇门（le due porte di essa），不敢直视。利神父不知他不看画像的原因，遂对他说："大人，这不过是天地主的画像啊。"巡抚答道："您不必解释，画像本身已经显示此非凡人之像。"此后，他让手下在位于官邸最高处的他通常用于敬天的小堂里设一个祭坛……祭坛上放置天主像，并设有一精美的焚香的香炉，他身穿珍贵的

---

① Matteo Ricci, *Lettere*, pp. 260—261.
② Matteo Ricci, *Lettere*, p. 316.
③ 李日华：《紫桃轩杂缀》，《四库全书存目丛书》，子部108，第28页。

官服，三跪九叩，以示崇拜。随后他不敢近观神像，而是站在一旁注视之，非常欣赏，恋恋不舍。赵可怀也让家人以及南京的一些官员崇拜神像，后来到北京向其他官员炫耀，进贡到宫廷天主像（i'imagine del Salvatore）曾放在他的府上。① 关于这幅画像，德礼贤认为是三褶画碟（trittico）即三张连续的画像，其中两侧的画像可以闭合，如同两扇门。② 这是一个错误的解释，因为既然这幅画像后来进贡，而在进贡的三幅圣像中并无所谓的三褶画碟，赵可怀用"双手合上画像的两扇门"的细节，当为利玛窦晚年误记。这幅"天主像覆盖着玻璃"，故与刘承范、汤显祖和李日华所见一样，是圣卢加圣母像。

1598年9月利玛窦首次进入北京，并与太监接触，试图进贡。在其晚年回忆录中，利玛窦称给太监出示的贡品包括总会长寄来的救世主像（l'ancona del Salvatore）以及一幅来自西班牙的圣母像（l'ancona della Madonna venuta di Spagna），即后面将论及的圣母、圣婴和圣约翰像，未提罩着玻璃板的圣路加圣母像。然而，根据利玛窦自己的说法，在通州港前往北京途中，来自新西班牙（有时又称为西班牙）的圣像摔裂为三段（详见后文），这种破损的画像当不会作为贡品出示给太监。因此，利玛窦晚年回忆录中所谓"来自西班牙的圣母像"，当为"来自罗马的圣母像"即圣卢加圣母像之误。值得一提的是，根据利玛窦晚年回忆录，在此期间澳门耶稣会会长李玛诺（1559—1639）给南京送来许多贡品，包括"一幅来自罗马的仿制圣玛丽亚大教堂的很大的画像，绘制精美（un imagine molto grande，della forma di S. Maria Maggiore，venuta di Roma，et assai ben pinta）"。③ 但这也当为利玛窦晚年记忆之误，因为这幅圣像即圣路加圣母像，最早由罗明坚带入广州，尔后利玛窦一直随身携带，故不会在此间从澳门寄至南京。

此次北京之行无果而终，利玛窦辗转再至南京，并于1599年5月24

---

① *Fonti Ricciane*，II，pp. 16—17.
② *Fonti Ricciane*，II，pp. 15，n. 6、7. 德礼贤称这幅画像系罗马一位杰出画像所作，这符合圣卢加圣母像的由来；但他又称这是总会长于1586年寄出，在澳门滞留一段时间后，于1597年中叶由范礼安寄到南昌，这应当是一个错误，因为圣卢加圣母像从未返回过澳，其寄出地点必为韶州。
③ *Fonti Ricciane*，II，p. 91.

日购买工部"鬼屋"而建立南京寓所,并在其中展出贡品,参观者争先恐后,人满为患。利玛窦不胜其烦,决定将两幅圣像(le due ancone)和一枚三棱镜放置在科吏祝世禄(石林)府上,而祝世禄则将圣像放置在显要之处,并按照中国的习惯焚香崇拜。其间他的一些友人得以观看圣像,而底层民众则不敢前往。① 利玛窦没有说明这两幅圣像何指,如果与北京期间给太监展示的画像相同,则为救世主像和圣母怀抱像,原因在于破损的圣母、圣婴暨圣约翰像尚未修复或正在修补之中。

事实上,南京文人所见均为圣母怀抱圣婴像,而无圣母、圣婴暨圣约翰像。徐时进《欧逻巴国记》载:"俗无儒、佛教,所崇祀为上帝。有像,描于玻璃板,宣色奇艳,如天际虹霓。国人绝贵草工,如写帝以端重,犹计寡韵不得趣,并写帝母而抱帝于衿带间,气态如生,闪闪烁烁,可爱可畏。图尺许耳,云在国,直亦十金。"② 显而易见,"帝母而抱帝于衿带间"之像,意味着这是一幅圣母怀抱圣婴像,而"描于玻璃板"的细节,则意味着这是圣卢加圣母像。关于徐时进"有像,描于玻璃板"之句,郑诚认为这可能指反转玻璃画(Reverse glass painting),即先在玻璃一面绘成图案之镜像,再自另一面透过玻璃观赏。③ 然而,"气态如生、闪闪烁烁"的三维效果,并非反转玻璃画所能达到。笔者认为,徐时进笔下的"描于玻璃版"相当于刘承范笔下的"绘在玻璃版中",其像即汤显祖的"画屏天主"或李日华的"玻璃画屏",亦即覆盖着玻璃版的圣卢加圣母像。还有一点值得讨论,即徐时进笔下的这幅画像"图尺许耳",即30厘米稍多,显然是一幅小画,而圣卢加圣母像则是一幅大画,根据罗明坚的描述,这幅圣母像高"五掌",约125厘米,属于大型画像。如果徐时进所见确实为圣卢加圣母像,那么他就记错了尺寸,此画的尺寸当为"四尺许"。当然,也有可能徐时进所记尺寸无误,他所见则非利玛窦在南京陈列的贡品,而是贡品之外的另一小幅圣母像,但既然利玛窦在南京展示的两幅圣像为贡品,故这种可能

---

① *Fonti Ricciane*, II, pp. 87—89.
② 转引汤开建《利玛窦明清中文文献资料汇释》,第12、13页。
③ 郑诚:《〈欧罗巴国记〉与〈天母歌〉——有关利玛窦的两篇明人诗文》,《澳门历史研究》2013年第12期。

性微乎其微。

在此期间，另一南京文人顾起元也看到一幅圣母怀抱圣婴像，其《客座赘语》写道："所画天主，乃一小儿，一妇人抱之，曰天母。画以铜板为桢，而涂五采于上，其貌如生，身与臂平，俨然隐起桢上，脸之凹凸处，正视与生人不殊。"① 从字面看，"画以铜板为桢"当指当时欧洲颇为流行的铜版上绘制的画像。迹象表明，这类画像在耶稣会入华早期即已传入中国。1584 年 1 月 25 日，罗明坚致总会长阿桂维瓦，请求他给在华耶稣会士寄送"自鸣钟、中国的绅士们很想要的一些铜板画，上绘精美的圣母像和救世主像（alcune imagini di rame ben pintate di Nostra Signora e del Salvatore），以及一些纸本画像（alcune imagine de carta）"。② 利玛窦在南昌期间，曾赠送给建安王一幅铜版上绘制的圣人油画像。③ 顾起元在南京所见画像，可能是这类圣母画像。但是，如前所述，利玛窦在南京展示的是准备进贡给皇帝的贡品，所以顾起元所见更可能就是圣路加圣母像，换言之，他所见与赵可怀、徐时进所见为同一画像。由于这幅画像的底部为当年广东工匠铸造的铜制框架的一部分，顾起元遂将之误为油画的底板，尽管他没有提及画像上的玻璃。

1600 年 5 月 19 日，利玛窦从南京出发二度前往北京。途径徐州时，利玛窦给当地一位大官展示了部分贡品，其中包括一幅天主像。④ 同年 7 月 3 日，利玛窦抵达临清，太监马堂将贡品搬上自己乘坐的豪华大船上，并对一幅圣路加圣母像（a imagem de Nossa Senhora de S. Lucas）

---

① 顾起元：《客座赘语》，中华书局 1997 年版，第 193 页。
② Opere storiche del P. Matteo Ricci S. I. , II, p. 421.
③ 关于这幅画像，利玛窦在当时的信函中描述有所差异。1595 年 8 月 29 日致孟三德（Duarte de Sande, 1547—1599）函中，利玛窦称他赠送给建安王一幅绘制在铜版上的圣斯特凡诺小幅油画像（huma imagenzinha de sancto Estevão, pintado de olios em cobre com muito artificio），由耶稣会副省会长从日本寄来；同年 10 月 28 日致某友函中，利玛窦称所赠为一幅圣劳伦佐油画像（un S. Lorenzo in olio）；1595 年 11 月 4 日致总会长阿桂维瓦函中，利玛窦又称所赠为"一幅制作精美的绘制在铜版上的圣劳伦佐像（un Santo Lorenzo in lamina di bronzo ben fatta）"；Matteo Ricci, Lettre, p. 261; p. 283; p. 319.
④ Relazione dell'Entrata del P. Ricci nella Corte di Pachino 1600, ARSI, Jap. Sin. 126, f. 7；根据《1601 中国年信》，利玛窦给徐州官员展示了天主像与圣母像；Da Segunda Jornada que em Mayo de Seis Sentos fizerað os nossos Padres a corte de Paquin, ARSI, Jap. Sin. 121, ff. 12—18。

表示惊叹。① 逗留天津期间，宫廷要求开列贡品清单，利玛窦所写清单上有两幅圣母大像和一幅救世主小像（due ancone grandi della Madonna et una piccolo del Salvatore），② 无疑即日后进贡的三幅圣像。1601年1月8日，利玛窦一行获准前往北京，随后进贡。关于三幅圣像进宫后的情景，利玛窦在晚年回忆录中写道："皇帝看到圣像后，惊讶地说：'这是活佛呀'，这是他们的用词，换言之则为'这是活天主呀'；他说出真相而不知之，因为他崇拜的其他神为死神。这一称谓至今用于我们的圣像，他们称展示这些圣像的神父为'展示活天主的人'。然而，皇帝如此害怕活天主，遂将两幅圣母像送给他信佛的母亲；他母亲也害怕其栩栩如生，又将它们送到内库，它们在内库保存至今，许多官员在负责内库的太监的帮助下前往观看。"③ 利玛窦的这段叙述似欠准确。根据《1601年中国年信》，皇帝对圣路加圣母像非常重视，将之与大自鸣钟放在宫中的一处重地，许多官员一睹为快，皇太后每天都到悬挂着圣母像的房间内焚香参拜。④ 1601年11月12日 Carlo Spinola 修士函称，"皇太后非常喜欢圣路加圣母像，她将此像放在客厅内，每天崇拜。"⑤ 换言之，至少在1601年，圣路加圣母像没有置于内库，而是放在皇太后的客厅里。

圣路加圣母像不久被复制，复制者为1602年8月进京的倪一诚，大约在1603年12月底之前完成复制，并于1604年圣诞节展出，所有人都为之惊讶。⑥ 1605年（3月？）利玛窦致函 Ludovico Maselli 写道："去年庆祝圣诞节时，我们在一直摆放救世主像（la imagine del Salvatore）的祭坛上，更换了一幅新的圣路加的圣母怀抱圣婴像（una imagine nova della Madonna di san Luca con il Bambino nelle braccia），由我们寓所的一个年轻

---

① *Da Segunda Jornada que em Mayo de Seis Sentos fizeraõ os nossos Padres a corte de Paquin*, ARSI, *Jap. Sin.* 121, ff. 12—18。据该年信载，马堂对圣母像感叹："噢，主啊！这里有我为您效力，我正用眼睛注视着您，您为我们打开门吧，好让神父们能走近皇帝。"此年信对此评论说："因为他是名异教徒，我不知道他的话里有多少虔敬的成分"；同上。

② *Fonti Ricciane*, II, p. 114.

③ *Fonti Ricciane*, II, p. 125.

④ ARSI, *Jap. Sin.* 121, ff. 12—18.

⑤ ARSI, *Jap. Sin.*, 36, f. 144r. 参见 *Fonti Ricciane*, II, p. 125, n. 5.

⑥ *Fonti Ricciane*, II, p. 258, n. 1.

人绘制,他在日本从 Giovan Niccolo 学习绘画,此画绘制精美……"① 这个叙述也许并不准确,因为根据熊三拔(1575—1620)的消息,北京教堂实际上有两个小堂,一堂放置救世主像,而另一堂则放置圣路加圣母像(huma imagem de Nossa Senhora de S. Lucas)。②

二 "古画":圣母、圣婴暨圣约翰像

如果说"时画"圣路加圣母像最早由罗明坚带到广州,那么"古画"圣母像则可能是由卡布拉尔赠送给肇庆的耶稣会士。利玛窦晚年回忆1586 年 7 月至 1587 年 7 月肇庆故事时写道:"一个菲律宾虔诚的神父寄来一幅圣像(un'ancona),圣母怀抱圣婴,圣约翰跪拜在一旁,它来自西班牙,极为精美,色彩和人物栩栩如生,卡布拉尔送给中国传教团。"③卡布拉尔在 1584 年底曾访问肇庆,但在其介绍此行的长函中未提圣母像,④故可判断此像到达肇庆的时间在其后,或许在 1586 年 7 月之后。罗明坚中国诗歌集中《圣图三像说观者知》云:"慈悲三像最灵通,不比人间等俗容。左是圣儿天主化,曾开天地着元功。中间圣母无交配,诞圣原前室女躬。跪下右边仙气象,长成阐教度凡蒙。"⑤ 这幅"圣图"当为卡布拉尔赠送的那幅,它包括"三像":中间是圣母,左边是圣婴("圣儿天主化"),右边则为下跪的洗礼者圣约翰("长成阐教度凡蒙")。从罗明坚中国诗集的编排看,此诗写在罗明坚绍兴之行之后,大约在1586 年下半年,与利玛窦所标时间吻合。

肇庆期间,耶稣会士似乎从未向外界展示此像,有案可稽的第一次公开展出,则是在韶州期间 1591 年春节。利玛窦在晚年回忆录中写道:

---

① Matteo Ricci, *Lettere*, p. 373.
② Sabatino De Ursis, *Mattheus Ricci S. J.*, *Relação escripta pelo seu Companneiro P. Sabationo De Ursis S. J.*, Roma 1910, p. 66.
③ *Fonti Ricciane*, I, p. 332.
④ *Opere storiche del P. Matteo Ricci S. I.*, II, pp. 427—434.
⑤ 罗明坚中国诗稿藏于同馆,ARSI, Iap. Sin. II 159;诗稿封面用拉丁文标题 "De Conversione Cuiusdam Bonzii Ex India(天竺僧谈话录)",未署作者。陈伦绪神父首先发现并研究该诗稿,见 Albert Chan, S. J. "Michele Ruggieri, S. J. (1543—1607) and his Chinese Poems", *Monumenta Serica* 41 (1993), pp. 129—176。

"在中国春节（1591年1月25日），利神父决定在寓所展示来自新西班牙的美丽的圣像（quella bella ancona che era venuta dalla Nova Spagna）在教堂公开展出数日，此前它一直摆放在内部小堂，女人和百姓无缘一见。"① 德礼贤正确指出，这幅画像即圣母圣婴暨圣约翰三人像，来自墨西哥即新西班牙，有时也被写为来自西班牙。② 如前所述，1595年春利玛窦出韶州北上时，随身携带的仅有圣卢加圣母像，而他晚年回忆说，为北京进贡之需，巡察使范礼安（1539—1606）给江西送去诸多贡品，包括来自西班牙的圣母像（la Cona della Madonna）以及一幅救世主像（altra del Salvatore）。③ 德礼贤认为这两幅圣像一直在澳门，直至1597年8月由范礼安寄到南昌。④ 此说不确，因为所谓"来自西班牙的圣母像"当即这幅圣母、圣婴暨圣约翰画像，早在十年前即进入肇庆，没有任何证据曾被送回澳门，所以其寄出地点不是澳门，而是韶州。天主像亦然。

利玛窦第一次进京时也携带了这幅来自西班牙的圣母像（l'ancona della Madonna venuta di Spagna）但途中破损；利玛窦晚年写道，此像在从通州港运往北京的陆路上，"由于搬运者的疏忽，画板裂为三块；这在我们看来它已一钱不值，但在中国却并未失去价值，因为神父们称之为古画（Pitura antica），而因为它如此断裂，中国人对它的欣赏超过一幅完整的新画。"⑤ 根据"画板裂为三块"这一细节，足以判断这幅圣像是用油彩直接画在木板上，这是当时欧洲绘画的通常做法。关于这幅圣像的内容，多数学者指为圣母、圣婴和圣约翰三人像，⑥ 但莫小也则力排众议，断言此像为圣卢加圣母像。⑦ 然而，利玛窦明确指出，这幅断裂的圣母

---

① *Fonti Ricciane*, I, p. 305. 万历十九年（1591）春节为1月25日。
② *Fonti Ricciane*, I, p. 305, n. 4.
③ *Fonti Ricciane*, II, p. 4.
④ *Fonti Ricciane*, II, p. 4, n. 5.
⑤ *Fonti Ricciane*, II, p. 29.
⑥ *Fonti Ricciane*, II, p. 4, n. 5. 在另一处，德礼贤笼统地说这是一幅古代绘画的复制品，*Fonti Ricciane*, II, p. 29, n. 8. 宋黎明：《神父的新装：利玛窦在中国（1582—1610）》，南京大学出版社2011年版，第223—225页。郑诚：《〈欧罗巴国记〉与〈天母歌〉——有关利玛窦的两篇明人诗文》，《澳门历史研究》2013年第12期。
⑦ 莫小也：《17—18世纪传教士与西画东渐》，中国美术学院出版社2002年版，第55—57页。

像来自西班牙，圣母、圣婴暨圣约翰像便是来自西班牙或新西班牙，而圣卢加圣母像则来自罗马；另外，因为画板裂为三段，而其余无损，说明此幅圣母像上未覆盖玻璃，否则在画板断裂的情况下，玻璃将成碎片而无法修复，而根据现有资料，唯一覆盖玻璃的圣像是圣卢加圣母像。最后，圣母、圣婴暨圣约翰画像在贡品清单上被写为"古画"，与利玛窦的描述一致。因此，这幅断裂的画像必为圣母、圣婴和圣约翰三人像。

因为这一意外事故，利玛窦第一次进京时没有给太监出示这幅画像，尔后在南京逗留期间，这幅画像也深藏不露。究其原因，修复这幅油画，需要专业人才，利玛窦本人不能胜任，中国的普通画像也无从下手。鉴于利玛窦1600年第二次进京时携带了这幅画像，而且同行者有曾在日本学习绘画的游文辉，据此可以猜测这幅画的修复工作出自这位年轻的修士之手，而且在1600年5月进京之前完成了修复。游文辉在修复这幅绘画时，可能临摹了一个摹本。利玛窦在晚年回忆说，他在济宁时拜见漕运总督刘东星，"总督夫人称梦中见其神即一佛像，身边有两个孩子；她听其丈夫说起在我们船上所见圣母、圣婴以及施洗者圣约翰的圣象后，觉得自己的梦隐含着某种神秘；她想让本城的一位画师临摹画像，但神父们觉得本城画师不能临摹得惟妙惟肖，特别是他们不能在此停留，于是送给她一幅由我们家中一位年轻人绘制的非常漂亮的画像。总督对此非常满意，再三感激神父们，并声称他们将在家中敬奉此像。"①

如前所述，这幅圣母像与圣路加圣母像以及天主像被写入贡品清单，最后进贡入宫，似乎直接进入内库。刘戡之在内库亲眼见到这幅画像，并赋诗记之，其《天母歌 有引》写道："戡一日供事内庭，伏睹御监，观天母像，生灭起伏，丹青绝伦，中国无有也。遂问其旨，盖谓俗以天为宗，以天母为祀，故多像云。乃作歌曰：'……更有天母像偏妍，偶从大内窥其全。樱红梅绿绣且缘，衣从左衽色姥姥。婴儿大小环周旋，四顾精光射两颧。盱横愈远神愈骞，飘如宛转落花钿。双手合掌高于拳，迎人当面身常先。彩笔描写呈奇权，夺尽鬼工擅自专。闻言天母殊不然，

---

① *Fonti Ricciane*, II, p. 105.

中国奉之称胡袄。'"① 毫无疑问，刘㦬之所见当为"古画"圣母像，画像上除了圣母，还有圣婴和圣约翰。在传统的三人圣像中，圣约翰有时被绘为成年人，有时则为婴儿，而这幅圣像则为婴儿，所谓"婴儿大小环周旋"。在现存圣母、圣婴和下跪的小圣约翰的画像中，最可能的母本是 Correggio 所作《圣母与圣婴暨圣约翰》，此像完成于 1513—1514 年间，现藏于芝加哥美术馆，其中圣母右边怀抱圣婴，圣约翰跪在左边。

与圣卢加圣母像一样，这幅画像在进贡后也有其复制品并且在北京教堂展示。1605 年 7 月 26 日利玛窦致函总会长阿桂维瓦，称在圣约翰节日的第八天（7 月 1 日），在祭坛上安放了一幅圣母和圣婴在一边，洗礼者圣约翰在另一边的圣像，大而美丽。开封犹太人艾田看到此像，以为这两个小孩为雅各（Jacob）和艾萨克（Esau），故一反不拜偶像的习惯，在此崇拜其想象中的祖先。② 这个细节表明，这幅画像上圣约翰不是成年，而是小孩，如同刘㦬之在内库所见画像。值得一提的是，这种画像也曾流入民间，例如龙华民（1565—1655）就在韶州一人家看到有一幅美丽的圣像，圣母的一旁是圣婴，另一旁是下跪礼拜的洗礼者圣约翰。③

三 "时画"：天主像

除了两幅圣母像，利玛窦进贡的另外一幅则为救世主像，也是最小的一幅圣像，其作者当为擅长绘画的耶稣会士 Giovanni Nicolao（1560—1626），1582 年 8 月 7 日与巴范济和利玛窦等一同从果阿坐船到达澳门，次年前往日本，并在那里建立耶稣会绘画学校；在澳门期间，他绘制了一幅救世主像，1583 年 2 月 18 日巴范济曾在一封书信中为肇庆索要 Nicolao 绘制的救世主像（la imagen del Salvatore）。④ 根据利玛窦晚年回忆，副省会长克埃略（1529—1590）从日本给肇庆神父们寄来一幅非常漂亮的救世主大像（una' Cona grande del Salvatore），制作者即 Giovanni

---

① 刘㦬之：《竹林园纪行.浮云篇》，日本内阁文库藏万历刊本，叶 14b。转引自汤开建《利玛窦明清中文文献资料汇编》，第 418 页。
② Matteo Ricci, *Lettere*, p. 413；参见 *Fonti Ricciane*, II, p. 317.
③ *Fonti Ricciane*, II, p. 330.
④ *Fonti Ricciane*, I, p. 231, n. 3.

Nicolao。① 这是目前唯一有案可稽的在 16 世纪下半叶进入中国的救世主像，当为 1601 年利玛窦进贡之像。由于进贡之救世主像为一小像，故利玛窦此处所写"大像"当为"小像"之误。

肇庆仙花寺的祭坛上，原先悬挂的是圣卢加圣母像，而根据利玛窦晚年回忆录，圣卢加圣母像不久之后被救世主像取而代之。利玛窦写道，"确实，不久之后，在安置圣母像的地方，神父们摆上了另外一幅救世主像"，因为神父们说只崇奉一位唯一的天主，而祭坛上摆放的却是圣母像，在不能很快解释天主降生奥秘的情况下，中国人有点混乱，许多人在其他地方传说，我们崇奉的天主是个女人。"② 根据利玛窦的这一说法，至少在肇庆期间，圣母堂祭坛上悬挂的圣母像如昙花一现，不久便被一幅天主像取而代之，而耶稣会士这样做的动机是担心中国人误将圣母当作天主。学界普遍认可利玛窦这一论断，③ 但其实大有疑问。

根据 1589 年 9 月 28 日孟三德致总会长阿桂维瓦函，两广总督刘节斋从梧州迁移到肇庆后，曾与察院一同参观仙花寺，除了三棱镜和自鸣钟等舶来品，他们还看到了"一幅绘制精美的圣母像"。④ 因此，如果确如利玛窦所说，仙花寺曾经用救世主像更换过圣母像，那么后来则如孟三德所写，仙花寺复用圣母像更换了救世主像。仙花寺是奉献给圣母的小堂，悬挂圣母像名正言顺。问题是，为什么仙花寺一度悬挂救世主像？笔者猜测，原因可能在于圣卢加圣母像在某个时期曾离开肇庆。1585 年底罗明坚与麦安东前往绍兴，试图开辟耶稣会在华第二寓所及教堂；绍兴逗留期间，为了争取绍兴知府萧良干的支持，罗明坚设法通过祈祷而让无子的知府传其香火；根据罗明坚的记载，萧良干及其妻子在他带去

---

① *Fonti Ricciane*, I, p. 231.
② *Fonti Ricciane*, I, p. 194. See also, Daniello Bartolli, *op. cit.*, pp. 387—388.
③ Daniello Bartoli, *op. cit.*, pp. 387—388; Xiaobai Chu［褚潇白］, "The images of Jesus in the emergence of Christian spirituality in Ming and Qing China", in *Religions*, vol. 7, issue 3（March 2016）, 32, pp. 1—11. 陈慧宏：《两幅耶稣会士的圣母圣像——兼论明末天主教的"宗教"》，《台大历史学报》2017 年第 59 期，第 84—85 页。
④ *Lettere Del Giapone, Et Della Cina De Gl'Anni M. D. LXXXIX & M. D. XC: Scritte al R. P. Generale della Compagnia di Giesv*, Venetia, Ciotti, 1592, p. 205.

的圣母像（all'imagine che portava della Madonna）前面跪拜并祈祷。① 从广州到肇庆，罗明坚与圣卢加圣母像形影不离，他去绍兴应该也携带此像，为此肇庆仙花寺祭坛留下了一个空白。作为圣母堂，填补空白的当为另一圣母像，但圣母、圣婴暨圣约翰像当时可能尚未到达肇庆，故只能在祭坛上悬挂一幅天主像。1686 年夏罗明坚从绍兴返回肇庆，同时带回圣卢加圣母像，在这个时候或者稍后，这幅圣母像应回到了原先的位置。

因此，仙花寺以救世主像取代圣母像，乃是一种短期行为或权宜之计，而利玛窦的相关叙述之所以给人一种永久更换的印象，是因为他声称这样做的目的是避免国人将天主视为一个女人的误解或错觉。如果利玛窦所说的理由能够成立，那么传教士应该隐藏圣母像而只展示救世主像。但事实恰恰相反，无论在肇庆还是在韶州、南昌、南京和北京，耶稣会士在教堂或寓所展示的多为圣母像，赠送给国人的则一概为圣母像。② 在这种情况下，天主被当作一个女人，在所难免。1585 年底为了获准前往绍兴，罗明坚赠送给肇庆知府郑一麟一幅圣母像，郑一麟将圣母像捧在手里，讯问如何伺奉这位娘娘。③ 因此，中文文献称圣母怀抱圣婴像为天主像的例子，比比皆是。谢肇淛《五杂俎》："其天主像乃一女身，形状甚异，若古所称人首龙身者。"④ 姜绍书《无声诗史》："利玛窦携来西域天主像，乃女人抱一婴儿，眉目衣纹，如明镜涵影"。⑤ 如此等等，不一而足。

根据利玛窦 1589 年 9 月 9 日致范礼安函，他从肇庆前往韶州时携带

---

① Michele Ruggieri, *Relatione*, f. 48v. 参见宋黎明：《罗明坚绍兴之行始末》，载《澳门理工学报》2016 年第 4 期。

② 根据孟三德的消息，1589 年利玛窦离开肇庆时，赠送给当地天主教徒一幅天主像（una imagine del Salvatore）；*Lettere Del Giapone, Et Della Cina De Gl'Anni M. D. LXXXIX & M. D. XC: Scritte al R. P. Generale della Compagnia di Giesv*, p. 211. 鉴于天主像经常混同于圣母像，而且耶稣会士在此期间赠送的均为圣母像，所以此处天主像也有可能为圣母像。

③ *Opere storiche del P. Matteo Ricci S. I.*, II, p. 444. 意大利文 Signora 通常译为"太太""女士"或"夫人"；此处译为"娘娘"，因为圣母当时又称"圣母娘娘"，见龙华民 1598 年 11 月 4 日书信中的拼音 Ximmu nian nian, *Opere storiche del P. Matteo Ricci S. I.*, II, p. 475。

④ 谢肇淛：《五杂俎》，上海古籍出版社 2012 年版，第 76 页。

⑤ 姜绍书：《无声诗史》，卷 7，《西域画》，上海人民美术出版社 1963 年版，第 133 页。

了祭坛以及天主像，① 此处不能确知其所指为救世主像还是圣母像，根据常识判断，利玛窦当将两幅圣母像和一幅救世主像一并带到韶州。暂住韶州光孝寺期间，利玛窦在1589年9月9日致范礼安函中写道："为了展示一些重要和有益的东西，他在借住的房间里设立了一个祭坛，并在上面放置了绘制精美的救世主像（o Salvador），救世主一手做祈祷状，另一手则持有地球。② 根据这幅画像中人物的手势，可以判断这是一幅耶稣像，而且类似于最近被拍卖出4亿5千万美元天价的达芬奇的《救世主像》（Salvator Mundi），因为在这幅画像中，耶稣右手举起，若有所指，左手则持一水晶球。这是欧洲流行的一种耶稣像，传入中国的救世主像即以此为范本。大约在1597年8月，这幅救世主像和圣母、圣婴暨圣约翰像从韶州来到南昌，以为进贡之用。如前所述，救世主像陪伴利玛窦第一次进京，然后返回南京并第二次进京，尔后成为贡品。据说万历皇帝将救世主小像放在自己的房间，烧香敬奉，但不知此事是否属实。③

迹象表明，日后在北京教堂一个小堂中悬挂的救世主像，系依据进贡之像绘制而成，因为在这幅画像上，耶稣手中持有一球，与达芬奇《救世主像》类似。刘侗、于奕正《帝京景物略》载："此邸邸左建天主堂，堂制狭长，上如覆幔，傍绮疏，藻绘诡异，其国藻也。供耶稣像其上，画像也，望之如塑，貌三十许人，左手把浑天图，右叉指若方论说次，指所说者。须眉竖者如怒，扬者如喜，耳隆其轮，鼻隆其准，目容有瞩，口容有声，中国画绘事所不及。所具香灯盖帏，修洁异状。右圣母堂，母貌少女，手一儿，耶稣也。衣非缝制，自顶被体，供具如左。"④ 花村看行侍者《谈往》所记基本相同，惟"浑天图"写为"浑天仪"。⑤ 杨光先所见大同小异："明万历中，西洋人利玛窦与其徒汤若望、罗雅谷，奉其所谓天主教以来中国。其所事天主，名曰耶稣，手持一圆象。

① Matteo Ricci, *Lettere*, p. 130.
② Matteo Ricci, *Lettere*, pp. 145—146.
③ *Fonti Ricciane*, II, p. 126.
④ 刘侗、于奕正：《帝京景物略》，北京古籍出版社1982年版，第152页。
⑤ 花村看行侍者：《谈往．西洋来宾》，《四库全书存目丛书》，史部第55册，第667页。参见毛奇龄《西河集．西教入中国录》，《文津阁四库全书》，集部第441册，商务印书馆2005年版，第177页。

问为何物，则曰天。问天何以持于耶稣之手，则曰天不能自成其为天，如万有之不能自成其为万有，必有造之者而后成。"① 李楷《西学》诗句"昂鼻黄发称天主，谓天如器主可举"②，所咏也是这类救世主像。值得一提的是，利玛窦墓地小堂的救世主像也是同类，如陆宝《利玛窦坟上观天主像》所写："不传番语但传神，深目拳毛毕肖真。十二学徒长跪后，更持天象示何人。"③ 上述中文文献均将耶稣手持之球释为天球或浑天仪之类，而杨廷筠则视之为天地之球："西国奉事天主者，无不虔奉圣母，藉之转求，故所绘圣像，有天主手抚天地者，有玛利亚手捧耶稣者"。④ 杨廷筠所说二像，当为北京教堂两个小堂分别悬挂的救世主像与圣卢加圣母像。

四　余论：在华耶稣会士偏爱圣母像

综上所述，1601年利玛窦进贡了三幅圣像，两幅为圣母像，一幅为救世主像。其中最大的圣母像为圣卢加圣母像，画面为圣母怀抱圣婴，复制于罗马圣母玛丽亚大教堂的画像；罗明坚首次将之携入广州，由广州一匠人为之配置了一个铜框架，上面覆盖着玻璃；罗明坚两次进入肇庆均携带此像，后置于肇庆圣母小堂仙花寺中；1585年至1586年绍兴之行中，此像也可能被罗明坚随身携带，仙花寺因而临时悬挂救世主像。圣卢加圣母像也是利玛窦的最爱，1595年春出韶州时仅携带此像，直至1601年进贡；刘承范和汤显祖在韶州，李日华在南昌，徐时进和顾起元在南京，均亲眼看到此像并留下记录。次大的圣母像类似Correggio的《圣母与圣婴暨圣约翰》，大约在1586年6月之后由卡布拉尔送给中国传教团，并在1597年8月从韶州至南昌，以为进贡之用；刘戡之在皇宫内

---

① 杨光先等：《不得已（附二种）》，黄山书社2000年版，第16—17页。
② 李楷：《河滨诗选》，卷3，《西学》，《清代诗文集汇编》，第34册，第423页。转引汤开建：《利玛窦明清中文文献资料汇编》，第429页。
③ 陆宝：《陆敬身集》之《辟尘集》卷2，《利玛窦坟上观天主像》，南京图书馆藏崇祯刻本，第8叶a。转引自汤开建：《利玛窦明清中文文献资料汇编》，第428页。
④ 杨廷筠：《天释明辨》，载吴相湘编《天主教东传文献续编》，台湾学生书局1966年版，第1册，第284—285页。

库曾见此像并赋诗咏之。最小的天主像类似于达芬奇《救世主像》，画面为耶稣手托一球；它在肇庆仙花寺一度取代圣母像，并且在韶州教堂曾经展示，并于 1597 年 8 月与圣母、圣婴暨圣约翰像一同至南昌，后来与其他两幅圣母像一同进贡。在 1606 年北京教堂建立并悬挂此像的复制品之前，中国文人对它没有任何记载。另外，包括利玛窦在内对耶稣会士赠送给国人的圣像，均为圣母像而无救世主像。因此，可以说耶稣会士偏爱圣母像。

耶稣会士对圣母像情有独钟，当然这与耶稣会的传统有关。耶稣会创始人罗耀拉（1491—1556）最有名的一次或在 1537 年之后，罗耀拉与其同伴取消耶路撒冷之旅而前往罗马，在罗马郊区 La Storta 小教堂的祷告及神视。耶稣会早期于罗马发展的中心地，即为一个奉献给圣母、名为 Santa Maria della Strada 的小教堂。① 一些耶稣会士入会，直接起源于圣母的召唤。例如，利玛窦在韶州的同伴石方西（1562—1593）某日听到一个声音对他说："加入我儿子的修会吧，并坚守这个天职"；他转过头去，在声源之处看到一幅圣母画像，于是欣然入会。② 也是因为这个原因，罗明坚在广州建立的小堂以及肇庆教堂，均为圣母堂。

然而，对于在华耶稣会士而言，圣母像具有特别的意义，因为圣母近似于中国的观世音，这连耶稣会士也未能免俗。罗明坚追忆 1587 年初他和麦安东（1557—1591）在一个佛寺赴宴的情景时写道："神父们在这里也看到魔鬼如何做天主圣教的仪式，以致罗明坚神父的同伴麦安东神父轻易地受骗上当，将一个脚下有龙和月亮的女人画像误以为圣母像，因为那座寺庙里悬挂着许多书写着奇迹的匾额，以及用蜡、银和金制作的眼和足等物品，一如我们欧洲著名的圣母堂。"③ 一个耶稣会士会将观音误为圣母，反过来中国人也会将圣母误为观音。这种误解给予耶稣会士可乘之机，在他们大肆宣扬祈祷生子时，实际上暗示圣母为送子观音。

耶稣会士为国人祈祷生子的尝试始于肇庆。罗明坚和利玛窦定居肇

---

① 陈慧宏，前揭文，第 54—55 页。
② *Fonti Ricciane*, I, p. 329.
③ Michele Ruggieri, *Relatione*, ff. 45—45v.

庆之初，时任知府的王泮有一妻二妾，但三十三年无子，后因耶稣会士的祈祷而接连生子。① 1586 年 10 月 29 日利玛窦致 Ludovico Maselli 函中写道，王泮要求神父们对天主多加祈祷，并对神父们赠送的一幅圣母像非常崇拜，当年终于有了儿子。"为此，肇庆城传言，我们天主给王泮生了儿子。许多没有生育的妇女去一个教徒家中，对我们送给他的一个圣母像礼拜并祈求生子，还要给他钱财。"② 罗明坚在绍兴期间，恰好知府萧良干无子，多次请求罗明坚到他的官邸，在罗明坚带来的圣母像前点燃蜡烛并下跪，并聆听祈祷词，后来其妻果然有孕；萧良干大喜过望，公开对天主谢恩，并希望罗明坚留在绍兴，由他筹资建造寓所和教堂。③ 利玛窦本人也是为人祈祷生子的身体力行者，艾儒略《大西西泰利先生行迹》载，肇庆期间"有居官梁姓者，过壮无子；利子命入圣堂，代为祈求；连举二子，遂并二子奉教焉。"而在韶州期间，瞿太素年逾四十无子，遂请求利玛窦祈求大主，"利子因代为密祷，是年即生一男，今名式榖者是也。"④ 龙华民也有类似的经历：1599 年至 1603 年间某日，韶州一教徒对龙华民说，他已经将家中所有偶像去除，但其妻坚持不去观音像，据说她是中国皇帝的女儿，未婚，妇女总是在分娩时求她；他的妻子即将分娩，而又总不顺产，所以不要放弃其救星。龙华民告诉他观音无助，而应求助圣母，圣母产其子耶稣时没有任何痛苦。龙华民给他一幅圣母像，并要求此人教其妻每天诵读七遍《天主经》和《圣母经》。其妻依从，果然非常顺利地生出一个儿子，恰在献圣母瞻礼之日，即 11 月 21 日。为此，此人全家皈依天主教，并且非常崇拜圣母。⑤

《圣经·新约》记载了不少耶稣创造的奇迹，一些早期在华耶稣会士似乎相信或者希望别人相信他们也有能力创造奇迹，祈祷生子便是一例。对于耶稣会士而言，这是结交官员从而获得保护的有效手段，也是吸引

---

① Michele Ruggieri, *Relatione*, ff. 30—30v;
② Matteo Ricci, *Lettere*, p. 123.
③ ARSI, *Jap. Sin.*, 101 I, ff. 94—94v.
④ 艾儒略:《大西西泰利先生行迹》, ARSI, *Jap. Sin.*, III, 23.3, f.44v. 参见张维枢《大西利西泰子传》, ARSI, *Jap. Sin.*, III, 23.3, f.37。
⑤ *Fonti Ricciane*, II, pp. 200—201. 此外，利玛窦还记录了一些圣母为国人治病的故事，参见 *Lettere*, p. 375; *Fonti Ricciane*, II, p. 349。

某种接近乃至皈依天主教的重要途径，而对于国人而言，仅仅通过对圣母像进行祈祷，即便不皈依天主教也可解决生育难题，自然求之不得。因此，圣母怀抱圣婴像混同于送子观音，某种意义上是传教士与被传教者的默契或合谋，而由于圣母像的显赫地位，天主遂在很多情况下被国人当作一个女人。毫无疑问，这是一种误解，但很大程度上是出于包括利玛窦在内的耶稣会士的误导。利玛窦所谓因担心这种误解而在肇庆更换圣像之说，殊不可信。

奠基:利玛窦墓园的前十年
(1610—1620)

刘 耿

内容摘要：利玛窦墓园是象征明末清初中西文化交流、文明互鉴盛事的地标性建筑。墓园初期的历史至今仍较模糊。本书利用《熊三拔日记》、传教士间的通信、年信等西文史料，结合中文档案，叙述墓园中最初十年的活动，并阐释这些活动对"文化适应策略"在利玛窦去世后的继承之意义，同时，对于《泰西水法》的成书过程及天主教传入中国宫廷的早期尝试等科技史、传教史问题的研究也有补益。

关键词：利玛窦墓园；文化适应策略；熊三拔日记

1610年5月11日，[①] 周二，傍晚七时，耶稣会中国传教区负责人利玛窦在北京病逝。遗体在住院停放三日后，入殓，移入教堂，举行天主教的弥撒和其他告慰亡灵的仪式。然后，按照中国习俗，移至客厅，停在东（tūm）门，接受世俗友人吊唁。庞迪我、熊三拔二位神父守在灵前，接待来宾，可是，他们终有一事萦绕心中：利玛窦的葬地还没着落。利玛窦生前的最后几年，一直都在张罗自己的葬身之地，有一次他在郊外看中的一块墓地几近成交，但是，卖主又反悔了。按照会中惯例，

[①] 本书所注日期为公历，因为本书撰写所据以西文史料为主，所引用中文史籍中的日期亦换算为公历。

入华传教士死后都葬于澳门神学院茔地。根据利玛窦在中华大地的声誉，似乎应该享有殊遇，而非埋葬在距离帝国权力中心2000多公里外的弹丸之地，泯然于众会士。

一名杭州（Hâm Cheu）的 Fuèn 姓教徒①建议庞迪我，向万历皇帝为利玛窦申请墓地。熊三拔认为这是个好主意，因为除了为利玛窦造墓外，还能趁机再建一座教堂。熊三拔对未来墓园的期许太保守了。墓园的附加值在一代又一代传教士的努力中不断垒叠，成为天主教中国福传事业地理上、心理上、法理上的一块基石，迄今仍是天主教第三次入华最重要的象征物之一。墓园中前十年的工作之于奠基尤为重要，在这段时间中，除了墓园形制上的逐步完备，传教士们还在"后利玛窦时代"传教策略的大方向选择上逐渐取得一致，并成功接受了南京教案的一次压力测试，反思整固。其中，对于文化"适应政策"这一传教策略的再确认是最重要的。

沙勿略—范礼安—罗明坚—利玛窦一脉相承的适应政策随着利玛窦的病故面临着人亡政息的局面。新任中国传教团负责人龙华民作为利玛窦职位上的继承人，通常被认为不打算执行利玛窦的路线，在教团内挑起礼仪之争，其余各传教士，尤其是北京的庞迪我、熊三拔也都在礼仪之争这个大议题下的不同子议题中各执一端，②呈现出难以一刀切的复杂立场。总体来说，适应策略最主要的继承者是庞迪我（他在利玛窦身边的工作时间最长，对利玛窦的传教策略了解最为详尽），最主要的批评者是龙华民、熊三拔，王丰肃则在部分观点上与庞迪我一致。他们的实际表现将在下文中展示。本书通过叙述墓园里最初十年的主要活动，展示

---

① 有学者认为此人是孙元化，参见张铠《庞迪我与中国》，大象出版社2009年版，第197页。但有三点存疑：1，关于此人姓氏，两个抄本，一抄作 fuèn（BAJA, 49–v–5, fl. 85v.），一抄作 juen（BAJA, 49–v–7, fl. 17.），都不是孙，当然，有可能都抄错了，应该为 suen（孙），在手稿中，s 与 f 抄混的情况不少见；2，孙元化的籍贯是上海，不是杭州；3，孙元化是1621年入教，这个提议者在1610年时已是教徒。

② 1610年时，中国共8名传教士，庞迪我、熊三拔在北京，王丰肃（Alvaro de Semedo, 1585—1658，1620年从澳门重返中国内地后改名为曾德昭）在南京，罗如望（João da Rocha, 1566—1623）在南昌，费奇观（Gaspard Ferreira, 1571—1649）在韶州，郭居静（Lazarro Cattaneo, 1560—1640）在上海，黎宁石（Pedro Ribeiro, 1572—1640）在杭州，龙华民将从韶州往北京。

利玛窦生前确立的适应政策,在其身后是怎样在曲折中扬弃,以及对新传教策略的集体态度是如何形成的。当然,中国传教策略是一个"面"上的问题,在各传教住院,甚至在中日传教区之间及耶稣会罗马总部都有体现,但是,利玛窦墓园毫无疑问是最有象征意义的"点"之一,除了适应政策在中国最早的践行者利玛窦长眠于此,还因为在这个"10 年×20 亩地"的时空内,持不同立场的教内外各派会聚于此,展开交锋。这是本文期望达成的目标之一。

本文期望达成的目标之二:借助西文史料复原、丰富中文档案未载或载之不详的利玛窦墓园最初十年的历史,尤其是将墓园形成过程中的一些关键时间节点精确到月、日,以增补墓园之史志。目前,已知对墓园初创史记载最翔实的作者是金尼阁(1577—1628),他将此部分内容附在利玛窦所著"中国札记"之后,于 1615 年秋在欧洲出版。① 但金尼阁的记叙主要集中在"拿地"的过程,因为 1612 年 8 月,他便以中国传教团采办员(procurador)的身份前往罗马汇报教务,对墓园的后续建设、园中活动并不了解。对金尼阁的相关记叙,本文采取彼详此略、彼略此详的处理方式,不一致处,则用脚注标出。

本文所用史料以里斯本阿儒达图书馆(Biblioteca da Ajuda,简为 BA)所藏"耶稣会士在亚洲"(Jesuítas na Ásia,简为 JA)系列文献,耶稣会罗马档案馆(Archivum Romanum Societatis Iesu,简为 ARSI)所藏"和—汉"系列文献中,1610—1620 年相关的教会内部通信、年度教务报告、日记等手稿为主,其中,较重要的有《熊

---

① 利玛窦手稿原名《耶稣会与天主教进入中国史》(*Della entrata della Compagnia di Giesù e Christianità nella Cina*),金尼阁的整理本出版时定名为《耶稣会进行基督教在中国的远征/自同会利玛窦神父的五卷本回忆录/致教宗保禄五世/中国的风俗、礼法、制度和新开端/最准确、最忠实地描述传教事业极为艰难的初始阶段》(*De Christiana Expeditione apud Sinas suscepta ab Societate Iesu. Ex P. Matthaei Ricij eiusdem Societatis Commentarjis. Libri V. Ad S. D. N. Paulum V. In quibus Sinensis Regni mores leges atque instituta & nova illius. Ecclesiae difficillima primordia accurate et summa fide describuntur.*) 目前,该著作有三个中文译本:[意]利玛窦原著、[比]金尼阁整理:《利玛窦中国札记》,何高济、王遵仲、李申译,中华书局 2010 年版;[意]利玛窦:《中国传教史》,刘俊余、王玉川译,光启出版社、辅仁大学出版社联合出版 1986 年版;[意]利玛窦著:《耶稣会与天主教进入中国史》,文铮译、梅欧金校,商务印书馆 2014 年版。

三拔日记》、① 王丰肃关于南京教案的报告、② 年信等。《熊三拔日记》逐月甚至逐日记载了 1600—1606 年发生在墓园中的日常活动,且是亲身经历,对研究墓园初期的历史非常重要,其涵盖的 7 年中,墓园中最主要的三项活动是园区建设、制造水器和撰写《泰西水法》、与太监的交往。以下将详述各项活动中折射出的适应政策与礼仪之争。

一　上层路线(1610—1611)

庞迪我 1600 年在南京与利玛窦会合后北上,一直在北京住院中工作,是利玛窦去世时,北京上层社会中最受认可的耶稣会士,同时,北京住院中有庞迪我主外、熊三拔主内的分工,由庞迪我出面协调墓地,责无旁贷。完成这项开先河的任务,难度不亚于利玛窦当年为留京所做的努力。好在庞迪我不是初抵北京时的举目无朋,利玛窦遗产中一个重要部分就是其精心经营多年的关系网,其中,载入史册的学者官员有 130 余人。③ 凡是与利玛窦交往密切的友教官员,一般也与庞迪我相熟悉。墓地申请计划既是对人脉积累的一次大检阅,又是对其的巩固和新拓展,更

---

①　本书所用《熊三拔日记》是里斯本阿儒达图书馆所藏 18 世纪手抄本,分布于 Biblioteca da Ajuda, Jesuítas na Ásia (以下简为 BAJA), 49—v—5, fls. 85—89v., 122—125v., 139v. —145, 148v. —149, 154v., 173v. —174v. 《熊三拔日记》之名是本书作者所加,抄本中未注明作者,但很容易推断出作者是熊三拔,因为作者在行文中使用第一人称,在排除了"我"提到的其他同时在京的传教士姓名后,只剩下"熊三拔"一个可能性。荣振华将这批材料作为"传教纪要"(pontos)处理(参见 JOSEPH DEHERGNE, S. I.. Les Lettres Annuelles des Missions Jésuites de Chine au Temps des Ming, pp. 1581—1644 (J), Archivum historicum Societatis Iesu, 49 (1980): pp. 384—385)。"传教纪要"是由中国传教区各住院上报给传教区负责人的年度教务报告,在传教区负责人处汇总后用以编撰该年度的中国传教区年信。《熊三拔日记》与"传教纪要"存在两点不同:1,从内容上,《日记》记载了许多不宜公开的耶稣会内部事务,甚至内部矛盾,"传教纪要"以"有教育意义的事例"为主,用以宣传教会工作业绩等,对比对应年份的年信与《日记》,可以发现年信对《日记》的引用很少;2,从形式上,《日记》中将日期精确到月日的按照时序记录,与"传教纪要"不同,后者并不要求这么精确,常以某日、某人代替。另外,《日记》中大量使用汉语句子(以拉丁字母注音,并非汉字),看起来并不打算给不懂汉语的读者阅读,只要作者自己明白就可以了。这两项都是"日记"的特征。

②　该报告藏于耶稣会罗马档案馆(Archivum Romanum Societatis Iesu,以下简为 ARSI)和汉系列手稿(Jap—Sin,以下简为 JS) fls. 1,第 126 页。

③　林金水:《利玛窦交游人物表》,载《中外关系史论丛第 1 辑》,世界知识出版社 1985 版,第 117—143 页。

重要的，是在这场以墓地申请为由头的大规模社交中，利玛窦的适应政策获得了新实践，包括向上层社会传播福音，以科技、著书为手段的宣教等。

1610年5月18日，利玛窦的"头七"刚结束，庞迪我将"本"（puen）进呈万历皇帝，李之藻为修改、润色出了很大的力，在进呈前，还请朝中几名重要人物先行过目，包括叶向高（Ye Hiam Cao）、李廷机二位阁老。从递上奏本的那一刻起，以庞迪我为首的传教士们就开启了曲折而漫长的公关之路，关系网络推进到了哪里，传教士就带着礼物送到哪里。22日，奏本批复给"户部知道"（hú pú chi tāo）。神父们要攻克的第一个难题出现了，他们在户部没朋友，希望将案子转到礼部。御史孙玮再次帮忙，完成转介，此前，正是在孙玮的关照之下，庞迪我的奏疏在进呈当日就交给了皇帝。于是，庞迪我带上神父们的中文著作和《坤舆万国全图》去拜访礼部的两位经办人，其中一位是礼部主客清吏司郎中林茂槐，叶提前为神父做了疏通，林愉快地答应助力此事。与此同时，李之藻亲自出面拜会了礼部右侍郎吴道南，详细介绍利玛窦的功绩。6月14日，吴道南、林茂槐、主客清吏司员外郎洪世俊、主事韩万象四人联署上奏，作出十分有利于传教士的陈述。在此之前，礼部在翰林院中做了咨询，查看是否有为"进贡"（cín cūm）之人批墓地的先例，在查无前例的情况下，吴道南为争论一锤定音，请求"赐给葬地，以广圣泽"，这样，除了彰显皇帝隆恩，传教士用中文著书，也有利于中国，同时，健在神父可以"就近居住，恪守教规，祝天颂圣"。[①] 7月16日，皇帝准奏，"赐西洋国故陪臣利玛窦空闲地亩埋葬。"[②]

围绕圣旨落实，传教士展开新一轮的公关活动。礼部责成"顺天府衙门"（yâ muên do xúm tiēn fu）为墓地选址，顺天府丞黄吉士（Huām

---

[①] 该礼部奏疏所列举的请赐葬地理由与熊三拔所列完全对应，既证明了《熊三拔日记》的可信度，又说明礼部在上疏前与传教士进行了充分的协商。汉文记载参见韩琦、吴旻校注《熙朝崇正集熙朝定案（外三种）》，卷二《礼部题准利玛窦御葬疏》，中华书局2006年版，第22—23页。熊三拔的相关记录，参见 SABATINO DE URSIS, *Lembrança do principio e mais couzas que pertencem a Varela que el Rey da China deo aos Padres da Companhia para sepultura do Padre Matheos Riccio hum dos primeiros padres que entrou na China*, BAJA, 49—v—5, fl. 85v.

[②] 顾秉谦等纂修：《明实录》（62），《神宗实录卷四百七十》，中央研究院历史语言研究所1962年版，第8884页。

Kiê Sú）又委托给宛平、大兴二县知县，知县又转交给"里长"（Lì Chăm）。庞迪我带上一块同时刻有日晷、月图、星图的象牙登门拜谒叶向高以致谢，并借机为推进下一步而请叶阁老关照黄吉士。同时，庞迪我还携礼面谢吴道南，吴道南也答应向"同年"黄吉士打招呼。做完这些铺垫工作，庞迪我才去直接拜会黄吉士。黄吉士感觉到神父背后不一般的力量，第二天就安排上述知县尽快找地，然后向他禀报。自然，庞神父紧接着拜访了这两位知县。两名熟悉行政运作的教友李路加（Li Lucas）、①斐里伯（Guâm Felipe）具体参与了大量选址工作，过目许多旧庙。10月初时，知县、里长来请庞迪我、熊三拔去看平则门（pîm cî muên）外的5处备选，神父选中"善教寺"（xén kiáo sú），② 即太监杨某（Yâm Yù）③ 的乡墅。

在接下来的产权移交中，仍然有许多阻碍要克服。有经手官员想从过户中捞一笔，被黄吉士化解。在办理免税手续时，前期被怠慢的户部不愿配合，庞迪我便去拜访户部尚书赵世卿，并请另外一名户部友人从中说项，事成之后，为赵送去一件欧洲礼品。杨太监的亲戚先后怂恿两名道吏（tâo ly）和司礼监（xū li kiēn）太监致信黄吉士，均被黄以皇命为由挡了回来。一波又一波小太监的上门骚扰，给园子的新主人带来面对面斗争的烦恼。10月19日，钟鸣礼（1581—?）修士、李路加和几名仆人去收园子，许多太监尾随捣乱。21日，8名太监带领40余众将寺中的钟、鼓、石水槽、花盆、假山等搬走。11月初，熊三拔、钟鸣礼在园中时，两名太监和杨内官的几个亲戚借着醉意提着兵器闯进来，他们见到熊三拔就跪下，口称"万岁"（vān súi），这当然是讽刺，他们说神父要这块地方的目的是谋反，一个太监把钟鸣礼拉到园外，脱下外衣，露出武器，口喊"杀！杀！"（xâ xâ），并将动手，钟逃走了。11月10日，

---

① 在《熊三拔日记》中，只记这名李姓教徒的洗名"路加"。据龙华民1612年年信，李路加的汉名音"李子怀"（Li çu hoai）。待考。龙华民的记载参见 NICOLAO LONGOBARDO, Carta Annua das Residências da China do Ano 1612, ARSI, JS. 113, fl. 227v。

② 有的译者译为"仁恩寺"，参见［意］利玛窦原著、［比］金尼阁整理《利玛窦中国札记》，何高济、王遵仲、李申译，中华书局2010年版，第632页。有的译者译为"善教寺"，参见［意］利玛窦《耶稣会与天主教进入中国史》，文铮译、梅欧金校，商务印书馆2014年版，第496页。

③ 杨太监的名字待考。

锦衣卫（kīn ý guēi）发"牌"给传教士，礼部也将"文书"（vên xū）发给知县，证明此地已经易主。可是，太监仍不罢休，要将寺前的一块地收回。黄吉士一面唬住太监们，一面建议神父去司礼监疏通。29日，熊三拔等带上几件小礼和天主像、圣母像各一幅去拜访这个难见真容的大太监。① 熊三拔认为这次晤面是天主的恩典，李路加、斐里伯从中起了很大作用。结果令人满意，大太监说："既然已经赐给你们，就留在里面吧。"当日，黄吉士为园子送去一块牌匾（pâi pién），上书"慕义立言"。礼部侍郎左翁正春等也相继送来匾额。当然，最显眼的当属正门门额上的"钦赐"（kīn sú）二字。从此，闹事太监几近消停。但是，司礼监的魏（Hoéi）太监仍坚持主张寺前道路另一侧空地的所有权，1611年2月初，在黄吉士的主持下，神父作出让步，双方终于和解。

在京神父原本打算等龙华民北上后为利玛窦举行葬礼，因此在取得墓地所有权后，并未移棺。4月22日，神父得到消息，黄吉士将调离，恐继任者再生变数，当日就将棺材移至墓园。这急匆匆组织的仪式仍很庄重，有24人为利玛窦抬棺，全身缟素，前方有十字架开路，还有香火、烛台，主要是圣母会的成员在组织，该圣会于利玛窦逝世前8个月的1609年9月8日成立，主要宗旨在于庄严隆重地安葬基督教徒。送葬教徒也都按照中国葬俗穿白，到墓园后，做了一场弥撒，将棺停在最好的一间起居室中暂厝，等待墓穴开好落葬。1611年5月3日，龙华民、林斐理（1578—1614）二神父进京，被蹲守在此的太监发现，太监对神父的一名童仆说，这寺庙是皇上赐给庞迪我、熊三拔的，没有给龙华民、林斐理，庞、熊一死，他们就会上门收回寺房。6月1日，黄吉士离任前为神父做了最后一件事，将确定产权的"执照"（chě cháo）颁给神父，神父们认为一切都落定了。此后，墓园建设加快。

园子北部，有几座假山、花坛和四株柏树，神父们议定墓穴就开在此处，墓穴上首位置建一座小圣堂，名曰"救世主堂"，小堂连同围墙环

---

① 据《酌中志》卷五《三朝典礼之臣纪略》，1610年冬，掌东厂、代摄印务的太监李浚卒，万历命乾清宫管事常云独立办膳，升正阳门提督李恩、文书房卢受为秉笔。李浚、常云、李恩、卢受都有可能是这个"大太监"。参见刘若愚《酌中志》，载《丛书集成新编（85）》，新文丰出版公司1985年版，第625页。

抱着墓,这一中国样式是神父们特意为之。从本书开篇讲到的利玛窦刚去世时的中国式吊唁,到移棺时教友依华俗穿白而不是依欧俗穿黑,再到墓穴设计时强调中国元素,都是体现在丧葬礼中的适应政策,此类中西合璧,在下文中还将继续出现。

工程由熊三拔负责,于 6 月初开工。熊三拔就近取材。8 月 15 日,开始拆原先大殿(tiēn)中的佛像。大殿的神坛上是巨大的地藏王菩萨(tì çām guâm pû sâ)像,大理石制,被凿碎垫在墓穴中;神坛的两侧是两尊立佛,也是大理石质地,因为不那么大,就整体被放倒;殿的东西两侧各有一张长桌,桌上分别有五座神像,他们是阎王(yên guâm)的手下,背后的墙面上画着地狱的刑罚。凡泥胎的像就粉碎,拆出来的木头焚烧,墙面则被刷白。这些工作交给住院仆人,他们展开竞赛,在捣毁偶像时个个争先恐后。南京的一名叫路基约(Lúcio)的教友,和孙元化见证了佛殿变圣堂的全过程,觉得非常"震撼",深受教育。不破不立,如果说墓园"立"的过程体现了东西融合,那么"破"的过程就是一场生动的宣教课。1610 年 10 月 21 日,在接收园子的第三天,开始拆第一批佛像时,仆人们大肆庆祝的场面就被熊三拔在日记中特意记上一笔。在耶稣会此后的传教报告中,以毁坏佛像为新入教者必修课的事例不胜枚举。墓园作为一处圣所,发挥其作为宣教空间的"本职"功能在日后的记载中亦很繁庶。聊举一例,1615 年的某一天,墓园的一个家童在救世主堂门前遇到一名奄奄一息的妇女。原来,她就住在堂前,因为耳濡目染,对天主教有所了解,希望在临终前得救,就近来到教堂,请求领洗。家童进内通报,神父对她进行了必要的教义教育后,为她施洗。几天之后,妇女就去世了。①

1611 年 11 月 1 日,诸神瞻礼节。救世主堂、利玛窦墓落成仪式举行。上午,龙华民主持了第一场弥撒,主祭坛上是倪雅谷(1579—1638)修士绘的天主像,教友们个个虔敬地列于其下,龙华民在布道中详述了他们肃立其间的这块地方由"寺"向"堂"转变的经过,以此昭示天主之恩,听者欢欣鼓舞。弥撒之后,留教友在园中共进午餐。餐毕,利玛

---

① MANOEL DIAS JUNIOR, *Annua da Missão da China do Ano de* 1615, Archivum Romanum Societatis Iesu, Jap—Sin113, fls. pp. 394—424.

窦的落葬仪式开始。利玛窦的棺材停放在救世主堂的正中,教友们在棺前举行追思礼,哭声一片。有的宗教史著作记载徐光启从墓地带回一段下棺时用的绳索作为纪念,在中国的"凶礼"中有"白衣执绋"一说,"绋"即牵拉柩车、引柩入穴的绳子。① 而后,众教友抬棺列队行至墓穴处,先将棺材停在穴前祝圣,龙华民主持了启用墓穴的弥撒,才将棺木落入穴中。墓穴7"尺"(chě)深,四壁是砖与长石,壁厚1尺半。棺上压了几块条石,石上铺一层砖,砖上埋土。

至此,利玛窦墓园在形态上第一次完备了。之后,就是一些添枝加叶的建设。1612年4月,有访客问,此地既然已经改弦更张,现在该叫什么?礼科给事中姚永济说,叫"天主堂"(tiên chù tâm),于是墓园教堂有了名字,"自是以后遂为罗马公教教堂之通称"。② 1613年3月,园中又建了座"圣路加圣母"(Nossa Senhora de S. Lucas)小堂,该小堂的名称很可能是为了与利玛窦1605年建造的南堂形成呼应,南堂的圣母像即是"圣路加圣母",是由倪雅谷以意大利博洛尼亚的圣路加大教堂中的玛利亚为摹本画的,据称这是福音传道者圣路加的作品。③ 每逢周五,教友就在这座小堂学习祈祷和诵念珠,从1612年起,龙华民就开始在平信徒中开展这项教育工作,这座小堂的建成为龙华民提供了更大的便利,亦能证明墓园中的活动并非只是在走"上层路线"。《熊三拔日记》对墓园建造的最后一次记录是,1614年年底,春节期间,他趁着冬季的物价便宜,买了8000块砖,准备垒一道墙,将墓园与划给太监的那边空地隔开。但是,1615年,新被委任的北京住院负责人阳玛诺因为澳门发放的经费未到,决定不再修墙,只在4月初时,将墓碑两旁的柏树扩植至该修墙的地方。

上层路线是适应策略的重要表现,墓地申请成功是上层路线的最高

---

① 张铠:《庞迪我与中国》,大象出版社2009年版,第227页。
② 据费赖之引巴笃利《中国耶稣会史》(Daniello Bartoli, *Dell'historia della Comagnia de giesu*: *La Cina*, Rome, 1663, p.546.),认为首称"天主堂"的是礼部尚书。参见[法]费赖之《明清间在华耶稣会士列传》(1552—1773),梅乘骐、梅乘骏译,天主教上海教区光启社1997年版,第120页。SABATINO DE URSIS, *Journal of Sabatino de Ursis*, Biblioteca da Ajuda, Jesuítas na Ásia, 49—v—5, p.122.
③ [美]夏伯嘉(Ronnie Po—Chia HSIA):《利玛窦:紫禁城里的耶稣会士》,向红艳、李春园译,上海古籍出版社2012年版,第283—284页。

成就之一，事件进展完全是靠关系驱动，因此，"为利玛窦申请墓地一事从始至终，可以说是'适应'策略最典型，也是最成功的一次实践。"①在本章的丧葬、墓园设计描述中，还能看见传教士对礼仪之争中"祭礼"这个重要议题的处理方式。

上层路线体现在"人"身上，是与官宦结交，体现在"空间"上，是城市中心论，利玛窦从肇庆一路北上，优先选择省会、留都建立住院，再以此为中心向周边的乡村传教。在中国的城市等级中，处在权力最高处的北京具备其他城市无可比拟的"势能"，利玛窦因此将余生都付与北京，在他身后建立起的墓园与利玛窦亲手缔造的南堂近相呼应，扩大了与士大夫的交往空间。在这些宦游人中，不少又从帝都外放，将关于传教士的消息通过帝国的南北交通干道，传往各地，营造出传教士已被朝廷认可的合法印象。龙华民在1612年年信中说："因为钦赐墓地及被皇帝选中修历，这年，修会的名声在全国各地增长很快。"② 1613年10月3日，一名杭州来的高官、利玛窦的好友，参观墓园后说，他在好几个地方听人在谈论皇帝赐墓地的恩典，这件事在京外流传得很广。③

从1610年到1615年的年信，《北京住院》部分都将转化、牧养教徒与结交官宦并置为最主要的两项工作任务，认为后者对传教士在北京乃至中国立足有决定性意义。阳玛诺在撰写1615年北京住院的工作汇报时，认为进出北京的官员很多，北京应该成为与官员交往的中心，这将有助于京外神父的福传工作，而增进友谊的方法是保持道德、学问上的好名声，撰写各类话题的书籍和制作中国人未见的稀罕物。④ 以德、智为两个抓手，是对利玛窦方法的紧密追随，1609年2月15日，利玛窦致信于巴范济，全面阐述了他认为传教事业在中国获得成功的几点基本经验，其

---

① 张铠：《庞迪我与中国》，大象出版社2009年版，第204页。

② NICOLAO LONGOBARDO, *Carta Annua das Residências da China do Ano* 1612, Archivum Romanum Societatis Iesu, Jap—Sin113, fls. p. 216.

③ SABATINO DE URSIS, *Journal of Sabatino de Ursis*, Biblioteca da Ajuda, Jesuítas na Ásia, 49—v—5. p. 143.

④ MANOEL DIAS JUNIOR, *Annua da Missão da China do Ano de* 1615, Archivum Romanum Societatis Iesu, Jap—Sin113, fls. pp. 400—401.

中之一就是在华的传教士应始终保持"圣德之士""有学之士"的现有声誉和形象，著书立说等。①

二 科技路线（1612—1615）

1611年11月10日，持续了10日的葬礼系列活动全部结束。墓园中神父们的工作重心立即转入"水器"（xùi kí）制造、著书。这不仅是与已结识的士大夫关系递进的需要，也是为了履行一个很具体的承诺。吴道南支持赐墓地于传教士时，所列举的理由之一就是让传教士在此著书。当朝廷中有人反对赐给利玛窦墓地时，叶向高反驳道："仅其所译《几何原本》一书，即宜钦赐葬地矣。"② 神父们一开始并不敢奢望这么新的大园子，黄吉士想要找的却正是这样有屋宇、有苗圃的园子，神父们可以住进去著书，他本人十分欣赏利玛窦的著作，而叶向高、曹于汴也是这样叮嘱他的，黄吉士题赠墓园的匾额上写有"立言"二字。总之，"（除了利玛窦之外的）其他耶稣会士也被认为在科学方面是一个很有作为的存在，得到允许留在中国。"③ 科技贡献是合法居留的重要理由。

早在6月，利玛窦的墓穴刚开挖时，五官正周子愚即上疏，请准庞迪我、熊三拔等修历，翻译西方书籍。于是，众官员纷纷登门求睹传教士的书籍，正好这年耶稣会从印度教省寄来一批书籍和三棱镜等，来客对这批书中描画的水器（xùi kí）大感兴趣，请神父们制成实物，其中最积极的是徐光启和吏科给事中曹于汴，曹还从山西老家找了一个木匠来帮忙，这个木匠姓孙（sūm），因是天主教徒，不取报酬。10月14日，曹于汴又到墓园探视，因为在各方的催促之下，10月初已开工。

木匠（mǒ ciám）、铜匠（tûm ciám）在园子里忙得热火朝天。科技布道、奇物交涉是适应政策推崇的传教方法。利玛窦的北京岁月，工作重心就是结交士大夫和用中文著书立说，这十年是在华耶稣会士的自然科学著

---

① 利玛窦：《利玛窦全集（4）》，罗渔译，辅仁大学出版社1986年版，第408—409页。
② 方豪：《中国天主教人物史传》，宗教文化出版社2007年版，第58页。
③ 刘小珊、陈曦子、陈访泽：《明中后期中日葡外交使者陆若汉研究》，商务印书馆2015年版，第253页。

作的高产年代。《额我略例历书》（1604）、《浑盖通宪图说》（1605）、《测量法义》（1607）、《圜容较义》（1608）等都在此间完成。1606 年起，利玛窦、徐光启合作翻译《几何原本》，为此，徐光启几乎每天下午都到南堂。利玛窦营造的这种科学氛围，在他身后继续保持，随着墓园成形，这股科学之风也灌进来，成为与南堂一样的在科学中社交，在社交中传教的空间。徐光启到园中观看进展有六七次之多，曹于汴也多次登门，还建议徐光启写一本关于水器制作的书。徐光启也这样建议神父。① 11 月 27 日，因为冬寒，工匠连同器物从墓园移至住院，许多官员前来观看，其中包括 chú 姓国公（quò cūm）② 及其兄弟，还有几名大珰。这些初次尝试制造的水器都是小模型，就作为礼物让曹于汴带走了，曹建议将水器进呈皇帝，由皇帝下令在全国推广，他将全程帮助促成此事。

　　1612 年 2 月 12 日，春回大地，熊三拔等搬回墓园居住，有了向皇帝进献的目标，他们便早早开工了。3 月 5 日，"关于水器制作、使用和关于水利问题的书"也动笔了。4 月 6 日，部分水器完工，11 名官员前来欣赏，其中 4 名翰林院（hán liû yuên）的，6 名科吏（cō li），1 名道吏（táo li），他们意外地对天主像产生兴趣，停留良久，问了许多关于天主教的问题。让访客注意到天主，正是传教士以奇器为诱饵的初衷，园子主人为此制定了一条"三站式"标准参观路线：第一站是"救世主堂"，向天主像行跪拜礼三次，神父在旁讲解为何认识与侍奉天主是头等重要大事；第二站是"圣路加圣母小堂"，瞻仰圣母像，神父在旁讲解天主降生为人是为救世；第三站是利玛窦墓。③ 比如，5 月 3 日这天，墓园中接

---

①　关于翻译《泰西水法》的首倡者，本书依《熊三拔日记》之记载。另据曹于汴《泰西水法序》："肇议于利君西太，其同侪共终厥志，而器成于熊君有纲。"据徐光启《泰西水法序》，"此《泰西水法》，熊先生成利先生之志而传之也。"参见朱维铮、李天纲主编《徐光启全集（伍）》，上海古籍出版社版 2010 年版，第 283—292 页。

②　应为定国公徐希皋，徐达子徐增寿、孙徐景昌一系。徐希皋自万历三十年十二月（1603 年 1 月）继承爵位，崇祯三年（1630）去世，爵位由其子徐允祯继承。《1618 年耶稣会中国年信》《1621 年耶稣会中国年信》中提到这位"国公"，并给出了更多的信息，比如，"其祖先是曾帮助过明朝开国皇帝洪武（Hum vû）将蒙古人驱逐出了中国的众将之一"，加之 chú 音可对应为"徐"（ch 的发音与 x 相同），故可作此推断。

③　NICOLAO LONGOBARDO, Annua da China 1614, Archivum Romanum Societatis Iesu, Jap—Sin113, fls. p. 340.

待了两波客人，9名官员到访，手持香火，先拜天主、圣母，后拜利墓，再赏水器，同日，户科右给事中彭惟成（pêm）也与3名同僚前来欣赏水器，逗留几近整日，将园里的东西尽览一遍，锲而不舍地请神父赐一张天主像或圣母像，后来，他还派了一名木匠前来学习水器制作，过些日子，他要将木匠带往江西，以在当地推广水器。① 10日，彭惟成又到园中与神父商量，他想为《泰西水法》作序，资助印费10两银子。15日，水器全部竣工。当日，徐光启、曹于汴、杨司马（yâm sú mà）② 于园中设宴庆祝，并且达成共识，将水器献给皇帝的利大于弊。于是，将造水器这一活动的价值进一步推高的新任务确定。同时，随着水器完工，来观赏者又掀起了一波高潮，显示了科技路线对壮大上层路线的魅力。例如，18日，魏道吏（guéi táo lì）③ 与5位同僚在园子中停留了一整天，既言天主之事，又谈历算。随后，定国公再次来观看水器，瞻仰圣像，祭拜利墓，还命人在家中造了架取水车，一次可以取很多水。30日，龙华民想宴请韶州（xâo cheū）新任刘（lêu）姓道吏，④ 就将地点选在园中，同时还邀请了另外4位高官。徐光启将自己在家中制造的水器带到宴上，大家都很喜欢。

6月中旬，造好的水器移至南堂以更好地保管并上漆，备呈圣上。于是，庞迪我就搬到墓园去住，熊三拔和龙华民则住南堂，庞迪我在墓园申请中是主角，在水器制造中熊三拔是主角，在之后庞、熊的多次交换住处中，熊是跟着水器走的。在上层路线中，紧随利玛窦的庞迪我，却对利玛窦热衷的科学路线兴趣不大，裴化行说："当来华传教团创始人以极大的热情，同'克拉韦乌斯神父的数学家们'那个进步圈子一起努力把实验方法应用于科学的时候，庞迪我却来自比较保守的学派：他们正以新经院哲学评注亚里士多德，即'科英布拉学派'。"⑤ 按照传统印象，

---

① 据彭惟成为《泰西水法》所做的《圣德来远序》："又得其取水具，遂命工习之。携工南行，以广高人教泽。"与《熊三拔日记》若合符节。彭惟成序参见朱维铮、李天纲主编《徐光启全集（伍）》，上海古籍出版社2010年版，第285—287页。

② 可能是杨庭筠。待考。

③ 待考。

④ 待考。

⑤ [法]裴化行：《利玛窦神父传》（下册），管震湖译，商务印书馆1993年版，第394页。

熊三拔在礼仪之争中与龙华民同一阵营，在科技传教上，也与龙华民同样持否定态度。熊三拔对科技路线的排斥或许只是害怕它冲淡了传教主题，徐光启洞悉了熊三拔等在涉及科学问题时的"面有怍色"，并分析了个中原因：熊三拔等身负宣教重任，担心被误会为与"公输墨翟"一样的"匠人"。① 而关于龙华民，不论现代学者观点如何，龙华民鼓励传教士利用数学、地图吸引华人加入天主教。② 龙华民抵京时，正是中国知识界谈论修历的高潮时刻，他也要在上层社会进行必要的社交，不得不经常卷入此类的话题。周子愚曾就表度法"请于龙精华"，但龙华民不善历数之学，"乃以其友熊有纲先生，即为口授"，③ 这就是《表度说》的来历。在造水器、写《水法》的全过程中，龙华民也是以赞成者的角色存在的。龙华民是1612年中国传教区年信的作者，关于北京一章，墓园中的科技活动，他几乎全文照引《熊三拔日记》，龙华民还详细记载了北京南堂中同步进行的绘制地图，④ 并加上自己的评论："北京本来就不多的人手兵分两路，一部分在墓园中造水器，一部分在南堂中绘地图，这两项工作都非常繁重，但是大家无不欢颜，因为这两件事对于我们实现最终（传教）目标都很有用。"⑤

龙华民去找曹于汴商议向皇帝进呈水器事，曹建议应通过"都清司"（tūm chím sú），⑥ 以在全国推广使用水器。徐光启则需要做进一步的"市场调研"以验证向皇帝进贡水器的民意基础，他在自己家中制造了一个大龙尾（lûm vì），许多官员前去观赏，又制作了许多小龙尾，赠送给杨司马等人。他还为南堂的井造了两个唧筒，可以用脚提水，于7月初安

---

① 徐光启：《泰西水法序》，载朱维铮、李天纲主编《徐光启全集》（伍），上海古籍出版社2010年版，第290—292页。
② ［美］柏里安（Liam Mathew Brockey）：《东游记：耶稣会在华传教史（1579—1724）》，陈玉芳译，澳门大学出版中心2014年版，第54页。
③ 徐宗泽：《明清间耶稣会士译著提要》，上海书店出版社2010年版，第282页。
④ 1612年，福建税珰进呈海舶由域外带回的《万国地海全图》，万历降旨由庞迪我、熊三拔将地图上的欧洲文字译成中文，因为地图残缺，庞迪我决定画一张新的世界全图呈给万历，这项工作是在南堂进行的。
⑤ NICOLAO LONGOBARDO, *Carta Annua das Residências da China do Ano 1612*, Archivum Romanum Societatis Iesu, Jap—Sin113, fls. pp. 224—225.
⑥ 可能是工部"都水清吏司"。

装，装好之后，8名官员前往观瞻，并在厅（tīm）中进餐，由龙华民、庞迪我、熊三拔接待。随后，官员纷纷前往南堂猎奇，其中甚至还有太监，有个姓刘（leû）的太监是某内府衙门（yâ muên）的头子，非常喜欢这些奇器，请徐光启的木匠也在自己的家中做了，刘太监就与另外5个太监带上吃食往南堂致谢，龙华民陪着他们吃，席间还些许向太监们宣传了一些天主之事。后来又有一个沈（xì）①姓太监前来请求派木匠为其造水器，并带来了礼物，后又设宴相邀，龙华民和倪雅谷赴宴。值得注意的是，与太监的接洽，徐光启等"清流"从未参与，而是由传教士出面，这可视为后文将提到的"宫廷路线"中，传教士与友教官员间的一个分歧。

另外，7月底时，《水法》也写好了，徐光启将利玛窦列为作者，因为利玛窦是中国最有名望的传教士，但龙华民认为不妥，派庞迪我向徐转告他的意见，徐光启毫不犹豫地遵从了龙华民的意见，将已拟好的书名《利氏水法》（lí xí xùi fǎ）改为《泰西水法》（tāi sí xùi fǎ）。曹于汴等9名官员解囊资助刊印，加起来有20多两银子，富余的被用于资助庞迪我在南堂创作的《七克》出版。《七克》也是一部以适应策略为指导思想的著作，使用儒家语言和概念介绍天主教教义，王徵即在读完该书之后产生拜会庞迪我的想法并进教。资助者都希望将自己的名字列在书中，说明这本书在知识分子心目中算是脸上增光的事。

见这水器、《水法》大受欢迎，徐光启、龙华民确信向皇帝进献是正确的，于是，二人商量以怎样的方式进献较好，最终决定由传教士上"本"，"本"由徐光启写。8月初，徐光启带着拟好的奏本来征询龙华民的意见，龙华民修改了几处，徐则照单全收，改好之后，送到南堂，由龙华民先保存好。整个8月，他们都在讨论怎样上这个"本"，围绕署名争论不休。徐光启强烈建议传教士再等一等，待邀请传教士们修历的圣谕下达之后，连同水器、《水法》和盘托出，因为礼部侍郎翁正春于1610年，周子愚于1611年，礼部于1612年先后上疏，请准庞迪我、熊三拔等修历，后来，李之藻也于1613年上疏，结果似乎呼之欲出，但是，龙华民和徐光启最终没有形成一致意见。

---

① 该姓注音是参考沈潅常被称 xin 或 xì。

龙华民见围绕进献无法达成共识，决定先去广东，因为新上任的"日本教省"巡阅使巴范济召他会晤。9月3日，龙华民启程前往南雄（Nâm Hiûm），行前留下指令：第一，将水器再从南堂搬回墓园，以吸引更多的官员前来，最终目的是将皇帝赐墓地给利玛窦的殊荣和寺庙变教堂的故事传遍全中国，制造天主教合法化的印象。第二，鉴于前来墓园观瞻的太监渐多起来，要通过太监将关于传教士的消息多多带往宫中。于是，熊三拔和庞迪我交换了住处，跟着水器走的熊三拔住回墓园。龙华民还单独叮嘱熊三拔，将特意留作礼品的水器连同印好的书，尽快向阁老们（Colaos）和礼部赠送。徐光启也嘱咐熊三拔多印《水法》，尽可能多地向官员们赠送，很多官员在观看水器后就预订了《水法》，他们认为这东西既新奇又实用，没人会不喜欢。

龙华民走后，《泰西水法》开印，首批印了80卷，大获好评。兵科给事中张键携书登门抱怨自己不在书中，熊三拔与徐光启商议后同意在下一批印本中加上他的名字。11月初，翰林院检讨郑以伟（chim）请求为《水法》作序，徐光启也同意了。

水器、《水法》齐备，而且在官场的反响良好，熊三拔与徐光启商量后认为，可以向阁老和礼部赠送了。这也是在执行龙华民的命令。于是，1612年10月4日下午，熊三拔携全套"龙尾"（lûm vì）、两本《水法》、日晷造访礼部翁正春。翁先问了日晷用途，又装好了水车（xui chē），试了一下怎样出水，翁很高兴，说这东西在他老家福建将会非常有用。最后，翁翻看了《水法》，在作序官员的姓名上目光停留较久。5日一早，熊三拔又带上这套礼物拜访叶向高、李廷机二位阁老。到叶家时，熊三拔发现他昨日拜访的翁正春，在他告辞之后，立即就将这套礼物带给叶向高了，因为叶、翁既是同乡、好友，住得又近。叶向高现场试验了龙尾、日晷，仔细翻阅《水法》，对每一张水器图都详细询问，说这大利于民，他要传教士的木匠将书中的水器全做出来，他送熊三拔时一直送到门外路上。李廷机当时的状态是杜门不出，谢绝一切访客，但愿意见见这大西洋（tá sī yam）的神父，他说自己将全部身心投入到"仙道"（sién táo）中，就用大段时间与熊三拔谈"道"（táo）和天主教，最后也试了试熊三拔带去的水器，很是喜欢。翌日，叶向高22岁的孙子还回访了传教士住院，① 专程来看圣像，叶孙走后，叶向高的长班（châm pán）又来，邀请木匠前往叶宅制造水器，于是，为徐光启干完活的木匠转往叶府，并教会了两名福建木匠，木匠又被叶向高派往福建去造水器。

得到二位阁老首肯，意味着将有更多的官员前来观瞻。10月12日，水器又从南堂搬回墓园，以接待更多参观的官员，熊三拔也跟着搬回墓园。来观赏的，除了京官，甚至还有许多远道而来的外省官员，比如，11月，保定知府②也派人来索求木匠，后来，知府在河道中试验水器，场面非常隆重，属下县官（hiām quōn）全都到场，木匠和水器得到披红挂彩巡城的殊荣。

明代地方官员每三年一次进京朝觐、述职，逢辰、戌、丑、未岁进行，万历四十一年（1613）为癸丑年，是地方官进京述职的年份。该年又是大比之年，5000余名举子进京赶考。为了迎接观展人群，1613年3月初，在南堂中过完冬的熊三拔又搬回墓园修缮井边水器，朝京（châo kîn）的各地官员们开始到园里来看水器。其中，一名河南知县，他是听一名河南道吏讲述后，慕名而来，想将水器引进河南。还有几名知府、知县带了模型回乡。许多官员还回了礼，包括湖广布政使（pú chím sú）刘之龙、四川布政使谢诏、山西提学等，仅3月份，就有13名官员前来拜访。他们除了观看水器，还要看看皇帝赐的这块地方，以及天主教的圣像。在这段时间内，还有许多进京考进士的举人前来，其中，就有著名教徒韩云。韩说在山西家中制造水器吸引了很多人，他不知道神父是否已向皇帝进献水器，就没答应将孙木匠留下来给其他人制造水器，而是将孙木匠带到京中。但是，将孙木匠做好的几件水器作为礼物送给熟悉的官员。考试结束之后，韩云又来园中住了约15日，盛情邀请龙华民去山西开教。在与举子们的交流中，龙华民还惊喜地发现"教义有助于科举"，"起先，我们以为他们来看我们的书是出于好奇或奉承，后来我们确认他们是真的喜欢我们的教义，因为这对于他们写科举文章很有用，

---

① 此据龙华民撰1612年年信，参见ARSI. JS. fl. 224. 另据《熊三拔日记》，叶向高的孙子20岁，当日回访。参见BAJA. 49—v—5, fl. 125。

② 据光绪保定府志，可能是武文达，字衷懿，明陕西泾阳人，万历戊戌年（1598）进士。参见李培祜、朱靖旬修、张豫壄等纂：《光绪保定府志》（一），载《中国地方志集成》（河北府县志辑），上海书店出版社2006年版，第64页。

很多人在考场上将欧洲的观点写进文章，因此，他们都勤奋地寻找我们的书，若买不到，就用手抄，还有一些人来缠着神父，给他们一些欧洲作家的句子也好。"① 教义进入科举这个例子足以说明适应政策之"合儒""补儒"所达到的深度，"适应"的操作手法就是尽量模糊天主教教义和儒家学说之间的界线，甚至着意寻找两者之间的契合点，一些中国文人读了《七克》等著作之后，竟至把"天学"当作一种近似于儒家的道德说教而接受下来。②

当然，也有为了宗教而非水器到访墓园的重要人物。1613 年 4 月 6 日，住在平则门（pîm cî muên）的一名魏（hóei）姓侯伯（heú pǒ）到访，问了许多教义的事。1613 年 5 月 13 日，一名赵（cháo）姓东厂（tūm chám）大太监访问了墓园。在赵太监之后，又有 7 名内官到访，其中 2 人受洗。还有一名杨（yâm）姓大珰，带了一个著名高僧前来。

还有既不为水器，也不为信仰而来的友人。比如 1613 年 5 月之后到访的官员中，有掌管平则门的兵马司（pīm mà sū），该兵马使后来又带领 3 名南方（nâm fām）官员再度来访，似乎纯叙友谊；一名魏（huéi）姓山西道吏（xān sī táo lì）请求安排儿子和 3 名亲戚住进园中复习功课；广东布政使（pú chím sū）、按察使（ngān châ sú）、都司（tū sū）③ 借进京为万历祝寿之机同时到访，主要目的是在当时内地怀疑澳门葡人有战争企图的情况下探听传教士的实情。④ 徐光启向熊三拔强调要接待好每一个来访官员，从而吸引更多的官员前来。

除了社会上层，拜访墓园的实际有来自各阶层的人，比如，1613 年 3 月，一名赵（cháo）姓裁缝带来两名浙江客人：一名和尚，一名宋（sūm）姓裁缝。这两个浙江人后来都在园中改宗归主。宋裁缝又将自己的全家带进基督之内，和尚又带动了一名江西的张（chām）姓仆人进教，该仆人以前是亭吏（tī lì）。徐光启又将这名仆人留在自己家中，让他边

---

① NICOLAO LONGOBARDO, *Carta Annua das Residências da China do Ano* 1612, Archivum Romanum Societatis Iesu, Jap—Sin113, fls. p. 220.
② 张铠：《庞迪我与中国》，大象出版社 2009 年版，第 4 页。
③ 下文又提到该官员时称为督抚（tū fū）。
④ NICOLAO LONGOBARDO, *Carta Annua das Residências da China do Ano 1612*, Archivum Romanum Societatis Iesu, Jap—Sin113, fls. p. 235.

学教理，边学历算。

传教士在中国施行的文化适应策略，与在美洲施行的文化同化政策，实质是传教方法论上的差异。前者主张的是"求同化异"，从两种异质文化中找到能由此及彼的结合点，再进一步实现认同；后者主张的是"化异求同"，通过消灭差异完成同化。两者的分歧在怎样解决"入口"的问题。科技是适合当时中国国情的一个"入口"，利用明末崇尚实学的知识分子对"学者谈玄虚，遍天下皆禅学"的王学末流和佛教消极思想的反思，解决痛点，再将他们由"实学"拉入"天学"。因此，科技传教是适应政策最重要的表现之一。尽管传教团成员之间对该传教方法在认识上不统一，但在行动上都执行了该方法。例如，在天文学方面有特长的阳玛诺从南京调进北京，在墓园写成《天问略》1卷，其实，根据1617年12月2日熊三拔自广东致耶稣会分管葡萄牙教省的会长助理努诺·马什卡雷尼亚什的信，阳玛诺反对利用历算传教的方法。①

从《泰西水法》的成书过程看，龙华民等传教士与徐光启等友教官员密切合作，每一步都商量着来，层层推进，将科技利民和传教的双重作用尽量最大化，传教士亦在科技活动中巩固和扩大了交友面，使上层路线进一步壮大。适应政策在科技传教这一纬度上，在利玛窦身后得到发展。原先局限于南堂的科技活动，扩至墓园，甚至天津，1613年起，徐光启在天津屯田，广种药用植物，庞迪我将西洋制取药露的方法传授给徐光启。更有多名地方官将水器带往京外各省，既将科学种子撒向帝国各处，又播扬了传教士的名声，为将来在各地的开教做了铺垫，龙华民说："很多地方邀请我们，我们完全可以在中国最好的城市立即增设5个或更多住院，只是目前我们人力、资金不足"。② 何况科技传播的过程中已伴有灵魂的收获，就算以传教的最终目标来评价科技路线的实效，也应该给正向评价。

这段时期完成的科技著作还有《简平仪说》1卷（1611）、《日晷图

---

① SABATINO DE URSIS, *Ursis to Nuno Mascarenhas*, Archivum Romanum Societatis Iesu, Jap—Sin17. fls. p. 110.

② NICOLAO LONGOBARDO, *Carta Annua das Residências da China do Ano 1612*, Archivum Romanum Societatis Iesu, Jap—Sin113, fls. p. 216.

法》1卷（1612）、《同文算指》（1614）、《表度说》1卷（1614）、《圜容较义》（1614）等。1610年至1615年间在北京形成了一个东西方文化交流的高潮，有的西方学者将这一历史时期科学方面的成就比之为"中国17世纪前期的科学革命"。①

三　宫廷路线（1613—1616）

熊三拔因《泰西水法》而在京中名声大噪，甚至开始和一些太监交往。熊三拔将《天主实义》拿给太监们看，试图将一些太监吸引到信仰天主教的道路上，这也使宣传天主教教义的书第一次进入了宫廷。② 天主教内在对待太监的态度上达成一致，比在科技传教上取得一致复杂得多。相较于上层路线、科技传教等观察适应策略的常规视角，对待太监的态度是观察适应策略的一个更微妙的视角，在这个视角中能观察到传教士与"同盟军"士大夫之间在适应策略上的分歧，前文所述徐光启不参与墓园中接待太监的工作就说明了这点，传教士能为士大夫的科学兴趣而进行一定的适应，那么，士大夫能否为传教士而放弃道德洁癖，屈尊纡贵，做些适应？同时，在这个视角中还能观察到传教士内部的分歧：熊三拔是与太监交往最坚定的拥护者，庞迪我是最坚定的反对者，前者是科技传教路线的主角，与太监的感情或许是在制造水器过程中积累的，后者是上层路线的主角，或许因为他与士大夫的关系最为紧密，担心与太监密则与文官疏。

无论双方持论如何，1600年，庞迪我、利玛窦相伴进京时，临清税使马堂的刁难历历在目，这次事关中国福传事业前途的进京努力，差点儿就断送在这个太监的手中，太监固然是通向内廷的一条捷径，可也确是一条充满变数的冒险之路。作为中国传教区最高负责人，龙华民是倾向于联合太监的。原因可能有二：第一，太监能帮助龙华民实现将福音

---

① 张铠：《庞迪我与中国》，大象出版社2009年版，第280—281页。
② ［美］邓恩：《一代巨人：明末耶稣会士在中国的故事》，余三乐、石蓉译，社会科学文献出版社2014年版，第116页。

种子带进宫廷的夙愿。1609 年，龙华民致信"日本副教省"① 巡阅使巴范济，请巡阅使命令利玛窦直接向万历皇帝上疏，争取在中国的传教自由，未能如愿。② 在担任中国传教团负责人后，龙华民又重拾这个打算，被徐光启等劝阻。③ 而太监事实上已经"帮助"龙华民筹划如何从皇帝那里取得传教自由，他们向龙华民透露了万历不上朝的隐情："在内宫完全过着伊壁鸠鲁式的生活，④ 胖到动也动弹不得，肥肉还压迫了皇帝的嗓子，说话气短而且语词杂拌，很少有人能听懂他在说什么。""因此，要将希望寄托在万历的儿子身上，这个深深迷信于道教的太子，有望通过谬误达至真理。"⑤ 第二，访问墓园的太监相较于士大夫，对信仰的兴趣远大于对水器的兴趣，在科技传教备受争议的情况下，更符合龙华民的直接传教而非间接传教愿望。龙华民对太监的宗教热情较高明显更有好感，认为他们是天主为修会搭建的通向皇帝的"桥"。⑥ 当然，龙华民对太监不是一无戒备，礼部奏请传教士修历迟迟得不到万历的"复本"（fŏ puèn），龙华民就认为是部分太监与嫉妒的历官勾结而从中作梗。

在水器制作过程中，就陆续有太监前往墓园参观。从 1613 年 4 月初起，太监来得比以往任何时候都频繁，几乎每日都有。他们携拜帖（tiě）和礼物而来，寻求木匠制造水器，也对圣母小堂中的圣像、物什爱不释手。其中，有个姓徐（chū）的大太监，三次送礼，两次盛邀，希望将熊三拔请到太后的御花园里制造水器；还有太监主动提出，愿望帮助将水

---

① 1581 年，日本成立独立的副教省，其上级是印度教省，中国传教区的上级是日本副教省。1603 年，日本副教省从印度分离。1608 年，日本副教省升格为教省在法律上生效，不过由于文件直到 1611 年 7 月才行至日本，在这之后才正式地生效。因此，本书有时称"日本教省"，有时称"日本副教省"。至于中国传教区，1615 年，耶稣会总会长命令中国传教区独立于日本教省而成为中国副教省，但是，直到 1623 年被最后确认。

② 张铠：《庞迪我与中国》，大象出版社 2009 年版，第 188—189 页。

③ NICOLAO LONGOBARDO, *Appontamentos acerca de Pedri—se a Licentia del Rey*, Archivum Romanum Societatis Iesu, Jap—Sin113, fls. pp. 461—462.

④ 伊壁鸠鲁（Epicurus，公元前 341—前 270 年），古希腊哲学家，伊壁鸠鲁学派的创始人，他的学说的主要宗旨就是要达到不受干扰的宁静状态，并要学会享乐。传说中该学派居于他的住房和庭院内，与外部世界完全隔绝。

⑤ NICOLAO LONGOBARDO, *Carta Annua das Residências da China do Ano 1612*, Archivum Romanum Societatis Iesu, Jap—Sin113, fls. pp. 216—217.

⑥ NICOLAO LONGOBARDO, *Annua da China* 1613, Archivum Romanum Societatis Iesu, Jap—Sin113, p. 340.

器进呈给皇帝，熊三拔觉得这是个好路子，但徐光启不乐意经太监之手，宁愿走宫外的路子。太监们仍然热情地主动提出帮忙。比如，5月，管军事的、即将升任司礼监（sū lì kién）的彭（pũōn/pũēn）姓大珰代万历往昌平祭扫皇陵，这个乘八抬轿、率三百骑的大太监，中途特意拜访墓园，卫队充塞道路，引起轰动，他在圣母小堂中逗留良久，问了许多天主之事，主动表示可以帮助神父实现在宫中的愿望。八日之后，彭又派了一名太监前往墓园问候，再提愿意帮忙之事，因为自他瞻仰圣像之后，每日念念不忘。尽管传教士们还在犹豫在大事上与太监的合作，但是太监们已为传教士带来实实在在的好处，例如，太监们一般是经过平则门到墓园的，某次，一个太监头子过城门时，说自己是神父们的东家（tūn kiā），从此，神父们的物品进出城门不再缴税。

在这个繁忙的接待太监的 5 月，还有一名孙（sūn）姓太监，他是一个衙门（yâ muên）的负责人，带着 5 名太监，孙姓太监已经 70 岁，后来也进教了。有太监对神父们说，现在宫中都知道天主教了，你们要耐心些，我们每天都有人来。虽然"每天"的造访频度只在某几个时间段成真，但是，太监确实成为墓园中最频繁的访客。熊三拔在日记中说：希望主能通过这些太监做些什么。10 月 2 日，东厂太监邀熊三拔作客，极尽美意，熊三拔对通过太监将圣教传入宫中的希望之火愈发旺盛，他在日记中写道："太监们可以在各方面帮助我们，他们在宫廷中无所不能。我期望天主能得到太监们的侍奉，如果魔鬼不从中作梗的话，可是，魔鬼已蠢蠢欲动了，因为我的同事认为没有必要与太监一起工作，在南堂的庞迪我对我说，这些太监只不过是玩乐上的朋友，他们来圣所没有玩乐之外的目的，但是，根据我的观察，很多太监前来是严肃地探寻教义和救赎问题的。"[①] 10 月 4 日，又有司礼监的 4 名大太监带着拜帖、吃食到墓园拜访，到夜里才离去。熊三拔说，他们此行的目的是长谈天主之事，还谈了灵魂、天堂、地狱等。庞迪我却告诫熊三拔，让太监在园子里饮食、玩乐不好，这园子是给会士们休闲的，不是给太监预备的。熊三拔却认为，带吃食来拜访并长时间逗留，是中国的礼节。庞迪我说，

---

① SABATINO DE URSIS, *Journal of Sabatino de Ursis*, Biblioteca da Ajuda, Jesuítas na Ásia, 49—v—5. pp. 142—143.

他已写信并将继续写信报告中国传教团的会长龙华民，要熊三拔别再住在园中，也别再与太监交往，这纯粹是浪费时间。熊三拔也致信会长，作出辩解。

尽管熊、庞之间在太监问题上的分歧越来越显化，徐光启的态度却悄然发生了转变，他见来墓园的太监越来越多，其中不乏直通皇帝、皇后的大太监，就让熊三拔印一批关于天主圣像的解说词，要简明些，赠给太监，好让他们带回宫中慢慢领会。熊三拔对这个支持喜不自胜："这名优秀的教徒（徐光启）不仅对天主之事抱有热忱，而且深谙当地事务。"后来，徐光启亲自写了解说词，考虑到太监们的阅读能力低，他写得非常直白，像大白话。熊三拔拿到解说词后，交给庞迪我、阳玛诺，听取意见，他的心里忐忑得很，向天主祈祷能早日付梓。

尽管庞迪我不支持熊三拔，但阳玛诺在太监工作上是配合的，不久，那名刘姓大珰又携几名太监前来，仍旧带了吃食，阳玛诺陪了他们一整天，边吃边聊，最后，刘表达了进教心愿。接着，1613年随阳玛诺进京的学生维森特·科雷亚（Vicente Correa），[①] 修士邱良禀（Domingos Mendes，1582—1652）住进墓园，主要为了在园中学习和弹奏管风琴，同时，墓园对越来越多慕名而来的太监的接待能力大幅提升，熊三拔说："因为他们素质很高，帮了很大的忙。"

熊三拔、庞迪我同时向龙华民写信陈情，然而，11月初熊三拔等到的答复，是龙华民改变了支持与太监交往的立场，龙华民自广东发来的系列指令，涉及墓园的有三条：1. 墓园不再保留常住神父，熊三拔回南堂照管教友，因为教徒们的宗教热情冷淡很多，同时，神父们住在寺庙改造的园子中像是和尚，已经有人这样称他们了。2. 墓园中的人流太多，而其中大部分是下等人，将墓园中的水器收起来，以免吸引人流。3. 墓园应是会士们的郊外田庄，不能用于常住，因此，大批太监来休闲是不妥的。

---

① 此人不见于费赖之《明清间在华耶稣会士列传》、荣振华《在华耶稣会士列传及书目补编》等名录记载。耶稣会在华的工作人员由神父、修士、学生三部分组成，例如，据1613年年信，该年在中国有15名神父、7名修士、10名学生。修士、学生通常为澳门人。学生通常不被耶稣会史的名录记载，因为学生不是"会士"。

熊三拔将"抗议"写在日记中,"期望将来读到的人有知"。他认为一面放弃墓园,一面寻求转化太监,很不现实,全体教徒都希望有更多太监进教,尤其是徐光启也这么想,他还援引郭居静的信,称李之藻也是这么想的。他认为上级的决策基于扭曲事实的或被误导,而自己的观点才是基于实际经验。对第一条,熊三拔认为被当作和尚的风险是不存在的,尽管此地原先是寺,但是家喻户晓已被皇帝赐给利玛窦作墓地,且在众目睽睽之下改建成天主堂,人们是将墓园与南堂归为一类的,这从客人拜访墓园、南堂的礼节无差别便看得出来。熊三拔还直截了当地说,"若说墓园的神父被称为和尚,这不就是在说我吗,可我对主发誓,我从来没有听到过这个字眼。"对第二条,熊三拔说,墓园的人流根本不像有人向龙华民汇报的那样不可应付,他们前来瞻仰圣像、墓碑和寺庙变天主堂的过程,将天主的音讯带往各处,是很有必要的传教工作,因为在这座京城中,不是所有人都知道传教士是为传教而来。"他们更多是为福祉而来,并非出于好奇。"对第三条,熊三拔说,太监不是纯粹为游玩而访墓园,他们通常带着吃食,因为按照中国礼俗,如果打算在外人家长时间逗留,就自带食物与主人一起享用。至于太监增加了神父的工作,他认为这是天主的恩典,天主赐给这个墓园,是为了更容易地使皇帝信教,而要达到这个目的,天主又安排了太监这个桥梁。

熊三拔只将自己的不同意见保留在日记中,龙华民的指令则得到贯彻。1614年起,墓园不再保留常住神父,但是,熊三拔仍然找机会住回墓园,他先是陪阳玛诺在园中住了20来天,阳玛诺在此期间完成《天问略》(tiēn vén liǒ),熊三拔则接待了许多批来访的太监。后来,若望·罗德里格斯①神父抵京,先在南堂住了几日后,住进墓园共3个月,其中,熊三拔在墓园中陪伴两个月,罗德里格斯在园中画地图,熊三拔则接待太监。熊三拔认为找到了赞同者,因为罗德里格斯对京中的传教士放弃与太监合作感到诧异,他说:"巡阅使向中国投入了大笔银子和礼物,不就是为了将福音传进宫廷吗?"

---

① 该传教士没有中文名字,现有研究也未提及他进入过中国内地,只知他与中国的关系是1614—1627年在澳门签署了1615年度中国年信。参见〔法〕荣振华《在华耶稣会士列传及书目补编》,耿昇译,中华书局版1995年版,第563—564页。

或许是出于对龙华民信中提到的被称为"和尚"的警惕,墓园沿用的"善教寺"红色拱门在这一年被改造成黑色方门。熊三拔还在 1614 年完成了《上帝说》,① 本书以为"上帝"之称不足代表真主,立说与龙华民相同,与庞迪我不同;庞迪我赞同利玛窦,在刊印于同年的中文著述《七克》中广泛使用"上帝";南京的王丰肃在这方面的看法与庞迪我一致,相信中国人具有"天主"方面的某些认识。② 费奇观也站在龙华民的对立面。③ 总之,礼仪之争中的译名之争,与宫廷路线之争同时在这一年激化了。

1616 年,对待太监的态度再次发生了摆动。已被日本教省的省会长瓦伦丁·卡瓦略任命为中国传教区巡阅使的阳玛诺从南京命令熊三拔和科雷亚回墓园常住,主要为了接待太监,因为阳玛诺认为太监是使皇帝皈依的必要手段。阳玛诺的命令于 1616 年 2 月 20 日抵达北京,由于天冷,熊三拔未立即动身。2 月,龙华民的命令也到北京,由庞迪我自行选择在南堂或墓园居住,以待康复,熊三拔、艾儒略住进墓园修订历算书籍。反对与太监往来的庞迪我选择独自住南堂,熊、艾搬回墓园。太监又像以前一样盈门,还抱怨神父们没有按照他们愿望住在墓园。

然而,3 月 18 日,情节再度反转,北京又收到正在中国各住院巡视的阳玛诺从南昌发来的命令:艾儒略返南京,熊三拔则搬回南堂。原来,阳玛诺在南昌遇到龙华民,后者从南雄往北京途径南昌,还带着卡瓦略的指令,其中一条是下达给阳玛诺的:目前在墓园中设立常住神父尚有诸多弊端,静观一段时间再说。阳玛诺要熊三拔在南堂等候新的指令,因为阳玛诺打算面见省会长,陈述住进墓园对传教事业的重要性,而省会长为了传教成果会同意的。熊三拔对指令的反复无常有些愤怒,他在日记中写:"这是第四次了,是住进墓园的第四次受阻……他们说的那些

---

① 即熊三拔之《上帝说》,题年 1614,撰于北京,本书以为"上帝"之称不足代表真主,立说与龙华民相同。
② 王丰肃(本篇署名王一元):《推验正道论》,徐光启校,载张西平、[意] 马西尼(Federico Masini)、任大援、[意] 裴佐宁(Ambrogio M. Piazzoni)主编:《梵蒂冈图书馆藏明清中西文化交流史文献丛刊(14)》,大象出版社 2014 年版,第 485—565 页。
③ [法] 费赖之:《明清间在华耶稣会士列传(1552—1773)》,梅乘骐、梅乘骏译,天主教上海教区光启社 1997 年版,第 94 页。

弊端，我却没有看见……巡阅使巴范济神父一得知我们得到了这片墓园，就明确地命令我们入住，他列举了诸种好处，与徐光启所列举的一样，不谋而合。"

6月13日，熊三拔又找借口搬回了墓园，称为了与罗雅谷绘圣像。8月初时，庞迪我住进墓园，阻断与太监的交往，熊三拔则搬回南堂。然而，这种摆动很快就因南京教案爆发戛然而止。6月20日，北京收到龙华民的南京来信，为沈㴶上"本"参劾天主教预警，要他们想办法弄到"本"的内容，直到8月4日，周子愚（chēu）才将"本"弄到。看了之后，传教士们全部住回南堂院，以示收敛。

对太监的态度是观察适应政策之争的新视角。从这个视角中能看到适应政策的适应对象问题：是为了将圣教传入内廷而适应太监，还是为了继续适应先前适应的士大夫而断绝与太监的交往。无论选择适应哪方，都意味着传教事业在某方面受损。这道选择题在17世纪20年代才首次有了一个较统一的答案，随着东林党和阉党的斗争进入高潮，传教士自觉地站在士人阵营，在这十年的年信中，太监都是负面形象，1625、1626、1627年年信中花了很大篇幅刻画魏忠贤的邪恶，因为这三年正是斗争高潮，直至1629年庞天寿①进教后，太监的形象才好转。

在《熊三拔日记》中，如何处理与太监的关系，是教会内部唯一表面化的争执，熊三拔以平和的笔调记载上层路线、科技传教路线，甚至对Deus（天主）的译名问题也一笔带过，但是在记录太监问题时，饱含义愤、失望。上级下发的禁令以"风险"为中心词组织理由，熊三拔的反驳以"实际经验"为关键词，指出上级被不符合实际的消息误导，而因地制宜正是适应政策的立论根基。

四　南京教案（1616—1620）

关于南京教案的起因有许多偶然性、必然性的分析，背离适应政

---

① 庞天寿（1588—1657），顺天府大兴县人，明末著名宦官，历任崇祯、弘光、隆武、永历四朝御马太监、司礼太监等职。庞天寿早年领洗入天主教，洗名亚基楼（Aquelio），在永历朝与天主教关系方面发挥重要作用。

策是一个重要的解释角度。适应政策的内容除了上层路线、科技传教等，还应包括谨慎。在"谨慎"二字上，或许是后辈脱离利玛窦路线最远的地方，利玛窦的传教活动在中国信仰市场上保持着恰如其分的存在感，在他去世前后，韶州、南昌、南京、北京四个住院都因追求传教的轰动效应遭遇波折。龙华民于1597年进入韶州住院后，热衷于轰轰烈烈的乡村传教，快意于与异教竞争，妒恨者在伺机报复。1606年3月，作为信使前往韶州的修士黄明沙（1573—1606），因为被叛教分子诬告与澳门的外国人策划推翻中国朝廷的阴谋有关，拷打致死，接着，又有人借着已发酵的公众情绪，控告龙华民有通奸行为，依靠利玛窦的老关系，这两起案件都得到公正的审理，但是，韶州住院从此一蹶不振。1609年，龙华民的家仆因为为外国人传递信件，在香山县被捕，导致韶州住院于1612年4月关闭。南昌住院1604年起由李玛诺主持工作。1605年时，教徒已翻一倍，他们公开宣示教徒身份，大张旗鼓举行节庆活动，引起当地部分文人警觉，1607年，李玛诺筹集到1000多金币，用以购买一座大宅，当地文人联名告官，要求将这些鼓吹邪说的外国人驱逐出南昌，处理该案的官员是利玛窦的故交、江西巡抚卢廷选，他尽量采取了一种缓和的处理方式：准许李玛诺等留在南昌，但是不准向当地人传教，已买下的宅院退还。① 利玛窦在1608年3月8日致信阿桂委瓦时将这起事件归因为"心火太炽"所致。② 北京住院，由于庞迪我在郊区宣教进展迅速，也引起了非议。在1611年的一次宣教活动中，"迪我被暴民殴击，几濒于死。"③④ 士大夫对天主教教义不加掩饰的"挑衅"也不满，"复数撄若干于大吏之怒，亦几濒于危。"⑤ 徐光启告诫他们要小心行事。庞迪我等"决定收敛已开始的运动。由是，北京

---

① ［意］利玛窦原著：《利玛窦中国札记》，［比］金尼阁整理，何高济、王遵仲、李申译，中华书局2010年版，第567—578页。
② ［意］利玛窦：《利玛窦全集》（4），罗渔译，辅仁大学出版社1986年版，第364页。
③ 《熊三拔日记》亦记录了这次"悲剧"，但是，言之不详，其发生于1611年10月14日，这日，曹于汴还去墓园中参观了水器，参见 BAJA. 49—v—5，fl. 89。
④ ［法］费赖之：《明清间在华耶稣会士列传（1552—1773）》，梅乘骐、梅乘骏译，天主教上海教区光启社1997年版，第84页。
⑤ 同上书，第86页。

居留地的发展不再造成轰动。"① 南京住院 1609 年由王丰肃主持后，新入教的人数也基本上实现了每年翻一番。王丰肃"被胜利冲昏了头脑"，以完全公开的方式宣讲福音，追求宏大场面，而"丰肃数年以前，深居，简出入，寡交游，未足启人之疑"。② 龙华民两次寻求请皇帝下诏自由传教未果，就将宣教中心移到南京。王丰肃在涉及儒家学说与基督教教义的一致性问题时追随利玛窦，不同意龙华民，但是，在追求宣教的轰动性上，比龙华民有过之而无不及，王、龙合璧，南京佛教僧侣、保守儒士视为威胁，王、龙有能力却不屑平息这些人的反感，而对手们正在等待一个反击时机和发动者，沈㴶（xin kio）就充当了这个发动者。可见，南京教案只是背离"谨慎"这一适应策略引发的全国性反天主教系列案件中的一起。激进的传教士怀着将中国建成一个排除其他宗教的基督教国家的理想，"迫人尽去家堂之神，令人惟悬天主之像"，③ 禁止教徒将天主像与异教神一同供奉，违背了儒家在求同存异中和谐共生的理念，"将人间变成地狱的原因，恰恰是人们试图将其变成天堂。"

这种冒进情绪，原因大概有二：第一，随着利玛窦在北京立稳，在中国工作的传教士，笼罩在一种普遍性的乐观情绪当中，龙华民、金尼阁、王丰肃在此时间的通信中，喜悦、冲劲力透纸背。比如，金尼阁 1611 年年信中，做了一个关于中国传教事业的充满激情的报告，断定在华传教士已经不再面临被驱逐的风险。龙华民 1612 年年信中斩钉截铁地称，传教士永远不会被逐出中国，并强烈地提出"往常宣教中的谨慎和节制"完全没有必要，④ 这种情绪反应在行动上，就是大张旗鼓宣教，利玛窦确立的小心谨慎的原则被认为不再有必要。第二，接任中国传教团负责人的龙华民，谋求使中国传教区从日本教省独立，而独立的重要条件之一就是拥有相当数量的教徒，激进的传教法确实有效率，教徒数量

---

① ［法］裴化行：《利玛窦神父传》（下册），管震湖译，商务印书馆 1993 年版，第 547 页。

② 晏文辉：《南京礼部为远夷久羁候旨》，载徐昌治编《圣朝破邪集》，载金程宇编：《和刻本中国古逸书丛刊（32）》，凤凰出版社 2012 年版，第 72 页。

③ 同上。

④ NICOLAO LONGOBARDO, *Carta Annua das Residências da China do Ano 1612*, Archivum Romanum Societatis Iesu, Jap—Sin113, fls. pp. 217—218.

在 1606—1610 年的 5 年间增加了 1500 人，而在 1611—1615 年的 5 年间增加了 2500 人。①

按照利玛窦的设计，北京住院应像一棵大树使各省住院在它那树荫之下得到庇护。南京教案爆发以后，徐光启、李之藻、杨庭筠等一面私下里疏通关系，一面公开发表护教文章。此外，北京方面能做的是通风报信。1616 年 8 月 30 日午夜，教会信使比北京礼部尚书方从哲签发的逮捕令提早半日抵达南京住院，为自救赢得了宝贵时间，天刚破晓，龙华民、艾儒略启程北上，当日，王丰肃、谢务禄被捕。9 月 29 日，龙华民抵北京，试图请官员们上疏皇帝干预此事，无奈已无人肯出头。龙华民能做的就是派钟鸣礼带着徐光启的《辨学章疏》前往南京印行散发，制造舆论。庞迪我等还亲自写了自辩性的《具揭》发往南京。利玛窦在世时处理地方反教风波，都是通过友教官员解决，从不亲自出手，这次北京住院直接干预南京教案，究竟起了作用还是反作用，还很难说。"三柱石"的说情信也没起到扭转乾坤的作用，只是在执行时对神父们很客气。

1617 年 2 月 3 日，万历发布上谕，驱逐北京的庞迪我、熊三拔，南京的王丰肃、谢务禄。3 月 18 日，圣枝主日，庞迪我、熊三拔在教堂内做完弥撒，分发棕枝以示忠诚，嘱咐教徒们要继续坚定信仰之后，他们离开了由利玛窦创立的北京住院，再也没能回来。②《熊三拔日记》戛然而止于 1616 年。禁教令发布时，北京共有 6 名耶稣会士，除了被驱逐的两位，龙华民、毕方济躲藏在徐光启的家中，游文辉、倪雅谷在墓园中。除了利氏墓地，其余圣堂院落，俱被官府封禁。墓园成为中国传教团寄望于日后能复燃的火种，"我们在北京被打倒了，眼见无药可救，就寻找一切办法至少保留住救世主堂。该堂位于利玛窦神父墓园一旁，我们试图将其作为我们在这场大风暴中的可以返航的避风港。"③ 1617 年，邱良厚以为利玛窦守灵的名义从南昌被派往北京。守灵，符合儒家孝道，这就是钦赐墓园带来的"合法性"的体现，且是全部体现，超出"守灵"

---

① Nicolas Standaer, *Handbook of Christianity in China*, Leiden：Brill, 2001, pp. 380—393.

② [美] 邓恩：《一代巨人：明末耶稣会士在中国的故事》，余三乐、石蓉译，社会科学文献出版社 2014 年版，第 141 页。

③ Manoel Dias junior, *Carta Annua da Missão da China do Ano de 1618*, Biblioteca da Ajuda, Jesuítas na Ásia, 49—v—5. fls. p. 250.

的传教自由等合法性只是传教士一厢情愿的借题发挥,不然,南京教案不会发生。传教士的行动自由主要取决于与官员的关系,即还是要回到上层路线、科技传教等适应政策上去。为辩护而作的徐光启的《辨学章疏》、庞迪我等的《具揭》,强调天主教的补益王化之用,是坚持适应策略的宣言,表明危难中的传教士和奉教官员意识到利玛窦路线才是在中国立足的生命线。这种回归利玛窦路线的反思在南京教案的高潮过后还将继续。

在墓园中结下的友谊也在默默地帮助着危难中的教会。在北京教友的请求下,龙华民又将费奇观(1571—1649)从广东调往北京,加强教牧工作。① 因为辽事已起,异族面孔的费奇观进城几无可能,正是定国公徐希皋将费奇观安排在自己的乡间院墅暂避,徐希皋的一个奉教兄弟堂·纳扎尔②又安排轿子将费奇观秘密接入城中,还为他准备好了一间小礼拜堂。沈㴶还将矛头指向墓园,认为传教士在此"借皇上一时柔远之仁,而潜藏其狐兔踪迹,勾连窥伺,日多一日"。③ 沈㴶于1621年进京任礼部尚书兼东阁大学士,在这一年,墓园的原主人杨太监因为天启皇帝登基被大赦,"坚决要求将我们逐出墓园的人开始躁动,甚至要求夷平外国人的墓"。④ 为此,定国公派了三千兵士为墓园站岗,下令任何人都不得到园里去,不得给园中的人造成任何麻烦或不安宁,声称园中的人是他的亲戚,正在园中做学问。李之藻则积极地与地方官交涉,再次确认传教士对墓园的所有权。经过这次努力,杨太监的最后一折腾平息了,

---

① 费赖之曾查费奇观的踪迹,"万历帝降旨驱逐传教士出境之时,南雄官吏曾以上意通知奇规,然许其待同伴至而后行,奇规为甚重计即出走。自是以后,奇规事迹吾人不甚详悉。"参见[法]费赖之《明清间在华耶稣会士列传》(1552—1773),梅乘骐、梅乘骏译,天主教上海教区光启社1997年版,第93页。根据1618年年信记载,费奇观偷偷地潜入北京。Manoel Dias junior, *Carta Annua da Missão da China do Ano de* 1618, Biblioteca da Ajuda, Jesuítas na Ásia, 49—v—5. fls. p. 250.

② 徐希皋有一个弟弟名希夔。纳扎尔可能是徐希夔。参阅沈一贯:《喙鸣文集》卷十六,定国徐西亭墓志铭,载《续修四库全书》编纂委员会编,续修四库全书(1357·集部·别集类),上海古籍出版社2002年版,第384页。

③ 沈㴶:《参远夷三疏》,载金程宇编:《和刻本中国古逸书丛刊》(32),凤凰出版社2012年版,第59页.

④ FRANCISCO FURTADO. *Carta Annua Da China de* 1621, Biblioteca da Ajuda, Jesuítas na Ásia, 49—v—7, fl. 290.

墓园从此牢牢地掌握在传教士手中。京外的传教团也受益于上层路线结识的友谊，托庇于士大夫的羽翼下，郭居静、黎宁石、艾儒略、阳玛诺等传教团大部分成员都在杭州杨庭筠的照护下。孙元化庇护毕方济于嘉定本宅，罗如望、史惟贞（1584—1627）因为与皇族的关系好，仍然留守江西。传教工作领导中心暂时发生偏移，移到杭州，这座江南都会一时成为辐射全国教务的中心，1618 年，传教士从杭州出发，前往上海、广东、河南、陕西、湖广、南北直隶巡回传教。1619 年，京中的教友已基本恢复正常的宗教活动，每月都有聚会，每年还有 5 到 6 场大型的节庆活动，就在墓园救世主堂举行，全京城的教友基本都会汇集于此，该年圣诞节就是在此堂庆祝的，教友们将各种乐器、饰物带去，极为隆重，一位神父去主持了弥撒，并在堂中停留了 15 日，以听取教徒的告解。墓园又恢复了活力，首先恢复的是作为宣教空间的功能。

在传教团内部，从庞迪我等写《具揭》起就体现出的反思在教难初起时、进行时、休止时、再起时、终止时，一直从未间断。1616 年 11 月 22 日，罗如望自南昌致信澳门，反思南京教案教训，请求废除阳玛诺的几项命令，因为其不适合在中国传教区执行，罗如望列举的第一条是请求放宽与太监的交往限制，第二条是允许向异教徒赠送圣像，根据阳玛诺的命令，即使是向官员和大人物赠像，也被严格禁止。罗如望强调自己是从实际经验出发，提出这些要求。① 各地宣教、教牧工作不再追求轰动效应，阳玛诺在 1618 年年信中说："我们的行事方式部分地有所改变，已经变得很温和了。"同时，不再追求教徒数量的爆发式增长，本年信开篇部分就提出了"也使我们承认，我们对传教团没有那么高的要求"。对于重返中国，传教团内部形成了统一的"三策"，即礼物、历算、书籍，是再次叩开中国大门的三块敲门砖，实质上是利玛窦路线的三个具体体现。1621 年，南京教案因为山东镇压白莲教而重燃，但是，这次死灰复燃的火苗只是打了一个有气无力的漩涡就熄灭了，并没有新的更严厉的禁教令颁布。这年，入华高级耶稣会士和澳门巡阅使根据 40 年的共同经验为传教团制定新规章，其中两条规定格外引人注目：耶稣会士要制定

---

① João da Rocha, *Carta do Padre João da Rocha pedindo que se revogam algumas ordens que deo o Padre Manoel Dias Junior*, Biblioteca da Ajuda, Jesuítas na Ásia, 49—v—5, fls. 174v—176v.

一套培训新抵传教士汉语和中国思想的教学体系；科学不仅是宣教工具，也是保卫传教团的工具。祀孔祭祖问题也在1621年条例中确定下来。考虑到牧养能分清正统和"迷信"的华人教徒，如果不需要几十年，至少也要数年，耶稣会士决定逐步增加对新皈依者的灵修要求。例如，暂且允许新皈依的官员举行必要的祭孔仪式，既然这只是"表达对圣人感激之情的象征"的话。普通的新皈依者可以把祷像放在家中离祖先牌位"较远的地方"。①

谨慎是利玛窦路线的应有之意，南京教案从这个角度反证了遵循适应政策的必要性。北京不是教案这一事件的中心舞台，南京是风暴的中心，杭州是庇护的中心，北京所起的作用是提供信息和托关系，其中很多关系是在墓园前6年的科技、宣教活动中建立起来的，如定国公。从理论上，墓园是教案后传教士唯一合法的居留场所。传教士和奉教官员、友教人士小心翼翼地维护着墓园，作为日后"返航的避风港"。

五　余论

上文回溯了利玛窦墓园最初十年间的四项主要活动：园区建设、科技传教、与太监的交往、在南京教案中的营救与自救。通过这四项活动可以观察利玛窦路线在利玛窦身后的执行情况。上层路线、科技传教都得到了很好的继承与发展。继承者们还试图开掘太监这个利玛窦保留未动的群体，以实现将福音传入宫廷的夙愿，这亦可视为上层路线的支路，是通往宫廷的一条捷径，因为它绕开了通过文官系统的科层制层层向上拱透的努力，企图在文官系统外另搭一根直通宫廷的短线。但这条路线的不确定性使它在传教团内部及传教士、士大夫之间产生了复杂的分歧，因此这也是最摇摆不定的一条路线，具体体现就是熊三拔几进几出墓园，为谁在墓园中定居争论不休。如果说对待太监的态度是利玛窦身后的增量之争，那么，南京教案的爆发是对利玛窦路线中"谨慎"这个存量的

---

① ［美］柏里安（Liam Mathew Brockey）：《东游记：耶稣会在华传教史（1579—1724）》，陈玉芳译，澳门大学出版中心2014年版，第54—55页。

背离。按照传统观点，龙华民在利玛窦去世后挑起礼仪之争，挑战适应政策，主要体现在抛弃上层路线和科技传教路线，转向闾左小民，以圣像和教义小册子直接宣教，抛出"天主"不能译为"上帝"的译名问题，以及祭祖祭孔问题。从墓园的活动来看，这些都没有严重地背离利氏路线，除了译名问题悬而未决，① 其余都在利玛窦设计的大方向上。真正对传教团造成实质性伤害的，是冒进的传教策略及由此触发的南京教案。

这种冒进情绪正如前文所述，既来自对形势的误判而导致的盲目乐观，又来自急于将中国传教区提拔为副省级传教区的政绩渴望。同时，还受国际传教局势影响。1606年"日本副教省"巡阅使范礼安病逝，1608年由巴范济继任，巴在日本有30年的传教经验，想用日本经验指导中国。也就是说，不仅中国的适应政策在利玛窦身后面临着继承问题，在东亚都面临着继承问题，而且在适应政策的倡导者范礼安身后，比在中国更早地展现出来。在17世纪的前十年，日本新归化教徒30万，中国只5000人，日本耶稣会士由此认定利玛窦在中国的适应策略是失败的。中国传教区必须在受洗人数这一关键业绩上有所作为。

而将视野扩大至龙华民挑起的礼仪之争的全部议题，也能看到国际传教局势的影响。礼仪之争的全部议题可归结为追求传教工作的"纯正"与文化调和主义之争。前者认为传教的唯一目的是制造天主教徒，达到这一目的的唯一手段是宣讲福音，他们认为迂回就是浪费，而且在迂回中容易滋生异端，甚至经常将"目的"与"手段"相混淆，赋予"手段"本该赋予"目的"的绝对价值。这派人的外在表现就是，在行动上是激进的，在教义上是保守的。两条路线之争，可追溯至西班牙、葡萄牙海外传教的西方路线、东方路线的分化。瓜分教权后，西班牙主导的传教事业向西发展，在美洲采取文化同化政策，强制印第安人归信天主教。葡萄牙主导的传教事业向东发展，遇到的是迥然不同于"新大陆"的古老文明，尤其是在中国，传教士面对的是一个高度发达、自信的文化体，并有孤立主义大墙封闭其间。"东方使徒"沙勿略提出适合于东方的文化适应策略，范礼安、罗明坚、利玛窦将沙勿略的规划付诸实践。

---

① 1627年，11位在华耶稣会士召开嘉定会议，"天"和"上帝"从天主教语汇中废除，"天主"予以保留。

但是，对适应策略的质疑和反对声一直没有止息，以西班牙籍为主的传教士不断提出以武力征服中国的计划。16 世纪末，欧洲天主教世界中镇压异端运动掀起高潮，坚持"日心说"的布鲁诺 1600 年被宗教裁判所作为"异端"处死，就从属于这股风潮。这股风潮还波及美洲大陆，"结论似乎应当是发动一个新的传教运动，以粉碎发展中不同宗教的调和"，①在 17 世纪上半叶的安第斯山区出现了几次破除偶像崇拜运动，1607 年起，耶稣会士在巴拉圭等印第安人保留地甚至建立了一个"耶稣会国"，将天主教社会体系完整地移植到当地，以彻底根除印第安人的异端。这股风潮势必影响中国，而影响的施加也主要是通过日本。1613—1615 年间，"日本通"陆若汉（1561—1633）遍访中国的住院，与信仰天主教的文人交谈，对用于表示天主概念的中文术语展开调查，得出在华耶稣会士正在煽动偶像崇拜的结论。1614 年 10 月，第一届耶稣会日本教省会议在日本的长崎召开，关于适应政策的主张一直讨论了 15 天，日本的耶稣会士比龙华民更保守。1615 年，弗兰西斯科·维埃拉（1555—1619）接替巴范济任巡阅使，同意长崎会议的关于礼拜仪式的观点，同年，因为日本禁教退往澳门的耶稣会士卡米勒斯·科斯坦佐（1571—1622）发文抨击传教中使用有争议的术语。还是在这一年，"日本教省"的省会长卡瓦略禁止使用利玛窦的传教方法，教授数学和哲学的工作也被禁止，传教士们只能宣讲福音，他们必须拒绝任何与修历有关的事情，即使是皇帝特别颁布了圣旨也不行。在了解了这些国际背景之后，如果龙华民在利玛窦身后挑起礼仪之争的观点成立，那么，龙华民顶住来自中国传教团外部的压力，使利玛窦路线在内外夹击中艰难维系下去同样应该成立。

利玛窦墓园中前十年的活动是继承和发展利玛窦路线的典范，即使南方三座住院在冒进情绪的笼罩下纷纷遭遇挫折的时候，北京住院也保持着压舱石般的沉稳气质，并在教案风暴中施以援手，而援救工作所动用的关系，主要是在墓园中缔结和深化的。1621 年，教案彻底平息之后，传教士与徐光启、李之藻等奉教官员及叶向

---

① ［英］莱斯利·贝瑟尔（Leslie Bethell）编：《剑桥拉丁美洲史》，中国社会科学院拉丁美洲研究所译，经济管理出版社 1995 年版，第 511 页。

高、张问达、①孙承宗等友教官员通力合作，利用东北边疆危机日益深重，以引进澳门西洋大炮为策略，尝试推动朝廷重新允许传教士来华。1625年，退休之前的孙承宗还帮助恢复了在北京的耶稣会住院。1629年，改革心切的末代皇帝崇祯终于将耶稣会士正式纳入历法修订工作。墓园建成约50年后，教会内部的礼仪之争在耶稣会外引爆，厌倦了礼仪之争的康熙帝于1705年发出禁教令后，仍给了发誓信守"利玛窦规矩"的西方传教士留在中国的机会。"利玛窦规矩"即康熙对耶稣会适应策略之基本原则的称谓。②这无非是把大约一个世纪前利玛窦墓园中的故事再重申一遍。

至于墓园自身命运，北京的墓园建立后，外省的传教士也相继购建墓地，如杭州、福州和南京等地的教士公墓，都建于明末。③平信徒亦仿效教职人员，建起归葬基督徒的墓地，比如1619年，北京的教徒以纳扎尔的名义购买了毗邻太监的物业的一块地用作公共墓地，他们是"从传教士处理利玛窦墓园的方式中受到启发"。1615年，杨廷筠也购买了杭州城外的一处地产，给那些贫穷的天主教徒做墓地。处理好身后事是天主教徒的一个重大关切，利玛窦墓园建成后，至少专门埋葬神父和教徒的葬地合法化了，天主教墓渐多起来，成为一种宗教文化现象。后来，邓玉函（1576—1630）、罗雅谷（1593—1638）、汤若望（1591—1666）、南怀仁（1623—1688）等大名鼎鼎的传教士陆续在利玛窦的身边找到安息之地，他们生前身后都使墓园或在面积上或在文化价值上增值，比如1669年，康熙帝追赐汤若望的葬地，使墓园几乎扩大了一倍。利氏之后三百余年，朝代更迭，教务亦有波动，但这块茔地始终未脱教士之手。④迄今，利玛窦墓园不仅仅是天主教内人士的精神地标，更是象征明末清初那场平等、开放的中西交流的文化地标——传教士的文化适应与中国

---

① 张问达（？—1625），字德允，泾阳人。万历十一年（1583）进士，历知高平、潍二县，后授刑科给事中，迁太常少卿，以右佥都御史巡抚湖广。张问达曾为金尼阁《西儒耳目资》作序。
② 张铠：《庞迪我与中国》，大象出版社2009年版，第345页。
③ ［法］高龙鞶：《江南传教史》（第一册），周士良译，辅仁大学出版社2009年版，第369—399页。
④ 同上书，第103—104页。

士人研习"天学"是一种文明互鉴的关系,墓园前十年中繁忙的脑力激荡、友谊盛开的热度和欢快的气氛,今人立身园中,幽古感怀,似乎余温犹存。利玛窦在去世前的几个月,反复对会中的同工说:"怎样才能使中国的传教事业更加兴旺,我找不出什么比我的死更为合适的办法了。"①他说对了。

---

① [意]利玛窦:《耶稣会与天主教进入中国史》,文铮译、梅欧金校,商务印书馆2014年版,第483页。

明清之际西学汉籍整理出版的百年历程[*]

谢 辉[**]

内容摘要：从1911年至今的百余年间，学界对明清之际西学汉籍的整理，经历了三个阶段。第一阶段为民国时期，其工作由大型丛书收录、宗教机构出版与学者整理三方面构成。第二阶段为20世纪50至80年代，其代表性成果为台湾主要据海外藏本影印的约六十种国内稀见文献。第三阶段为20世纪90年代至今，此阶段的整理工作呈现全面繁荣的态势，大型专题影印丛书与点校本丛编，以及对专人专书的深度整理不断涌现，但也暴露出整理者重视西学，忽视传统文献学的问题。不同学科间学者的合作，应是下一步整理工作的重要发展方向。

关键词：明清之际；西学汉籍；文献整理；点校；西学东渐

自明万历年间开始，西方传教士陆续来华，在传教的同时，也将西方的自然、社会、人文知识带入中国。在此背景下，一批以介绍西方知识为主的著作应运而生。这批典籍的作者或为传教士，或为中国士人，或中外合作；其著述的形式或翻译西方著作，或为新撰。但其所用语言则主要为中文，其出版的方式也多为中国传统的雕版印刷。对于这批典

---

[*] 基金项目：国家社科基金重大项目"百年中国古籍与古文献学科发展研究"（11&ZD109）。

[**] 谢辉，现为北京外国语大学国际中国文化研究院助理研究员，研究方向为历史文献学。

籍，学界多称之为"西学汉籍"。西学汉籍自明末诞生之后，一度发展颇为繁荣。被称为"西士华文著述之第一书"的《天主圣教实录》①，曾印至数千册之多②。有学者估计仅西学汉籍中有关天主教的著述，就多达千部以上③。尽管经过雍乾禁教等打击，这批典籍仍有不少流传至今，大致可分为基督教、人文科学、自然科学三大类。其中基督教又可分为圣经、神学、辨教、仪式、史传、格言等，此类文献在禁教运动中受损失最重，有学者统计，仅乾隆至道光间见于档案记载的查获天主教经卷案件，即有116宗④。但其总量较大，故存世独多，仅徐宗泽《明清间耶稣会士译著提要》中所著录者，即有约160种之多。人文哲学可分为哲学、逻辑学、伦理学、教育学、文学等，自然科学则可分为数学、天文历法、地理、机械、生物医药等。因有些传教士担心此类著述会使人"玩物丧志"⑤，冲淡他们的传教目的，故数量较少。但较受中国士人欢迎，且受禁教影响较小，清修《四库全书》，将《天学初函》中器编部分与附于理编之末的《职方外纪》收入，而理编《天主实义》等讲教理之书则摒之于存目，可见其态度。受此影响，这些人文与自然科学类著作，有很大一部分都流传了下来。钱存训先生谓明清时期耶稣会士的译著中"半数以上是关于基督教教义，三分之一是各种科学，其余是关于西方制度和人文科学"⑥，目前存世的西学汉籍的总体情况，大致与此相符。近年来，学者对此批文献的关注程度不断提高，新的整理成果大量涌现，成就斐然，但也存在一些问题。本文即对1911年至今百余年间，中国对西学汉籍的整理情况，分三个时期作简要回顾，并在此基础上略述其得失，以期在一定程度上推动后续整理研究工作的深入。

---

① 徐宗泽：《明清间耶稣会士译著提要》，上海书店出版社2010年版，第105页。
② [意]利玛窦：《耶稣会与天主教进入中国史》，文铮译，商务印书馆2014年版，第138页。
③ 李天纲：《中文文献与中国基督教史研究》，载张先清《史料与视界》，上海人民出版社2007年版，第7页。
④ 张先清：《刊书传教：清代禁教期天主教经卷在民间社会的流传》，载张先清《史料与视界》，上海人民出版社2007年版，第86页。
⑤ [意]艾儒略著、谢方校释：《职方外纪校释》，中华书局1996年版，第2页。
⑥ 钱存训：《近世译书对中国现代化的影响》，《文献》1986年第2期。

一 民国时期：明清之际西学汉籍整理的起步阶段

民国时期，古籍整理事业发展迅速，西学汉籍的整理也开始起步。这一时期的成果，可大体归纳为三个方面：

第一，以《丛书集成初编》为代表的大型丛书所收录者。据《丛书集成初编目录》所载，《初编》收录的西学汉籍，约有十九种，包括：《天步真原》《同文算指》《浑盖通宪图说》《简平仪说》《天问略》《远镜说》《经天该》《远西奇器图说》《职方外纪》《坤舆图说》《坤舆外纪》《友论》《几何原本》《圜容较义》《测量法义》《测量异同》《勾股义》《地球图说》《西方要纪》。其中前十一种为影印，其余为排印。其多用影印，可能是由于诸书图表较多，排印困难之故。从数量上来看，尚不足《初编》拟出四千种书的二十分之一，且受收书来源的限制，多为西方天文历算等科学类典籍，但在民国时期，仍是较有影响力的一大宗。此外《万有文库》亦偶有收录，但数量并不太多。

第二，天主教机构整理出版者。民国时期，天主教机构的出版活动较为活跃，较为著名者有：北京北堂印书馆、上海土山湾印书馆、河北献县天主堂印书馆、香港纳匝肋印书馆等。这些机构大多创立于清末，长期从事天主教著作的出版。而明清之际西学汉籍中的一个重要组成部分，即是传教士入华时撰写的天主教书籍，这些典籍在民国时即主要由教会机构整理印行。例如，北堂印书馆在1913、1929年两次印行冯秉正《圣经广益》[1]，1915年、1919年、1929年、1933年四次印行苏尔金《圣教益世徵效》[2]。1917年《土山湾慈母堂图书价目表》，记载其在1914年出版徐光启《辟妄》、1915年阳玛诺《圣经直解》、1916年苏如望《天主

---

[1] Joseph Van den Brandt, *Catalogue des principaux ouvrages sortis des presses des Lazaristes à Pékin de 1864 à 1930*, Pékin: H. Vetch, 1933, p. 17.

[2] Joseph Van den Brandt, *Catalogue des principaux ouvrages sortis des presses des Lazaristes à Pékin de 1864 à 1930*, Pékin: p. 14. 雷强：《北堂印书馆1931至1951年刊印书目考》，《图书资讯学刊》第2期，第158页。

圣教约言》等①。1924 年《献县天主堂目录》，载其出版品中有 1920 年艾儒略《天主降生言行纪略》、庞迪我《七克大全》，1923 年南怀仁《教要序论》等②。其出版的数量是颇为可观的。

  由于天主教机构整理西学汉籍的主要目的，是用于传教，故其出版物多为天主教教理与西方神哲学著作，对于科技类文献则关注不多。即便是在教理著作方面，天主教出版机构也存在着诸多问题。例如，其出版的品种重复率较高，如庞迪我《七克》、利玛窦《天主实义》、冯秉正《圣经广益》等，在各地都曾多次出版。此外，还可能有随意改窜底本的问题。如方豪先生即将明刻本《天主实义》与土山湾、献县印本对勘，发现后两本对序言及内文均作了较大改易③。此两本虽然印于清末，但在民国大量重印，改易文字的问题也一直延续下来。尽管如此，天主教出版机构的成就亦不容忽视，特别是在其努力之下，整理出版了一批稀见的西学汉籍。如北堂印书馆数次印行的《圣教益世徵效》，为清宗室苏尔金所撰。苏尔金为苏努之子，在苏努家族中最早接触天主教，其著作是研究苏努教案与清宗室天主教信仰的重要资料。然流传极稀，目前仅知中国国家图书馆与法国国家图书馆藏有清抄本，且均为后人改写的白话本。北堂印书馆出版者乃文言本，很可能是自北堂旧藏的一个清抄本出④，此清抄本今已不可见，幸有整理本保存其面貌。又如，北堂印书馆 1935 年出版的高一志《民治西学》二卷，为高氏《治平西学》四种之一，亦据北堂藏清抄本排印⑤。此抄本今同样不可见，法国国家图书馆藏有另一抄本，但仅存上卷，故北堂印书馆排印本为目前传世的唯一全本。此外，在整理形式上，天主教机构也有所创新。如朱星元、田景仙于 1941 年合编《文言对照天主实义》，由天津崇德堂发行。其书为两截式，

---

① *Catalogus librorum lingua Sinica scriptorum qui prostant in orphanotrophio T' ou—se-we*, Changhai: ZI—KA—WEI, 1917, pp. 14, 2, 12.

② *Catalogus librorum Typographiæ Sienhsien*, Xianxian: Missionis Catholicæ Tchely Mer. Orient: 1924, pp. 12, 17, 16.

③ 方豪：《天主实义之改窜》，《方豪六十自定稿》，台湾学生书局 1969 年版，第 1593—1602 页。

④ Hubert Germain Verhaeren, *Deux traités d'apologétique du prince Tartare Jean Sou—eul—kin*, Le bulletin catholique de Pékin 30, no. 362. Pékin: Imprimerie des Lazaristes, 1943, p. 611.

⑤ 方豪：《中国天主教史人物传》，宗教文化出版社 2007 年版，第 110 页。

上截为《天主实义》原文，下截为白话翻译。出版后颇受欢迎，1948年又重印一次，这在一定程度上，即是缘于其整理形式的创新。

第三，研究中西文化交流史的学者所主持整理者。这其中成就较大者，当属陈垣先生。自1918年以来，其先后整理出版西学汉籍多种，主要包括：

《铎书》一卷。1917年，陈垣先生于徐家汇藏书楼见此书，欲录副而未果。次年，马相伯以抄本见寄，遂校勘付印。初版于1918年底印于山西，1919年6月重版，稍后又三版于溧阳，9月添入眉评，四版于天津①。

《灵言蠡勺》二卷。陈垣先生先于英敛之处得抄本，后又得崇祯间慎修堂重刻《天学初函》本，遂托樊守执细加比勘，于1919年印行②。

《辩学遗牍》一卷。英敛之先刊于《大公报》，后托陈垣先生整理再版③，于1919年印行。有单行本及与《大西利先生行迹》《明浙西李之藻传》合订之本④。

《大西利先生行迹》一卷。此本所据者，乃徐家汇藏抄本，先由马相伯与英敛之校阅⑤，后经陈垣先生校勘，于1919年与《辩学遗牍》等合订出版⑥。

《主制群徵》二卷。本书于1915年，由英敛之印行于天津，1919年再印，陈垣为之作跋。跋文中言："末附《赠言》一帙，则清初文士赠若望之作，其诗为前印所未有，新从徐汇书楼抄得者。⑦"此谓英敛之整理本于卷末仅附录龚鼎孳、金之俊、魏裔介三篇贺文⑧，而1919年重印本

---

① 陈垣：《重刊铎书序》，《陈垣全集》第7册，安徽大学出版社2009年版，第393—396页。
② 陈垣：《重刊灵言蠡勺序》，《陈垣全集》第7册，安徽大学出版社2009年版，第408—409页。
③ 陈垣：《重刊辩学遗牍序》，《陈垣全集》第7册，安徽大学出版社2009年版，第410—411页。
④ 刘乃和等：《陈垣年谱配图长编》，辽海出版社2000年版，第90页。
⑤ 马相伯：《书利先生行迹后》，《马相伯集》，复旦大学出版社1996年版，第223—224页。
⑥ 陈垣：《大西利先生行迹识》，《陈垣全集》第7册，第412页。
⑦ 陈垣：《三版主制群徵跋》，《陈垣全集》第7册，第423页。
⑧ 参见[德]汤若望《主制群徵》，《续修四库全书》第1296册影印民国四年天津大公报铅印本，上海古籍出版社2002年版，第583—586页。

则"尚有名士赠若望诗十余首"①。此应是陈垣先生所增入,可见其整理之功。

《名理探》五卷。1917年,陈垣自英敛之处得一本,而英氏又得自马相伯。据后出的1931年排印本谓"徐汇书楼旧藏抄本,首端五卷,民国十五年,陈援庵先生转抄"②,可知其源出自徐家汇藏抄本。1923年,陈垣命赵彬重抄一部,于1926年由公教大学辅仁社影印行世③,为民国间最早刊行之本。

除了陈垣先生之外,民国间还有多位学者积极从事西学汉籍的整理,并取得了引人瞩目的成就。例如,阎宗临于1941年,在《扫荡报》副刊《文史地》上发表《身见录注略》④。《身见录》为清人樊守义所作,是目前所知最早的一部中国人所著旅欧游记,仅有抄本藏于罗马国家图书馆,经阎氏整理,首次公布于世。王重民于1935年,在《图书季刊》第二卷第一期发表《海外希见录》,整理刊布了法国国家图书馆藏《教皇致大明国国主书》与隆武帝、郑芝龙答毕方济诗⑤。其中《教皇致大明国国主书》为木刻印版,不容易释读,而王氏即是民国时期较早关注并公布此文献的学者。向达则在1947年,整理出版了《合校本大西西泰利先生行迹》。此本以明福建刻本为底本,以英国牛津大学图书馆、法国国家图书馆、北堂图书馆、献县天主堂所藏五个抄本及陈垣校印本为校本⑥,详注其异同,为民国时期西学汉籍整理的典范之作。总的来看,民国间由学者主持整理的西学汉籍数量虽然不多,但多为流传稀少、学界急需之作,且校勘精良,有的还附有精到的考证。如陈垣先生在校印《铎书》时,即考其卷前阙名序文为李建泰作⑦,此说后经黄一农补充考证,遂成确论⑧。举此一例,可见学者整理本之价值。

---

① 方豪:《中国天主教史人物传》,宗教文化出版社2007年版,第237页。
② 傅汎际译义、李之藻达辞:《名理探》卷末《校刊识言》,上海徐汇光启社1931年版。
③ 陈垣:《名理探跋》,《陈垣全集》第7册,第502页。
④ 阎守诚:《阎宗临传》,三晋出版社2014年版,第108—111页。
⑤ 王重民:《海外希见录》,《冷庐文薮》,上海古籍出版社1992年版,第752—760页。
⑥ 向达:《合校本大西西泰利先生行迹》,上智编译馆1947年版,第1—3页。
⑦ 陈垣:《重刊铎书序》,《陈垣全集》第7册,安徽大学出版社2009年版,第394页。
⑧ 黄一农:《两头蛇:明末清初的第一代天主教徒》,上海古籍出版社2015年版,第261—267页。

需要说明的是，民国时期，以上三个方面的西学汉籍整理出版活动，并非截然隔绝，而是彼此之间有着密切联系。一个较为明显的例子是，《名理探》前五卷最早由陈垣于1926年主持影印，1931年，又由光启社整理，交土山湾印书馆印行。此后徐宗泽又托友人在法国国家图书馆影印得后五卷，并从北堂图书馆抄得卷前序言，合为十卷本，于1935年由商务印书馆编入《万有文库》出版①。可见在《名理探》的整理历程中，天主教机构、教外出版机构与学者都曾参与其中，由此也推动明清之际西学汉籍的整理工作不断迈向深入。

二 20世纪50至80年代：以海外文献影印为中心

中华人民共和国成立之后至20世纪80年代，明清之际西学汉籍的整理重心转到文献影印领域，其代表性成果为台湾学生书局于1965、1966、1972年，陆续影印出版了《天主教东传文献》初、续、三编。其所据之本，不少都来自海外，颇为珍贵，今详述之如下。

《天主教东传文献》（初编）收书六种，其中五种影印自梵蒂冈图书馆藏本。即：利玛窦《西国记法》（明末刻本，馆藏号 Raccolta Generale Oriente, III, 227.7）、南怀仁《熙朝定案》（清刻本，馆藏号 BARBERINI ORIENT, 132.3）、利类思《不得已辩》（清刻本，馆藏号 Raccolta Generale Oriente, III, 225.1）、南怀仁《不得已辨》（清刻本，馆藏号 Raccolta Generale Oriente, III, 227.8）、杨廷筠《代疑篇》（明康丕疆校刻本，馆藏号 Raccolta Generale Oriente, III, 219.9）。另有《熙朝崇正集》一种，则影印自法国国家图书馆藏抄本（馆藏号 Chinois 7066）。

《天主教东传文献续编》收书二十种，其中十五种影印自梵蒂冈图书馆藏本。包括：邵忠辅《天学说》（明邵氏自刻本，馆藏号 Borgia Cinese, 334.7）、徐光启《辩学疏稿》（明末刻本，馆藏号 Raccolta Generale Oriente, III, 213.10）、杨廷筠《鸮鸾不并鸣说》（明末刻本，馆藏号 Borgia Cinese, 334.27）、严谟《天帝考》（清抄本，馆藏号 Raccolta Generale

---

① 徐宗泽：《跋》，载《名理探》，商务印书馆1935年版，第582—538页。

Oriente，III，248.10）、庞迪我《天主实义续篇》（明清漳景教堂重刻本，馆藏号 Raccolta Generale Oriente，III，223.13）、杨廷筠《天释明辨》（南明福州天主堂刻本，馆藏号 Raccolta Generale Oriente，III，221.2）、汤若望《主制群徵》（清康熙间刻本，馆藏号 Borgia Cinese，324.23）、徐光启《辟妄》（清刻本，馆藏号 Borgia Cinese，324.16）、罗明坚《天主圣教实录》（明末刻本，馆藏号 Borgia Cinese，324.1）、孟儒望《天学略义》（明末刻本，馆藏号 Raccolta Generale Oriente，III，213.15）、佟国器《建福州天主堂碑记》（清初刻本，馆藏号 Borgia Cinese，324.18）、利安当《天儒印》（清康熙间刻本，馆藏号 Borgia Cinese，334.9）、李祖白《天学传概》（清康熙间刻本，馆藏号 Raccolta Generale Oriente，III，213.12）、马若瑟《儒教实义》（清抄本，馆藏号 Borgia Cinese，316.20）、冯秉正《盛世刍荛》（清北京仁爱圣所刻本，馆藏号 Borgia Cinese，381.6）。另有方豪先生自藏五种，包括：艾儒略《三山论学记》（清道光二十七年重刻本）、阳玛诺《景教流行中国碑颂正诠》（清末土山湾重刻本）、钟始声《辟邪集》（明末刻本）、杨光先《不得已》（1929 年中社影印清抄本）、南怀仁《熙朝定案》（清道光间刻本，与初编所收之本内容不同）。

《天主教东传文献三编》收书十四种，其中十一种可确定为影印自梵蒂冈图书馆。包括：卫匡国《述友篇》（清初刻本，馆藏号 Raccolta Generale Oriente，III，223.8）、利安当《正学镠石》（清济南天衢天主堂刻本，馆藏号 Raccolta Generale Oriente，III，247.3）、韩霖等《圣教信证》（清康熙间刻本，馆藏号 Raccolta Generale Oriente，III，222.10）、艾儒略《五十言余》（南明弘光元年福建天主堂刻本，馆藏号 Raccolta Generale Oriente，III，218.1）、李九功《励修一鉴》（清初刻本，馆藏号 Borgia Cinese，349.17）、徐光启《造物主垂像略说》（明末刻本，馆藏号 Borgia Cinese，334.21）、高一志《譬学》（卷上，明崇祯间刻本，馆藏号 Borgia Cinese，364.1）、高一志《达道纪言》（明崇祯间刻本，馆藏号 Borgia Cinese，364.6）、王徵《崇一堂日记随笔》（明崇祯间刻本，馆藏号 Borgia Cinese，336.3）、高一志《空际格致》（明末刻本，馆藏号 Raccolta Generale Oriente，III，229.1—2）、伏若望等《痛苦经迹》（清初刻本，馆藏号 Raccolta Generale Oriente，III，214.7）。其余三种著作中，阳玛诺

《圣经直解》为明末杭州天主堂刻本，经比对书衣所题拉丁文，及目录置于全书最后的独特卷帙编排，基本可确定影印自耶稣会罗马档案馆藏本（馆藏号 Jap. sin. I. 70）。高一志《圣母行实》为清康熙十九年广州大原堂重刻本，朱宗元《天主圣教豁疑论》亦为清广州大原堂重刻本，则来源不明。

除了《天主教东传文献》初、续、三编外，本时期影印西学汉籍的另一成果，即是于 1965 年由学生书局出版的《天学初函》。全书分理器二编：理编九种，如将附于《西学凡》之《唐景教碑》计入，则为十种；器编十一种，其中《测量异同》不见于卷前目录，《四库全书总目》以为"附于《测量法义》"① 据卷前罗光《天学初函影印本序》，其所据之本，是意大利汉学家德礼贤在民国时，为编纂利玛窦中国传教史，而向金陵大学借用者。后为其携归罗马，转交罗光代为保管。序言中谓"我乃函托罗马赵云崑神父计划摄影"②，可知此本可能一直保存在罗马，未必前往台湾。其版多漫漶，故方豪认为"似系清初所印"③。

以上四种丛编类著作，共收录西学汉籍约六十种，自今日而言，并不算多，但在当时，却是最大规模的一次西学汉籍的集中影印，为学界提供了大量急需的资料。如《天学初函》一书，传本稀少，英敛之"曾欲以重价收之，竟不可得"④，陈寅恪亦曾致信陈垣求借⑤。特别是影印了一批以梵蒂冈图书馆为主的欧洲图书馆藏本，此批欧藏汉籍，之前仅有王重民、方豪等学者，在其文章中作过一些介绍，本次影印出版后，学界方得以睹其面貌。其中不乏有国内无传的珍稀之本，如《帝天考》《熙朝崇正集》等。因此，在很长一段时间内，此四套书一直是研究明清中西文化交流史的学者的主要资料来源，时至今日，仍然常常被引用。但其中也存在着一些问题，主要包括以下三点：

其一，底本标识不清。《天主教东传文献》初编，除了最后一种《熙朝崇正集》附有顾保鹄、梁子涵之序跋，说明其底本与馆藏号外，其余

---

① 永瑢等：《四库全书总目》，中华书局 2003 年版，第 1136 页。
② 李之藻：《天学初函》，台湾学生书局 1965 年版，第 2 页。
③ 方豪：《李之藻研究》，台湾商务印书馆 1966 年版，第 151 页。
④ 傅增湘：《藏园群书经眼录》，中华书局 1983 年版，第 947 页。
⑤ 陈寅恪：《陈寅恪集·书信集》，生活·读书·新知三联书店 2001 年版，第 126 页。

五部书都未作说明。《续编》加入了方豪所写提要，详细交代各本来源，梵蒂冈藏本卷前又加印馆藏号，比较完备。实则底本的标识，在文献影印过程中至为重要。一方面，此批文献大部分来源于梵蒂冈图书馆，而梵蒂冈藏西学汉籍众多，一书有多个复本的情况很常见，若不标明馆藏号，则不知所印者究为何本。另一方面，尚有少数文献为别馆所藏，若不说明，则更令人无从寻觅。如《三编》所收《天主圣教豁疑论》，梵蒂冈藏有两部，与其虽为同一版本，但比对之下，似细节均有不符，究不知其所印者是否是梵蒂冈藏本。如能标识清楚，则可避免这一问题。

其二，有影印阙漏之处。例如，《三编》据梵蒂冈藏本收录《励修一鉴》，检梵蒂冈藏原件，可知其天头原有刻印之小字批注甚多，而《三编》在影印时一概略去，致使内容损失很多。韩琦亦发现初编在影印《熙朝定案》时"漏印了个别奏疏"①。此外，《三编》据梵蒂冈藏本收录《譬学》，仅有卷上，但实际上，梵蒂冈亦存有此书卷下，只是将其编为另一馆藏号（Borgia Cinese, 324.26），未与卷上置于一处。这虽非影印者之失，也终究是一件憾事。

其三，提要撰写偶有疏漏。《天主教东传文献续编》卷前，收录了方豪先生为本编所收二十种书所写之提要②。方先生为宗教史学家，又长于文献之学。所写提要校勘文字、考证版本、讨论价值，均甚精当，但偶亦有失误之处。例如，其在《影印主制群徵序》中说："是书原藏梵蒂冈图书馆……今日吾人赖科学影印技术之进步，获睹明刻本之旧，较前人为有福。③"是以此本为明刻。但今检其本，卷中避讳"玄"字，如目录"十一，以气之玄妙徵"④，"玄"字与"玅"字之"玄"旁均缺末笔。梵蒂冈另有一本（馆藏号 Borgia Cinese, 370.4），不避"玄"字，卷前有崇祯九年李祖白《跋》与汤若望《小引》，版式行款与此本同，而字体有

---

① 韩琦等校注：《熙朝崇正集·熙朝定案（外三种）》，中华书局2006年版，第7页。
② 初编所收六种书，方氏亦写有提要，但似未印入。提要见《方豪六十自定稿》下册，台湾学生书局1969年版，第2257—2272页。
③ 方豪：《影印主制群徵序》，《天主教东传文献续编》，台湾学生书局1966年版，第19—20页。
④ ［德］汤若望：《主制群徵》，《天主教东传文献续编》，第499页。

变化。对比之下，可知《续编》所收之本，实应为清康熙间翻刻本，所据者盖即梵蒂冈藏别本一系，而为避讳撤去了李、汤二家序跋。方先生以《续编》影印自明刻，并不准确。

但尽管存在着一些问题，此批文献影印在当时的历史条件下，仍然取得了较高的成就，也成为本时期西学汉籍整理的代表性成果。此外尚有一些零散的成果，如三联书店于1959年，据民国间《万有文库》本重新排印了《名理探》；文字改革出版社则于1957年，影印出版了法国金尼阁著《西儒耳目资》，收入《拼音文字史料丛书》中。但总的来看，仍以此次海外藏本的集中影印，在规模和价值上更为突出。

三 20世纪90年代至今：西学汉籍整理的全面繁荣

约从20世纪90年代开始，西学汉籍的整理步入了全面繁荣时期。这一时期的整理工作在中国广泛展开，从数量和质量上而言，都较前代有了大幅提升。其成果亦体现出以下四方面特色：

首先，大型专题影印文献的涌现。这一时期，比利时学者钟鸣旦、杜鼎克通过与海内外的学者及收藏机构的合作，推动了几次大规模的西学汉籍影印活动，包括：《徐家汇藏书楼明清天主教文献》（五册，方济出版社1996年），收录今存台湾辅仁大学的西学汉籍37种。此批文献原为徐家汇藏书楼所有，后于1949年被教会人士带往马尼拉，又辗转前往台湾，故仍以其旧藏命名。《耶稣会罗马档案馆明清天主教文献》（十二册，台北利氏学社2002年），收录该馆藏文献98种。《法国国家图书馆明清天主教文献》（二十六册，台北利氏学社2009年），收录文献191种。《徐家汇藏书楼明清天主教文献续编》（三十四册，台北利氏学社2013年），收录今存于上海徐家汇藏书楼的西学汉籍84种。此四部影印丛书，均由国外学者主持编纂，出版地也均在台湾。相比之下，国内学者虽然起步较晚，但发展迅猛，已有赶超之势。如2005年，由王美秀、任延黎主编的《东传福音》在黄山书社出版，收录基督宗教类文献380余部，其中约有70部左右的著作，属于西学汉籍范畴。2014年，张西平、任大援等主编《梵蒂冈图书馆藏明清中西文化交流史文献丛刊》（第一辑）由大象出版社出版，全书四十四册，收录梵蒂冈藏西学汉籍 170 部。其余各辑亦将陆续出版，全部出版后，将成为目前规模最大的西学汉籍影印类丛书。此外，陶飞亚主编的《汉语基督教珍稀文献丛刊》于 2017 年在广西师范大学出版社出版，为目前所知较新成果，但在收录的十几种文献中，除《治历疏稿》一种之外，其余多为清代中后期至民国的基督教著作，故暂不列入讨论。

以上几部大型影印文献，合计收录西学汉籍多达五百多部，数量上远超《天主教东传文献》系列，为学界提供了丰富的研究资料。从古籍整理的角度而言，此批影印本收录的海内外图书馆藏本多较为珍贵，有的还收录了不止一个版本，这又为点校工作提供了底本和校本，为接下来的深入整理奠定了基础。

其次，综合类丛书注重收录西学汉籍。这一时期，在研究条件的改善和学界对研究资料的企盼的背景下，规模达数百上千册的大型综合类丛书纷纷出现。其在编纂时，延续了《丛书集成初编》等前代丛书的传统，将西学汉籍作为一个部分收录于其中。例如，《续修四库全书》（上海古籍出版社 2002 年）收录了金尼阁《西儒耳目资》、杨光先《不得已》、汤若望《民历铺注解惑》《主制群徵》、利玛窦《天主实义》、南怀仁《教要序论》等多部著作。《四库全书存目丛书》（齐鲁书社 1997 年）则收录了《四库全书》列入存目的十余种西书，包括《辩学遗牍》《重刻二十五言》《天主实义》《重刻畸人十篇》《交友论》《七克》《景教流行中国碑颂》《西学凡》《灵言蠡勺》《空际格致》《寰有诠》等等。国家图书馆出版社于 2012 年出版的《中华再造善本·明代编》，收录了《西儒耳目资》《职方外纪》《浑盖通宪图说》《西洋新法历书》《几何原本》《远西奇器图说录最》《泰西水法》等书。2013 年由台湾商务印书馆出版的《子海珍本编·中央研究院历史语言研究所珍藏子部善本》，也收录了毕方济《灵言蠡勺》、艾儒略《口铎日抄》两种著作。其收录的数量虽不太多，但充分表明学界已认识到，西学汉籍是中国古代典籍的重要组成部分，在编纂此类兼收四部的大型丛书时，理应有其一席之地。

再次，西学汉籍点校本汇编的出现。在上述影印成果大量出现的同时，学界对西学汉籍的点校工作亦随之展开，特别是一次性点校多书的汇编类著作开始出现。此类成果中较为早出者，为加拿大籍韩裔学者郑安德整理的《明末清初耶稣会思想文献汇编》，该书初成于 2000 年，2003 年修订重印，共收录西学汉籍约 60 种，但仅为内部出版物，未公开发行。正式出版物中，以周駬方（一名周岩）《明末清初天主教史文献丛编》为较早。该书于 2001 年由北京图书馆出版社出版，线装五册，收录《辩学遗牍》等 7 部著作。2013 年，又增订为《明末清初天主教史文献新编》，除将《丛编》影印收入之外，又新增 33 种，使得收录的总量达到 40 种。之后，黄兴涛、王国荣又主持编纂了《明清之际西学文本》，2013 年由中华书局出版，点校西学汉籍 50 部，其中《超性学要》《穷理学》《西洋新法历书》《历学会通》《新制灵台仪像志》《律吕正义》6 部著作为节录。同年周振鹤先生主编的《明清之际西方传教士汉籍丛刊》由凤凰出版社出版，收录著作 30 种，2017 年又出版第二辑 23 种，包括多达三十余卷的《超性学要》。港台学者中，李奭学教授亦对《交友论》等 17 部著作进行了校注，编为《晚明天主教翻译文学笺注》，于 2014 年由台湾"中央研究院"出版。点校本汇编的出现，在一定程度上弥补了大型影印文献利用不便的不足，部分详校详注者，更具有相当的学术价值。

最后，对某一书或某一人的著作进行深入整理之作纷纷面世。此类整理成果在 20 世纪末尚不甚多见，较知名者仅有数种，如谢方校释、中华书局 1996 年出版之《职方外纪校释》，夏瑰琦点校、香港建道神学院 1996 年出版之《圣朝破邪集》，等等。2000 年之后，此类成果开始大量出现。专门整理一书者如：陈占山校注《不得已》（黄山书社 2000 年），韩琦等校注《熙朝崇正集·熙朝定案》（中华书局 2006 年），孙尚扬等校注《铎书校注》（华夏出版社 2008 年），黄曙辉点校《天学初函》（上海交通大学出版社 2013 年），徐光台校释《格致草》（上海交通大学出版社 2014 年），李奭学等整理《古新圣经残稿》（中华书局 2014 年），法国学者梅谦立等注《天主实义今注》（商务印书馆 2014 年）、《童幼教育今注》（商务印书馆 2017 年），吴青等整理《历代通鉴纪事本末补后编》（齐鲁书社 2016 年），宋兴无等点校《穷理学存》（浙江大学出版社 2016 年）。专人著作整理方面，较早者有朱维铮先生主编《利玛窦中文注译集》（复旦大学出版社 2001 年），近年来又有李天纲编注《明末天主教三柱石文笺注》（香港道风书社 2006 年），收录徐光启、李之藻、杨廷筠三人有关西学的论著，肖清和亦编注有《天儒同异考：清初儒家基督徒张星曜文集》（香港橄榄出版有限公司2015年）。此外，暨南大学叶农教授近年来整理出版了《艾儒略汉文著述全集》（广西师范大学出版社2011年影印本，澳门文化艺术学会2012年点校本）、《明末耶稣会士罗儒望毕方济汉文著述集》（齐鲁书社2014年）、《耶稣会士庞迪我著述集》（广东人民出版社、澳门文化公所2017年），其专人著作整理成果较为丰富。

与点校本丛编相比，单人单书的整理，在品种和版本的选择上更加精审，如《历代通鉴纪事本末补后编》据澳门图书馆藏稿本，《穷理学存》据北京大学藏抄本，在整理本面世之前，均为难得一见之书。而《天主实义》虽已有多个点校本问世，但梅谦立等《天主实义今注》，则采用了罗马卡萨纳特图书馆藏本作为校本，该本为《天主实义》目前所见最早的刻本之一，由此也进一步提高了校勘的质量。其整理形式亦不满足于简单的点校，而是进一步向着校注、笺注的深度发展，特别是一部分西学基础深厚的学者，能够对各书中的西方神哲学或科技内容加以注释，甚至连书中某段某句源自何种西方著作都能注出。这不仅使整理本的学术价值大为提高，更指出了西学汉籍作为一种特殊的古籍类型，对其的整理不能仅限于传统的方法与中文资料范围，而应兼取西书，中西合璧。其成果具有导向性意义。

总的来看，自20世纪至今的近三十年间，西学汉籍的整理工作迅猛发展，其成果已远远超过前代。但与此同时，一些问题也开始浮现出来。具体可分为以下四点：

第一，标点文字错误。例如，《古今敬天鉴》："御批诗曰：'不显亦临昭，事上帝之心无时可懈。'[①]"此当作："御批：《诗》曰：'不显亦临。'昭事上帝之心无时可懈。"点校者盖误认"御批诗"为康熙御制诗，故下文以五字断句。《格致草》："台小子志学是以合而重刻之，僭为之大，共名曰《函宇通》，以徧赞乎，为儒之有志乎参两者。夫重黎世司南

[①] 白晋：《古今敬天鉴》，《明清之际西方传教士汉籍丛刊》（第一辑），第3册，凤凰出版社2013年版，第124页。

北，正天明地，察我熊有初焉。①"此当作："台小子志学，是以合而重刻之，僭为之大共名曰《函宇通》，以偏赞乎为儒之有志乎参两者。夫重黎世司南北正，天明地察，我熊有初焉。""大共名"语出《荀子》。"重黎世司南北正"谓南正重以司天，北正黎以司地，此点作者已经注出，而仍未能避免标点错误。又如，《治平西学》"严鲁悔和未至悔也"②，语不甚通。经查法国国家图书馆藏本，"鲁"实当作"曾"。下文"或问于其乐"之"其"字亦误，当作"基"。

第二，版本选择失当。例如，点校本《三山论学记》以《天主教东传文献续编》收录之道光二十七年重刻本为底本，此本虽出于明代绛州段袭刻本，但不甚佳。如开篇首句"承先圣述造万主真传"③，段本"万"作"物"，无"述"字，而空一格以示敬，均较重刻本为优。段袭刻本长期以来未经影印，2014年方收入《梵蒂冈图书馆藏明清中西文化交流史文献丛刊》（第一辑），此点校本出于其前，取用有一定困难，可以理解。但国家图书馆藏有段本原件，还是有条件加以利用的。《超性学要》以徐家汇藏本为底本，以《梵蒂冈图书馆藏明清中西文化交流史文献丛刊》影印梵蒂冈藏清刻本校之④。但书中未见有异文校记，绝大部分的校记都是底本刻印模糊或残缺，据梵蒂冈本补。可知二者应大致为同一版本，而徐家汇藏本的保存情况，尚不如梵蒂冈藏本，如径直改用梵蒂冈本为底本，则可省略大量无谓的校记。

第三，校改不当。此类问题的表现形式更加多样，约略而言之：有应校而未校者，如《古今敬天鉴》"《大全》：震峰胡氏曰"⑤，"震"字明为"云"字之误，"云峰"乃元代学者胡炳文之号。此文已明标出处为《周易传义大全》，一检即可知有误，惜点校者未能发现。有不应校而校

---

① 熊明遇：《格致草》，上海交通大学出版社2014年版，第7页。
② 高一志：《治平西学》，《明清之际西学文本》，第2册，中华书局2013年版，第580页。
③ [意]艾儒略：《三山论学记》，《明清之际西方传教士汉籍丛刊》（第一辑），第3册，凤凰出版社2017年版，第611页。
④ [意]利类思：《超性学要》，《明清之际西方传教士汉籍丛刊》（第二辑），第1册，第9页。
⑤ [法]白晋：《古今敬天鉴》，《明清之际西方传教士汉籍丛刊》（第一辑），第3册，第131页。

者，如《超性学要》卷前胡世安序："私智纷糅，灵承浊矣。"① 据校记可知，"浊"字底本与校本皆作"独"，而底本上有批注："疑为浊字。"按此处虽作"浊"字较通，但毕竟无直接的版本依据，改字似嫌太过，不如依前人批注，出异文校记为妥。下文"非天主有以抑扬之"，校记谓底本作"之"，据徐宗泽《明清间耶稣会士译著提要》改，则更不妥。因此处作"之"本可通，徐宗泽书晚出，不可为据。甚至还有在无任何依据的情况下，随意改易增删文字者。最为典型者即是《古新圣经残稿》，其书中包含着大量以方括号补入的文字，与以大括号删去的文字。如"女人瞧一瞧那树果子，〔样子好看，〕味大概〔也〕好吃，{样子好看}摘了一个吃了一半，那一半递给她丈夫，〔她丈夫〕也吃了"②，此句中第一处"样子好看"与下文"也""她丈夫"即为补入，而另一处"样子好看"则为删去。而这种改易的目的，竟然仅仅是"为求通顺"③。实际上，不作这些增删，原文未必不通，即便不通，亦属原作者水平问题，点校者无权擅改作者本文。此本是古籍整理中无须赘言的基本原则，而整理者竟不能遵守，以至于耗费大量精力，反而破坏了原书的面貌。

第四，注释不当。上文已经阐明，校注作为一种研究性较强的古籍整理方式，应用于西学汉籍领域，有助于揭示中国学者相对薄弱的西学内容，是一个重要的发展方向。但目前所见的几部校注、笺注作品，注释的质量尚有待提高。例如，《交友论》卷前瞿汝夔序言"即楚材希宪"，笺注者注"楚材"曰："楚地的人才，亦泛指南方的人才。④"下引黄庭坚诗及《左传》为证。但实际上，此处"楚材"明应指元代政治家耶律楚材，与下文"希宪"所指的廉希宪，同为元代非蒙古族的重要人物。注者于"希宪"本已注对，而耶律楚材较廉希宪知名很多，出现此种错误实不应该。又如，《格致草》卷前熊志学序"《尚书》降衷受中之论"，注者于"受中"下注曰："此处熊志学可能误认为'受中'出自《尚

---

① ［意］利类思：《超性学要》，《明清之际西方传教士汉籍丛刊》（第二辑），第1册，第15页。
② ［法］贺清泰：《古新圣经残稿》，中华书局2014年版，第14页。
③ ［法］贺清泰：《古新圣经残稿·凡例》，第2页。
④ ［意］利玛窦：《交友论》，《晚明天主教翻译文学笺注》卷一，台北中研院文哲所2014年版，第14页。

书》,事实上,'受中'出自《周礼》。"① "受中"之说虽不见于《尚书》,但亦非出《周礼》,而是来源于《左传·成公十三年》"民受天地之中以生"。此语与上文《尚书·汤诰》"惟皇上帝降衷于下民"一语,宋明理学家常用以阐发理气性命之说,故熊氏亦连类言之。其仅称《尚书》者,盖为与上文"大《易》资始资生"对仗,因行文之便而然,未必是误认。《周礼》中之"受中",乃是受狱讼之成之意,与此全不相干。其余尚有大量不必要的注释,如注某干支或年号纪年为公元某某年,某字在语法上为何种词性,某字与某字通假等等,大部分都是常识性内容,读者皆能通晓,完全无必要一一注出。

以上四个方面,为近年来西学汉籍整理过程中较为集中且突出的问题。其余问题尚有很多,如在异体字处理方面,《古新圣经残稿》采用的方法是"各卷的异体字第一次出现时,以小括号加上正体字改之"②。实际上,晚明至清代的文献,其中的异体字多无关文意,不必保留,完全可以通改为标准的繁体字。若力有不逮,则一仍其旧,也无大碍。增加了此部分异体字的内容之后,全书大括号、厚方括号、方括号、小括号等各种校勘符号层见叠出,极为混乱,反有画蛇添足之嫌。《晚明天主教翻译文学笺注》与《天儒同异考:清初儒家基督徒张星曜文集》等,也都蹈此失。限于篇幅,不能一一罗列。

结　语

纵观百余年来明清之际西学汉籍的整理历程,可以看出,其发展的各个阶段及表现出的不同特征,与学界对此批文献的认识程度息息相关。民国时期,尽管一些教会机构仍然延续清末态势,以传教为目的出版西学汉籍中的宗教类典籍,但一批有识之士,已经开始从中西交通史的高度,去阐释其价值。如梁启超即将明末欧洲科学类典籍入华称为中国知识线与外国知识线的第二次接触③。王云五亦有类似论述:"我国汉译外

---

① 熊明遇:《格致草》,第 3 页。
② [法]贺清泰:《古新圣经残稿·凡例》,中华书局 2014 年版,第 1 页。
③ 梁启超:《中国近三百年学术史》,东方出版社 2004 年版,第 9 页。

籍，始于唐代之佛经。降至明季，耶稣会士来华渐多，辄与国人合作，翻译宗教天算诸书，旁及其他学术。①"在此背景下，才会有陈垣、向达、王重民等学者加入到整理队伍中。其间虽不无宗教因素，但更多的是出于学术的目的，如陈垣的整理工作，即是与其"研究支那与外国关系方面之对象"②的研究特色密不可分。至于20世纪六七十年代，对于明清之际中西文化交流的重要历史地位的认识更加清晰，如方豪即指出："自利氏入华，迄于乾嘉厉行禁教之时为止，中西文化之交流蔚为巨观。西洋近代天文、历法、数学、物理、医学、哲学、地理、水利诸学，建筑、音乐、绘画等艺术，无不在此时期传入。而欧洲人之开始迻译中国经籍，研究中国儒学及一般文化之体系与演进，以及政治、生活、文学、教会各方面受中国之影响，亦无不出现于此时。③"基于此种认识与研究的需要，以"搜求海外庋藏罕见的明末清初刻本或写本为最高目标"④ 的《天主教东传文献》等一批影印本，才会陆续出现。20世纪90年代至今，学界进一步明确了西学汉籍的重要性与整理此批文献的急迫性："明清之际是中国历史的'天崩地裂'的时代，这一时期不仅有明清两朝的鼎革，还有入华传教士分别从印度洋和太平洋两个方向进入中国海域。此阶段的中国史已不能仅仅局限在本土内研究，而应放在整个世界的框架中加以考察。从文献学角度来看，这期间最为重要的中文文献之一，就是入华传教士来华后所留下的大批中文文献。只有将其系统整理之后，我们才能从中国和欧洲两个角度重新审视这段历史。⑤"而西学汉籍的整理，也迎来了最为繁荣的时期。总之，西学汉籍整理的学术性转向，数量由少至多，形式由单一向多元，很大程度上是明清中西交流史研究的不断深入，在史料领域的体现。

展望未来的整理工作，对珍稀文献的影印仍为很长一段时间内的首

---

① 王云五：《辑印汉译世界名著甲编序》，《王云五全集》第19卷，九州出版社2013年版，第267页。

② ［日］桑原骘藏：《读陈垣氏之〈元西域人华化考〉》，《元西域人华化考》，上海古籍出版社2000年版，第145页。

③ 方豪：《中西交通史》，中国文化大学出版部1983年版，第692页。

④ 吴相湘：《天主教东传文献序》，《天主教东传文献续编》，台湾学生书局1966年版，第1页。

⑤ 张西平：《传教士汉学研究》，大象出版社2005年版，第172页。

要任务。现存西学汉籍中,有大量国内无存者被传教士带归,流散于欧洲。尽管法国国家图书馆、耶稣会罗马档案馆等地的收藏已有影印行世者,然远非全部,另有罗马国立中央图书馆、罗马卡萨纳特图书馆、法国里昂图书馆等大量馆藏没有披露。此外日本与中国往来密切,传教士经常将中国刻印的西学汉籍寄往日本用于传教,故日藏此类文献独多,至今未有系统公布者。对此批海外藏本进行影印,不仅能比较便捷地提供西学方面的资料,且在研究明清版刻、书籍流通等方面,也有价值。影印过程中,一方面应选择稀见的品种,另一方面也应注意不同的版本。因部分西学汉籍之各个版本,内容有较大差异,如传为徐光启所作之《辟妄》,其八章本、九章本与八章修改本之间,就颇有不同,对于研究该书之作者与流变有极大价值①,影印时理应全部收入。此外亦应注重影印工作的学术性提升,特别是鉴于海外所藏的此类文献多未经系统的版本鉴定与编目,在此情况下,不应简单刊布,至少应在版本等方面做出说明,否则将对利用者产生困扰。在此方面,西方学者主持的几部大型影印丛书即有所不足,而《天主教东传文献续编》《梵蒂冈图书馆藏明清中西文化交流史文献丛刊》等中国学者主编者加入了提要,较为完善。在影印本的品种与版本都较为丰富的情况下,对西学汉籍的点校工作也应继续展开。但其形式不应仅为简单的标点,而应立足于深度整理,一方面以传统文献学的方法广搜善本,校勘异同,另一方面又从西学的角度,以笺注的形式,对材料的西文来源、西方神哲学与科学知识等加以注解。这要求整理者博通中西,既通目录版本之学,又明拉丁文与西方学术。一方不通,便至偏废。现有的笺注本多详于西学一方,而在标点校勘方面屡屡失误,即是明证。从现实的角度考量,似可考虑不同学科的学者分工合作,取长补短。未来随着古典学在我国的发展,一批如方豪这样中西兼通的学者将逐渐成长起来,而西学汉籍的整理工作,也将随之走入新时期,迈向新高度。

---

① [荷]杜鼎克:《徐光启是〈辟妄〉的作者吗》,《徐光启与〈几何原本〉》,上海交通大学出版社2011年版,第295—304页。

意大利文艺复兴的史诗杰作
——《疯狂的罗兰》

王　军*

内容摘要：如果说但丁以《神曲》终结了中世纪，阿里奥斯托则以《疯狂的罗兰》全面地代表了文艺复兴。他热情地歌颂文艺复兴的理想，赞美人的创造能力、探险精神、对美的欣赏和对尘世快乐的享受。《疯狂的罗兰》是欧洲古典文化的结晶、中世纪骑士文学的百科全书、文艺复兴文学的代表作、近现代社会和现代叙事手法的最初表现。这是一部格律严谨的叙事诗，因而我参照具有叙事特点、同时又遵循格律要求的京剧十字句唱词将其译成了中文，以求达到既尊重作品内容又尊重其艺术形式的翻译目的。

关键词：阿里奥斯托；疯狂的罗兰；文艺复兴；格律；翻译

2016年是意大利文艺复兴时期最优秀的史诗作品《疯狂的罗兰》问世500周年，恰逢此时，经过近十年的努力，我完成了这部作品的中文译稿。这是一部篇幅浩瀚的作品，用8行11音节诗体写成，全诗共4842

---

*　作者简介：王军，现任北京外国语大学教授，博士生导师，中国意大利文学研究会副会长，中国意大利语教学研究会副会长，世界意大利语教学会副会长，中国译协汉译意研究会会长等职；兼任天津外国语大学、西安外国语大学、黑龙江外国语学院客座教授，浙江外国语学院外聘教授。主要研究领域为意大利语言与文学。2012年被意大利共和国总统授予"意大利之星骑士勋章"，获中国外语非通用语教育奖，2013年获北京市优秀教师奖，2015年获北京市名师奖，2015年《意大利文艺复兴》入选为国家"精品视频公开课"。

段，38736 行，诗句的数量约是法兰西著名的骑士史诗《罗兰之歌》[①] 的 10 倍，《神曲》[②] 的近 3 倍。

阿里奥斯托是意大利文艺复兴时期最杰出的史诗诗人，《疯狂的罗兰》是他的代表作。作品的内容承接了另一部意大利文艺复兴时期的史诗《热恋的罗兰》，背景是查理大帝率领基督教骑士与撒拉逊军队之间所进行的宗教战争，其中贯穿着两条极其动人的爱情主线：查理最勇猛的宫廷近卫士罗兰伯爵对绝世美女契丹公主安杰丽佳的爱情、异教勇士鲁杰罗和基督教女骑士布拉达曼之间的爱情。"如果说但丁终结了中世纪，卢多维科·阿里奥斯托则全面地代表了文艺复兴，他热情地歌颂文艺复兴的理想，赞美人的创造能力、探险精神、对美的欣赏和对尘世快乐的享受"。[③]

《疯狂的罗兰》是欧洲古典文化的结晶、中世纪骑士文学的百科全书、文艺复兴文学的杰作、近现代社会和现代叙事手法的最初表现。

一 欧洲古典文化的结晶

发祥于意大利的人文主义运动崇尚古希腊和古罗马文化，它培育出以人为本的人文主义精神，引导意大利进入了辉煌的文艺复兴时代。在人文主义文化气氛的熏陶下，阿里奥斯托成为一位古典主义的史诗诗人。在《疯狂的罗兰》中，我们到处可以见到来自于古希腊与古罗马神话和文学作品的比喻以及对古代风俗习惯和神奇事物的描述，骑士们身上穿戴的盔甲和使用的宝剑也往往是从古希腊英雄那里继承而来的，甚至诗中最重要的人物之一鲁杰罗也被说成是特洛伊英雄赫克特[④]的后裔。

在抱怨爱情不公正时，诗人会指责古希腊和古罗马神话中的爱神："爱神啊，你为何不讲公道，令吾辈爱之心难以遂愿？你为何对

---

① 《罗兰之歌》共 4002 行。
② 《神曲》共 14233 行。
③ Prosciutti, Ottavio, *Lineamenti di letteratura italiana*, Perugia: Grafica, 1980, p. 69.
④ 另译赫克托耳、赫克托尔。是荷马史诗《伊利亚特》中特洛伊国王普里阿摩斯的长子，帕里斯的哥哥。他是特洛伊的第一勇士，最后，被希腊联军的第一勇士阿喀琉斯杀死。

情侣如此邪恶,将争端播撒在他们心田?……"① 在表示天明时,诗人又把古罗马神话中的曙光女神奥罗拉引入诗中:"可怜那无助的奥林匹娅②,沉睡于梦乡中因为疲倦,一直到奥罗拉驾驶金轮③,把冰冷白霜露洒满人间④……"⑤ 在展示娇艳美女的诱惑力时,诗人不惜借助古希腊最有理性和定力的哲学家色诺克拉的形象:"见此女严肃的色诺克拉,也难以克制住心猿意马。⑥ 鲁杰罗急忙忙撕下甲胄,抛弃了手中盾长枪佩剑;美女子裸露着艳丽胴体,羞答答不抬头低垂双眼,……"⑦ 诗人还认为古希腊哲学可以陶冶人类的情操,培育人类的美德:"在毕达哥拉斯⑧学园之中,他好像学古人修德多年……"⑨

这类的例子不胜枚举。此外,作品的叙事风格也体现了古典主义的平衡、和谐、庄重、高雅、适度、严谨的原则。

二 中世纪骑士文学的百科全书

《疯狂的罗兰》不仅是欧洲古典文化的结晶,而且"是基督教骑士传统与古典人文主义传统的理想结合"。⑩

---

① Ariosto, Ludovico, Orlando furioso, a cura di Lanfranco Caretti, presentazione di Italo Calvino, Torino: Einaudi editore s. p. a., 1966, p. 27.

② 《疯狂的罗兰》中所描述的一位被忘恩负义的丈夫抛弃的可怜女性。

③ 奥罗拉是古罗马神话中的曙光女神,她每天早晨飞向天空,向大地宣布黎明的来临。她的形象是:一位女神驾驭着金制车轮的马车飞驰于天空,因而这里说:"驾驶金轮"。

④ 据古罗马神话讲,奥罗拉的眼泪是露水,当她悲伤时,一边飞上天空,一边掉泪,眼泪落下就变成了早晨的霜露,因而此处说:"把冰冷白霜露洒满人间。"

⑤ Ariosto, Ludovico, Orlando furioso, a cura di Lanfranco Caretti, presentazione di Italo Calvino, Torino: Einaudi editore s. p. a., 1966, p. 229.

⑥ 色诺克拉(另译:色诺克拉底)是古希腊著名的哲学家,柏拉图的学生。这两句诗的意思是:即使是最有理性的古希腊哲学家,面对如此美丽的赤裸少女,也难以克制自己的情欲。

⑦ Ariosto, Ludovico, Orlando furioso, a cura di Lanfranco Caretti, presentazione di Italo Calvino, Einaudi editore s. p. a. Torino, 1966, p. 261.

⑧ 古希腊的著名哲学家,他在意大利半岛南部的克罗托内城建立了古希腊最早的哲学院。

⑨ Ariosto, Ludovico, Orlando furioso, a cura di Lanfranco Caretti, presentazione di Italo Calvino, Torino: Einaudi editore s. p. a., 1966, p. 367.

⑩ Gianni, Angelo, Antologia della letteratura italiana, II, prima parte, Messina—Firenze: Casa editrice G. D'Anna, 1961, p. 37.

欧洲中世纪的骑士文学分为加洛林和不列颠两大系列。加洛林系列又称帝王系列，主要以查理大帝与手下骑士抗击撒拉逊军队侵略的故事及有关传奇为主题，其中最重要的人物是查理、罗兰、里纳多等人。法兰西的著名史诗《罗兰之歌》是这一系列文学作品的源头，它讲述了被叛徒出卖的罗兰英勇战死在比利牛斯山的故事。《罗兰之歌》之后，罗兰及其战友的故事在法兰西、西班牙和意大利的民众中广为流传，逐步形成了加洛林系列骑士传奇。不列颠系列骑士文学则讲述了以亚瑟王为首的圆桌骑士的故事，充满了神奇的魔法、曲折的爱情、无穷无尽的探险等内容。

《疯狂的罗兰》把两大系列的传奇故事融合在一起，用文艺复兴的人文主义精神对其进行改造、发挥，赋予其新的内容和思想。作品中我们不仅能够看见一条以基督教骑士与异教军队之间的战争为内容的主线，而且还可以看到两大系列骑士文学中许许多多十分精彩的故事。从不断奔波的罗兰、里纳多、鲁杰罗、阿托夫等人在东西方各地所创建的丰功伟绩，到阿特兰、梅林、梅丽萨、阿琪娜等人的神奇魔法，再到安杰丽佳、布拉达曼、季内娃、奥林匹娅、伊萨贝、菲蒂丽等人的美貌和离奇且感人的爱情，《疯狂的罗兰》真堪称欧洲两大系列骑士文学的百科全书。通过阅读这部史诗，我们可以对两大系列骑士文学中最精彩的故事均有所了解。

三 文艺复兴文学的杰作

《疯狂的罗兰》最全面地体现了文艺复兴时期的人文主义精神。作品虽然以宗教战争为背景，却处处展示出文艺复兴时期爱情至上、追求现世快乐的价值取向。史诗中真正引人注目的是穿插在宗教战争之间的一个个动人的爱情故事：为了爱情，罗兰忘记了自己的神圣使命，离弃了捍卫信仰的战场；为了爱情，里纳多不惜与亲如手足的表兄罗兰拔剑相向；为了爱情，鲁杰罗放弃了旧的信仰，皈依了基督教；为了爱情，布拉达曼不惧千难万险，踏遍天涯海角寻找心爱之人。在阿里奥斯托的笔下，众多的优秀骑士被安杰丽佳的美貌所吸引，不顾一切地追逐她；基督教最勇猛、最智慧的骑士罗兰，竟然为失掉这位异教美女的爱变得疯狂。作品中几乎所有人物，无论是主角还是配角，都与情爱有关；男女之爱贯穿了整个作品，它的力量势不可挡，是推动作品情节发展的最大动力。诗人甚至赞颂人们对情欲的放纵，指责压制情欲的中世纪法律："里纳多略思索然后回答：'一少女把情人拥在胸前，令其在喜泪中发泄情欲，竟然要被杀死离弃人间。此法律制订者应受诅咒！容此法之人也十分讨厌：该死的理应是残忍女子，而不是纵情的美丽婵娟'……"①

阿里奥斯托在歌颂人对现世生活追求的时候，认为人不应该虚度现世人生，而应抓紧时间享受人生的幸福。激发罗兰和其他许多人物心中爱情的绝世美女安杰丽佳是整个作品的灵魂，她是美色的代表，也是青春的象征，她到处奔跑，从不停歇，或隐或现，犹如青春与美色一样，来去匆匆；所有的男人都被她的娇艳所吸引，都想把她留在自己身边，占有她。这充分体现了人文主义者冲破中世纪禁欲主义道德规范束缚、积极追求现世幸福的新的价值观念。这一点在其他意大利文艺复兴诗人的作品中也有充分的体现，有诗为证：青春多美好，飞逝不长存，若乐尽情乐，明日何需问②。……③

除了赞美爱情和对现世享乐的追求之外，《疯狂的罗兰》还热情地歌颂了人文主义者对大千世界的好奇心和探索与冒险精神。史诗把许多惊心动魄的冒险故事和谐且巧妙地串联在一起：血肉横飞的战场、令人胆寒的角斗、神话般迷人的环境、永无休止的旅行、变化莫测的形势、魔怪和巨人、仙女和妖女、法师与巫女、东方光怪陆离的城市、岛屿、宫殿和花园等，这些都大大地增加了作品的思想厚度。

在歌颂爱情和人文主义者对大千世界的探索精神的同时，诗人还极力赞美人类创建现世丰功伟业的行为："倾国色美女子安杰丽佳，罗兰爷早已把此女热恋，为了她创无数不朽功业，留丰碑于米底、④ 印度、鞑靼。……"⑤

---

① Ariosto, Ludovico, Orlando furioso, a cura di Lanfranco Caretti, presentazione di Italo Calvino, Torino: Einaudi editore s. p. a., 1966, p. 92.
② 意大利文艺复兴时期著名诗人洛伦佐·美第奇的诗句。
③ Prosciutti, Ottavio, Pagine di scrittori italiani, Nuova edizione, Perugia: Grafica, 1978, p. 68.
④ 指古米底王国所在地区，即伊朗高原西北部。
⑤ Ariosto, Ludovico, Orlando furioso, a cura di Lanfranco Caretti, presentazione di Italo Calvino, Torino: Einaudi editore s. p. a., 1966, p. 5.

四　近现代社会和现代叙事手法的最初表现

《疯狂的罗兰》写于 500 年前意大利文艺复兴的鼎盛时期，讲述的是 1200 年前查理大帝时期的故事，但作品中，我们却可以看到许多近现代社会的影子。

作品以骑士生活为内容，展示的本应该是奔驰在陆地上的战马与骑士的形象，然而，它却用大量篇幅描写了航海的场面，有些描写还十分细微、深入、准确："那狂风极凶猛，海浪更恶，船楼与眺台被浪头撞翻；暴风雨使波涛挺直竖立，老船长与海斗，劈斩巨澜。有人在微弱的灯光之下，低着头紧盯住航海罗盘，用手在海图上指示航向，还有人持火炬至舭①下面"。② 诗人还经常用航海比喻其他，生动地展示出某种意象："就像似大海中行驶木船，被两股强风浪冲击不断，一股风从船尾推船前进，另一股又推船退回原点；风儿或吹船尾或吹船头，相搏后更强风推其向前；③ 就这样费兰德徘徊不定，两害中择其轻理所当然"。④ 这说明诗人生活在哥伦布发现新大陆的近代大航海时代，而且对这种人类大无畏的探索精神十分关注和欣赏。

此外，诗中还可以见到其他许多新鲜事物，如对火绳枪的描写："枪筒后喷火焰好似闪电，枪筒前爆炸声如雷冲天。天空中回荡着可怖声音，墙壁摇大地也剧烈抖颤。被击中定然会粉身碎骨，任何人都难以把命保全；那子弹呼啸过发出尖叫，邪恶的暗杀者却未如愿"。⑤ 火绳枪诞生于文艺复兴时期，查理大帝时代尚未出现，但诗人却在诗中描写了它的威力和发明过程，这也说明了阿里奥斯托对待近现代的新鲜事物抱有欢迎的态度。

---

① 舭是船底与船侧之间的弯曲部分。
② Ariosto, Ludovico, Orlando furioso, a cura di Lanfranco Caretti, presentazione di Italo Calvino, Torino: Einaudi editore s. p. a., 1966, p. 546.
③ 船头风和船尾风相互斗争，最后，其中更强的风将船或推向前面，或推向后面。
④ Ariosto, Ludovico, Orlando furioso, a cura di Lanfranco Caretti, presentazione di Italo Calvino, Torino: Einaudi editore s. p. a., 1966, pp. 624—625.
⑤ Ibid., pp. 217—218.

《疯狂的罗兰》还采用了一种极具现代感的立体式叙事手段。诗中，许许多多的动人故事交织在一起，相互拉动，相互影响；就好像一棵巨大的千年古树，在它的宗教战争的主干上分出了两根支干：罗兰及其他骑士对安杰丽佳的爱情和追逐、鲁杰罗与布拉达曼之间的爱情；随后又在主干的其他部位和支干上派生出了无数条柔软的枝叶，这些枝叶相互缠绕，形成了一个巨大的十分复杂的繁茂树冠。

在叙事时，每当一个故事发展到关键时刻，如人物陷入难以自拔的困境致使读者处于高度紧张状态的时候，诗人总会突然停笔，向读者表示："恩主呀，这一歌已经太长，继续讲会使您烦而生厌：我以后再叙述这段故事，那时候您定会更加喜欢……"① 随后，诗人转换话题，开始讲述其他故事；间隔数歌，甚至十几歌后，当读者心情平静时，再返回原话题。这种处理方法成为诗人手中的一支魔棒。一方面，诗人利用它，可以避免自己的情感过于陷入故事之中，以便能置身于故事之外，按照自己的意愿更好地操纵故事，使复杂的史诗内容更加合理地发展。另一方面，诗人使史诗的叙事方法与今天的许多电视连续剧十分相似，诗中同时讲述多个故事，并将它们交织在一起。这样既可以更全面地展示生活的各个侧面，更真实地反映复杂的生活现实，使故事更具有立体感；又可以紧紧地抓住读者的注意力，使读者被急于了解故事结局的好奇心牢牢地拴在作品之上；还可以像诗人自己所说的那样，"如故事可左右不断变换，便能够令听众减少厌烦"。②

五 对翻译《疯狂的罗兰》的几点思考

（一）以何种方法翻译《疯狂的罗兰》

如果说小说的翻译不易，那么诗歌的翻译就更难，翻译篇幅浩瀚的史诗更是难上加难。这是因为诗歌的内容比小说更浓缩，语言更具有概括性，使人更觉得：只能意会，不可言传。此外，诗歌对艺术形式具有

---

① Ariosto, Ludovico, Orlando furioso, a cura di Lanfranco Caretti, presentazione di Italo Calvino, Torino: Einaudi editore s. p. a., 1966, p. 259.

② Ibid., p. 338.

严格的要求，因而人们也必然会苛求诗歌译文具有相应的艺术形式。

纵观中国对外国史诗的翻译，无非有下面几种方法：译成散文体，译成自由体诗歌，模仿中国古代诗歌格律进行翻译，模仿西方诗歌格律进行翻译。

我不赞同把诗歌作品翻译成散文体，主要有两个原因：首先，此种翻译使译文彻底抛弃了原文的艺术形式，读者已丝毫无法体会原文的文学形式美；其次，诗歌的语言与散文体作品的语言截然不同，诗歌语言一般点到为止，给读者留有较大的联想空间，没有细腻的描述和铺陈，如果用散文体翻译诗歌，语言势必会显得过于干瘪和枯燥。

我主张采用与原文相近的文学形式翻译诗歌，如果原文是现代的自由体诗歌，我们便可以用自由体诗歌形式进行翻译；如果原文是传统的格律诗，我们便应该用格律诗歌形式进行翻译。《疯狂的罗兰》是一部意大利格律体史诗，因而我主张将其译成格律诗。

有人会说，用散文体翻译诗歌，能够更准确地译出原文内容。我认为未必如此。正如黄国彬先生所说的那样，"译格律诗而放弃格律，等于未打仗就自动放弃大幅疆土；而放弃了大幅疆土后，所余的疆土未必会因这样的'自动放弃''自动退守'而保得更稳"。[①]

有人又会说，上述自由体诗歌翻译的建议可以接受，因为原文不讲究格律，译者也可以相对自由地展示其艺术风格。而对格律诗翻译的建议则难以令人接受，中文和意大利文之间相差甚远，中意两国传统诗歌的格律也截然不同，如果模仿意大利的诗歌格律，中国读者并不一定能够感受到译文的韵律和音乐节奏美，因为他们没有此类韵律和节奏感的传统，中国文化培养出来的审美感受与外国诗歌的韵律和节奏感并不相符，如果用中国传统的格律诗体翻译意大利诗歌，就已经是对原文艺术形式的背叛。我承认这是一种背叛，在某种意义上，翻译就是背叛，译者的努力只是为了尽量少地背叛原文。然而，这种翻译并不是对原文形式的彻底背叛，译成散文体才是彻底的背叛，因为译文已经不再是诗歌了，与散文体译文相比，格律诗体译文背叛的程度较轻。古语云："两害

[①] ［意］但丁·阿利吉耶里：《神曲·地狱篇》，黄国彬译注，外语教学与研究出版社2010版，前言第32页。

相权取其轻"，因而用格律诗体翻译《疯狂的罗兰》是我的必然选择。当然，用格律诗体翻译这部意大利文艺复兴的代表作会增加工作的难度，但是再难我们也要努力尝试，文学翻译本来就是一种令人勉为其难的工作。

（二）选择何种格律翻译《疯狂的罗兰》

确定了用格律诗体翻译《疯狂的罗兰》之后，下一步就是要选定较合适的格律了，即选择一个既能被我国读者欣然接受又能使我们尽可能少背叛原文艺术形式的格律。

意大利传统诗歌的格律种类很多，它们可以按照音节的数量分类，如3、4、5、6、7、8、9、10、11、双5、双6、双7音节诗，其中以11音节诗最为常见；也可以按照每段的诗句数量分类，如2行、3行、4行、6行、8行、14行和自由体诗，其中14行诗体为比较常见的抒情诗形式，8行诗体为最常见的叙事诗形式。

14行诗和8行诗均为11音节诗。然而，11音节诗中也有部分诗句由10个音节或12个音节组成，因为所谓的11音节诗，指的是诗句的关键重音（即最后一个重音）落在第10个音节上的诗句。由于意大利语绝大部分词汇的重音落在倒数第2个音节上，因而11音节诗的绝大部分诗句为11个音节，它也由此而得名；如果诗句中最后一个词汇的重音落在倒数第1个音节上，该诗句便只有10个音节，如果落在倒数第3个音节上，该诗句就应有12个音节。

我国的格律诗主要分为3言、4言、5言、7言。我曾经尝试用各种格律诗句翻译《疯狂的罗兰》，其结果均不尽人意。最后，是中国的国粹——京剧戏文给了我启示。京剧中有一种唱词为十个字一句，读起来合辙押韵，朗朗上口。译文一般具有对原文的解释功能，因而比精练的原文略显冗长。5言与7言诗句均因字数所限，经常难以表示清楚11音节诗句的全部内容，更不用说3言和4言诗句了。如果用字数较少的诗句翻译意大利的11音节诗，译者必然被迫放弃诗句的某些含义，这是我所不愿意见到的。然而，十字句京剧唱词的字数较多，基本解决了我所担忧的问题。再则，京剧唱词也是一种以叙事为主的韵律文，这一点也与西方的史诗相符合。十字句的京剧唱词一般采用3+3+4的节奏，这种节奏也与 11 音节诗句相近：汉语的每一个字为一个音节，重音一般落在词汇的最后一个字上，这样，十字句的最后一个重音（即关键重音）与 11 音节诗一样也落在第十个音节上。这些原因促使我决定参照京剧十字句唱词翻译《疯狂的罗兰》。下面我们一起对照一下京剧唱词和《疯狂的罗兰》的译文。

京剧唱词："叹杨家／投宋主／心血用尽，真可叹／焦孟将／命丧番营。宗保儿／搀为父／软榻靠枕，怕只怕／熬不过／尺寸光阴。"[1]

《疯狂的罗兰》的译文："好似那／幼年鹿／亲眼看见，树林内／家园中／草木之间，花斑豹／撕碎了／母亲胸腹，又凶残／咬断其／脖颈喉管；野林中／急奔逃／躲避凶手，魂未定／心恐慌／吓破肝胆；一次次／荆棘丛／刮蹭肌肤，皆疑惑／被恶豹／撕成碎片。"[2]

---

[1] 段宝林：《古今民间诗律》，北京大学出版社 1999 版，第 120 页。
[2] 《疯狂的罗兰》第 1 歌 34 节译文。

文心相通，和而不同

——关于洛伦佐·瓦拉与李贽的平行研究[*]

李婧敬[**]

内容摘要：洛伦佐·瓦拉是15世纪意大利人文主义者，李贽是中国明代思想家，两位学者均以"叛逆"各自时代的主流传统文化而著称。基于对瓦拉和李贽的文本所进行的对比研读，可以发现在上述两位生活于不同国度和不同时期的思想家之间存在着诸多值得探究的相似或相通之处。从平行研究的角度而言，针对两位思想家的文本进行研读，可以对15世纪的意大利与16世纪晚明时期在社会历史发展过程中的相似和差异进行比较，并在此基础上探讨学术思潮与社会发展之间的相互影响。

关键词：洛伦佐·瓦拉；李贽；伦理思想；平行研究；和而不同

一 瓦拉与李贽：两位以"叛逆"而著称的学者

洛伦佐·瓦拉（1407—1457）是15世纪意大利的人文主义学者，以其对古代语言的精深了解、对古典文献的深入研究，尤其是对中世纪基

---

[*] 本文是2015年国家社科基金青年项目"意大利思想家洛伦佐·瓦拉的《论快乐》翻译及其伦理观研究"（项目编号：15CWW024）的研究成果之一。感谢卡罗·卫芥（Carlo Vecce）教授、瓦蕾莉亚·瓦里亚诺（Valeria Varriano）教授和王军教授对该项研究给予的耐心指导和宝贵建议。

[**] 作者简介：李婧敬，北京外国语大学和意大利那不勒斯东方大学联合培养博士，现为北京外国语大学欧洲语言文化学院意大利语系副教授，主要从事意大利人文主义和文艺复兴研究。

督教伦理思想和罗马教廷的犀利批驳而著称。

1407年，瓦拉出生于基督教"永恒之城"罗马，家庭环境的熏陶令少年时期的他对基督教怀有虔诚的向往。1420年，父亲卢卡（？—1420）去世，13岁的瓦拉经舅父、时任教宗书记官梅尔吉奥莱·斯科里巴尼（？—1429）引荐，跟随数位知名学者①研习古希腊文和古拉丁文，由此开启了人文主义学术生涯。1429年，22岁的瓦拉向教宗马丁五世（1368—1431）毛遂自荐，申请接替过世的舅父在教廷的职位，却未能如愿。② 1430年，瓦拉在帕维亚大学任教期间发表了伦理学作品《论快乐》，主张将"快乐"视为"人生至善"，其观点引发学界的轩然大波，赞赏与批判之声交杂而至。1433年，瓦拉发表了题为《驳巴托罗书》的檄文，矛头直指萨索费拉托的巴托罗（1314—1357）。该文一经发表，立刻遭到帕维亚法学界责难。1435—1447年，瓦拉效力于阿拉贡王朝的阿方索五世（1396—1458），任宫廷顾问、宫廷书记官等职。在此期间，他将语文学研究成果不断推进，应用于历史学、逻辑学、伦理学、宗教学等多个领域，完成了大量著作，③ 被誉为"文艺复兴时期继彼特拉克（1304—1374）之后在语文学研究道路上走得最远的典范"。④ 然而，这种与中世纪学术研究方式和体系的决裂及其所倡导的自由学术精神却遭到来自传统经院派学者的批判和罗马教廷的封杀。1444年，瓦拉遭到宗教裁判所审判，幸得阿方索五世出面干预，才免于因其"异端"思想而获

---

① 瓦拉先后师从乔凡尼·奥利斯帕（Giovanni Aurispa，1376—1459）和努奇·达·卡斯蒂里奥内（Rinucci da Castiglione，1395—1450）学习古希腊文。1425年，瓦拉向知名学者列奥纳多·布伦尼（Leonardo Bruni，1370—1444）请教，请他帮助审阅和修改拉丁文书面习作。

② 由于资历尚浅，加之先前发表的修辞学处女作《论西塞罗与昆体良之比较》（De comparatione Ciceronis Quintilianique）遭到波焦·布拉乔利尼（Poggio Bracciolini，1380—1459）和安东尼奥·洛斯基（Antonio Loschi，1368—1441）的批判，瓦拉此次的申请被教宗拒绝。

③ 这一时期，瓦拉先后完成《论自由意志》（De libero arbitrio）、《辩证法与哲学的再专研》（Repastinatio dialectice et philosophie）、《〈君士坦丁赠礼〉辨伪》（De falso credita et ementita Constantini donatione）、《论修道士的誓言》（De professione religiosorum）、《论拉丁文的优雅》（Elegantiae latinae linguae）、《〈新约〉之比较研究》（Collatio Novi Testamenti）、《阿拉贡王朝斐迪南一世时代的历史》（Historiarum Ferdinandi regis Aragoniae）等作品。此外，《论真善》（De vero bono，即《论快乐》第三版文稿）的修订也是在这一时期完成的。

④ Seigel, Jerrold E., *Rhetoric and philosophy in Renaissance Humanism: Union of Eloquence and Wisdom (Petrarch to Valla)*, Princeton: Princeton university press, 1968, p. 196.

罪。1448 年，瓦拉重返罗马，效力于"首位人文主义教宗"尼古拉五世（1397—1455），担任教廷公证员和书吏。1455 年，瓦拉得偿夙愿，成为教宗卡利克斯特三世（1378—1458）的书记官。1457 年，瓦拉在罗马逝世，享年 50 岁，其遗体安葬于拉特兰圣若望大教堂的后殿拱廊之下。1517 年，宗教改革拉开帷幕，瓦拉的《〈君士坦丁赠礼〉辨伪》被宗教改革派视为抨击罗马教廷的有力武器。然而，这一现象却直接导致了罗马教廷再度仇视瓦拉生前的种种"离经叛道"之举。1576 年前后，罗马教廷决定抹除关于瓦拉的所有记忆，将其墓冢拆除并迁出。如今，位于拉特兰教堂的苦像小堂里的瓦拉棺冢、雕像和刻有铭文的石碑都是 18 世纪历史学家、文献学家弗朗切斯科·康切利耶里（1751—1826）于 1825 年补放在那里的，以此表达后世学者对瓦拉的敬意和缅怀。①

如果说瓦拉的人生一波三折，甚至死后亦不得安眠；在一百多年后的中国，明代思想家李贽（1527—1602）也度过了命运多舛、坎坷不平的一生。

李贽于明嘉靖六年（1527）出生于福建泉州。他 6 岁丧母，自小随父读书，少年时期就展露出出众的才华和叛逆的精神——12 岁时，其处女作《老农老圃论》批判了孔子鄙视农耕劳作的言论，轰动乡里。尽管李贽不屑将孔子的"圣训"奉为金科玉律，尤其厌恶程朱理学，但为了养家糊口，他仍然决定于嘉靖三十一年（1552）年参加乡试，以谋安身立命的出路。中举之后，李贽开始了十五年奔波辗转却终不得志的仕宦生涯，先后担任河南辉县教谕、南京国子监博士、北京国子监博士、北京礼部司务、南京刑部员外郎和郎中等职，最后出任云南姚安知府。万历九年（1581），李贽在任职期满且有望升迁之际辞去官职，前往湖北黄安，投奔友人耿定向（1524—1597）②和耿定理（1534—1584）③兄弟，

---

① Jong, Jan, D., "De sepulcro Laurentii Vallae quid veri habeat". Tracing the Tomb Monument of Lorenzo Valla in St. John Lateran, Rome, Quellen und Forschungen aus italienischen Archiven und Bibliotheken, vol. 94, 2015, pp. 94—95.

② 耿定向（1524—1597），字在伦。明代官员、学者，湖北黄安人。嘉靖三十五年进士。初授行人，继而任御史。

③ 耿定理（1534—1584），字子庸，明代学者，湖北黄安人。耿定向的仲弟，与耿定力、耿定向兄弟合称"红安三耿"。耿定理不求功名利禄，只重潜心问学。就学术思想而言，哥哥耿定向严守封建礼教，将其作为行事准则；弟弟耿定理则追求自我心性的自得与完善，并因此成为李贽的生死之交。

著书立说,并教授耿家子弟。由于与耿定向在学术上观点相悖,李贽于万历十二年(1584)移居麻城,独自一人居住在麻城芝佛院,十余年专注于读书、讲学和著述,先后完成《初潭集》《焚书》等作品。这一时期,李贽欣然以"异端"自居,与刘东星(1538—1601)、① 焦竑(1540—1620)、② 袁氏三兄弟③等诸位友人谈经论道,甚至与意大利传教士利马窦(1552—1610)有过数次思想交流。关于自己的学说,李贽毫不避讳地称之为"离经叛道之作"。面对保守势力的群起围攻,李贽表示:"我可杀不可去,头可断而身不可辱"。④ 万历二十五年(1597),李贽应巡抚梅国桢之请前往山西大同,著《孙子参同》,修订《藏书》。同年秋天,他前往北京西山极乐寺,撰成《净土诀》。次年春天他到南京,将零散作品收录入《老人行》,又再度研究《易经》,撰写《易因》,最后编订其巨著《藏书》。万历二十八年(1600),李贽在山东济宁编成《阳明先生道学抄》《阳明先生年谱》两部作品。万历三十年(1602),李贽遭到礼部给事中张问达(1554—1613)⑤攻讦,以"敢倡乱道,惑世诬民"的罪名在通州被捕并死于狱中,终年76岁。李贽去世后,被葬于北京通州北门外马寺庄迎福寺侧。万历三十八年(1610),李贽的门生汪可受(1559—1620)⑥ 等人捐银钱为其树碑。

相隔千山万水的两个国度,相距近百年的两个历史时期,瓦拉和李贽却有着十分相似的波折人生:出身于书香门第,幼年失去亲人,少年才华初现,一生心怀抱负却终因对传统的"反叛"而屡遭磨难甚至不得善终,其思想观念虽被一度视为"异端邪说",却因其"独立之精神,自由之思想"而在后世绽放光芒。

尽管迄今为止并没有任何研究能够证明瓦拉对后者的思想产生过直

---

① 刘东星(1538—1601),字子明,明代政治人物,山西省沁水县人。
② 焦竑(1540—1620),字弱侯,号澹园,又号漪园,世称澹园或漪园先生、焦太史。明代官员、思想家、藏书家、古音学家、文献考据学家,江苏南京人。
③ 袁宗道(1560—1600)、袁中道(1570—1623)、袁宏道(1568—1610),明代官员、学者,湖北公安人。
④ 李贽:《李贽文选译》,陈蔚松、顾志华译注,凤凰出版社2011版,第173页。
⑤ 张问达(1554—1613),字德允,明代官员,陕西省西安府泾阳县人。
⑥ 汪可受(1559—1620),字以虚,明代政治人物,湖北黄梅独山汪革人,从师石昆玉、李贽。

接或间接的影响，我们仍可以从平行研究的视角出发，对上述两位思想家的原文文本进行对比研读，尝试探讨两者之间的相似与不同，并以此为基础探寻意大利和中国思想文化体系发展过程中的民族特性、共同规律及内在联系。

二 关于李贽与瓦拉伦理思想的文本对比研究

1431—1449年，瓦拉完成了重要的作品《论快乐》。① 这是一部以"人生至善"为核心论题的对话体作品。② 针对15世纪处于新旧价值体系交替之际的欧洲社会在伦理方面所呈现出的诸多困惑、迷茫和疑问，瓦拉提出了一系列具有明显人文主义色彩的观点：对自然的认识、对人性的界定、对利义关系的权衡、对情欲的理解、对两性地位的认识、对人类社会发展动力的探寻以及对传统基督教教义的反思。

无独有偶，李贽也在他的《初潭集》《焚书》《续焚书》等作品中谈到了关于自然、人性、真理以及人类社会利益关系的诸多不同于传统道学的看法。尽管这些看法产生的渊源有着完全不同的社会历史背景，但就其内容而言，却与瓦拉的观点有着高度的对应和惊人的相似。

（一）关于人的自然欲望

在《论快乐》中，瓦拉对于"真善"探寻是以对人的自然欲求的认识为起始点的。作为生活于15世纪的人文主义学者，瓦拉无意

---

① 《论快乐》的创作过程长达十八年，其间曾经历数次修改，足见作者对该作品所倾注的心血。据美国哥伦比亚大学历史学教授马里斯泰拉·德·帕尼扎·洛克（Maristella De Panizza Lorch）考证，作者先后发表过四个不同版本的文稿：第一版文稿题为《论快乐》（*De voluptate*），完成于1431年；第二版文稿更名为《论真善与伪善》（*De vero falsoque bono*），于1433年发表于米兰；第三版文稿题为《论真善》（*De vero bono*），完成于1444—1449年；1449年前后，瓦拉又在第三版文稿的基础上进行了最后一次润色，再度将作品更名为《论真善与伪善》。笔者认为，相较于最终版标题《论真善与伪善》而言，第一版标题《论快乐》更为鲜明地道出了作品的真实意图，故而更能突显作者的人文主义情怀。事实上，该作品的英译本（*On pleasure*）、法译本（*Sur le plaisir*）和日译本（『快楽について』）在译本标题选定的问题上也都采取了同样的策略。此外，在国内外学界的相关专著和论文中，"论快乐"这一标题的使用频率也相对更高，因而具有更为普遍的可识别性。基于上述考虑，笔者最终确定以"论快乐"称呼该作品。

② 作品中的三位对话者分别是斯多葛派发言人、伊壁鸠鲁派发言人和基督教神学家。

也不可能跳出基督教神学体系的框架，但尽管如此，瓦拉仍在这部作品中借伊壁鸠鲁派发言人之口，尝试将古典自然哲学融入基督教教义，力图构建一种在认可、尊重人之天性的基础上完善和引领人性的伦理体系。

在作品第一部分的第一节至第七节，斯多葛派发言人率先发言。他怒斥自然为人类的"继母"，令人类社会恶行泛滥，并赋予人类趋恶避善的天性。他所谓的"趋恶避善"，是指人类由于其腐朽的天性，沉溺于对"快乐"的追求，从而沦为"高尚"之敌。① 针对上述观点，伊壁鸠鲁派发言人表示自己必须自告奋勇，担当起为自然和为人类辩护的角色。在第十三节中，伊壁鸠鲁派发言人指出自然母亲不但没有制造种种恶行，还赐予人类各种快乐，并为其塑造了乐于享受快乐的心灵。② 同是论及"快乐"，两位发言人却展示了截然不同的观点，斯多葛派发言人以之为恶，而伊壁鸠鲁派却以之为善。尽管伊壁鸠鲁派的观点并非瓦拉的最终落脚点，但瓦拉对伊壁鸠鲁派的欣赏却是显而易见的。在整部对话中，瓦拉本人一直隐藏于诸位听众之中，唯一一次发言的内容就是为伊壁鸠鲁派发言人的乐观主义自然观和人性观进行辩护：

> Tum Lauentius: Preclae, inquit, pomittis, Vegi, et non modo ad attentionem nos eigis sed ad quendam etiam favoem. Nam ita me dii ament ut tacitus in temeus inclinat aniumus et opto (pace Catonis dixerim) ut istud probes quod promisisti, rem profecto mihi iocunditati futuram, quod item ceteris spero contingere. Ita que ne timeas ne tibi in hac causa studia desint. Nam etsi veremur ne probes, tamen, quod tibi optatius esse debet, optamus ut pobes.

劳伦修斯③说：你的承诺很好，维吉乌斯！你不仅吸引了我们的注意，还赢得了我们的些许支持。但愿神灵不会降罪于我，但我的

---

① Valla, Lorenzo, *De vero falsoque bono*, a c. di Lorch, Maristella De Panizza. Bari: Adriatica, 1970, vol I, p. 11.
② Ibid., p. 15.
③ 劳伦修斯《论快乐》文稿中的对话角色之一，与本文作者、15世纪意大利人文主义学者、语文学家、演说家和哲学家洛伦佐·瓦拉（Lorenzo Valla）相对应。

内心确实默默倾向于你的观点。①

在第十八节至第二十七节中，瓦拉借伊壁鸠鲁派发言人之口逐一谈论感官快乐和精神愉悦的重要性，盛赞健康、美丽（尤其是女性之美）、美食、美酒、语言、笑、音乐、诗歌、演说艺术的价值。在第三十五节中，伊壁鸠鲁派发言人批驳斯多葛派将追求感官快乐之人视为沉沦于恶行之人。他强调，感官快乐是生命中最值得珍藏的事物，若无视感官之乐，就等于违抗自然预设的法则。②

此处，瓦拉竭力捍卫的感官快乐和精神愉悦，不外乎是人类的自然欲求。在瓦拉看来，自然之母既赐予人类快乐的人世生活，又赋予人类追求快乐之善的灵魂，因此，人性与自然一样，都是天然且合理的存在，人类应顺应自然，舒展身心俱善的天性。换言之，人类在生理和心理层面上对于快乐的欲求，乃是自然所赐予的天性，理应得到尊重和捍卫。不仅如此，瓦拉认为，所谓的伦理德行，不外乎都是为追求快乐而服务的。

> Inter quas ita erit voluptas, ut contumeliosissimum hominum genus stoici garriunt, tanquam meretrix inter bonas matronas, sed tanquam domina inter ancillas; huic ut properet, illi ut redeat, alii ut maneat, alii ut expectet iubet, sedens ispa et ministerio illarum utens.
>
> 快乐相对于它们（德行）而言，不是混在良家女中的荡妇（那是斯多葛派的混账逻辑），而是统领女仆的女主人。各种德行都应为快乐服务，快乐就好比一位贵妇，指挥众位仆人，有的加快步伐、有的返回复命、有的原地停留、有的听候差遣。③

在这一点上，李贽也有着十分类似的表达。在《焚书》卷一的《答

---

① Valla, Lorenzo, *De vero falsoque bono*, a c. di Lorch, Maristella De Panizza. Bari: Adriatica, 1970, vol I, p. 16.

② Ibid., p. 11.

③ Ibid., pp. 34—35.

邓石阳》一文中,李贽写道:

> 穿衣吃饭,即是人伦物理;除却穿衣吃饭,无伦物矣。世间种种,皆衣与饭类耳,故举衣与饭,而世间种种自然在其中,非衣与饭之外……明察得真空,则为由仁义行;不明察,则为行仁义,入于支离而不自觉矣,可不慎乎!①

在李贽看来,世间的一切人伦道理,都蕴于"吃饭穿衣"等感官欲求之中。一个人若能清楚地了解这些客观现象,自然会按照仁义之心去行动;相反,若无视客观现象的真实,则会刻意地推行所谓仁义,陷于纷繁琐碎的义理而不自知。

与李贽所主张的"百姓日用即道"相似,瓦拉在《论快乐》中,也从伦理层面对"吃饭"这一看似平常的日常举动进行了解读。在作品第二部分的第三十四节,伊壁鸠鲁派发言人在即将结束发言时,并没有摆出一副正襟危坐、慷慨激昂的架势,而是热情邀请在场的诸位友人前往家中共进晚餐。② 这一细小的情节虽与辩论本身无关,却是伊壁鸠鲁派人性观的生动体现:无论辩论的主题多么重要和严肃,都要适可而止,都要想到尊重人的自然天性和生理本能。

面对伊壁鸠鲁派发言人的盛情,包括斯多葛派发言人在内的一众学者应邀前往。晚餐过后,斯多葛派发言人斥责伊壁鸠鲁派发言人为享受快乐放弃了对高尚的追求。面对斯多葛派发言人的指责,伊壁鸠鲁派发言人反唇相讥,讽刺前者的言辞虚伪:

> Sed memento, Cato, velare tibi faciem, ut sub illa platano fecit in Phedro Socrates. Ille cum de amore loqueretur et rebus voluptuariis vultum sibi videri noluit, ne quid in oculis et ore dicentis minus decorum notaretur, licet id in voce quoque cavendum esset. Tu multo equius dum contra

---

① 李贽:《焚书·续焚书》,中华书局2011年版,卷一:4。
② Valla, Lorenzo, *De vero falsoque bono*, a c. di Lorch, Maristella De Panizza. Bari: Adriatica, 1970, vol. I, p. 90.

voluptatem peroras venustatem harum arborum horumque ortorum videre non debes, ne quid te permolliant et voluptatem tacitis quibusdam illecebris vituperare non sinant.

加图，你说话时务必要蒙上面孔，就像《斐德罗篇》里站在梧桐树下谈论爱情和肉体之乐的苏格拉底那样……当你痛斥快乐之时，根本就不应目睹这精致的花草树木、水榭楼台，以免它们潜移默化地动摇了你的心智，让你无法斥责这美好的快乐。①

在伊壁鸠鲁派发言人看来，斯多葛派不但不欣赏幽雅精致的花园所体现的审美情趣和休闲品位，反将其视作导致人玩物丧志的罪魁祸首，此种观点已能充分说明斯多葛派所宣称的善必然是有悖于人类普世价值的伪善。显然，在人性善恶的问题上，双方的观点是背道而驰的：

Il magno ore decantant appetendas difficultates quod certe natura negat. Nosipsius nature iura retinentes dicimus appetendas oblectationes, illi labores gratuitos nos iocunditatem, illi tormenta nos voluptates, denique illi necem nos vitam.

他们高喊着要自讨苦吃（这显然有悖于自然规律），而我们则紧握自然赋予的权利，坚定地追求快乐：他们徒劳无果，我们愉快欢欣；他们渴望折磨，我们纵情欢乐，他们走向死亡，我们乐享人生。②

寥寥数语，道出了伊壁鸠鲁派发言人对人类自然欲求的捍卫：人应遵从自然天性的引导，不必为了追求空洞的"高尚"而抗拒自然、抗拒人性、抗拒对快乐的欲望。尽管作者瓦拉最终仍以基督教伦理观为落脚点，主张对于人性进行约束和引导，但却与视"人欲"为"罪恶"的斯多葛派思想有着根本的不同：前者尊重人之天性，后者抗拒人之天性；前者乐观，后者悲观；前者以信仰和希望鼓舞人追求快乐，后者以高尚

---

① Valla, Lorenzo, *De vero falsoque bono*, a c. di Lorch, Maristella De Panizza. Bari: Adriatica, 1970, vol. II, pp. 92—93.

② Ibid., vol. I, p. 22.

之名阻止人追求快乐；前者在尊重人性的基础上加以节制和引领，使之更为完满幸福，后者在贬斥人性的前基础上与人性为敌，令人感到生无可恋，从而将志趣转移至空洞的高尚，将其作为无趣人生聊以自慰的调料。综上所述，可以认为瓦拉希望构建的是一种尊重人性的基督教伦理系统，"既懂得人性，又懂得超越人性"，而不是"脱离人性去空谈超越性和神圣性"。①

尽管中西方社会有着不同的历史、文化尤其是宗教背景，但关于"人欲"及其约束的论述却是生活不同时空的两位学者共同关注的主题。与瓦拉对"快乐"和"高尚"的论述相呼应，李贽也深入探讨了人类社会之"礼法"与人之"童心"的关系。李贽认为，"礼"是发乎性情，顺乎自然的，是以人类心性的自由自在（即"童心"）为归依的。

> 夫童心者，真心也。若以童心为不可，是以真心为不可也。夫童心者，绝假纯真，最初一念之本心也。若失却童心，便失却真心；失却真心，便失却真人。人若非真，全不复有初矣。②

在李贽的思想里，所谓"童心"，是人出于自然本性而流露出的真实情感，是人最为自然淳朴的状态。对于李贽而言，保持本真的"童心"是最为可贵的人生态度。人们学习诸多"礼法"，其目的应在于保护和引导"童心"，而非蒙蔽和背离"童心"：

> 纵不读书，童心固自在也；纵多读书，亦以护此童心而使之勿失焉耳，非若学者反义多读书识义理而反障之也。③

若是后天习得的"礼法"是有悖于"童心"所代表的人之天性，那么这样的"礼法"无论听起来如何美妙，事实上都是"违心之言"，不过是"以假人言假言，而事假事，文假文"④ 罢了。

---

① 周春生：《阿诺河畔的人文吟唱——人文主义者及其观念研究》，天津教育出版社2011年版，第230页。
② 李贽：《焚书·续焚书》，中华书局2011年版，卷三：98。
③ 同上。
④ 同上书，卷三：99。

关于何谓真正的"礼",李贽在《焚书》卷三中的《四勿说》一文里进行了探讨,并就传统道学家们的伦理训诫——"非礼勿视,非礼勿听,非礼勿言,非礼勿动"[①] 给出了不同前人的诠释。

> 盖由中而出者谓之礼,由外而入者谓之非礼;从天降者谓之礼,从人得者谓之非礼;由不学、不虑、不思、不勉、不识、不知而至者谓之礼,由耳目闻见、心思测度、前言往行、仿佛比拟而至者谓之非礼。[②]

在此,李贽明确指出:发自内心的叫做"礼",而从外界进入内心的则叫做"非礼",源自上天赐予的天性的叫做"礼",后天从人世间获得的叫做"非礼"。只有在充分了解何谓人之天性并将其视作"礼"的前提下,方可谈论古人所说的"四勿"。相反,若是脱离了对人之天性的尊重而轻易谈论"礼法",便成了苍白无力的伪道学。

类似的论述也出现在《论快乐》中。在作品第一部分的第三十七节至第四十二节中,伊壁鸠鲁派发言人就男女之爱展开了论述。他提出人类应舒展其天性,尤其是在两性之爱的问题上,男女双方的情投意合胜于任何严刑峻法的约束。此处,伊壁鸠鲁派发言人将柏拉图(Plato,约公元前427—前347)提出的"公妻制"与古罗马的尤利亚法典[③]相对比,指出前者是天性之法,而后者是制度之法,并明确表示,只有天性之法才是真正的智者所奉行的"礼法":

---

① 孔丘著,《论语》,杨伯峻、杨逢彬编,岳麓书社2000年版,《颜渊篇》第106页。
② 李贽:《焚书·续焚书》,中华书局2011年版,卷三:101。
③ 古罗马《关于通奸的尤利亚法》是一部惩治通奸罪、强奸罪及其他性犯罪的法律。按照该法规定,已婚女子若与其他男子通奸(或遭到其他男子强奸),两人均应被惩处。通奸女子的半数嫁妆和财产的三分之一将被没收充公,本人应被流放至荒岛;奸夫的半数财产将被没收充公,本人应被流放至另一座荒岛。通奸女子的父亲若在自家或遭到背叛的女婿家将女儿与奸夫捉奸在床,应立即将二人处死,不得有半点包庇姑息(此种行为可免于被起诉谋杀罪)。遭到妻子背叛的男子有权处死奸夫(除非该男子的社会地位远低于妻子的奸夫,在此种情况下,该男子无权处死奸夫,但有权打骂奸夫并将其监禁,以便收集证据,连续监禁时长不得超过二十个小时。)若遭到妻子背叛的男子不起诉妻子、不惩处奸夫,或为谋取经济利益私下了结通奸罪,将以"纵容通奸"罪名遭到起诉,并与奸夫同罪论处。

Quid platonem dico? Immo nature. Illa lex iulia scripta est, hec nata; illam didicimus, accepimus, legimus, han ex natura arripuimus, hausimus, expressimus; ad illam docti, ad han facti; ad illam instituti, ad hanc imbuti sumus; denique illa civilis, hec naturalis est. Quam legem naturalem multe gentes meo quidem iudicio sapientes custodiunt.

关于柏拉图的观点，我要如何评价？他所遵从的是自然法则。倘若尤利亚法典是我们刻意学习、接受和解读的，那么柏拉图法则是我们依照天性采纳、吸取以及表达的。在尤利亚法面前，我们是被教育的对象，在柏拉图法则面前，我们是被创造的对象。我们被前者管束，却被后者塑造。说到底，前者是制度之法，后者是天性之法，在我看来，许多智者遵从的都是天性之法。①

基于对人之天性的认同，基于对人的自然欲求的尊重和褒扬，瓦拉和李贽对人生的最高境界作出了类似的诠释：瓦拉提出"快乐"乃是人生至善，而李贽则认为"道，原自率真""道，原自快乐"。两者不谋而合地捍卫了人追求人世生活快乐的权利，驳斥了以"高尚"和"礼法"的名义压抑人的正常欲求的思潮。正因为两者都将保持快乐率真的人之天性视作"善"和"道"，瓦拉和李贽都不认为对于"善"的追求是少数圣贤的专属权利。关于这一点，李贽在 12 岁时的习作《老农老圃论》中针对《论语》中"樊迟问稼"的论述发表了一番言论，赞扬了投身于农事的樊迟，讽刺了鄙视农耕劳作的孔子。

同样的观点也体现在瓦拉的论述中。在《论快乐》的第一部分，斯多葛派曾援引维吉尔（前 70—前 19）以歌颂农夫生活为主题的作品——

---

① *De vero falsoque bono* (critical edition), I: 36. 应当注意，伊壁鸠鲁派发言人对柏拉图"公妻制"的鼓吹，其可贵之处在于大胆地道出了人类对于欲望（尤其是男女之间的情欲）的普遍追求：在 15 世纪的欧洲，这种社会风尚已然相当普遍，却无人敢于正视并从理论层面上加以疏导；然而，他对柏拉图所主张的妇女共有制度的认识却是有失偏颇的。在柏拉图那里，"公妻制"所强调的问题，更多的是个人、家庭与国家利益之间的关系，而非婚俗和性道德。换言之，"公妻制"所倡导的是国家对个人的"性生活制度"和"生育制度"的安排，而不是个人的性自由。事实上，在这一问题上，作者瓦拉也并不赞成维吉乌斯的言论，并在《论快乐》的第三部分中通过基督教神学家对其进行了批评"正是由于不信仰天主，伊壁鸠鲁派才不但不唾弃强暴、通奸、放荡等恶行，还强行将其归入善举的行列。"

《农事诗》，对农夫沉浸于田园生活进行贬斥，不仅表达了对自然的憎恶，也表达了对体力劳动的鄙夷。在他看来，体力劳动的目的仅仅是为了获取基本的生存资源，属于低级的生理需要，而非高尚的精神生活。农夫终日从事体力劳作，思维简单，沉沦于自然之恶而不自知，不思追求智慧，当然与人生至善——"高尚"无缘。① 然而，在作品的第二部分，伊壁鸠鲁派发言人同样多次以《农事诗》为例，肯定、赞扬、推崇农夫的田园之乐：

> Nunc vero contentus sum tum ipsius Aristotelis tum Virgilii testimonio, qui in his ipsis versibus quos tu, Cato, recitasti de naturalibus questionibus manifesto docet nil aliud se optare quam voluptatem. Quippe ubi dicebat：
> O fortunatos nimium bona si sua norint
> Agicolas…
> et cetera, tu plane concedis de voluptate locutum fuisse…et que sequuntur, quid indicavit aliud quam malle se illam felicitatem physicorum, sin minus hanc agricolarum, dicens：
> Sin has non possim nature accedere partes,
> Frigidus obstiterit circum precordia sanguis
> Rura mihi et rigui placeant in vallibus amnes…

维吉尔曾公开表明，他所追求的事物不外乎快乐。有诗为证：
"幸运的农夫，实在幸福
他们理应懂得这福气！……"
毫无疑问，维吉尔此处所指的正是快乐……如果再往下看几句，就能明显看出维吉尔崇尚的是自然之人的幸福，至少是农夫的幸福。他说：
"倘若心脏周边的寒血
让我不得靠近这片自然，

---

① Valla, Lorenzo, *De vero falsoque bono*, a c. di Lorch, Maristella De Panizza. Bari：Adriatica, 1970, vol. I, p. 6.

我愿爱上这乡野，这在幽谷中潺潺的溪流。"……①

伊壁鸠鲁派发言人之所以将农夫的生活视为"福气"，是出于对自然的尊重和人性的肯定。既然人是属于自然界的生灵，就无需、也不该脱离其自然属性，理应通过在自然界中进行劳作获取维持生命的物质资源和精神愉悦。倘若因为他们只知"手扶曲犁，耕耘田地"便将他们视作"野蛮之人"，那便是否定了人性，否定了人在世间的根本定位和基本生存需求。在维吉乌斯眼中，与只知高谈阔论的斯多葛派相比，农夫的生活才是最为自然、朴素、正直且不乏智慧的。

（二）关于"利"与"义"的关系

除了人的自然欲求，财富、权利、荣耀等属世价值及其与"道义"（或"高尚"）的关系也是两位思想家探讨的重要论题。

在《论快乐》中，斯多葛派发言人将"利益"及其带来的"快乐"视作"高尚"的对立面，并列举了一系列"舍利取义"，甚至是"舍生取义"的古希腊和古罗马先贤，以其作为"高尚"之人的典范。②

与之针锋相对，伊壁鸠鲁派发言人针对前者列举的一系列典范人物提出尖锐的质疑：古代先贤究竟是在何种力量的驱使下选择作出令人赞赏的明智之举？是"与任何利益、奖赏和成果无关的，纯粹因自身魅力而赢得赞赏的"③ 高尚，还是作为"快乐之源泉"④ 的利益？为此，在《论快乐》第二部分里，伊壁鸠鲁派发言人从所谓的先贤事迹中选择了若干，就其行为动机逐一进行具体解析。在伊壁鸠鲁派发言人看来，刺杀波尔森纳未遂的穆修斯之所以能以令人难以置信的强大意志将自己的右手送进火炉，乃是因为他十分清楚自己已无路可逃，不如以自焚右手明

---

① Valla, Lorenzo, *De vero falsoque bono*, a c. di Lorch, Maristella De Panizza. Bari: Adriatica, 1970, vol. II, p. 80.
② Ibid., vol. II, p. 63.
③ Ibid., vol. I, p. 16.
④ Ibid..

志，以此达到弃手保命并且迷惑敌人的目的。① 关于战死沙场的德西乌斯父子，伊壁鸠鲁派发言人指出，在当时大军溃散、败局已定的情况下，德西乌斯父子只好退而求其次，选择"为军队而死"，而不是"随军队而亡"，以此留下美誉，为后代积累一份精神财富。谈到宁愿客死异乡也坚决反对罗马与迦太基议和的雷古鲁斯，伊壁鸠鲁派发言人从三个角度分析了促成其大义赴死的动机：其一，他担心与迦太基交换战俘会使本已胜券在握的战局颠覆，他自己亦有可能再度被俘，如此一来必将招致众人的怨恨；其二，他对迦太基恨之入骨，以至于宁死也要将对方彻底击溃——与其归降乞怜，不如为国捐躯；其三，根据在《阿提卡之夜》的描述，迦太基人曾给雷古鲁斯下过慢性毒药。于是，明知已是日薄西山的雷古鲁斯不但用时日无多的生命换回了女儿的嫁妆，还赢得了爱国者的荣耀。② 伊壁鸠鲁派发言人还列举了科德鲁斯、墨诺扣斯、萨贡托英雄的事迹，表明英勇献身之举的真正目的不外乎是通过为国家立功，获得相应的奖赏，且这种奖赏是"不以任何外物为目的"的"高尚"无法带来的。

简言之，在伊壁鸠鲁派发言人那里，先贤们令人赞叹的豪言壮举都是有所图谋的，所有"高尚之举"都不外乎是"有益之行"。他同时强调，对包括利益的追求并不妨碍先贤们为后人所称赞、效仿、敬仰，世人追求利益本就无可厚非，是光明正大的。

在《藏书》卷三十二中的《德业儒臣后论》中，李贽就"私心"展开了论述，提出了"人必有私"的观点。在这篇文章中，他采用了与瓦拉十分相似的策略，以虞舜、周公（前1152—前1056）、姜太公（前1156—前1017）、孔子（前551—前479）、汉文帝（前203—前157）、汉武帝（前157—前87）等历史人物追求个人成功和个人利益的事实作为依据，指出古代先贤正是出于对功名利禄的追求，才能够"成就光明俊伟之业"。由此，李贽批驳了宋明时期的道学家鄙视私欲，反对功利的苍白说教。

---

① Valla, Lorenzo, *De vero falsoque bono*, a c. di Lorch, Maristella De Panizza. Bari: Adriatica, 1970, vol. II, p. 51.

② Ibid.. II, pp. 51—52.

瓦拉和李贽都认为，人有私心，有对利益的欲求，乃是源自人的天性，不仅无需被苛责，还应得到鼓励，因为对于利益的追求是社会进步的推动力。

在《论快乐》中，瓦拉指出世俗生活的方方面面都是以追求利益为目的的：

> Etenim non solum leges, de quibus superius disputavi, ad utilitatem que voluptatem parti invente sunt, verum etiam urbes ac civitates. In quibus, quod ad magistratus pertinet, nemo unquam princeps, administrator, rex delectus est nisi ex quo sibi magnam expectarent homines utilitatem. Quid commemorem tot innumerabiles artes, preter illas quas vocant liberales, sive ad rerum necessitatem sive ad elegantiam vite ornatumque spectantes, ut agriculturam (est enim ars, ut Varro testatur), ut architeturam, texturam, picturam, naviculariam, statuariam, purpurariam? An earum aliqua quippiam de honestate somniavit? Quid ipse liberales? An numeri, an mensura, an cantus virtutes honestatis informant? Quid medicina cui qui studenti nil aliud petunt quam aliorum sanitatem et suum lubrum, licet et sibi ipsi medici sint. Adde etiam dignitatem cui similis ratio est iuris peritorum: poete quidem, ut Horatius ait:
>
> aut prodesse volunt aut delectare…
>
> et hoc in alios, in se vero ipsos gloriam. Quibus similes sunt historici, quanquam utrisque nonnihil emolumentorum asperigitur. Oratoria autem, que regina rerum dicitur, tria genera orationis habet, quorum due docere et movere quo referantur vos videritis, tertium certe quod est delectare ipso nomine declarat aristippeum sit an chrysippeum. Age vero quid amicicie ratio? An propter aliud comparata est et tantopere omnibus seculis, omnibus nationibus predicata nisi et propter commoda ex officiorum vicissitudine, ut dandis recipiendisque iis que communis requirit usus, et propter iocunditatem, ut loquendo, audiendo, ceteraque una faciendo? Nam de dominis et servis nihil dubii est, inter quos sola commodorum ratio habetur. Quid de preceptoribus ac discipulis loquar? Nec possunt ii qui ins-

itituunt caros habere scholasticos, nisi ex quibus sperant vel emolumenta consequi vel partem aliquam ad se glorie redundare. Nec ipsi scholastici solent pii in illos esse si pro eruditis iactatores, pro comibus morosos agnoverint, quorum alterum ad utilitatem alterum ad voluptatem refertur. Procedamus eo ultra quod nihil est amplius: quod tandem inter parentes ac liberos vinculum nisi utilitatis et voluptatis?

不仅我先前提到的法律条文是为了追求能够带来快乐的利益，整个城邦和国家的体系也是如此，民众不会选择无法为他们谋利的人成为城邦的统治者或管理者。人文科学之外的各种技艺，诸如农业、建筑业、纺织业、绘画业、造船业、雕塑业、印染业等等，哪种不是为了使人类的生活更为丰富而存在的？又有哪种是为追求高尚而服务的呢？所谓"七艺"不也是如此吗？难道算术、几何和音乐能教会我们追求高尚？那么医学呢？医者的宗旨是治病救人，并从中谋求利益——当然，他们也得为自己治疗疾病；说到法学家，他们与医生类似，除了谋求利益，还谋求名望；至于诗人，他们正如贺拉斯（前65—前8）所说："渴望带来用途，或者带来愉悦"——愉悦带给他人，名望却要留给自己；历史学家也差不多，收人钱财，为他们树碑立传；雄辩术被称为所有学科之王，其种类有三：前两种分别是为了教导和感动听众（诸位一定明白我的所指），第三种则为了带来快乐，单从"快乐"这个字眼就能明白此类演说属于阿瑞斯提普斯（前435—前356）还是克律西波斯（前281/277—前208/204）。谈到友谊，其目的何在？自古以来，这种普天之下共同追求、赞颂的美好情谊若不是相互帮助，不是为了在付出与接受中获得快乐，不是在一起谈笑风生，共同努力，又能是什么呢？至于主仆之间，就更是互惠互利的关系了。老师与学生之间又如何？师生关系的融洽基于学生希望从老师那里得到教诲，老师期待从学生那里获取荣耀。老师若无真才实学，只会夸夸其谈，或者对学生不是和蔼可亲，而是处处苛责，就无法赢得学生的爱戴——倘若前者关乎利益，后者则关乎快乐。再来看看父母与子女之间，这人世间最为亲密的关系难道不是靠利益和快乐来维系的吗?①

李贽则认为,任何人从事任何事业,若想有所作为,必得用心。所谓"心",指的就是实现个人利益:

> 农无心,则田必芜;工无心,则器必窳;学者无心,则业必废。无心安可得也?……夫私者,人之心也。人必有私,而后其心乃见;若无私,则无心矣。如服田者私有秋之获,而后治田必力;居家者私积仓之获,而后治家必力;为学者私进取之获,而后举业必力。②

可见,无论瓦拉还是李贽,都将人对于个人利益的追求视作天经地义之举。天下熙熙皆为利来,天下攘攘皆为利往,就社会而言,正是因为对于利益的追求,各行各业才得以发展,社会才得以前行;就个人而言,"利益"和"快乐"则是对正直有为之人的最高褒奖——若是没了这种回报,一切打着"高尚"旗号的论调都只是令人笑掉大牙的画饼充饥之言。在这一点上,瓦拉和李贽可谓异口同声。在《德业儒臣后论》中,李贽写道:

> 故官人而不私以禄,则虽召之,必不来矣;苟无高爵,则虽劝之,必不至矣;虽有孔子之圣,苟无司寇之任,相事之摄,必不能一日安其身于鲁也决矣。此自然之理,必至之符,非可以架空而臆说也。然则为无私之说者,皆画饼之谈,观场之见,但令隔墙好听,不管脚跟虚实,无益于事,只乱聪耳,不足采也。③

瓦拉则在《论快乐》中如此嘲讽那些口口声声视利益为粪土的人:

---

① Valla, Lorenzo, De vero falsoque bono, a c. di Lorch, Maristella De Panizza. Bari: Adriatica, 1970, vol. II, pp. 87—88.
② 李贽:《李贽文选译》,陈蔚松、顾志华译注,凤凰出版社 2011 版,第 220 页。
③ 同上书,第 221 页。

Nec premium sibi honestas aliquod postulat; ipsa sibi premium est optimum. Ego isto consilio nullum unquam audivi absurdius. Quid hoc sibi vult se sibi premium esse? Fortiter faciam. Cur? Propter honestatem. Quid est honestats? Fortier facere. Ludus videtur hic esse non preceptum, iocus non admonitio. Fortiter faciam ut fortiter faciam, ad mortem ibo ut moriar. Hoccine est premiu, heccine remuneratio? Nonne liquido fateris honestatem imaginariam rem esse que nullum exitum potest invenire? Mehercule, si quis in levioibus rebus sic loqueretur:《Curre ut curras, deambula ut deambules》, in hunc omnes cachinnum tollerent.

你要说：高尚从不要求奖赏，只因它本身就是对于自己的最高奖赏。我从未听过如此荒谬的言论，什么叫"对自己的最高奖赏"？我为什么要英勇？为了高尚。何谓高尚？高尚就是英勇。在我看来，这是文字游戏，不是处世之道；是玩笑话，不是警世格言。我英勇是为了英勇，我赴死是为了赴死。这是什么奖赏，什么报偿？干脆承认，高尚是虚无缥缈，无法实现的。为了跑而跑，为了坐而坐，为了走路而走路，我的老天爷，若是有人这么说话，恐怕要让人笑掉大牙。①

在瓦拉和李贽那里，追求利益的不仅是凡人，也有圣贤，甚至后者较之前者而言有过之而无不及。至于贤人和凡人之间的界限，只在于贤人能够审时度势，铸就美名，而凡人却常常因目光短浅而因小失大。

值得注意的是，两位思想家虽维护追求利益的权利，却并不教唆世人行见利忘义之举。在《论快乐》中，伊壁鸠鲁派发言人提出了一种带有功利主义色彩的义利观：义与利相辅相成，利是目的，义是手段，是获取利益和快乐的途径：②

---

① Valla, Lorenzo, De vero falsoque bono, a c. di Lorch, Maristella De Panizza. Bari: Adriatica, 1970, vol. II, p. 47.
② Barozzi, Luciano, Sabbadini, Remigio, *Studi sul Panormita e sul Valla*. Firenze: Le Monnier, 1891, p. 201.

> Tribuamus hoc summis viris, inter quos nostros stoicos reponimus, ne nomen honesti, quod prestantissimi quique auctores in celum usque sustulerunt, exterminatum et exitinetum esse videatur. Dicimus itaque honestum idem esse genere quod virtutes specie, que virtutes ad finem utilitatis referuntur.

> 既然许多至高无上的智者,尤其是我们的斯多葛派朋友将高尚捧到了九天云上,我们便也不用将它强拽下来,令其一文不值。于是,我们将高尚归于德行之列,与其他德行一道为利益服务。①

可以看出,瓦拉并非否认德行的价值,但他坚持人性的自然舒展和人欲的达成,倡导世人光明正大地追求利益和快乐。在《论快乐》中,瓦拉曾数次强调,以坦诚磊落之心光明正大地追求利益和快乐是可贵的品质,相反,那些否定人性,无视人欲,无端唾弃利益和快乐价值的人不过是满口仁义道德的伪君子。对于斯多葛派倡导世人恪守清贫之举,瓦拉给予了辛辣的讽刺,称其为心口不一的虚伪之言:

> De stoicis autem ut uno exemplo comprobem, stoicorum nostrorum princeps Seneca plura de paupertate precepit quam Diogenes precepisset. At Iuvenalis ait de hoc magistro paupertatis, 《Senece predivitis hortos.》 Quod etiam Suetonius Tranquilllus et Cornelius Tacitus et alii plurimi memierunt.

作为斯多葛派的领袖,塞涅卡(约前4—65)曾发表过许多关于恪守清贫的准则,其严格程度更胜第欧根尼(生卒年不详)。然而,尤维纳利斯却如此描述这位宣扬清贫的大师:"家财万贯的塞涅卡的花园。"类似的描述我们也可在苏埃托尼乌斯(约69/75—130)、塔西陀(56—120)

---

① Valla, Lorenzo, De vero falsoque bono, a c. di Lorch, Maristella De Panizza. Bari: Adriatica, 1970, vol. II, p. 89.

和其他许多作家的作品中看到。①

与瓦拉类似，李贽也对宋明时期道学家们口是心非的义利观相当反感。在《焚书》卷二中的《又与焦弱侯》中，李贽对友人郑子玄的观点表示赞同，尖锐地指出某些伪君子"口谈道德而心存高官，志在巨富"，笔锋犀利，言辞辛辣：

> 彼（郑子玄）以为周、程、张、朱者皆口谈道德而心存高官，志在巨富；既已得高官巨富矣，仍讲道德，说仁义自若也；又从而晓晓然语人曰："我欲厉俗而风世。"彼谓败俗伤世者，莫甚于将周、程、张、朱者也，是以益不信。②

如此，借郑子玄之口，李贽讽刺周敦颐、程颐、程颢、张载、朱熹为满口仁义道德，却一心期盼升官发财的道学家，称他们在得到高官厚禄后，自鸣得意地谈仁义、讲道德，声称要纠正世俗、感化世人。然而，在他看来，真正败坏社会风俗的，并不是农夫的勤恳劳作或商人的市井交易，恰恰是倡导"存天理灭人欲"的伪道学。

（三）关于权威和真理

毫无疑问，在各自所处的时代和社会里，瓦拉和李贽的思想都具有明显的非主流倾向，甚至都被贴上过"异端"的标签。也正是因为其"叛逆"的言行，两位思想家的人生经历才格外坎坷，一波三折。

在中世纪的欧洲，起源于古希腊的辩证法被经院派哲学家视为最核心的研究对象。其中，亚里士多德（前384—前322）及其崇尚者波爱修斯（480—524/525）的相关理论的影响最为显著。这一时期，"辩证法"几乎成为"理性"的代名词，不仅被视为追寻真理的唯一工具，更被视为将人引向上帝的向导，从某种程度上获得了与基督教信仰比较的重要性，尤其是亚里士多德的理论，更是被捧上神坛，奉为无可撼动的金科

---

① Valla, Lorenzo, De vero falsoque bono, a c. di Lorch, Maristella De Panizza. Bari: Adriatica, 1970, vol. III, p. 109.

② 李贽：《焚书·续焚书》，中华书局2011年版，卷二：48。

玉律。

自彼特拉克（1304—1374）开始，大批人文主义学者通过对古代典籍的发掘和重新研读，逐渐意识到经院哲学理论体系的僵化，试图通过重塑古代智慧的价值来摆脱经院主义教条的思想垄断。在这一过程中，瓦拉敏锐地意识到亚里士多德的辩证推理在经院派思辨神学体系中的核心地位：若要打破经院派理论的垄断地位，必先摆脱对亚里士多德思想的迷信和盲从。这种批判并非针对亚里士多德本人——瓦拉并不否认亚里士多德作为古希腊伟大哲学家的地位和功绩——而是针对那些将亚里士多德思想进行粗野改造、同时又唯亚里士多德马首是瞻的经院派学者。这一观点在他的诸多作品中均有体现，尤以1439年撰写的《辩证法与哲学的再专研》最具代表性。在该作品中，瓦拉从四个层面驳斥了经院派神学家对亚里士多德式的辩证推理的盲目崇拜。首先，瓦拉指出，任何一种思想体系都存在其局限性。尽管亚里士多德是古希腊伟大的哲学家，然而，作为"爱智慧"者中的一员，任何哲学家都没有资格宣称自己"拥有"智慧，而只能成为真理的追寻者之一：

> Il famoso Pitagora di Samo...richiesto qual fosse la sua attività, rispose di essere, non sapiente, come avevano affermato i suoi predecessori, ma amante del sapere...Dopo Pitagora, nessuno si chiamò sapiente e sempre i filosofi ebbero la libertà di dire arditamente quel che sentivano, e non solo contro i capi delle altre scuole, ma anche contro quelli della propria; figuriamoci poi quelli che non appartenevano ad alcuna scuola!

> 说到著名的萨摩斯岛的毕达哥拉斯……当人们问起他的身份，他并不像前人那样自称"智者"，只说自己是"热爱智慧之人"……在他之后，再也没有人自称"智者"，每个哲学家都有大胆表达自身观点的自由，既可以反对其他流派，也可反对自己所属的流派的领袖。①

---

① Garin, Eugenio, *Filosofi italiani del Quattrocento*, Firenze: Le Monnier Editore, 1942, p. 165.

瓦拉进而强调,任何一种学说都不可能穷尽真理,若是一味盲从某种学说,甚至唯其独尊,以强权意志打压其他的观点,这种学说就会走向自身的反面。换言之,如果把某种学说捧上神坛,那么通往认识真理的道路反而会被截断。瓦拉认为,追随亚里士多德的逍遥学派恰恰就是在这一点上过于妄自尊大:

> Tanto meno sopportabili sono perciò i moderni peripatetici, che negano ai seguaci di ogni scuola la libertà di dissentire da Aristotele, come egli fosse non filosofo, ma sapiente, e quasiche nessuno prima d'ora lo avesse discusso. Ignari che, anche dopo la nascita dell'eresia peripatetica, non solo continuarono a fiorire le scuole preesistenti…Forse che Teofrasto, successore di Aristotele, non è solito dissentire arditamente dal suo maestro?
>
> 相反,亚里士多德逍遥派的做法却让人无法忍受。他们容不下其他任何流派反对亚里士多德的观点,仿佛不将其视作哲学家,而将其视作不容旁人质疑的智者。他们忘了,在他们逍遥派诞生之前,就有许多流派产生,在他们之后也有许多流派兴盛……事实上,亚里士多德的学生泰奥弗拉斯托斯不也曾大胆批判自己的老师吗?①

关于经院派哲学家对于亚里士多德的笃信,瓦拉认为,其根源并不在于他们对亚里士多德的思想的真正了解和热爱;相反,那些人除了亚里士多德,并不了解任何其他哲学流派,甚至对亚里士多德思想的理解也不确切(由于对希腊文和拉丁文的一知半解,其理解显然具有断章取义的倾向)因而只能选择对其无条件的盲从。②

> Con tutto ciò gli altri Latini ritengono ignoranti tutti i filosofi, abbracciando il solo Aristotele. Né potrebbe esser diversamente, conoscendo essi

---

① Garin, Eugenio, *Filosofi italiani del Quattrocento*, Firenze: Le Monnier Editore, 1942, p. 165.

② Gentile, Giovanni, *Storia della filosofia italiana (fino a Lorenzo Valla)*, Firenze: Sansoni, 1961, p. 360.

lui solo, se pure è un conoscere il leggerlo, non nella sua lingua, ma in un' altra, e neppur fedele. Né solamente perché la maggior parte dei suoi libri sono stati tradotti male, ma anche perché molte cose si dicono con proprietà in greco e non altrettanto in latino. Il che indusse in moltissimi e gravissimi errori anche egregi ingeni. E aggiungi l'ignoranza del latino! Chi, infatti, dopo Boezio, può esser detto latino e non barbaro? Barbari fuori dubbio furono Avicenna e Averroè, del tutto ignari della nostra lingua e ben poco dotti di greco. I quali, anche se fossero stati grandi uomini, quale autorità mai potevano avere in questioni di linguaggio, che pure in filosofia hanno la massima imprtanza?

大部分古罗马人无视其他哲学家，唯独尊崇亚里士多德。可他们虽然只认识亚里士多德，却不是真正能读懂他。他们读到的亚里士多德的言论都不是原文版本，而是用另一种语言写成的并不忠实的版本。这不仅因为许多译本是粗制滥造的，更是因为许多言论只用希腊文说过，却并没有用拉丁文说过。这就导致许多知名的学者也犯下大量严重的错误。更何况许多人连拉丁文也一窍不通！继波爱修斯之后，有谁堪称不被"野蛮主义"污染的正统拉丁文学者？阿维森纳（980—1037）和阿维罗伊（1126—1198）都属于对语言进行野蛮篡改的人：他们对拉丁语一窍不通，对古希腊文也知之甚少，尽管他们声名显赫，但在语言方面如何号称权威？然而，语言却是哲学研究过程中的关键要素。①

最后，瓦拉指出，学者所肩负的最重要的使命，并不是盲目崇拜前人的成就——无论是柏拉图，还是亚里士多德，错误和局限都在所难免——而是以批判的眼光审视前人的成果，从而在寻求真理的道路上迈出前进的步伐。对于前人的观点，探讨也好，批判也罢，都要为探寻真理而服务：

---

① Garin, Eugenio, *Filosofi italiani del Quattrocento*, Firenze: Le Monnier Editore, 1942, p. 169.

(Aristotele) compose più opere degli altri. Sia pure. Ma tutte meglio degli altri, tali che gli altri non possano più dir nulla, tale che lo dobbiamo ritenere un dio? Mi vergogno perfino a riferire che alcuni hanno l'abitudine di indurre i propri scolari a giurare che non discuteranno mai Aristotele. Uomini superstiziosi e insensati, e inguisti verso se stessi, poiché si tolgono il mezzo di ricercare il vero…Perciò, sprezzandoli, se vi sono cose che si possono dire meglio di Aristotele, cercherò di dirle meglio virilmente, e non per colpire l'uomo, ciò sia lungi da me, ma per onorare la verità…

就算我们承认亚里士多德的著作多于其他人，难道他的见解就一定比其他人更高明，就容不得旁人质疑，就要被人奉为神明吗？某些人甚至惯于让自己的学生发誓绝不质疑亚里士多德的言论，对此我感到极为不齿。他们都是些浑浑噩噩的，对自己极不自信的迷信者，因此才会放弃追求真理的权利……我认为，只要存在比亚里士多德的理论更高明的观点，便要不顾一切地去追求，不是为了打击他本人，而是为了尊崇真理。①

在瓦拉那里，只有属于真理的胜利才是真正的胜利——尽管这有时与个人的胜利并不相吻合——但是，真理之荣光必然高于个人的荣耀。②

如同瓦拉一面抨击言必称亚里士多德一面曲解亚里士多德的经院派学者，李贽既反对"以孔子是非为是非"，也针对朱熹（1130—1200）等宋明理学家的言论提出了诸多疑议，其思想招致当时许多学者的不满，就连作为友人的都察院左副都御史耿定向也将其视为"异端"，认为其言论令"学术浇漓，人心溺陷"。针对耿定向的非议，李贽以《答耿中丞》一文表明了自身的观点：

---

① Garin, Eugenio, *Filosofi italiani del Quattrocento*, Firenze: Le Monnier Editore, 1942, p. 171.

② Fois, Mario, *Il pensiero cristiano di Lorenzo Valla nel quadro storico—culturale del suo ambiente*, Roma: Libreria editrice dell'Università Gregoriana, 1969, p. 489.

> 夫天生一人，自有一人之用，不待取给于孔子而后足也。若必待取足于孔子，则千古以前无孔子，终不得为人乎？①

在李贽的思想里，人各有所长，各骋所好，各有不同的途径探寻真理。孔子固然是中国思想史上的伟大丰碑，其言论却并不能等同于真理，更谈不上唯一的真理。因此，后人理应尊重孔子，却不必将孔子视作不可逾越的崇拜对象，尤其不能强求所有人唯孔子的言论是从。

> 公既深信而笃行之，则虽谓公自己之学术亦可也，但不必人人皆如公耳。故凡公之所为自善，所用自广，所学自当，仆自敬公，不必仆之似公也。公自当爱仆，不必公贤之与仆也。②

李贽指出，孔子本人正是因为不迷信权威，自己才得以成为权威。同样，孔子本人也不曾要求别人效仿自己。在他看来，道学家们之所以将孔子奉为圣人，口口声声"天不生仲尼，万古如长夜"，并不是由于他们发自内心地了解和崇尚孔子的观点，而往往是随声附和，人云亦云：

> 儒先亿度而言之，父师沿袭而诵之，小子曚聋而听之。万口一词，不可破也；千年一律，不自知也。不曰："徒诵其言"，而曰"已知其人"；不曰"强不知以为知"，而曰"知之为知之"。至今日，虽有目，无所用矣。③

值得注意的是，李贽之所以反对道学家唯孔子独尊，并非不敬孔子，认为其学说全无价值。在晚年作品《圣教小引》一文中，李贽叙述了自己的治学历程。表示自己在五十岁之前，对于孔子和儒家思想的理解不过是肤浅的"矮子观场，随人说研"：

---

① 李贽：《李贽文选译》，陈蔚松、顾志华译注，凤凰出版社2011版，第43页。
② 同上书，第50页。
③ 同上书，第182页。

> 余自由读圣教不知圣教，尊孔子不知孔夫子何自可尊，所谓矮子观场，随人说研，和声而已。是余五十年前真一犬也，因前犬吠形，亦随而吠之，若问以吠声之故，正好哑然自笑也已。①

此处，李贽不惜将自己比作不明就里、随而吠之的狗，貌似自嘲，实则是嘲讽盲目吹捧孔子的所谓道学家。论及对儒家学说的真正了解，李贽表示自己在五十岁以后潜心研读孔子的经典著作，后又旁涉佛经，才得出了有价值的见解和判断，才能对孔子的学术成就表示真诚的敬意。

在对待权威的态度上，李贽和瓦拉有着十分相似的观点：赞赏却不迷信、敬重却不盲从。在两位思想家那里，学者理应坚持自身对于真理的自由追求。在这个过程中，没有任何权威不可超越，没有任何教条不可触碰，学术研究正是在不断被质疑和被修正的过程中才能够不断前行。

三 文心相通，和而不同

基于对瓦拉和李贽的文本所进行的对比研读，可以发现在上述两位生活于不同国度和不同时期的思想家之间存在着诸多值得探究的相似或相通之处。从影响研究层面而言，目前尚无任何资料可以证实两者之间存在承前启后的必然联系；然而，从平行研究层面而言，我们不妨以两位思想家之间的相似观点和言论为切入点，对15世纪的意大利与16世纪晚明时期在社会历史发展过程中的相似和差异进行比较，并在此基础上探讨学术思潮与社会发展之间的相互影响。

瓦拉所处的15世纪的意大利，正处于新旧社会体系交替的过渡时期。自彼特拉克开始，人文主义学者致力于重新研读、翻译、评论古代经典文献，人文主义思潮得以迅速传播，以回溯和复兴古代文明为标志的文艺复兴时期亦随之拉开帷幕。十分可贵的是，这样一种回溯与复兴的核心，并不在于简单的模仿和复制，而是在于打破僵化的教条主义——这正是先前经院派学说的最大弊病所在——实现对真理的个性化追求。

---

① 李贽：《李贽文选译》，陈蔚松、顾志华译注，凤凰出版社2011版，第177—178页。

相较而言，李贽尽管生活在一个世纪之后，但他所处的社会历史环境却与瓦拉所处的环境不乏相似之处。随着15世纪末新航路的开辟，东西方贸易蓬勃发展，政治、经济、文化层面的交流亦随之日益频繁。在外来文化的影响下，中国社会开始发生诸多变化，商品经济的发展给根深蒂固的封建经济带来了不容忽视的冲击，市民阶级的出现和发展逐渐引发生产方式和生活方式的变革。关乎道德伦理的新的思想观念亦随之初现端倪。尽管这一阶段的变化尚不足以被视作"资本主义萌芽"，中国社会也并没能因这一时期的经济发展成功地跨入近现代社会，但某种不同于传统封建价值观念系统的思想启蒙，却在这一时期悄然发生。

不难看出，"变革"是两位思想家所处的社会历史环境的共同的关键词。由于时代的变迁，伦理价值体系也面临"瓦解"和"重构"。在破旧立新的时代，瓦拉和李贽以各自的方式对旧有的、已然僵化的伦理体系提出了质疑，并试图探寻未来社会的发展路径。在这一点上，两位思想家不仅在自然观、人性观、义利观等层面提出了十分相似的观点，还在对待学术权威和传统学说的态度上各自体现极为可贵的学术自由精神。正如钱锺书（1910—1998）先生所言："东海西海，文心攸同。"

在反叛传统的过程中，两位学者都表现出了桀骜不驯的个性和无所畏惧的战斗精神。1429年，自从因进入教廷供职的"壮志"未酬而离开罗马之后，瓦拉的人生就进入了连续不断的战斗状态，诚如他本人所说："我生性好战，乃旁人不能及。"[1] 关于这一点，瓦拉的反对者巴托洛梅奥·法齐奥（1410—1457）也曾写道："趾高气扬，自恃高明，眉飞色舞"。[2] 同样，李贽的为人也以我行我素、狂放不羁而闻名。万历二十四年（1596），古稀之年的李贽以一首四言长诗《读书乐》回顾自己的学术生涯。在诗前的引文中，李贽坦率地表示自己具备两个幸运条件，其一是过人的眼力，其二是过人的胆识，是这些将自己塑造成一位不以传统思想为准绳的斗士：

---

[1] Valla, Lorenzo, *Antidota in Poggium*, *Laurentius Valla*, *Opera omnia*, Basel: 1543, vol I, p. 273.

[2] Valentini, Roberto, *Le invettive contro Lorenzo Valla*, *Rendiconti della Reale Accademia dei Lincei*, *Classe scienze morali, storiche, filosofiche*, vol. 15, 1906, p. 526.

> 天幸生我心眼，开卷便见人，便见其人终始之概……纵自谓能洞五脏，其实尚未刺骨也。此予之自谓得天幸者一也。天幸我生大胆，凡昔人之所忻艳以为贤者，予多以为假。多以为迂腐不才而不切于用，其所鄙者、弃者、唾且骂者，予皆的以为可托国托家而托身也。其是非大戾昔人如此，非大胆而何？此又予之自谓得天之幸者二也。有此二幸，是以老而乐学，故作《读书乐》以自乐焉。①

上述文字流露出李贽不加掩饰的自信。可以想见，这样一种恃才傲物的态度势必会招致同时代学者的非议和批驳。然而，面对种种责难，李贽始终强调，自己的率直并非"狂愚之病"，而是"以率性之真，推而广之，与天下为公，乃谓之道"。②

除了性格因素，时代也赋予了两位学者以"斗士"的烙印。新旧时期交替之际，原有的价值体系逐渐瓦解，新的思想观念日趋形成。时代的不确定因素促使两位学者以战斗者的姿态为确立自己的思想体系进行极为广泛而深刻的探寻。在这一过程中，批判、责难、谩骂总会与赞扬和鼓励相伴而至。因此，在同时代人眼中，他们既有可能被斥责为"离经叛道"，也有可能被赞誉为"气象一新"。笔者以为，所谓的"毁誉参半"和"众说纷纭"恰恰体现出两位学者作为真实的"人"在挣脱原有思想价值体系的桎梏并尝试构建全新的理论框架时所承受的压力、遭遇的阻碍、付出的勇气以及获得的认可和鼓励，同时也折射出变革年代本身所具有的多面性、摇摆性、复杂性和综合性。

就个人际遇而言，瓦拉和李贽针对传统观念提出的"异端"之言令他们各自的人生经历呈现出些许悲情的色彩。由于瓦拉在《论快乐》及其后续作品《论自由意志》和《辩证法与哲学的再专研》中所主张的具有明显人性化色彩的宗教伦理观念挑战了基督教传统教义的权威，加之《〈君士坦丁赠礼〉辨伪》又有力地攻击了罗马教廷世俗权力的合法性，1444年，瓦拉遭到了那不勒斯宗教裁判所的审判。面对宗教裁判所的强压，瓦拉撰写了一篇题为《自我辩护辞》的文稿，向教宗恳切陈词，力

---

① 李贽：《李贽文选译》，陈蔚松、顾志华译注，凤凰出版社2011年版，第169页。
② 同上书，第43页。

证其思想并非宣扬异端邪说。然而，瓦拉的辩白并未起到实质性的作用，直到那不勒斯国王阿方索五世出面干预，瓦拉才躲过一场牢狱之灾。然而，上述四部作品却一直名列罗马教廷的禁书目录，直至1900年才彻底解禁。①

与瓦拉类似，李贽生前也数度引起同时代和后世学者的侧目和非议。对此，李贽心知肚明，却安之若素。他甚至预见到自己将因叛逆的言论而遭到迫害，正因如此，他将自己冒着性命之忧而坚持刊印的作品集命名为《焚书》。他在序言中表明，此书之所以有被焚烧之危险，正是因为其中有大量逆耳之言，但尽管如此，他仍坚持将其刊印，以便其中的观点能够深入人心，哪怕招致杀身之祸亦无所惧。万历二十四年，湖北分巡道史旌贤果然扬言要以"大坏风化"之罪将李贽逐出麻城。面对当局的诽谤与迫害，李贽并不自苦，反倒显得平静安然。在《与耿克念》一文中，李贽这样写道：

> 窃谓史道欲以法治我则可，欲以此吓我他去则不可。夫有罪之人，坏法乱治，案法而究，诛之可也，我若告饶，则不成李卓老矣。若吓之去，是以坏法之人而移之使毒害于他方也，则其不仁甚矣！他方之人士与麻城奚择焉？故我可杀不可去，我头可断而我身不可辱，是为的论，非难明者。②

无论是瓦拉还是李贽，两位思想家在内心深处从未因所谓的"离经叛道"而感到困惑或羞耻，面对当局的责难也从不曾让步、退缩。事实上，就社会发展层面而言，所谓正统思想不过是为某一特定时期的政治利益集团所认可、维护的思想，是否真正涉及真理则并不重要。因此，正统对异端的指责和判定，往往是以自身为依据的，认为背离主流的异端思想有可能对既定的社会造成危害。③ 然而，"异端"的价值往往是滞

---

① Fubini, Riccardo, *Ricerche sul De voluptate di Lorenzo Valla*, *Medioevo e Rinascimento*: *Annuario del dipartimento di studi sul Medioevo e il Rinascimento dell'Università di Firenze*, vol. 1, 1987, p. 207.

② 李贽：《李贽文选译》，陈蔚松、顾志华译注，凤凰出版社2011年版，第173页。

③ 李雪涛：《误解的对话》，新星出版社2014年版，第13—14页。

后显现的。社会学家艾森斯达特指出，在社会变迁的过程中，异端是修正或改变已经定型的政治文化方案前提的社会部分，在一般的社会动态中，它们尽管不是唯一的动力，却是根本的原动力之一。① 作为变革时期的人物，瓦拉和李贽的思想都不够完善和成熟，也都缺乏强有力的意志和行动，不足以构建一个稳固的全新伦理系统，这一切都有待后世学者将其思想发扬光大。这一漫长的历史时期并非是一个风平浪静的演变的过程，而是一个包含探索与反探索、创新与反创新、改革与反改革的，充斥着激烈冲突和斗争的过程。一方是试图维护原有伦理价值体系和学术研究方法的传统权威，另一方则是所谓的"异端"学者：他们批判对权威的盲从，倡导以全新的方式自由自主地探寻真理之所在。作为各自时代的"异端"之尤，瓦拉和李贽以他们桀骜不驯的性情、惊世骇俗的观点和一针见血的文风在赢得盛誉的同时成为反对者的众矢之的。事实上，这恰恰体现了两位思想家对于时代的价值：在一个已经出现变化端倪，却尚未彻底完成变革的社会中，前瞻性越强的学者越容易招致同时代人的非议；或者说，富于前瞻性的观点往往要经过若干年的历史验证，方可得到后人的普遍认同。基于此，两位学者在各自所处的社会中引起的褒贬不一的反响，恰好可以证明其观念在推动社会变革的过程中所起到的重要作用：瓦拉的思想在其去世的五十余年后曾有力地推动了爆发于 1517 年的德国宗教改革；而李贽的思想则受到日本爱国志士的钟爱——日本明治维新运动的先驱吉田松阴（1829—1958）就很热爱读李贽的著作："顷读李卓吾之文，有趣味之事甚多，《童心说》尤妙"。②

应当认识到，瓦拉与李贽之间存在着诸多相似相通之处。然而，这种相似或相通并不意味着雷同和重复。如乐黛云先生所言，在对二者进行比较时，一方面要在不同文化的诸多差别里寻求内在的一致性，另一方面又要从已有的和谐中分解出差别和不同。

瓦拉与李贽虽在各自的时代里都扮演了"叛逆者"的形象，但由于他们所处的社会历史环境迥异，其"反叛"的出发点、解决问题的路径，以及最终的落脚点都有着根本的不同。

---

① 李雪涛：《误解的对话》，新星出版社 2014 年版，第 15 页。
② 鄢烈山：《李贽：告别中庸》，辽宁人民出版社 2014 年版，第 230 页。

就出发点而言,瓦拉希望纠正的是中世纪僵化禁欲的伦理教条对于人性蔑视和压抑;他不断挑战的,是经院派学者对于亚里士多德言论的无条件盲从;他尝试构建的,是一个兼容人的自然属性和宗教精神的完善的伦理体系:将快乐与真福相融合,将属世利益与宗教信仰相融合,将世俗与神圣相融合。①

在李贽生活的社会环境中,占据社会文化主导地位的是千百年来被奉为圣教,却逐渐陷入僵化的儒家学说。晚明时期的中国社会虽有变革的征兆,但只能算是初露端倪,并未如15世纪意大利一样,出现真正意义上的大规模社会转型。就经济层面而言,商品经济的发展还处于十分孱弱的初始阶段,包括市民阶级在内的广大民众并没有摆脱封建经济人身依附关系的桎梏;相应地,就思想层面而言,以儒家思想为根基的"群体本位"的意识形态仍牢固地支配着各个社会阶层的思想与行为方式。尽管李贽提出了"夫天生一人,自有一人之用,不待取给于孔子而后足也"的观点,但这种观点仅仅局限于一个封建衰世中的士大夫的个人感叹,尚不能代表新兴阶层的精神文化需求。正是由于缺乏"个体本位"理论基石的支撑,李贽的思想始终未能升华到从个人自由的哲学高度去颂扬作为个体的人的尊严,其关于人的自然欲望的论述也只是停留在日常生活的层面。从这个意义上说,在李贽的反传统学说中,那种包含人文主义的近代启蒙思想的内在成分尚且有限。

就解决问题的路径而言,尽管两人都有着坎坷的人生经历,久久未能得志,但瓦拉表现出比李贽更为积极入世的人生态度。尽管他撰写的许多论著都以罗马教廷对世俗权力的贪婪以及僵化的经院派理论体系为抨击对象,但他始终没有放弃进入教廷任职的愿望。即便数度遭到拒绝,也积极在帕维亚、费拉拉、米兰、那不勒斯等地谋职。1448年,他终于重返罗马,并于1455年成功就任教宗卡利克斯特三世的书记官,直至1457年寿终正寝。

相较而言,李贽的社会经历则更具消极的悲剧色彩。李贽的先祖曾是泉州富商,后来家道中落,导致年轻时期的李贽不得不为养家糊口而

---

① Barozzi, Luciano, Sabbadini, Remigio, *Studi sul Panormita e sul Valla*. Firenze: Le Monnier, 1891, p. 211.

涉历科场。尽管他相继谋得河南共城教谕、国子监博士等职，却仍不能为家庭带来好运，甚至连自己的两个女儿也死于饥荒，妻子也是在好友的援助下才得以生存。此后，他又相继任礼部司务、南京刑部主事，51岁时出任云南姚安知府。作为一名自视清高的官僚士大夫，李贽对官场的黑暗腐败深恶痛绝，尤其与那些既标榜道学又滥逐名利的士大夫格格不入，因而屡受排挤，仕途坎坷。他曾写道：

> 为县博士，即与县令、提学触，为太学博士，即与祭酒、司业触……司礼曹备，即与高尚书、赵尚书、王侍郎、万侍郎尽触也……赵（尚书）于道学有名，孰之道学益有名而我之触道又甚也。最后为郡守，即与巡抚王触，与守道骆触……①

正因如此，李贽自叹"受尽磨难，一生坎坷，将大地为墨，难写尽也"，②并在中年时期主动选择了消极避世的人生道路。在晚年作品《读书乐·引》中，李贽为自己走上了这条远离世间纷扰的人生道路而感到庆幸：

> 天幸生我性，平生不喜见俗人，故自壮至老，无忧亲宾往来之忧，得以一意读书。天幸生我情，平生不爱近家人，故终老龙湖，幸免俯仰逼迫之苦，而又得以一意读书。③

可惜此种独善其身的生活状态只是李贽的一厢情愿，事实上，他最终并没能躲过晚年的牢狱之灾，甚至在狱中以割喉的方式结束了自己的惨淡人生。

对比两位异端思想家的人生经历，可以发现前者在一路坎坷之后终于得偿所愿，而后者尽管主动选择了"躲进小楼成一统"的后半生，最终仍没能避免惨烈的人生结局。两者命运巨大差异不只与个人选择相关，

---

① 李贽：《焚书·续焚书》，中华书局2011年版，卷四：187。
② 同上。
③ 李贽：《李贽文选译》，陈蔚松、顾志华译注，凤凰出版社2011年版，第167页。

也与他们所处的迥异的社会历史环境密不可分。就文化传统而言，在 15 世纪的意大利，尽管罗马天主教廷仍是社会主流思想文化的主宰，但在基督教文明诞生以前就曾繁盛辉煌过的古希腊古罗马文明早已在社会的血液中注入了深厚的民主传统和抹不去的怀疑精神。就政治局势而言，15 世纪的意大利小国林立。从文化多元性的角度来看，分裂的政治局面如同裂隙遍布、杂草丛生的石板，给予各种不同的思想观点以生存和发展的空间，对非主流的异端思想也表现出更高的包容度。正是在这样的社会环境下，瓦拉的人文主义言论和思想可能在某一段时间内遭到非议，其人生经历也会因某一任或某几任政治或宗教领袖的压制而遭遇波折坎坷，却并非完全找不到生存空间。事实上，当尼古拉五世成为首任人文主义教宗，瓦拉便于他就任的第二年重返罗马，担任教廷公证员和书吏，并于 1455 达成夙愿，成为教宗书记官。与意大利不同，在晚明时期大一统模式下的中国社会里，以孔子学说为核心的儒家思想不仅是文化层面的主流，而且是皇权统治中极为重要的思想意识控制工具。因此，尽管李贽在主观上并不具有以某种新的思想观念取代整个旧有社会文化体系的意图，但在客观上，他的异端言行对当时的皇权统治构成了不容忽视的挑衅。加之李贽的特立独行——既落发又留须，既出家又食肉，既住佛堂又不认祖师——使得他即便辞官隐居，也没有逃过被逮捕的命运，被扣上"敢倡乱道，惑世诬民"的罪名，并被判处死刑。

就最终落脚点而言，表面看来，瓦拉和李贽都选择了将各自的宗教信仰作为寄托，但实际上，前者在某种程度上表现出与基督教的疏离，而后者则把自己完全交托给了尘世之外的佛教。作为文艺复兴时期的人文主义者，瓦拉表现出一种明显的，存在于意识与潜意识、理性与感性之间的矛盾：在理性的意识层面，他从未想过也不可能放弃基督教信仰，坚持将"天国真福"视为至高无上的真善。然而，在感性的潜意识层面，他乐于接纳并且赞同伊壁鸠鲁派哲学思想中的人性化元素。这虽不是对基督教的直接否定，但在客观上却冲击着中世纪一切以神为核心、以神为主宰的神权统治。正因如此，瓦拉常年效劳于世俗君主和天主教教宗，时而为获取荣耀和财富而忙碌奔走，时而为了竞争与其他学者相互诋毁，究其动机，无非是想将自我实现与自我享乐结合起来，将人为了追求荣誉和财富所表现出的坚韧不拔视作"美德"，并以此为基础构建"至善"

的概念。

然而，这样的世俗欲望在李贽看来，最终都是人的本"心"中的污垢，必须通过钻研佛学予以彻底清除。在姚安任职期间，李贽就注重研究佛学，后来更是遣妻回乡，独自隐居湖北黄安，与耿氏兄弟论学。搬至麻城龙潭湖后，李贽落发为僧，开始了半僧半俗的生活，将释迦牟尼、孔子、老子合誉为"超然于名利之外"的"三教圣人"。从肯定人的自然本性到鼓吹人正心去欲的修身，这是李贽从沉浮宦海转向超脱归隐、参禅论玄的必然结果，其人生历程所折射出的绝非是一个新兴资产阶级启蒙家的应有形象。在反叛道学家"存天理、灭人欲"的同时，李贽逐渐将人引渡向一个弃绝俗尘欲念的佛教世界，以超脱于物我为最高境界。当瓦拉等欧洲人文主义者将人从遥远的"彼岸世界"引领回自主选择、舒展天性的现实人间时，李贽却为现实的"此岸世界"的人搭建起一块通往"极乐净土"的严酷冷寂的"圣地"。不难看出，在这一点上，两位学者的方向是彼此迥异的。①

结　语

文心相通，和而不同。中国和西方社会有着彼此独立的文明渊源和传统，但彼此之间相互有选择地借鉴对方文明的成果，获取全新的理解自身文明的角度和方式，并创造性地加以转变和内化，不失为推动自身社会发展的有效途径。从中西方文化的普世化角度来看，对瓦拉和李贽两位思想家展开平行研究有助于我们了解西方近现代伦理价值体系形成的历史渊源，从而更为透彻地理解西方世界的行为标准和道德准则。在这一过程中，我们能够对照审视自身的历史，进而寻找到不同于传统的崭新视角，全方位、多角度解释中华文明的精髓，从而催生伟大的创见；此外，只有吸收外来文化的精髓，我们才能逐步强大和丰富自身文化的

---

① 孟广林：《李贽"人文主义"人性论评析——兼与西欧人文主义思想比较》，《河南大学学报》（社会科学版）2003年第9期。

内涵。① 换言之,"重新认识西方,是为了更好地重新认识中国;重新认识古典,是为了更好地认识现代,从而重建中国文化在世界范围内的自主性和独立性"。② 这一论题,正是本项研究应在未来展开进一步深入挖掘和探讨的领域。

---

① 吴功青:《意义与方法:文艺复兴哲学研究的观念性反思》,《云南大学学报(社会科学版)》2016 年第 5 期。
② 冯金红:《古今中西的漫长争论》,《文化纵横》2017 年第 1 期。

女性叙事及对"装置"的亵渎
——评"那不勒斯四部曲"

陈 英[*]

内容摘要：埃莱娜·费兰特是近期在世界上最受关注的意大利作家之一，她2011年至2014年相继出版了"那不勒斯四部曲"：《我的天才女友》《新名字的故事》《离开的、留下的》和《失踪的孩子》，讲述了两位女性长达五十多年的友谊，在世界上掀起了"费兰特热"。"四部曲"一方面深入挖掘了"女性友谊"这个文学主题，另一方面也通过女性的视角讲述了意大利20世纪后半叶的历史，揭示了南方女性在这个历史阶段的生活状况：生存空间逼仄、遭遇暴力以及她们的抗争。本书主要从女性主义角度分析埃莱娜·费兰特的叙事特点，以及她对20世纪文学传统的继承和发展。埃莱娜·费兰特也展示了婚姻和家庭作为权力"装置"对女性的控制。

关键词：费兰特；女性主义；那不勒斯四部曲；装置

埃莱娜·费兰特是目前很受关注的意大利作家，她在2016年被《时代周刊》列入"100个最具影响力的人物"，就连希拉里·克林顿和詹姆斯·伍德也不遗余力地为她摇旗呐喊。最近，意大利和世界各地也在举办关于"那不勒斯四部曲"的研讨会，埃莱娜·费兰特一跃成为新千年

---

[*] 陈英，意大利语言学博士，现为四川外国语大学法意语系副教授，译有"那不勒斯四部曲"、《愤怒的城堡》《一个人消失在世上》《拳头》《威尼斯是一条鱼》《迫害》等。

意大利文学的领军人物。当代文学研究者蒂齐亚娜·德罗加蒂斯在 2018 年 8 月出版了专著《费兰特核心词》，她统计出"四部曲"在四十八个国家拥有七百万读者。①

"四部曲"最主要的线索是两位那不勒斯女人——莉拉和埃莱娜的友谊，这也是大部分读者和评论家侧重讨论的问题。她们之间的关系比爱情更长久，比亲情更深刻，那是一种非常规的友情，用"友谊"来界定似乎太狭隘，这是一种销魂蚀骨、富有激情，但也混杂着爱与崇拜的关系。② 而本书主要侧重于分析埃莱娜·费兰特对于意大利女性写作传统的继承和突破，以及她对于 20 世纪后半叶意大利社会、历史、女性主义运动的回顾和反思。

一　埃莱娜·费兰特与 20 世纪女性写作传统

埃莱娜·费兰特早在 1992 年就活跃于意大利文坛，其作品主要反映当代女性的生活和困境，她的小说《烦人的爱》曾被知名导演马里奥·马尔多内改编成电影，在意大利引起了很大的反响。但埃莱娜·费兰特这个笔名的背后是谁，至今仍然是一个谜。意大利文学评论家朱里奥·费罗尼在 2007 年撰写的文章里分析过埃莱娜·费兰特的创作，他说："（她的）作品里很容易看到莫兰特的影响，她以暴力、破败的那不勒斯为背景，揭示出各种痛苦的家庭矛盾。"③ 埃莱娜·费兰特后期创作也一直在深入挖掘这些主题。

埃莱娜·费兰特的"四部曲"聚焦于几个家庭：鞋匠、门房、木匠以及点心师傅，还有黑社会和放高利贷者。这几个家庭生活在那不勒斯一个破败的城区，囊括了形形色色的人物，形成一个小社会。书中还重点刻画了木匠家庭出身的帕斯卡莱和新法西斯分子索拉拉之间你死我活的斗争，成为整个社会斗争的缩影。意大利 60 年代末的工人运动

---

① Tiziana de Rogatis, *Elena Ferrante*, *Parole chiave*, Roma: Edizioni E/O, 2018, p. 13.
② 陈英：《我的天才女友为什么人间蒸发》，《北京青年报》2017 年 1 月 10 日第 B04 版。
③ Giulio Ferroni, *Letteratura italiana contemporanea 1945—2007*, Milano: Mondadori, 2007, p. 300.

和劳资冲突，也通过莉拉在香肠厂的经历得到展现；还有70年代的女性运动、性解放、避孕药的合法化、离婚权等，也在埃莱娜和几个朋友的交谈中得到深入讨论。埃莱娜·费兰特通过一种写实的手法，在这些历史和社会问题上用了很多笔墨。小说涉及人物很多，年代跨度很大，细致入微的情节之外还有恢宏的历史，使整个"四部曲"有着史诗般的宏大。

埃莱娜·费兰特在访谈中多次提到她深受意大利女作家艾尔莎·莫兰特（1912—1985）的影响：尤其是《谎言和占卜》对她影响很大，而且埃莱娜·费兰特这个笔名，从某种程度上来说也脱胎于艾尔莎·莫兰特。① 埃莱娜·费兰特的"四部曲"在体量和风格上更靠近艾尔莎·莫兰特的另一部作品：长达661页的小说《历史》。艾尔莎·莫兰特的这部作品讲述了1941年到1947年期间发生的事情：每年一章，每章都用小型字体以短小精悍的篇幅概述当年世界上所发生的重大历史事件，作为展示该章小说情节的时代背景。这样的布局与结构使小说的故事情节与当年发生的重大历史事件紧密联系在一起，以示故事的内容既富于象征性又具有典型性。② 而埃莱娜·费兰特的"四部曲"意大利语版总共1628页，故事从战后20世纪60年代开始讲起，延续了几乎五十年。意大利这五十年发生的重大历史事件：二战后破败贫穷到20世纪五六十年代的"经济奇迹"，人人骑上摩托车，家家有了汽车，然后到1968年学生运动、红色旅、"沉重的年代"、新法西斯主义、帕索里尼、意大利工会斗争等，这些大事件都巧妙地嵌入了故事情节之中，历史其实在左右着故事人物的生活。无独有偶，2017年在意大利坎皮耶洛文学奖中荣摘桂冠的作品——《被弃养的女儿》③ 也是向艾尔莎·莫兰特的《谎言和惩罚》的致敬之作。

除了对社会问题的关注，埃莱娜·费兰特其实更关注的是女性的声音和命运。埃莱娜·费兰特有意识地继承了女性写作的传统，女性主义

---

① 孙若茜：《生长在那不勒斯的女性史诗——专访意大利作家埃莱娜·费兰特》，《三联生活周刊》2018年第34期。
② 沈萼梅、刘锡荣：《意大利当代文学史》，外语教学与研究出版社1996年版，第415页。
③ Donatella Di Pietrantonio, *L'Arminuta*, Torino：Einaudi, 2017, p. 1.

对她的启发很大，"我从女性主义丰富、系统的思想里汲取了很多营养；女性主义思想改变了我，让我眼界大开。"① "我从这些女性作家身上学到了很多东西：菲尔斯通、隆齐、伊里加蕾、穆拉洛、卡瓦雷罗、加利亚索、哈拉维、巴特勒、布蕾多替。"②

埃莱娜·费兰特无疑是把意大利女性写作推向了顶峰。在"四部曲"中，女性随时处在被男性（无论是不让自己读书的父亲，还是暴力的丈夫，抑或是索要性贿赂的工厂老板）碾压的境地，在精疲力竭的边缘，不让自己陷入瓦解，精神被碾压成碎片，女性只能通过写作才能让自己平静下来，用文字固定住那些秘密，然后等待逃离。③

小说中的勇敢反叛者——莉拉从小就经历这种暴力，但她并没放弃抗争，这种抗争一直伴随着她到暮年，她通过彻底消失来表现出决绝的态度。"对于蛮横不听话的女儿，父亲可以随意处罚。"④ "我看到我的朋友从窗子飞了出来，经过我的头顶，落在了我身后的地上……她在流血，她的一条胳膊摔断了。"⑤ 莉拉结婚之后，遭受暴力的处境依然在继续："莉拉几乎一直站着，坐着身上会很疼。没有人提到她发肿发黑的右眼、破裂和下嘴唇以及淤青的胳膊，包括她一直沉默不语的母亲。"⑥ 在那不勒斯社会文化中，这种暴力是肢体的、语言的、表象的，也是思想上的，甚至成为人们沟通的一种方式。大部分社会成员，包括莉拉的母亲，似乎也在默认这种暴力的合理性。早在一百年前，维吉尼亚·伍尔夫（1882—1941）提到那时出版的《英国史》记载："殴打妻子是大家公认的男人的权利，而且不论上等人或下等人一律如此，而不以为耻……假如女儿拒绝和父母所选定的男人结婚，就会被关起来，被鞭挞，在屋子

---

① 孙若茜：《生长在那不勒斯的女性史诗——专访意大利作家埃莱娜·费兰特》，《三联生活周刊》2018 年第 34 期。
② Ferrante Elena, *La Frantumaglia*, Roma：Edizioni E/O，2016，p. 323.
③ 索马里：《那不勒斯四部曲：镜子和自恋的暴政》，《三联生活周刊》2018 年第 37 期。
④ ［意］埃莱娜·费兰特：《我的天才女友》，陈英译，人民文学出版社 2017 年版，第 67 页。
⑤ 同上书，第 66 页。
⑥ ［意］埃莱娜·费兰特：《新名字的故事》，陈英译，人民文学出版社 2017 年版，第 32 页。

里被推得东跌西撞，而大家不以为奇。"①

这种暴力作为一种常态，每日在那不勒斯的这个破败城区上演。整个城区要求女性绝对驯服于父亲和兄长，莱农和莉拉从小到大的经历无不在说明：反叛在哪里出现，暴力就会在哪里出现。对暴力的默许会成为暴力的帮凶，埃莱娜·费兰特的控诉是很沉痛的，提醒女性保持一种警惕的态度和锐利的自省，捍卫自己的生存空间。

二 对"装置"的反叛：婚姻、语言

女性遭遇的暴力不仅仅是表象的、身体的，而且还有隐藏的。在"四部曲"第二部《新名字的故事》中，叙述者埃莱娜终于摆脱了暴力的城区，社会下层出身的她，嫁入一个知识分子家庭，过上资产阶级的生活，实现了社会地位的提升。但故事远远没有结束，埃莱娜不得不承受婚后无聊、机械的性爱。她体会到："婚姻和人们想的不一样，它就像一个机构，剥夺了性交的所有人性。"② 埃莱娜已经觉察到了婚姻作为体制对女性的盘剥和压榨，这种幻灭和醒悟为她后来实现救赎做好了铺垫。

埃莱娜·费兰特小说中提到的"机构"和意大利哲学家吉奥乔·阿甘本提到的"装置"概念很相似。"现在，个体生命在任何时候都受到了某个装置的塑造、污染或者控制。那么我们如何直面这种情况呢，在我们的日常生活中，我们采取什么样的策略来与装置短兵相接呢？"③ 埃莱娜·费兰特受到了婚姻生活的污染和控制，一寸一寸地失去好不容易才争取到的领地。她采取的策略和吉奥乔·阿甘本的"渎神"不谋而合："渎神"意味着使事物回归人的自由使用。④ 女人需要回归对自己的身体、时间的自由使用。

在这场与装置的"贴身肉搏"中，策略不能过于简单，埃莱娜·费

---

① ［英］弗吉尼亚·伍尔夫：《一间自己的屋子》，王还译，上海人民出版社2008年版，第58页。
② ［意］埃莱娜·费兰特：《离开的、留下的》，陈英译，人民文学出版社2017年版，第301页。
③ ［意］吉奥乔·阿甘本：《渎神》，王立秋译，北京大学出版社2017年版，第19页。
④ 同上书，第124页。

兰特通过"亵渎"婚姻来实现对自我的掌控。"我和彼得罗婚姻破裂的事情,不仅仅把阿黛尔卷入其中,而且这个消息还传到了米兰,甚至是法国。我想这样最好,能让我们分得痛快点儿。我对自己说:该发生什么事儿就发生吧。"① 埃莱娜·费兰特经历婚姻的失败,她身心疲惫,离开两个女儿去法国为她的女性主义著作做宣传:"我谈到了从小我在我母亲以及其他女人身上看到的家庭和生育最糟糕的一面,还有男性对女性的奴役……我谈到了我从小就想掌握男性的思维方式。我感觉自己是男性捏造出来的女性,是他们通过想象构建的。"② 埃莱娜·费兰特的这场"贴身肉搏"也是以女性主义理论为武器的。

因为这场离异,埃莱娜·费兰特的母亲甚至对她拳脚相加,她还要遭受婆家的威胁——他们要收回之前给她的一切。她抵挡整个社会的压力,选择彻底摆脱这个限制她发展,禁锢她自由的家庭,而情夫尼诺的出现,也只是起到了推波助澜的作用。在经过殊死的斗争之后,埃莱娜·费兰特终于能在都灵的一所公寓里享受自己的空间和时光,这无疑是女性主义作品耳濡目染的结果。她最终实现了救赎,夺回了身体和自我,但一切来之不易。她感叹说:

> 我吃了多少苦啊,经历了多少事情啊!每一步都好像要跌倒,但我都挺住了。我离开了城区,又回到那里,我又成功摆脱了。没有任何东西会把我和我生的几个女儿拉下水去,我们都得救了,我没有让她们任何一个沉沦下去。③

埃莱娜·费兰特指出的救赎之路,也包含着对男性话语霸权的抵抗,这是文中作为知识分子埃莱娜和小说家埃莱娜·费兰特的重叠之处,"四部曲"不但是意大利女性写作传统的继承和延伸,也是对20世纪60年代至今女性主义运动的回顾。

---

① [意]埃莱娜·费兰特:《失踪的孩子》,陈英译,人民文学出版社2018年版,第15页。
② 同上书,第37页。
③ 同上书,第451页。

玛格丽特·杜拉斯曾经说自己的写作：是一种系统的翻译写作，就是要找到一种新的表达方式，把那些未知的事物翻译出来，因为没有现成的语言可以使用，而男性作家并非如此。① 埃莱娜·费兰特的写作也体现了这一点，她的写作是一种双重翻译。研究埃莱娜·费兰特的蒂齐亚娜·德罗加蒂斯教授也是那不勒斯人，她明确指出：费兰特的小说语言，很多时候都是对那不勒斯方言的翻译；② 和其他女性作家一样，她在讲述女性的体验和处境时，也需要把父权色彩明显的语言翻译成女性语言。

语言或许是最古老的"装置"，埃莱娜·费兰特很深入地展示了"父权"语言对于女性的殖民和异化。埃莱娜·费兰特离开那不勒斯去上大学，她必须克制让她羞愧的那不勒斯方言，还要慢慢改变她从小刻苦习得的、矫揉造作的书面语，掌握一种主流的、男性的、得体的语言。这是她在大学遭遇的最大困境，这让她与故乡那不勒斯以及女性身份产生疏离，在厌女症占主流的比萨高等师范，为了生存下去，她不得不去模仿那些男性学者的语言。

女性问题是普世性问题，埃莱娜·费兰特在世界上的译介也掀起了学者对于女性处境的讨论。女性主义翻译理论家路易斯·冯·弗拉德在1997年撰文呼吁构建一个女性主义时代，提倡译者应该搜集当代女性作品，并把它们介绍到自己的语言文化中。③ 埃莱娜·费兰特在世界上广为流传，正是这个女性主义时代典型的例证，是全球化催生的奇迹，这个系列一方面让读者了解到那不勒斯的风情，一方面也回顾了从20世纪90年代开始，几十年来女性的解放史，特别能引起女性读者的共鸣。"四部曲"能给世界上很多女性，当然包括处于城市化过程中，处境艰难的中国女性带来力量和尊严。

---

① Duras Marguerite, "*An Interview*", *New French Feminisms*, trans. by Susan Husserl—Kapit, Amherst: University of Massachusetts Press, 1980, pp. 174—176.
② Tiziana de Rogatis, *Elena Ferrante*, *Parole chiave*, Roma: Edizioni E/O, 2018, p. 171.
③ ［加］路易斯·冯·弗拉德：《翻译与性别——女性主义时代的翻译》，上海外语教育出版社2004年版，前言。

结　语

新千年的意大利文学在经历了一番具有后现代意味的尝试之后，似乎又在有意回归传统。"最近几年，随着文学批评导向和读者阅读趣味的转变，现实主义题材、历史题材和反思文学又逐渐成为意大利文学创作的主流，创作语言和手法也有回归传统的倾向。"[①] 也有中国评论家清楚看到埃莱娜·费兰特朴素的现实主义特点，称"四部曲"为"老实得近乎笨拙的小说"。[②]

埃莱娜·费兰特的写作手法比较传统，受后现代主义的影响不明显，她的作品另辟蹊径，沿袭了意大利 20 世纪女性写作传统，艾尔莎·莫兰特对她影响深刻。埃莱娜·费兰特把历史上发生的大事件和私人生活贯穿起来，巧妙地把 20 世纪 70 年代妇女解放运动插入了故事之中，讲述了意大利女性在 20 世纪 70 年代获得了各种权利的过程。

回望过去，我们就会发现女性现在享受的有些自由和权利并不是由来已久，女性需要捍卫自己的斗争结果。女性主义已经成为一种全球意义上的意识形态，埃莱娜·费兰特的作品在展示女性处境的同时，流露出一种鲜明的立场，具有强烈的启示性，展示出与"装置"抗争的姿态，启迪女性争取对自己身体和时间的自由使用，构建个人生活和发展空间。埃莱娜·费兰特在世界上的读者多为女性，这可能也是因为她们在埃莱娜·费兰特的作品里找到了一种谋求自身生存和发展的工具。

---

① 金莉、王丽亚：《外国文学通览 2016》，外语教学与研究出版社 2017 年版，第 359—360 页。

② 黄煜宁：《对故事和情感仍怀有信心》，《文汇报》，2017 年 10 月 15 日。

新现实主义的回归

——2016 年斯特雷加文学奖与意大利文学

文　铮[*]

内容摘要：近年来，现实主义题材逐渐回归意大利文学创作的主流。2016 年，意大利斯特雷加文学奖授予埃多阿尔多·阿尔比纳蒂的小说《天主教学校》。这部长达 1294 页的小说以 20 世纪 70 年代轰动全国的强奸杀人案为线索，描写了资产阶级价值危机与社会暴力泛滥时代里，罗马一所天主教学校中青少年接受的"不良教育"，并借此诠释意大利这段复杂的历史。作者将虚构的故事与真实的回忆融为一体，以一种特殊的叙事方式进行批评、反思和联想，带领读者潜入城市资产阶级生活的灰色地带，否定当时的教育模式，探寻这代人残暴、傲慢、贪婪的性格特征，并认为那个时代成长起来的男性都无法为自己固有的暴力倾向找到抗体。

关键词：意大利；当代文学；斯特雷加奖；现实主义传统；天主教学校

进入 21 世纪以后，意大利文学创作的总体情况并不乐观，难以维持 20 世纪八九十年代的繁荣局面，很少出现上乘之作，也几乎没有出现具有国际影响的新锐作家。近年来，达恰·玛拉伊妮、皮埃尔弗朗科·布

---

[*] 文铮，现为北京外国语大学意大利语言文学副教授，教研室主任，意大利研究中心主任。中国意大利语教学研究会会长，中国意大利研究会副会长，中国译协意大利语翻译研究会秘书长。曾获意大利总统授予的"意大利之星"骑士勋章。

鲁尼、克劳迪奥·马格里斯和弗朗切斯科·贝诺佐等一些在20世纪已颇具盛名的资深作家先后获得了诺贝尔文学奖的提名,为意大利文学界保留了一些颜面和信心。

当代意大利文学作品无论是语言,还是主题都日趋通俗化、大众化,为了迎合读者口味,虚构类型的作品越来越多,而有着悠久传统的现实主义题材被大多数作家所冷落,同时被冷落的还有精致的语言和深刻的思想。最近几年,随着文学批评导向和读者阅读趣味的转变,现实主义题材、历史题材和反思文学又逐渐成为意大利文学创作的主流,创作语言和手法也有回归传统的倾向。

斯特雷加奖是意大利最具影响力的文学奖项,自1947年创立以来,一直代表着意大利语文学创作的最高水平和发展趋势,也反映了意大利文学界的品位和态度。从2016年获得该奖项提名的5部作品来看,评审委员会无疑是在鼓励那些通过不同视角审视民族情感、社会生活、道德诉求和文化传统的现实题材作品。

埃拉尔多·阿菲纳蒂的小说《未来的人》是为意大利伟大教育家洛伦佐·米拉尼献上的一曲颂歌。这位半个世纪以前的教育家从时间上讲已成为历史人物,但他的思想和贡献却影响着意大利民族的未来。维多里奥·赛尔蒙蒂的小说《如果他们有》像一首悠长的情歌,以自传体形式讲述了作者及其家人在二战后的经历,像镜子一般如实地反映了战后近70年来意大利的现实社会生活。作品中充斥着各种敏感的社会与人生的话题,彰显了作者的坦诚与勇敢。乔尔达诺·麦阿奇的小说《杀害理贝特·瓦朗斯的野猪》承袭了伊塔洛·卡尔维诺《宇宙奇趣》的风格,从一只突然能听懂人类语言的野猪的视角,讲述了在托斯卡纳和翁布里亚大区交界处一个小镇上的所见所闻。在当今各种后现代语言盛行的意大利文坛,这种毫无违和感的"野猪语"让人耳目一新。小说的灵感来自1962年上映的著名美国西部片《双虎屠龙》,并使用蒙太奇的手法叙述故事。埃莱娜·斯坦卡内里以小说《裸女》获得提名,主人公安娜是一个原本聪明、美丽、工作出色的女孩,通过与闺蜜通信的方式,讲述自己在遭遇感情背叛后一蹶不振,不吃不睡,通过社交软件寻找并跟踪前男友和其现女友,失眠时通过烟酒麻痹自己的病态经历。她是"裸女",因为她失去了爱人、工作甚至尊严,她除了自己的身体以外一无所有。这部作品语言细腻，直指人心，引起了女性读者的强烈共鸣。目前，以该小说为文学母本的电影正在筹拍中。

经过评委两轮投票，2016 年度斯特雷加奖最终授予了由米兰利佐里出版社出版的小说《天主教学校》。① 小说作者埃多阿尔多·阿尔比纳蒂出生于 1956 年 10 月 11 日，中学就读于罗马圣雷昂·马尼奥天主教学校，后进入罗马大学学习。毕业后，他游历英法，结交电影界、文化界和传媒界人士，曾先后从事过电台和杂志社编辑、电影编剧等工作。埃多阿尔多·阿尔比纳蒂从 1988 年起开始发表文学作品，1989 年出版的小说《波兰擦玻璃工》被改编为电影，由意大利著名导演彼得·德尔蒙特执导。此后，他在影视剧创作方面斩获颇丰，涉及悬疑、惊悚、侦探题材。2004 年他凭借小说《眩晕》获得意大利维亚雷焦文学奖，达到了文学创作的新高度。正是从这一年起，他开始构思一部以他中学时就读的天主教学校为背景的长篇小说，这可能是他一生中最为宏伟的写作计划。

一 创作意图——40 年未宣的真相

小说的创作素材源自意大利 20 世纪 70 年代一起轰动全国的恶性暴力案件。1975 年 9 月 29 日至 30 日，在罗马的奇尔切奥街区发生了一起强奸杀人案：受害者是 17 岁的科拉桑蒂和 19 岁的洛佩兹，她们是好朋友，都来自罗马普通市民家庭，在旁人眼中她们文静而阳光。罪犯是 3 个 20 岁上下的小伙子：22 岁的基拉是著名房地产投资商的儿子，也是当时黑手党团伙 "马赛家族" 的拥趸，曾因抢劫被判处 20 个月的监禁；20 岁的伊佐是医学专业的学生，曾因强奸被判处两年半监禁，但缓期执行；19 岁的圭多是建筑专业的学生，出身优越，是这 3 人中唯一没有犯罪前科的。3 人邀请两个女孩去朋友家聚会，趁机持枪劫持了她们，实施强暴后，还给她们注射了毒品。洛佩兹惨遭毒打后被溺死在浴缸里；科拉桑蒂因装死才逃过此劫，报警获救。事发后，圭多和伊佐被警方抓获，但基拉逃脱，在西班牙隐姓埋名，直到 1994 年因吸毒过量而死。1976 年，

---

① Edoardo Albinati, *La scuola cattolica*, Milano: Rizzoli, 2016.

圭多和伊佐出庭接受审判，被判处无期徒刑。后来，圭多两次越狱，先后逃往阿根廷和巴拿马，但又都被抓回。2004年，已处于半自由状态的伊佐强奸了一位49岁的女士，并将她和13岁的女儿双双勒死。这起新的血案在意大利再次引发轩然大波。2007年，伊佐因两次谋杀罪被判处无期徒刑。此案在意大利广为人知，其影响一直延续至今，成为几代人的共同记忆。2005年12月30日，科拉桑蒂因乳癌在罗马去世。她留给世人的最后一句话是："我们必须捍卫真相。"①

引发意大利人强烈愤慨和激烈讨论的并不只是案件本身，而是圭多和伊佐在被捕后表现出的对女性的仇恨和对下层社会的傲慢与不屑。此案发生时作者20岁，曾与3名罪犯就读于同一所天主教学校，对他们的教育背景和成长经历有所了解，认为导致他们犯罪的因素不是偶然的，而且像他们一样有潜在暴力倾向的青少年在那所学校、那个社区，甚至是那个特定教育背景下的时代都不在少数。

2004年伊佐再次作案之后，已经是知名作家的埃多阿尔多·阿尔比纳蒂内心再也无法平静，他感受到一种强烈的召唤，驱使他讲述那段亲历的故事，说出全部他了解的实情。经历了10余年的写作与修改之后，一部长达1294页的巨制出现在读者面前，这或许是意大利当代文学史上页数最多的一本单卷小说。这么大部头的一本小说获得斯特雷加奖，一时引起社会的广泛关注，但真正肯花上一两个星期的时间通读此书的人似乎并不太多，更多的是媒体的评论和旁观者人云亦云的质疑，其实每一年的获奖作品或多或少都会遇到这样的情况。

令作者感到欣慰的是，他写这本书的初衷很快就被权威媒体领会并及时公之于众，而且发生在作品获奖之前。《共和国报》于2016年5月24日发表书评，明确指出，这部小说的真正主题是教育，具体而言，就是意大利20世纪70年代具有普遍性和代表性的天主教学校对市民阶层男孩子的教育。小说中天主教学校的原形是作者的母校——圣雷昂·马尼

---

① Christian Raimo, "La scuola cattolica di Albinati svela la violenza dei maschi italiani", *Internazionale*, 10 aprile, 2016, p. 56.

奥学校，① 作者在这里度过了 8 年的青葱岁月，熟悉这里的一草一木和每一个角落。当时的欧洲正弥漫着激情与狂热的空气，左翼运动、共产主义思潮、学生具有叛逆色彩的示威游行此起彼伏，但在天主教学校的围墙里，依然保持着低沉凝重的气氛，作者一位 8 年同窗这样描述了校内学生的精神状态：

> 我们共同经受这里的恐惧与不安，共同探寻智慧，共同经受深深忧郁，还要共同面对那种怪异的、不自然的挫折感，其实所有这些感受都是出于学校没有女生的缘故。对于这里大多数男生而言，女生总是远在天边、遥不可及的，不可能与她们有任何情感上的交集，你可以将她们视为天使，神魂颠倒地爱着她们，但永远不会知道结果，就像在黑黢黢的隧道尽头看见一点亮光，但又永远无法靠近。然而对于其他一些男孩子来说，女人则是要被消灭的敌人。②

在这个传统的中产阶级或小资产阶级的街区中，没有新贵区的张扬与恶俗。相反，居民们都很有节制，温文尔雅，连说话的语调都是平缓低沉的，看上去很有教养，数十年如一日，他们每餐前一定会重复同样的祷告词。天主教学校已经完全融入了这片街区，它可以平息一切不安定的因素，即便是在社会动荡的年代，在这片街区，在这所学校，也几乎感受不到任何异样的变化，所有躁动的情绪都会被这里沉闷与因循的氛围吞噬、化解。正如小说中经常提及的那样，这里的人们知道，狂热之举会给他们带来难以挽回的损失，会毁掉他们的婚姻、家庭和财富。埃多阿尔多·阿尔比纳蒂鞭辟入里地分析了这些人的焦虑心理，让读者感到，这些人伪装的平静已无法掩盖内心世界地狱之火的煎熬。作者抽丝剥茧地讲述和分析了天主教学校中发生的一切，从平静的教室到发生杀戮的别墅。校园中，被体育运动、虔诚祈祷和优雅举止所压抑和扭曲的性欲会在瞬间爆发，并完全表现为倒错的方式。在现实生活中，圣雷

---

① Manuel Foffo, "San Leone Magno, Storie di Mala Educación", *La Repubblica*, 24 March, 2016.

② Francesco Piccolo, "La scuola di Albinati è il mondo", *Corrirere della Sera*, 16 March, 2016.

昂·马尼奥学校出了好几位残忍的性虐者，该书很大一部分都在探究这些人可怕的犯罪动机，及其时代根源。虽然现实中真正的凶手是3个人，但这3个人代表的是一个更大的社会群体，他们都是实施过暴力、强奸、猥亵和性虐待的恶人。然而，埃多阿尔多·阿尔比纳蒂的小说并没有靠变态的描写满足读者的猎奇心理，他展现了凶手和很多学生（包括当时的他）心理与生理的发展历程，他们都经历了漫长的潜伏期，仿佛是在为下一段生活书写着序言。在谈及这个问题时，他本人也说过：

> 我想展示和弄明白的是在体面的外表下隐藏的罪恶与痛苦。我想在特定时期的特定环境中寻得几条线索：20世纪70年代初罗马的里雅斯特街区，这是一个天主教小资产阶级的社区。我想展示资产阶级的怨恨，或者说是理性阶层的怨恨，这种恨可以燃起燎原的野火。我还想展示人们在烈火前表现出的惊愕神情。但我需要的是释放自己，而不是记住那些往事。①

作者试图通过这部小说刻画出意大利60后和70后一代人的行为特征与意识形态，为他们的成长做出完整的注脚，这代人所处的时代是资产阶级价值危机与政治及社会暴力泛滥；而另一半则像一部日记本的成长回忆录，记录了渐渐远去的青春岁月中那些见闻轶事和亲身经历。同时，该书也是一篇关于意大利男性教育的报告文学，旨在探寻这代人残暴、傲慢的性格特征，以及潜在的法西斯式友谊的根源，并借此来诠释意大利这段复杂的历史。

二 叙事方式——不像小说的小说

《天主教学校》最引发争议之处在于它庞大的篇幅和异乎寻常的叙事方式。批评家法布里奇奥·琴托凡蒂在电子期刊《诗歌与灵魂》上撰文奚落埃多阿尔多·阿尔比纳蒂说："正如你们所见，我将这部作品称为'书'，而未称其为'小说'，因为在我看来，今年获得意大利文学最高奖

---

① Francesco Piccolo, "La scuola di Albinati è il mondo", *Corrirere della Sera*, 16 March, 2016.

项的作品根本不能算是一部小说。"法布里奇奥·琴托凡蒂的观点具有一定的代表性,在读者中间也引起了不小的共鸣。

尽管埃多阿尔多·阿尔比纳蒂在此之前已经出版过一些很有名,也很有意思的小说、剧本和散文,被意大利读者和观众接受并认可,但在《天主教学校》中他却一反常态,放弃了以往惯用的悬疑侦探小说或影视剧本的叙事手法,没有像以前那样集中围绕一个故事展开叙述,而是围绕着既定的意图铺陈开来,叙述了一个又一个故事:这些故事头绪众多,纷繁芜杂,而且都以碎片化的形式呈现在读者面前,对一般的作家而言,这些素材足够用上一辈子。这些故事都围绕着主人公的学生时代展开,这是一段每个人都会拥有的平凡经历,每个人的世界都是从这时萌芽并逐渐形成的。作者在小说里写了大量的故事,谈论了各种各样的话题,也进行了各种批评、反思和联想:家庭、社会、男孩的成长、天主教教育、中产阶级生活、性、暴力、犯罪……凡此种种,让人摸不到规律,似乎在读者面前打开了一扇又一扇的视窗,而每扇视窗中被设置了很多主题。在作者看来,小说中的一切都是其主题需要的有机组成部分,一切存在都是主题的需要,每一处"离题"的叙事,每一次主题的"迷走"都是作者笔下世界中的必然——每一条支脉都会汇入自己的主流,每个问题都会引起相应的焦虑。

作者的良苦用心并不能被所有人接受,他精心安排的情节在法布里奇奥·琴托凡蒂眼中却是"干瘪而混乱"的。这位评论家呼吁埃多阿尔多·阿尔比纳蒂能够再看一遍他的作品,删掉所有附加在社会学与心理学成分中貌似哲学的补充部分,不要把小说弄得像散文一样,应该再多给读者讲些故事,让读者从讲述中自由地得出结论,那样或许更适宜写成这样的长度。就像亚历山德罗·曼佐尼把他自己的作品《费尔莫与露琪亚》改写成小说《约婚夫妇》一样,如果作者真能删繁就简,那么这将是一部优秀的文学作品,能让这本书回归小说,回归一部"真正的"文学作品。在普通读者看来,小说就应该多讲故事,少来"絮叨"。

然而,文学批评往往是见仁见智的。《晚邮报》于2016年5月17日发表弗朗切斯科·皮科洛的文章,认为这部小说的独特之处在于其叙事的时间和空间是完全自由的,至少是在我们生活的这个年代,采用这种叙事方式的作品还是比较少见的。在阅读过程中,读者可能会隐约体会到作者的意图,就像听到作者在对面说话:"我必须这样做,走我自己的道路,打破时间与空间的界限,如果我打破了这些界限,就可以从心所欲地在时空中游走。你可以跟随我,也可以不跟,可以只跟随一段,也可以完全打乱顺序。但我依然如此。"小说的一切都要为这种自由形式让步,作者的文字功力和文学造诣通过这种形式最大限度地表现了出来。

对于一部小说的结构产生两种针锋相对的评论,足见其与众不同,但这并非作者自己创造出来的方式。对于熟悉20世纪西方文学的读者而言,这部小说总会给人一种似曾相识的感觉,如果不是版权页上明确写着"2016年"的话,读者很可能会误认为这是一部20世纪中叶之前的作品,会很自然地将它与罗伯特·穆齐尔的《没有个性的人》[①] 或托马斯·曼的《魔山》[②] 相提并论:无论是枝蔓丛生、曲径旁途的叙事方式,还是作者对自己丰富阅历的不断反思,甚至是"精神反刍",都成为小说结构的有机组成部分。

若以人们惯常的阅读习惯为标准来评价《天主教学校》的话,它无疑是一部庞杂的、夸张的、沉重而尖锐的作品,作者并不有意回避凝重的思想,也不怕因此而失去那些仅把阅读当作消遣娱乐的后现代读者,全然没有伊塔洛·卡尔维诺在《美国讲稿》中鼓吹的"轻逸"。《天主教学校》像一个体量巨大的容器,容纳了作者希望展示给读者的所有生活侧面,他将这些侧面一一剪裁,以自己的方式拼贴在一起,充分体现了时代与人性的厚重。的确,这部小说获奖绝不在于它有1294页的篇幅,但这个容量对于这部小说而言却至关重要,因为读者要通过这些文字领略一个世界、了解一种生活、反思一个时代,要有足够的时间沉浸其中,慢慢地享受作者时叙时议的行文方式,慢慢体会一种带有病态的快感。

三 叙事主体——从"我"到"我们"

在10余年的创作过程中,作者倾囊相出,对中学的那段经历不想有

[①] [奥] 罗伯特·穆齐尔:《没有个性的人》,张荣昌译,作家出版社2001年版。
[②] [德] 托马斯·曼:《魔山》,杨武能译,作家出版社2006年版。

任何保留和隐瞒，就像奥古斯丁和卢梭在写《忏悔录》时的心态，但他写成的作品既不是忏悔录，也不是真正意义上的回忆录，更不是作者的自传。尽管作者本人的经历已足够写成一部精彩的传记，但他创作此书的意图却不在于此。

在埃多阿尔多·阿尔比纳蒂此前的小说和剧本中经常出现他自己的名字和生活，这部《天主教学校》也不例外，主人公名依然叫埃多阿尔多·阿尔比纳蒂。因此很多人认为这就是一部报告文学作品，是作者生活的真实写照，应该被归入"非虚构文学"的范畴，甚至有媒体戏称之为"阿尔比纳蒂式的悬疑小说"。对于这样的怀疑，作者曾做过明确的回应：

> 我写的就是一部悬疑小说！！只不过其中部分情节是真实发生过的，所有人在开始阅读之前就已经知道结果了……也就是说，大家都知道凶手是谁。所以我的写作重点并不在这个"谁"，而是在于"为什么"，尤其是在于"是怎么做到的"。我会在这些内容中掺入一些只有我能够知道的秘密，或者更确切地说，在我自己写完之前就会确实知道的秘密，我总是能如愿以偿。这是一个写作格调的问题，很难掌握，因为它不能完全被人力左右，非常玄奥。我喜欢在自传上做文章，但这些自传不一定是自己的故事［……］①

小说的事发地点是完全真实的，就是作者的母校及其所在的街区，也就是书中被缩写为 SLM 和 QT 的地方。这个真实的生活样本和尽人皆知的案发经过在常人眼中的确不足为奇，但在作者心中，它却是一面反映一代人社会心理和价值观念的镜子，甚至是一枚透射半个世纪以来意大利男性个体成长经历与集体记忆的不规则透镜。尤其是小说的第一部分，完全是一幅 20 世纪 70 年代意大利男性的集体肖像，描绘的是那一代所有人的同班同学或校友，他们合在一起构成了一个人物群体形象——"我们"，只不过偶尔会有个别人名从这个形象中凸显出来而已，比如与作者

---

① Fabrizio Centofanti, "Premio Strega a 'La scuola cattolica'", *La Poesia e lo Spirito*, 9 July, 2016, p. 12.

同名的主人公埃多阿尔多·阿尔比纳蒂。

小说中的"我们"是一些想象力枯竭的梦中人,能让他们提起精神的主要是低俗的电视节目和黄色笑话等一些不具备完整意义的东西。在他们的逻辑中,生而为男人是一种不可治愈的疾病,就像美国女摄影师戴安·阿勃丝镜头中那些畸形和不协调的人一样。他们所有人都要做一些令人讨厌的事,从而表明一种生活态度,在自己身上贴上一个标签,这就像摄影师一定要穿马甲一样。毫无疑问,从心理学角度看,他们的举手投足和猥琐举动都属于病态行为。

其实,埃多阿尔多·阿尔比纳蒂以第一人称复数"我们"作为叙事主体是经过深思熟虑的,这能让他在诠释和分析这些生而就患上"不治之症"的男人时,始终在场,作为"我们"中真正的一分子。这与杰弗里·尤金尼德斯在《处女自杀》①中作为叙事主体的那群男孩还不一样,因为尤金尼德斯隐身在"我们"中间,没有明确的身份。

作者在小说中对"我们"这一集体形象进行了不厌其烦的阐释,借助了哲学、社会学、历史学的方法,尤其是选择了女性主义的视角。在2016年3月的一场作品推介会上,埃多阿尔多·阿尔比纳蒂本人承认,为了写这本书,他读了几百篇关于女性主义的文章,在某种意义上讲,这本书也担负了女性主义的责任。

20世纪最原创且最持久的政治主题是女性主义。[……]20世纪最重要的政治话语不是共产主义,因为它起源于19世纪中叶;甚至也不是沉瀣一气的反动势力搞出的阴谋诡计,尽管它或多或少对我们构成过威胁;当然也不会是起源更遥远的资本主义。在过去的一百年中,最具创造性、最有显著现实意义的政治运动就是妇女解放运动。②

选择女性主义方法为这部作品带来了鲜活的生命力。如果像很多平庸的犯罪小说那样,把一件多年前的刑事案件翻出来炒冷饭,敷衍描述一番后,向读者唱出一曲人性的哀歌,那么埃多阿尔多·阿尔比纳蒂一定不会因此书而获奖。文学批评家安德烈·科尔特莱萨在《新闻报》发

---

① [美] 杰弗里·尤金尼德斯:《处女自杀》,李卉译,上海译文出版社2003年版。
② Christian Raimo, "La scuola cattolica di Albinati svela la violenza dei maschi italiani", *Internazionale*, 10 aprile, 2016.

表评论文章指出，埃多阿尔多·阿尔比纳蒂彻头彻尾颠覆了"黑帮落网，一切谜团水落石出"这一令人作呕的传统套路。女性主义的视角和作为亲历者的诠释解构了大家熟悉的案件，作者用了将近500页的篇幅进行了多维度的叙述和解读，且叙且议，出入自如。

例如，书中很大篇幅都在围绕强奸这一男性丑陋的暴力行为而展开，但作者并未对此给出一个陀思妥耶夫斯基式的结论，也没有像帕索里尼那样进行一个简单的社会学总结，而是站在女性的角度发问：男性为什么会实施强奸行为？为什么在20世纪70年代的意大利，在天主教的学校，在刚刚成年不久的青年中间，性暴力仍然会成为一头失控的野兽？①

作者的阐释几乎像科学家或律师一样清晰准确，但又几乎跳脱了情节和案件本身的心理、法理和社会学注释。作者认为，强奸与其他暴力行为往往是相伴相生的关系，比如战争、抢劫、复仇等，它可以是暴力行为的顶点、终极目的或附带行为，其他暴力行为也会伴随、转化、演变或催生强奸。假如一个抢劫犯未能抢到任何东西，那么他很可能临时起意强奸女事主。如果强奸得逞，女事主往往会被杀害。如果当初他只是想实施强奸，那么暴力行为有可能中止，也有可能使女事主失去知觉。当然，这些行为也可能同时出现。强奸与抢夺财物往往同时发生。当能抢的财物不多时，也经常会发生强奸。无论对人还是对物，占有欲的原则都或多或少地适用。

这种冷静到不带任何感情的分析很容易将读者"拉出"小说的情节，但这恰恰是作者想要达到的目的：提醒读者（尤其是女读者），我们生活在一个会发生强奸的社会，仇视、贪婪和权力都是导致性暴力发生的因素。对于"我们"而言，性只是欲望的宣泄，而不是真心希望获得的东西。实际上"我们"追求的自由就是一种伤害的能力，因此对于"我们"而言，自由就等于犯罪，只有随时做好侵犯他人的准备，才能完全实现自身的价值。这就是小说中的"我们"实施性暴力的真正动机。

---

① Andrea Cortelessa, "La scuola cattolica cova il delitto del Circeo", *La Stampa*, 19 March, 2016.

结　语

　　《天主教学校》并不是一部虚构的悬疑涉案小说，对于埃多阿尔多·阿尔比纳蒂而言，这段20世纪70年代意大利人的共同记忆是回望那段岁月的一个视窗，或者说是了解那一代意大利男性的起点。作者通过小说否定了他青少年时代接受的教育，甚至对20世纪70年代的意大利社会和资产阶级的社会角色都持有怀疑态度，认为那个时代典型的意大利男性都无法为自己固有的暴力倾向找到抗体。

　　近年来，像《天主教学校》这样关注民族身份和历史、反映真实社会生活的作品屡屡获奖，除了斯特雷加奖以外，2016年的其他一些意大利文学奖项也不约而同地将天平偏向了这样的题材，例如巴古塔奖授予了保罗·迪·斯特法诺，他的获奖作品《每种不同的生活：意大利小人物的故事》以最质朴的方式讲述了意大利普通民众生活和际遇；坎皮耶罗文学奖授予了西蒙娜·芬奇的《第一真相》，这也是一部反映社会现实的作品，作者把对历史的敬畏和对未来的惶恐表现得淋漓尽致。意大利当代文学在经历了一番具有后现代意味的尝试之后，似乎又在有意地回归传统。其实，对于意大利人而言，20世纪四五十年代在亚平宁半岛上蓬勃发展的新现实主义风格已经像咖啡和红酒一样融在了这个民族的文学血液中。

2017年意大利文学概览

文漾羲[*]

内容摘要：2017年，意大利文学主要贴近真实与现实，着眼于家庭关系、内心成长这类主题，以历史故事或者现代故事为载体，描写了个人以及民族在时代发展中所面临的伤痛以及出路。作品对于大时代大背景的宏观描写不算浓烈，个体身上微观的历史成为了写作中深度挖掘的素材，文学类型中尤以小说倍受青睐。很多小说不仅在意大利国内获得巨大成功，还被翻译成各种语言受到各国读者的喜爱。本书主要从2017年意大利斯特雷加等文学奖出发，评述2017年度在意大利文学界一些代表性叙事文学作品。

关键词：意大利；世界当代文学；小说；斯特雷加奖；新现实主义

2017年的意大利文学延续了对新现实主义文学的偏爱，除了大众化、通俗化的作品以外，更多现实主义题材、历史题材的文学作品进入了大众视野，从意大利著名文学奖斯特雷加奖12本入围小说中我们可对其窥见一斑。2017年斯特雷加奖最终夺魁者是埃诺迪出版社的《八大山》，此外，决赛入围的其他四本书有特雷莎·恰巴蒂的《最爱》、旺达·马拉斯科的《虚假灵魂的陪伴》、马泰奥·努奇的《向黑夜顺从才是正道》和阿尔贝托·罗洛的《米兰式教育》。这些作品几乎都是从个人生活出发，描

---

[*] 文漾羲，北京外国语大学欧洲语言文化学院意大利语言文学专业硕士研究生。

述个人的成长或者挣扎,从而折射整个社会的矛盾和民族的发展。

一 远离城市的万物之声:2017 年斯特雷加奖获得者《八大山》

小说《八大山》的作者保罗·科涅蒂是一位颇有声望的青年作家,凭借这本小说斩获了 2017 年斯特雷加文学奖。小说主要为抒情成长故事,描写了两位背景不同的意大利少年的相识相知以及自身的蜕变。主人公彼得罗是一位性格乖张孤僻的城市少年,生活在大都市米兰。他和父母每一年都到山里散心,某次当彼得罗一家在奥斯塔山谷里度假的时候,彼得罗偶然结识了山里的少年布鲁诺,与他产生了深刻的友谊。

除了对少年友谊的叙述,小说还运用了大量笔墨描写彼得罗父子之间的关系。彼得罗的父亲脾气暴躁,彼得罗又是一个性情叛逆的少年,在城市的繁忙中很难与父亲有片刻的交流,但是在寂静的山里,父亲得以与儿子亲密无间地相处,两颗心又重新走到一起。故事的最后,彼得罗回到广阔天地继续寻找他的世界,布鲁诺始终未曾离开自己的山,虽然二人生活轨迹千差万别,但他们坚固的感情联系依然战胜了时间和距离。

这样的题材并不算新颖,2011 年起陆续面世的埃莱娜·费兰特笔下的"那不勒斯四部曲"就是描述青少年友谊成长的一系列佳作,作者埃莱娜·费兰特的叙事风格得到了无数读者的喜爱。而《八大山》之所以能斩获斯特雷加奖,一个重要原因是故事还代表了作家对城市与乡村关系的思考。2017 年颁奖仪式上保罗·科涅蒂接受采访的时候说道[①],"山林生活并不意味着只有泉水叮咚、林静鸟喧,这本书也并不是对遍布着高楼大厦的都市生活的反对。这两种生活是相辅相成的,前者是我们生活的真实表现,存在于我们与别人交往的错综复杂的关系里,后者则更为私密,保留给每个个体,把我们推向自己的灵魂。"

这部小说的文笔十分精炼,保罗·科涅蒂古典而优雅的叙述,得以

---

① 意大利国家电视台 Rai 3 报道:*Premio Strega* 06072017(https://www.youtube.com/watch? v = a48sKsqTbMI)。

将故事最好地呈现出来。贝尼代塔·托巴基在推介这本书竞争奖项的推荐辞里说，"《八大山》有经典文学般的步伐和力量，书里满满都是简单又深刻的人性，读这本书同时也是在滋养我们的灵魂①。"

二 家庭与伤痛：斯特雷加奖决赛其他作品评述

除了《八大山》，2017年其他参赛作品也具有艺术特点。比如小说《最爱》，作者特雷莎·恰巴蒂是一位意大利女性作家、剧作家，她深度挖掘了自己的家族史，以第一人称视角详细叙述了自己的生活环境。

《最爱》的故事主要围绕富足的恰巴蒂家族展开：恰巴蒂是米兰首屈一指的医学家族，特蕾莎住在带有泳池的豪华大别墅里过着奢侈的生活。父亲洛伦佐是家族的大家长，一位非常出色的医学教授，不管在家中还是在工作中都说一不二。特雷莎·恰巴蒂则是家里最受宠爱的小女儿。洛伦佐有一枚镶着蓝宝石的金戒指，象征着他的权力和地位，只有最宠爱的特雷莎可以玩这枚戒指。但特雷莎明白，父亲能够买来她想要的一切，但是他的时间和爱除外。在家长的规划下，特雷莎本应养尊处优，接受最昂贵的教育，当一名救死扶伤受人尊敬的医生。但是，小特雷莎觉得自己只是一介凡人，只想过默默无闻的生活。得不到想要的东西，特雷莎便用尽千方百计吸引父亲的注意，渐渐地，她开始憎恨周围一切横挡在她与父亲之间的人和事，甚至仇视她的母亲。

小说所用的描写非常直白，遣词造句准确且具体，直接呈现故事人物的生活现实。意大利作家斯特凡诺·巴尔特扎基对其的推介认为，《最爱》将意大利叙事文学的两大主题——意大利的魅力和亲子情义进行了完美结合。②

对于灵魂的伤痛和疗愈而言，马泰奥·努奇的小说《向黑夜顺从才是正道》称得上是一篇不可多得的佳作。作者马泰奥·努奇早在2010年就曾凭借《朋友之事很普遍》一书获得过斯特雷加奖提名，被誉为"锋利又深沉"的叙事者，这次提名的小说同样引人注目。故事发生在罗马

---

① 意大利斯特雷加奖文学网站（https://premiostrega.it/PS/paolo—cognetti—6/）。
② 意大利斯特雷加奖文学网站（https://premiostrega.it/PS/teresa—ciabatti—4/）。

台伯河旁的小餐馆里，来来往往的导游和工人聚集在这里形成了一个独特的社群。主人公被人们称为"医生"，他不爱讲话，没人知道他背后的故事以及他来到这里的原因。小说主要分为三部分：第一个部分描写的是在这个餐馆里的日常；第二个部分里用了很多插叙，使我们渐渐了解到"医生"和他的妻女之间的过去；而第三也就是最后一个部分里，写到"医生"打算返回罗马开始新的生活。整篇小说没有用过多笔墨描写医生如何经历的为女求医之痛，而是更多地写一个人如何带着创伤活下去。作者笔下，比经受的创伤更重要的是，失去了这些以后，我们的灵魂如何从脆弱中找到支撑，如何从绝望中拾回勇气。正好对应了书名和对荷马史诗《伊利亚特》第七章的引用，寓意"休战以后每个人都要归于和平"。

意大利作家法比奥·斯塔西认为[1]，"马泰奥·努奇讲述了人物的转变、分离、困惑和家庭的破裂，但是却将故事的背景隐藏了起来，避免提到事故本身及其缘由。"小说展现的不是重大事件，而是隐藏在日常生活中的创伤和记忆。值得一提的是，小说具有意大利本土特色。小说大部分采取口述体裁，引用了古希腊神话故事，描写了水狗、海狸鼠等很多神奇的动物，语言也大量使用了罗马本地的方言。在优美的修辞与通俗的俚语之间，在充满奇幻色彩的故事与现实之间，作者给人们完美解释了为什么要向黑夜顺从：因为只有相信疼痛，疼痛才能带来重生。

生活的创伤永远是一个世界性话题，无独有偶，2017年意大利语文学作品中还有另外一本满是伤痕的动人小说——《虚假灵魂的陪伴》。

《虚假灵魂的陪伴》是一本那不勒斯题材的小说，作者旺达·马拉斯科是土生土长的那不勒斯人，毕业于罗马戏剧学院，是一位诗人、作家。这本书讲述的是一个普通的那不勒斯家庭的故事。主人公是一位名叫罗莎的女孩，以第三人称的视角讲述亡母的人生：在贫瘠的乡村度过贫穷的童年，在战后的废墟中结识了罗莎的父亲拉费莱。拉费莱贵为家族的继承人，居住在大教堂旁边一个大公寓里，虽贫富差距悬殊，但二人相爱并最终走到一起。

---

[1] Fabio Stassi, *Stregati*: "È giusto obbedire alla notte" di Matteo Nucci, 19 May, 2017 (http://www.minimaetmoralia.it/wp/stregati-e-giusto-obbedire-alla-notte-di-matteo-nucci/).

故事中的很多人物都是作者笔下的"虚假的灵魂",比如她儿时的玩伴安娜莱拉、爱笑的女孩艾米莉,以及乌托邦的理想主义者努齐亚塔老师等等。因为在那不勒斯这个千年之城里,暴力永远在骚动,每个人都注定被命运压迫和摧残,每个人都是短暂的、虚假的。游走在真实与虚假、勇敢与卑鄙、暴力与情感、过去与现在、健康与疾病、过错与救赎之间,旺达·马拉斯科用诗意又有力的语言完成了这部那不勒斯"人间喜剧",深刻揭示了人性的凶残和脆弱。

不仅每个人会在成长中不断地受伤和疗伤,整个民族也需要经历一个漫长的疼痛才能破茧成蝶,《米兰式教育》讲述的便是民族的进步。这是一本偏向历史题材的小说,作者阿尔贝托·罗洛将视角重新转向了20世纪50年代,用一代人的成长来记录二战后意大利的重生和腾飞。主人公父亲饱受工人阶级文化熏陶,母亲来自虔诚的天主教家庭,主人公在米兰郊区度过了童年,和朋友们一同成长,经历一次次的工人运动,在崭新的电车和摩托车上兜风,在无人看守的小院子里初次体验爱情。伴随着一代人的成长,米兰也从干涸的工业城市摇身一变,成为拥有漂亮天际线的时尚之都。阿尔贝托·罗洛的故事是这一人物的自传,也是对20世纪意大利转折点的记录。除了丰富的故事性,阿尔贝托·罗洛使用的语言也十分优美,推介人朱塞佩·安东内利认为[1],"这本成长小说不仅塑造了一种政治、文明、道德的教育,更是一个语言教学的范本。"这本书除了入围 2017 年斯特雷加奖的决赛圈以外,还斩获了 2017 年的比萨文学奖和阿尔瓦罗—比贾雷蒂文学奖,进入 2018 年基安蒂文学奖提名。

三 治愈与团圆:其他具有影响力的小说

除了上文提到过的几本优秀的小说,斯特雷加奖初选提名的作品还包括万尼·圣托尼的《深处的房间》,马可·费兰特的《闭着眼饮金汤力》,费鲁乔·帕拉佐利的《朋友的恐惧》,尼科拉·拉费莱《斗争的意义》,基娅拉·马尔凯利的《蓝夜》,丽塔·莫纳尔迪、弗朗西斯科·索尔蒂的《马拉帕尔特,如我一般死去》,马可·罗萨里的《内梅西奥的一

---

[1] 意大利斯特雷加奖文学网站(https://premiostrega.it/PS/alberto—rollo—4/)。

百种人生》。

《深处的房间》是小众视角下反主流文化的一次探索。故事发生在20世纪80年代的托斯卡纳。在一个小城的某间车库里,每逢周二便有一群人聚在一起进行角色扮演的游戏,不用扮装,每个人只通过想象力便可以用言语来扮演另外一个人,自得其乐。小说围绕这个持续了20年不变的游戏,展现了整个托斯卡纳的发展以及分裂。这部小说的推介者西尔维娅·巴莱斯特拉认为,这本书写出了一种亚文化如何成功将自己的奇思妙想推行到大众视线里,直到最后成为主流文化。另外一个推介者亚历山德罗·巴贝罗认为,这本书的主人公们是为了改变自己私密的世界而奋斗,他们的斗争是悲壮的,因为在这个拒绝改变的世界里,他们毕竟是少数人①。

《闭着眼饮金汤力》讲述了一个富裕家族三兄弟之间各不相同的性格和人生道路。他们之间互相仇恨,却又在命运交织时又不得不互相依靠,马可·费兰特用一针见血的笔触将这些复杂的情感刻画得淋漓尽致。推介人安东内拉·奇伦托认为,这本书悲悯地侧写了我们所处的时代和不可逾越的阶级鸿沟,不同阶级之间互相伪装,统治者与被统治者之间划出了清晰的界限②。

《朋友的恐惧》是2017年另一部脍炙人口的战争题材小说。故事背景是1943年的罗马,有着英雄梦的男孩弗朗西斯科,在都城罗马陷入战乱遭受围攻与炮击后,最终明白,英雄并非拥有刀枪不入的不死之躯,英雄反而正意味着流血和牺牲。阿利达·艾拉吉认为③在这部小说里,每个人都被迫接受着战争的悲剧,接受着自己受害者的角色。主人公们在面对个人生死、政治变动、战争屠杀等生活变故时都不得不逆来顺受,而费鲁乔·帕拉佐利将这种屈服切实地描写了出来,风格语言优雅平静,含蓄但发人深思。

同样以战争为背景的还有《马拉帕尔特,如我一般死去》,但它是入

---

① 意大利斯特雷加奖文学网站(https://premiostrega.it/PS/vanni—santoni—2/)。
② 意大利斯特雷加奖文学网站(https://premiostrega.it/PS/marco—ferrante—2/)。
③ Alida Airaghi, "*Amici per paura*" *di Ferruccio Parazzoli*, 10 April, 2017 (https://www.sololibri.net/Amici—per—paura—Parazzoli.html).

围的十二本之中唯一一个具有悬疑色彩的故事。在一个星光熠熠的派对之夜，著名作家马拉帕尔特得到一个消息：有人指控他谋杀一位英国女诗人。而他只能铤而走险，涉足这滩泥潭。弗兰科·卡尔迪尼在推介这本书时提到，这本书融合了20世纪的历史、历史小说、自传和杂文等等元素，将故事叙述得原原本本。意大利记者、编辑科拉多·奥里坦齐，认为①这部小说脱于流俗，紧紧吸引着读者直到最后一个词语，用完美的对话使里面的人物跃然纸上，各种动作描写和心理描写都显得活灵活现。

《斗争的意义》叙述了一个孤儿与收养他的姨母之间的故事。很小的时候，主人公托马索就父母双亡，童年悲惨的经历使他很多年后才能够像正常人一样生活。而今他已37岁，和自己的姨母生活在一起，有一个体面的编辑工作和一个挑剔的女朋友。某天他被诊断出焦虑症，医生询问起他的身世，认为托马索的父亲有可能是自己1985年认识的一位米凯莱。医生的话在托马索心里犹如一石激起千层浪，因此他开始探索父母生前的故事。作家保拉·马斯特罗科拉为其所作的竞选推介辞中称其为"一串旅行，一次相遇，一个叙事性的谜语，每一页都有意想不到的珍贵惊喜"②。

小说《蓝夜》也是一次对痛苦的剖析。米凯莱夫妇已经移居美国很多年，但是儿子米尔科却决定回到热那亚娶自己心爱的姑娘。虽然这对老夫妇并未完全赞同儿子的决定，但是儿子依然义无反顾地回到了意大利。但某一天，毫无预兆地，儿子用安眠药结束了自己的生命。小说在痛苦中点明了它的主题：我们自认为很了解我们爱的人，但是其实我们心里的距离相隔甚远，反映了我们自身与他人、与家庭、与社会的关系。这本小说的写作简单而又深刻，行文缓慢，文字在简单的细节描述中徘徊，几乎全是平铺直叙，却能把读者引进痛苦之中充分感受。

《内梅西奥的一百种生活》也是着笔于家庭关系，不过在叙事风格上更为戏谑和幽默。内梅西奥生于1899年，是一位著名的画家，这位百岁老人完整地经历了20世纪一切重大事件，但儿子小内梅西奥觉得自己就

---

① Corrado Ori Tanzi, *Malaparte, Morte come me*, Rita Monaldi & Francesco Sorti（https：//www.mescalina.it/libri/recensioni/rita—monaldi——francesco—sorti/malaparte—morte—come—me）.

② 意大利斯特雷加奖文学网站（https：//premiostrega.it/PS/nicola—ravera—rafele/）。

是一个普通的"小内梅西奥",与父亲一直在尴尬中沉默。一次偶然的旅行,儿子在一周时间内了解到了百岁父亲的一百种奇妙的人生。通过小内梅西奥对老内梅西奥的深入了解,读者也可以看到贯穿整个一百年的风云变幻和裹挟其中的爱恨情仇。文章的主线是"小内梅西奥"和"内梅西奥"两个人的旅行,其中交杂着各种误会和巧合,令人忍俊不禁。除了可供娱乐以外,这本小说还承载着背后的历史。这个满是讥讽又热情洋溢的故事,真正的主人公其实是奄奄一息的20世纪,毕竟这个世纪还未走远,不能转身就被遗忘。

除以上作品以外,意大利文学界2017年仍有很多备受欢迎的作品,其中坎皮耶洛文学奖获得者《归来》同样值得关注。作者多纳泰拉·迪·皮耶特拉托尼奥讲述了一个女孩从寄养家庭回到原生家庭生活的故事。尽管是"归来",但是对于一个从未来过的地方,一群从未见过的家人,主人公经历了很多不适才真正回归。此外,蒙德罗国际文学奖获奖作品米凯莱·马里的《私人传说》等等也都是质量上乘的佳作。

结　语

纵观2017年意大利获奖作品以及年度重要作品,就创作题材而言,小说依然是创作的主流;就内容而言,贴近新现实主义,主要描写人们的日常生活中的困局与痛苦;就主题而言,主要围绕"成长""伤痛"和"治愈"等等传达个人和集体对于安宁生活的诉求。作家们将目光投向微观的个体和家庭,以小见大,写出了整个时代的变迁和整个国家的成长。同时又以历史描绘现实,折射当下民众的生活现状和内心世界的迷惘。整个作家群体里,中青年作家的力量非常瞩目,大部分作品都来自于20世纪70年代以后出生的作家,一些女作家也有不俗的表现。通过对几个十年、甚至整个世纪的回顾,作家们原原本本地将生活的样貌呈现给我们,让读者自行接受并消化生活的创伤,也鼓励整个国家乃至民族穿越疼痛,走向新生。